Bilingual Dictionary

English-Serbian
Serbian-English
Dictionary

Compiled by

Vesna Kazanegra

STAR Foreign Language BOOKS
55, Warren Street, LONDON W1T 5NW (UK)

© Publishers
ISBN : 978 1 912826 41 4

All rights reserved with the Publishers. No part of this publication may be reproduced or transmitted in any form or by any means, electronic, mechanical, photocopying, recording or otherwise, without the prior written permission of the Publishers.

This Edition : 2024

Published by
STAR Foreign Language BOOKS
a unit of
Star Books
56, Langland Crescent
Stanmore HA7 1NG, U.K.
info@starbooksuk.com
www.bilingualbooks.co.uk

Printed in India at
Star Print-O-Bind, New Delhi-110 020

About this Dictionary

Developments in science and technology today have narrowed down distances between countries, and have made the world a small place. A person living thousands of miles away can learn and understand the culture and lifestyle of another country with ease and without travelling to that country. Languages play an important role as facilitators of communication in this respect.

To promote such an understanding, **STAR Foreign Language BOOKS** has planned to bring out a series of bilingual dictionaries in which important English words have been translated into other languages, with Roman transliteration in case of languages that have different scripts. This is a humble attempt to bring people of the word closer through the medium of language, thus making communication easy and convenient.

Under this series of *one-to-one dictionaries*, we have published almost 59 languages, the list of which has been given in the opening pages. These have all been compiled and edited by teachers and scholars of the relative languages.

Publishers

Bilingual Dictionaries in this Series

English-Afrikaans / Afrikaans-English	Abraham Venter
English-Albanian / Albanian-English	Theodhora Blushi
English-Amharic / Amharic-English	Girun Asanke
English-Arabic / Arabic-English	Rania-al-Qass
English-Bengali / Bengali-English	Amit Majumdar
English-Bosnian / Bosnian-English	Boris Kazanegra
English-Bulgarian / Bulgarian-English	Vladka Kocheshkova
English-Burmese (Myanmar) / Burmese (Myanmar)-English	Kyaw Swar Aung
English-Cambodian / Cambodian-English	Engly Sok
English-Cantonese / Cantonese-English	Nisa Yang
English-Chinese (Mandarin) / Chinese (Mandarin)-Eng	Y. Shang & R. Yao
English-Croatian / Croatain-English	Vesna Kazanegra
English-Czech / Czech-English	Jindriska Poulova
English-Danish / Danish-English	Rikke Wend Hartung
English-Dari / Dari-English	Amir Khan
English-Dutch / Dutch-English	Lisanne Vogel
English-Estonian / Estonian-English	Lana Haleta
English-Farsi / Farsi-English	Maryam Zaman Khani
English-French / French-English	Aurélie Colin
English-Georgian / Georgina-English	Eka Goderdzishvili
English-Gujarati / Gujarati-English	Sujata Basaria
English-German / German-English	Bicskei Hedwig
English-Greek / Greek-English	Lina Stergiou
English-Hindi / Hindi-English	Sudhakar Chaturvedi
English-Hungarian / Hungarian-English	Lucy Mallows
English-Italian / Italian-English	Eni Lamllari
English-Japanese / Japanese-English	Miruka Arai & Hiroko Nishimura
English-Korean / Korean-English	Mihee Song
English-Latvian / Latvian-English	Julija Baranovska
English-Levantine Arabic / Levantine Arabic-English	Ayman Khalaf
English-Lithuanian / Lithuanian-English	Regina Kazakeviciute
English-Malay / Malay-English	Azimah Husna
English-Malayalam - Malayalam-English	Anjumol Babu
English-Nepali / Nepali-English	Anil Mandal
English-Norwegian / Norwegian-English	Samuele Narcisi
English-Pashto / Pashto-English	Amir Khan
English-Polish / Polish-English	Magdalena Herok
English-Portuguese / Portuguese-English	Dina Teresa
English-Punjabi / Punjabi-English	Teja Singh Chatwal
English-Romanian / Romanian-English	Georgeta Laura Dutulescu
English-Russian / Russian-English	Katerina Volobuyeva
English-Serbian / Serbian-English	Vesna Kazanegra
English-Sinhalese / Sinhalese-English	Naseer Salahudeen
English-Slovak / Slovak-English	Zuzana Horvathova
English-Slovenian / Slovenian-English	Tanja Turk
English-Somali / Somali-English	Ali Mohamud Omer
English-Spanish / Spanish-English	Cristina Rodriguez
English-Swahili / Swahili-English	Abdul Rauf Hassan Kinga
English-Swedish / Swedish-English	Madelene Axelsson
English-Tagalog / Tagalog-English	Jefferson Bantayan
English-Tamil / Tamil-English	Sandhya Mahadevan
English-Thai / Thai-English	Suwan Kaewkongpan
English-Tigrigna / Tigrigna-English	Tsegazeab Hailegebriel
English-Turkish / Turkish-English	Nagme Yazgin
English-Twi / Twi-English	Nathaniel Alonsi Apadu
English-Ukrainian / Ukrainian-English	Katerina Volobuyeva
English-Urdu / Urdu-English	S. A. Rahman
English-Vietnamese / Vietnamese-English	Hoa Hoang
English-Yoruba / Yoruba-English	O. A. Temitope

STAR Foreign Language BOOKS

ENGLISH-SERBIAN

A

aback *adv.* unazad
abaction *n* krađa stoke
abactor *n* kradljivac stoke
abandon *v.t.* napustiti
abase *v.t.* poniziti
abasement *n.* poniženje
abash *v.t.* postideti
abate *v.t.* smanjiti
abatement *n.* smanjenje
abbey *n.* manastir
abbreviate *v.t.* skratiti
abbreviation *n.* skraćenica
abdicate *v.t,* odreći se
abdication *n.* odricanje
abdomen *n.* stomak
abdominal *a.* stomačni
abduct *v.t.* oteti
abduction *n.* otmica
abed *adv. u* postelji
aberrance *n.* nenormalnost
abet *v.t.* nagovoriti
abetment *n.* nagovaranje
abeyance *n.* neizvesnost
abhor *v.t.* gnušati se
abhorrence *n.* gnušanje
abide *v.i* trpeti
abiding *a.* trajan
ability *n.* sposobnost
abject *a.* bedan
ablaze *adv.* goruće
ablactate *v. t.* odbiti dojenče
ablactation *n.* odbijanje dojenčeta
able *a.* moguć
ablepsy *n.* slepilo
ablush *adv.* pocrvenelo
ablution *n.* pranje
abnegate *v. t.* poricati
abnegation *n.* poricanje
abnormal *a.* nenormalan
aboard *adv.* ukrcano
abode *n.* prebivalište
abolish *v.t.* ukinuti
abolition *v.* ukidanje
abominable *a.* gnusan
aboriginal *a.* urođenik
aborigines *n. pl.* urođenici
abort *v.i.* prekinuti
abortion *n.* pobačaj
abortive *adv.* neuspeo
abound *v.i.* obilovati
about *adv.* otprilike
about *prep.* o
above *adv.* povrh
above *prep.* gornji
abreast *adv.* uporedo
abridge *v.t.* skratiti
abridgement *n.* skraćivanje
abroad *adv. u* inostranstvu
abrogate *v. t.* poništiti
abrupt *a.* naglo
abruption *n.* prekid
abscess *n.* apsces
absonant *adj.* neskladan
abscond *v.i* pobeći od zakona
absence *n.* odsutnost
absent *a.* odsutan
absent *v.t.* biti odsutan
absolute *a.* potpun
absolutely *adv.* potpuno
absolve *v.t.* osloboditi
absorb *v.t* upiti
abstain *v.i.* uzdržati se
abstract *a.* apstraktan
abstract *n.* rezime
abstract *v.t* sažeti
abstraction *n.* apstrakcija

absurd *a.* apsurdan
absurdity *n.* apsurd
abundance *n* .obilje
abundant *a.* obilan
abuse *v.t.* zlostavljati
abuse *n.* zlostavljanje
abusive *a.* uvredljiv
abutted *v.* naslanjati se
abyss *n.* bezdan
academic *a.* akademski
academy *n* akademija
acarpous *adj.* jalovo
accede *v.t.* pristupiti
accelerate *v.t* ubrzati
acceleration *n.* ubrzanje
accent *n.* naglasak
accent *v.t.* naglasiti
accept *v.t.* prihvatiti
acceptable *a.* prihvatljiv
acceptance *n.* prihvatanje
access *n.* pristup
accession *n.* pristupanje
accessory *n.* pribor
accident *n.* nesreća
accidental *a.* slučajan
accipitral *adj.* sokolovski
acclaim *v.t.* odobriti
acclaim *n.* odobravanje
acclamation *n.* klicanje
acclimatise *v.t.* prilagoditi se
accommodate *v.t* smestiti
accommodation *n.* smeštaj
accompaniment *n.* pratnja
accompany *v.t.* pratiti
accomplice *n.* saučesnik
accomplish *v.t.* ostvariti
accomplished *a.* ostvaren
accomplishment *n.* dostignuće
accord *v.t. slagati* se
accord *n.* saglasnost

accordingly *adv.* prema tome
account *n.* račun
account *v.t.* izvestiti
accountable *a.* odgovoran
accountancy *n.* računovodstvo
accountant *n.* računovođa
accredit *v.t.* opunomoćiti
accrete *v.t.* srasti
accrue *v.i. nagomilati* se
accumulate *v.t.* akumulirati
accumulation *n.* akumulacija
accuracy *n.* tačnost
accurate *a.* tačan
accursed *a.* proklet
accusation *n.* optužba
accuse *v.t.* optužiti
accused *n.* optuženik
accustom *v.t. privići* se
accustomed *a.* naviknut
ace *n.* as
acentric *adj* bezsredišnji
acephalous *adj.* bezglav
acephalus *n.* bezglavi fetus
acetify *v.* oksidisati
ache *n.* bol
ache *v.i.* boleti
achieve *v.t.* postići
achievement *n.* uspeh
achromatic *adj.* bezbojan
acid *a* kiseo
acid *n* kiselina
acidity *n.* kiselost
acknowledge *v.* priznati
acknowledgement *n.* priznanje
acne *n* bubuljice
acorn *n.* žir
acoustic *a* akustično
acoustics *n.* akustika
acquaint *v.t.* upoznati
acquaintance *n.* poznanstvo

acquest *n* tekovina
acquiesce *v.i.* prećutna saglasnost
acquiescence *n.* pomirenje
acquire *v.t.* steći
acquirement *n.* postizanje
acquisition *n.* akvizicija
acquit *v.t.* osloboditi
acquittal *n.* oslobađajuća presuda
acre *n.* jutro (jedinica za površinu)
acreage *n.* površina u jutrima
acrimony *n* ljutina
acrobat *n.* akrobata
across *adv.* preko
across *prep.* preko puta
act *n.* delo
act *v.i.* postupati
acting *n.* delovanje
action *n.* akcija
activate *v.t.* aktivirati
active *a.* aktivan
activity *n.* delatnost
actor *n.* glumac
actress *n.* glumica
actual *a.* stvaran
actually *adv.* zapravo
acumen *n.* sposobnost
acute *a.* oštar
adage *n.* poslovica
adamant *a.* nepopustljiv
adamant *n.* tvrdoća
adapt *v.t.* prilagoditi
adaptation *n.* prilagođavanje
adays *adv.* danju
add *v.t.* dodati
addict *v.t.* biti zavistan
addict *n.* zavisnik
addiction *n.* zavisnost
addition *n.* dodatak
additional *a.* dodatni
addle *adj.* pokvareno

address *v.t.* obratiti se
address *n.* adresa
addressee *n.* primalac
adduce *v.t.* navesti
adept *n.* veština
adept *a.* vešt
adequacy *n.* adekvatnost
adequate *a.* adekvatan
adhere *v.i.* držati se
adherence *n.* privrženost
adhesion *n.* adhezija
adhesive *n.* lepljiva materija
adhesive *a.* lepljiva materija
adhibit *v.t.* dopustiti
adieu *n.* pozdraviti se
adieu *interj.* zbogom
adjacent *a.* susedni
adjective *n.* pridev
adjoin *v.t.* graničiti se
adjourn *v.t.* odgoditi
adjournment *n.* odlaganje
adjudge *v.t.* dosuditi
adjunct *n.* dodatak
adjuration *n* preklinjanje
adjust *v.t.* prilagoditi
adjustment *n.* prilagođavanje
administer *v.t.* upravljati
administration *n.* uprava
administrative *a.* upravni
administrator *n.* administrator
admirable *a.* za divljenje
admiral *n.* admiral
admiration *n.* divljenje
admire *v.t.* diviti se
admissible *a.* prihvatljiv
admission *n.* pristup
admit *v.t.* priznati
admittance *n.* pristupanje
admonish *v.t.* upozoriti
admonition *n.* upozorenje

ado *n.* buka
adobe *n.* čerpić
adolescence *n.* mladost
adolescent *a.* mlad
adopt *v.t.* usvojiti
adoption *n* usvajanje
adorable *a.* neodoljiv
adoration *n.* obožavanje
adore *v.t.* obožavati
adorn *v.t.* ulepšavati
adscititious *adj* dopunski
adulation *n* preterano laskanje
adult *a* odrastao
adult *n.* odrasla osoba
adulterate *v.t.* falsifikovati
adulteration *n.* kvarenje
adultery *n.* preljuba
advance *v.t.* unaprediti
advance *n.* predujam
advancement *n.* napredovanje
advantage *n.* prednost
advantage *v.t.* iskoristiti
advantageous *a.* povoljan
advent *n.* pojava
adventure *n* avantura
adventurous *a.* pustolovan
adverb *n.* prilog
adverbial *a.* priloški
adversary *n.* protivnik
adverse *a* suprotan
adversity *n.* nesreća
advert *v.* skrenuti pažnju
advertise *v.t.* oglašavati
advertisement *n* oglas
advice *n* savet
advisable *a.* preporučiv
advisability *n* preporučivost
advise *v.t.* savetovati
advocacy *n.* advokatura
advocate *n* advokat

advocate *v.t.* zastupati
aerial *a.* vazdušni
aerial *n.* antena
aeriform *adj.* vazdušast
aerify *v.t.* isparavati
aerodrome *n* aerodrom
aeronautics *n.pl.* aeronautika
aeroplane *n.* avion
aesthetic *a.* estetski
aesthetics *n.pl.* estetika
aestival *adj* letnji
afar *adv.* izdaleka
affable *a.* ljubazan
affair *n.* afera
affect *v.t.* uticati
affectation *n* prenemaganje
affection *n.* naklonjenost
affectionate *a.* nežan
affidavit *n* pismena izjava
affiliation *n.* pridruženje
affinity *n* sklonost
affirm *v.t.* potvrditi
affirmation *n* potvrda
affirmative *a* potvrdan
affix *v.t.* pričvrstiti
afflict *v.t.* ožalostiti
affliction *n.* žalost
affluence *n.* bogatstvo
affluent *a.* bogat
afford *v.t.* priuštiti
afforest *v.t.* pošumiti
affray *n* kavga
affront *v.t.* uvrediti
affront *n* uvreda
afield *adv.* napolju
aflame *adv.* zapaljeno
afloat *adv.* ploveći
afoot *adv.* pešice
afore *prep.* pre
afraid *a.* uplašen

afresh *adv.* ponovo
after *prep.* nakon
after *adv.* nakon
after *conj.* pošto
after *a* poslednji
afterwards *adv.* kasnije
again *adv.* opet
against *prep.* nasuprot
agamist *n* neženja
agape *adv.* zapanjeno
agaze *adv.* zagledano
age *n.* doba
aged *a.* ostareo
agency *n.* agencija
agenda *n.* dnevni red
agent *n* agent
aggravate *v.t.* pogoršati
aggravation *n.* pogoršavanje
aggregate *v.t.* nagomilati
aggression *n* agresija
aggressive *a.* agresivan
aggressor *n.* agresor
aggrieve *v.t.* ožalostiti
aghast *a.* prestravljen
agile *a.* agilan
agility *n.* agilnost
agitate *v.t.* uzrujati
agitation *n* uzrujanost
agist *v.t.* iznajmiti pašnjak
aglow *adv.* užaren
agnus *n* jagnje
ago *adv.* pre
agog *adj.* nestrpljiv
agonist *n* takmičar
agonize *v.t.* mučiti
agony *n.* agonija
agronomy *n.* agronomija
agrarian *a.* agrarni
agree *v.i.* složiti se
agreeable *a.* saglasan

agreement *n.* sporazum
agricultural *a.* poljoprivredni
agriculture *n.* poljoprivreda
agriculturist *n.* poljoprivrednik
ague *n.* malarična groznica
ahead *adv.* ispred
aheap *adv.* u gomili
aid *n.* pomoć
aid *v.t* pomagati
aigrette *n.* kresta
ail *v.t.* bolovati
ailment *n.* oboljenje
aim *n.* cilj
aim *v.i.* ciljati
air *n.* vazduh
aircraft *n.* letelica
airy *a.* vazdušast
ajar *adv.* pritvoren
akin *a.* srodan
alacrious *adj* živahan
alacrity *n.* živahnost
alamort *adj.* smrtno
alarm *n* uzbuna
alarm *v.t* uzbuniti
alas *interj.* avaj
albeit *conj.* iako
albion *n* albion
album *n.* album
albumen *n* belančevina
alchemy *n.* alhemija
alcohol *n* alkohol
ale *n* pivo
alegar *n* sirće
alert *a.* oprezan
alertness *n.* opreznost
algebra *n.* algebra
alias *n.* pseudonim
alias *adv.* zvano
alibi *n.* alibi
alien *a.* stranac

alienate v.t. otuđiti
aliferous adj. krilat
alight v.i. osvetljen
align v.t. poravnati
alignment n. poravnanje
alike a. nalik
alike adv. jednako
aliment n. izdržavanje
alimony n. alimentacija
aliquot n. delitelj bez ostatka
alive a. živ
alkali n. baza
all a. sav
all n. ceo
all adv. svo
all pron. svi
allay v.t. ublažiti
allegation n. navod
allege v.t. izjaviti
allegiance n. vernost
allegorical a. alegorijski
allegory n. alegorija
allergy n. alergija
alleviate v.t. olakšati
alleviation n. olakšanje
alley n. uska ulica
alliance n. savez
alligator n aligator
alliterate v. koristiti aliteraciju
alliteration n. aliteracija
allocate v.t. dodeliti
allocation n. raspodela
allot v.t. odrediti
allotment n. dodeljivanje
allow v.t. dopustiti
allowance n. dozvola
alloy n. legura
allude v.i. aludirati
allure v.t. privlačiti
allurement n privlačnost

allusion n nagoveštaj
allusive a. skriven
ally v.t. ujediniti se
ally n. saveznik
almanac n. almanah
almighty a. svemoguć
almond n. badem
almost adv. umalo
alms n. milostinja
aloft adv. visoko
alone a. sam
along adv. uzduž
along prep. duž
aloof adv. daleko.
aloud adv. naglas
alp n. planinski vrh
alpha n. alfa
alphabet n. abeceda
alphabetical a. abecedno
alpinist n. alpinista
already adv. već
also adv. takođe
altar n. oltar
alter v.t. izmeniti
alteration n izmena
altercation n. prepirka
alternate a. naizmenično
alternate v.t. zamenjivati
alternative n. alternativa
alternative a. alternativan
although conj. iako
altimeter n visinometar
altitude n. visina
alto n alt
altogether adv. sveukupno
aluminium n. aluminijum
alumna n svršena učenica
always adv. uvek
am sam
amalgam n legura žive

amalgamate *v.t.* mešati sa živom
amalgamation *n* mešanje
amass *v.t.* nagomilati
amateur *n.* amater
amatory *adj* ljubavni
amaze *v.t.* zadiviti
amazement *n.* zadivljenost
ambassador *n.* ambasador
amberite *n. vrsta* baruta
ambient *adj.* ambijent
ambiguity *n.* dvosmislenost
ambiguous *a.* dvosmislen
ambition *n.* ambicija
ambitious *a.* ambiciozan
ambry *n.* ormar
ambulance *n.* hitna pomoć
ambulant *adj* putujući
ambulate *v.t* kretati se
ambush *n.* zaseda
ameliorate *v.t.* poboljšati
amelioration *n.* poboljšanje
amen *interj.* amin
amenable *a* nadležan
amend *v.t.* popraviti
amendment *n.* amandman
amends *n.pl.* odšteta
amenorrhoea *n* amenoreja
amiability *n.* ljubaznost
amiable *a.* ljubazan
amicable *adj.* prijateljski
amid *prep.* među
amiss *adv.* loše
amity *n.* prijateljstvo
ammunition *n.* municija
amnesia *n* amnezija
amnesty *n.* amnestija
among *prep.* među
amongst *prep.* između
amoral *a.* nemoralan
amount *n* iznos

amount *v.i* iznositi
amount *v.* iznos
amorous *a.* zaljubljiv
amour *n* ljubavna afera
ampere *n* amper
amphibious *adj* amfibijski
amphitheatre *n* amfiteatar
ample *a.* opsežan
amplification *n* pojačanje
amplifier *n* pojačalo
amplify *v.t.* pojačati
amuck *adv.* besomučno
amulet *n.* amajlija
amuse *v.t.* zabavljati
amusement *n* zabava
an *art* neodređeni član
anabaptism *n* anabaptizam
anachronism *n* anakronizam
anaclisis *n* zavisnost od drugih
anadem *n* venac za glavu
anaemia *n* malokrvnost
anaesthesia *n* anestezija
anaesthetic *n.* anestetik
anal *adj.* analni
analogous *a.* analogan
analogy *n.* analogija
analyse *v.t.* analizirati
analysis *n.* analiza
analyst *n* analitičar
analytical *a* analitički
anamnesis *n* anamneza
anamorphous *adj* anamorfan
anarchism *n.* anarhizam
anarchist *n* anarhista
anarchy *n* anarhija
anatomy *n.* anatomija
ancestor *n.* predak
ancestral *a.* nasleđen
ancestry *n.* poreklo
anchor *n.* sidro

anchorage *n* usidrenje
ancient *a.* drevni
ancon *n* konzola
and *conj.* i
androphagi *n.* ljudožderi
anecdote *n.* anegdota
anemometer *n* anemometar
anew *adv.* iznova
anfractuous *adj* krivudav
angel *n* anđeo
anger *n.* bes
angina *n* angina
angle *n.* ugao
angle *n* stanovište
angry *a.* ljut
anguish *n.* bol
angular *a.* ugaoni
anigh *adv.* blizu
animal *n.* životinja
animate *v.t.* oživeti
animate *a.* živahan
animation *n* animacija
animosity *n* neprijateljstvo
animus *n* zlonamernost
aniseed *n* anisovo seme
ankle *n.* članak
anklet *n* ukras za nogu
annalist *n.* letopisac
annals *n.pl.* letopisi
annectant *adj.* spojni
annex *v.t.* dodati
annexation *n* pripajanje
annihilate *v.t.* uništiti
annihilation *n* uništenje
anniversary *n.* godišnjica
announce *v.t.* objaviti
announcement *n.* objava
annoy *v.t.* dosađivati
annoyance *n.* dosađivanje
annual *a.* godišnji

annuitant *n* rentijer
annuity *n.* renta
annul *v.t.* poništiti
annulet *n* prstenčić
anoint *v.t.* mazati
anomalous *a* nepravilan
anomaly *n* nepravilnost
anon *adv.* odmah
anonymity *n.* anonimnost
anonymity *n.* bezimenost
anonymous *a.* nepoznat
another *a* drugi
answer *n* odgovor
answer *v.t* odgovoriti
answerable *a.* odgovorljiv
ant *n* mrav
antacid *adj.* antacid
antagonism *n.* protivljenje
antagonist *n.* protivnik
antagonize *v.t.* protiviti se
antarctic *a.* antarktički
antecede *v.t.* prethoditi
antecedent *n.* prošlost
antecedent *a.* prethodni
antedate *n.* raniji datum
antelope *n.* antilopa
antenatal *adj.* prenatalni
antennae *n.* antene
antenuptial *adj.* predbračni
anthem *n.* himna
anthology *n.* antologija
anthropoid *adj.* čovekolik
anti *pref.* anti
anti-aircraft *a.* protivavionski
antic *n* lakrdijaš
anticipate *v.t.* predvideti
anticipation *n.* predviđanje
antidote *n.* protivotrov
antinomy *n.* kontradikcija
antipathy *n.* antipatija

antiphony n. antifonija
antipodes n. antipodi
antiquarian a. starinski
antiquarian n antikvar
antiquary n. starinar
antiquated a. zastareo
antique a. starinski
antiquity n. antika
antiseptic n. antiseptik
antiseptic a. antiseptički
antithesis n. antiteza
antitheist n ateist
antler n. rog
antonym n. antonim
anus n. čmar
anvil n. nakovanj
anxiety a uznemiren
anxious a. zabrinut
any a. svaki
any adv. ma koji
anyhow adv. u svakom slučaju
apace adv. hitro
apart adv. odvojeno
apartment n. stan
apathy n. apatija
ape n majmun
ape v.t. oponašati
aperture n. otvor
apex n. vrh
aphorism n aforizam
apiary n. pčelinjak
apiculture n. pčelarstvo
apish a. majmunski
apnoea n disajne smetnje
apologize v.i. izviniti se
apologue n basna
apology n. izvinjenje
apostle n. apostol
apostrophe n. apostrofiranje
apotheosis n. obožavanje

apparatus n. aparat
apparel n. odeća
apparel v.t. obući
apparent a. prividan
appeal n. žalba
appeal v.t. žaliti se
appear v.i. pojaviti se
appearance n izgled
appease v.t. umiriti
appellant n. apelant
append v.t. dodati
appendage n. dodatak
appendicitis n. upala slepog creva
appendix n. slepo crevo
appendix n. dodatak
appetence n. požuda
appetent adj. željno
appetite n. apetit
appetite n. nagon
appetizer n predjelo
applaud v.t. aplaudirati
applause n. aplauz
apple n. jabuka
appliance n. uređaj
applicable a. primenljiv
applicant n. kandidat
application n. primena
apply v.t. primeniti
appoint v.t. imenovati
appointment n. imenovanje
apportion v.t. raspodeliti
apposite adj prikladan
apposite a. primeran
appositely adv prikladno
approbate v.t odobriti
appraise v.t. proceniti
appreciable a. primetan
appreciate v.t. ceniti
appreciation n. zahvalnost
apprehend v.t. shvatiti

apprehension *n.* razumevanje
apprehensive *a.* pronicljiv
apprentice *n.* šegrt
apprise *v.t.* obavestiti
approach *v.t.* pristupiti
approach *n.* pristup
approbation *n.* odobrenje
appropriate *v.t.* primeniti
appropriate *a.* prikladan
appropriation *n.* prisvajanje
approval *n.* odobrenje
approve *v.t.* odobriti
approximate *a.* približan
apricot *n.* kajsija
appurtenance *n* pripadanje
apron *n.* kecelja
apt *a.* sposoban
aptitude *n.* sposobnost
aquarium *n.* akvarijum
aquarius *n.* vodolija
aqueduct *n.* akvadukt
arable *adj.* obradiv
arbiter *n.* sudija
arbitrary *a.* proizvoljno
arbitrate *v.t.* presuditi
arbitration *n.* arbitraža
arbitrator *n.* arbiter
arc *n.* luk
arcade *n* svod
arch *n.* svod
arch *v.t.* zasvoditi
arch *a* prepreden
archaic *a.* drevan
archangel *n* arhanđeo
archbishop *n.* arhiepiskop
archer *n.* strelac
architect *n.* arhitekta
architecture *n.* arhitektura
archives *n.pl.* arhive
Arctic *n* Arktik

ardent *a.* užaren
ardour *n.* vrućina
arduous *a.* energičan
area *n* područje
areca *n* ukrasna palma
arena *n* arena
argil *n* glina
argue *v.t.* raspravljati
argument *n.* rasprava
argute *adj.* oštrouman
arid *adj.* suv
aries *n.* ovan
aright *adv* pravilno
aright *adv.* pravedno
arise *v.i.* ustati
aristocracy *n.* plemstvo
aristocrat *n.* aristokrata
aristophanic *adj.* aristofanski
arithmetic *n.* aritmetika
arithmetical *a.* aritmetički
ark *n.* kovčeg
arm *n.* ruka
arm *v.t.* naoružati
armada *n.* armada
armament *n.* naoružanje
armature *n.* armatura
armistice *n.* primirje
armlet *a.* narukvica
armour *n.* oklop
armoury *n.* oružarnica
army *n.* vojska
around *prep.* oko
around *adv.* okolo
arouse *v.t.* pobuditi
arraign *v.* optužiti
arrange *v.t.* urediti
arrangement *n.* uređenje
arrant *n.* opak
array *v.t.* rasporediti
array *n.* red

arrears n.pl. dugovi
arrest v.t. zaustaviti
arrest n. hapšenje
arrival n. dolazak
arrive v.i. doći
arrogance n. oholost
arrogant a. ohol
arrow n. strela
arrowroot n. strelast koren
arsenal n. arsenal
arsenic n arsen
arson n podmetanje požara
art n. umetnost
artery n. arterija
artful a. lukav
arthritis n artritis
artichoke n. artičoka
article n članak
articulate a. raščlanjen
artifice n. smicalica
artificial a. veštački
artillery n. artiljerija
artisan n. zanatlija
artist n. umetnik
artistic a. umetnički
artless a. neumetnički
as adv. tako
as conj. kao
as pron. koji
asbestos n. azbest
ascend v.t. uzdizati se
ascent n. uspon
ascertain v.t. utvrditi
ascetic n. asket
ascetic a. asketski
ascribe v.t. pripisati
ash n. pepeo
ashamed a. posramljen
ashore adv. na obali
aside adv. po strani

aside n. strana
asinine adj. tvrdoglav
ask v.t. pitati
asleep adv. u snu
aspect n. aspekt
asperse v. ukaljati
aspirant n. pretendent
aspiration n. težnja
aspire v.t. težiti
ass n. magarac
assail v. nasrnuti
assassin n. atentator
assassinate v.t. ubiti
assassination n atentat
assault n. napad
assault v.t. napasti
assemble v.t. sastaviti
assembly n. sklop
assent v.i. pristati
assent n. pristanak
assert v.t. tvrditi
assess v.t. proceniti
assessment n. procena
asset n. imovina
assibilate v. asibilant
assign v.t. dodeliti
assignee n. punomoćnik
assimilate v. izjednačiti
assimilation n izjednačavanje
assist v.t. pomoći
assistance n. pomoć
assistant n. asistent
associate v.t. sarađivati
associate a. udružen
associate n. saradnik
association n. udruženje
assoil v.t. oprostiti
assort v.t. svrstavati
assuage v.t. ublažiti
assume v.t. pretpostaviti

assumption *n.* pretpostavka
assurance *n.* uverenje
assure *v.t.* uveriti
astatic *adj.* nestabilan
asterisk *n.* zvezdica
asterism *n.* sazvežđe
asteroid *adj.* zvezdolik
asthma *n.* astma
astir *adv.* u pokretu
astonish *v.t.* začuditi
astonishment *n.* čuđenje
astound *v.t* zapanjiti
astray *adv.*, zalutao
astrologer *n.* astrolog
astrology *n.* astrologija
astronaut *n.* astronaut
astronomer *n.* astronom
astronomy *n.* astronomija
asunder *adv.* nadvoje
asylum *n* azil
at *prep.* u
atheism *n* ateizam
atheist *n* ateista
athirst *adj.* žedan
athlete *n.* sportista
athletic *a.* atletski
athletics *n.* atletika
athwart *prep.* popreko
atlas *n.* atlas
atmosphere *n.* atmosfera
atoll *n. koralno* ostrvo
atom *n.* atom
atomic *a.* atomski
atone *v.i.* popraviti
atonement *n.* pokajanje
atrocious *a.* okrutan
atrocity *n* okutnost
attach *v.t.* pričvrstiti
attache *n.* ataše
attachment *n.* prilog

attack *n.* napad
attack *v.t.* napasti
attain *v.t.* postići
attainment *n.* dostignuće
attaint *v.t.* osramotiti
attempt *v.t.* pokušati
attempt *n.* pokušaj
attend *v.t.* prisustvovati
attendance *n.* pohađanje
attendant *n.* pratilac
attention *n.* pažnja
attentive *a.* pažljiv
attest *v.t.* potvrditi
attire *n.* odeća
attire *v.t.* obući
attitude *n.* stav
attorney *n.* zastupnik
attract *v.t.* privući
attraction *n.* privlačnost
attractive *a.* privlačan
attribute *v.t.* dodeliti
attribute *n.* karakteristika
auction *n* licitacija
auction *v.t.* licitirati
audible *a* glasan
audience *n.* publika
audit *n.* revizija
audit *v.t.* revidirati
auditive *adj.* slušni
auditor *n.* revizor
auditorium *n.* gledalište
auger *n.* burgija
aught *n.* išta
augment *v.t.* povećati
augmentation *n.* povećanje
August *n.* Avgust
august *n* avgust
aunt *n.* tetka, strina, ujna
auriform *adj.* u obliku uha
aurora *n* zora

auspicate v.t. proricati
auspice n. proricanje
auspicious a. povoljan
austere a. strog
authentic a. autentičan
author n. autor
authoritative a. zapovednički
authority n. vlast
authorize v.t. ovlastiti
autobiography n. autobiografija
autocracy n autokratija
autocrat n autokrata
autocratic a autokratski
autograph n. autogram
automatic a. automatski
automobile n. automobil
autonomous a autonoman
autumn n. jesen
auxiliary a. pomoćni
auxiliary n. pomoćnik
avale v.t. umanjiti
avail v.t. pomoći
available a raspoloživ
avarice n. škrtost
avenge v.t. svetiti se
avenue n. avenija
average n. prosek
average a. prosečan
average v.t. naći srednju vrednost
averse a. protivan
aversion n. averzija
avert v.t. sprečiti
aviary n. kavez za ptice
aviation n. avijacija
aviator n. avijatičar
avid adj. pohlepan
avidity adv. pohlepno
avidly adv lakomo
avoid v.t. izbegavati
avoidance n. izbegavanje

avow v.t. priznati
avulsion n. nasilno odvajanje
await v.t. čekati
awake v.t. probuditi
awake a budan
award v.t. nagraditi
award n. nagrada
aware a. svestan
away adv. daleko
awe n. strahopoštovanje
awful a. užasan
awhile adv. časkom
awkward a. nezgodan
axe n. sekira
axis n. osovina
axle n. osovina

B

babble n. brbljanje
babble v.i. brbljati
babe n. dete
babel n metež
baboon n. pavijan
baby n. beba
bachelor n. neženja
back n. nazad
back adv. unazad
backbite v.t. ogovaranje
backbone n. oslonac
background n. pozadina
backhand n. bekhend
backslide v.i. ponovo pasti u greh
backward a. unazad
backward adv. unazad
bacon n. slanina
bacteria n. bakterija
bad a. loše
badge n. značka

badger *n.* jazavac
badly *adv.* gore
badminton *n.* badminton
baffle *v. t.* zbuniti
bag *n.* torba
bag *v. i.* nateći
baggage *n.* prtljag
bagpipe *n.* gajde
bail *n.* jemstvo
bail *v. t.* jemčiti
bailable *a.* sposoban za jemstvo
bailiff *n.* sudski izvršitelj
bait *n* mamac
bait *v.t.* namamiti
bake *v.t.* ispeći
baker *n.* pekar
bakery *n* pekara
balance *n.* ravnoteža
balance *v.t.* uravnotežiti
balcony *n.* balkon
bald *a.* ćelav
bale *n.* bala
bale *v.t.* pakovati u bale
baleful *a.* štetan
baleen *n.* kitova kost
ball *n.* lopta
ballad *n.* balada
ballet *sn.* balet
balloon *n.* balon
ballot *n* glasački listić
ballot *v.i.* glasati
balm *n.* melem
balsam *n.* balzam
bam *n.* prevara
bamboo *n.* bambus
ban *n.* zabrana
ban *n* anatema
banal *a.* banalan
banana *n.* banana
band *n.* grupa
bandage *n.* zavoj
bandage *v.t* zaviti
bandit *n.* razbojnik
bang *v.t.* lupiti
bang *n.* prasak
bangle *n.* narukvica
banish *v.t.* proterati
banishment *n.* proterivanje
banjo *n.* bendžo
bank *n.* banka, nasip
bank *v.t.* nagomilati
banker *n.* bankar
bankrupt *n.* bankrot
bankruptcy *n.* stečaj
banner *n.* zastava
banquet *n.* banket
banquet *v.t.* ugostiti
bantam *n.* kokoška
banter *v.t.* zadirkivati
banter *n.* zadirkivanje
bantling *n.* dete
banyan *n.* indijska smokva
baptism *n.* krštenje
baptize *v.t.* krstiti
bar *n.* šipka
bar *v.t* zabraniti
barb *n.* bodlja
barbarian *a.* divljački
barbarian *n.* divljak
barbarism *n.* divljaštvo
barbarity *n.* surovost
barbarous *a.* varvarski
barbed *a.* bodljikav
barber *n.* berberin
bard *n.* bard
bare *a.* nag
bare *v.t.* razgolititi
barely *adv.* jedva
bargain *n.* cenkanje
bargain *v.t.* cenkati se

candle n. sveća
candour n. iskrenost
candy n. slatkiš
candy v. t. zasladiti
cane n. trska
cane v. t. šibati
canister n. kanister
cannon n. top
cannonade n. v. & t kanonada
canon n. kanon
canopy n. baldahin
canteen n. kantina
canter n laki galop
canton n kanton
cantonment n. naselje od baraka
canvas n. platno
canvass v. t. raspraviti
cap n. kapa
cap v. t. poklopiti
capability n. sposobnost
capable a. sposoban
capacious a. prostran
capacity n. kapacitet
cape n. rt
capital n. kapital
capital a. glavni
capitalist n. kapitalista
capitulate v. t kapitulirati
caprice n. hir
capricious a. kapriciozan
Capricorn n jarac
capsicum n paprika
capsize v. i. prevrnuti
capsular adj čaurast
captain n. kapetan
captaincy n. čin kapetana
caption n. naslov
captivate v. t. zarobiti
captive n. zarobljenik
captive a. zarobljen

captivity n. ropstvo
capture v. t. uhvatiti
capture n. hvatanje
car n. automobil
carat n. karat
caravan n. karavan
carbide n. karbid
carbon n. ugljenik
card n. kartica
cardamom n. vrsta biljke
cardboard n. karton
cardiacal adjs srčani
cardinal a. kardinalan
cardinal n. kardinal
care n. briga
care v. i. brinuti
career n. karijera
careful a oprezan
careless a. neoprezan
caress v. t. milovati
cargo n. teret
caricature n. karikatura
carious adj. truo
carl n. momak
carnage n pokolj
carnival n karneval
carol n pesma
carpal adj koji se tiče zapešća
carpenter n. stolar
carpentry n. stolarija
carpet n. tepih
carriage n. kočija
carrier n. nosač
carrot n. šargarepa
carry v. t. nositi
cart n. kolica
cartage n. putarina
carton n karton
cartoon n. crtani film
cartridge n. patrona

carve v. t. rezbariti
cascade n. kaskada
case n. slučaj
cash n. gotovina
cash v. t. unovčiti
cashier n. blagajnik
casing n. kućište
cask n bure
casket n kovčeg
cassette n. kaseta
cast v. t. baciti
cast n. bacanje
caste n kasta
castigate v. t. kazniti
casting n bacanje
cast-iron n izdržljiv
castle n. dvorac
castor oil n. ricinusovo ulje
casual a. ležeran
casualty n. žrtva nesreće
cat n. mačka
catalogue n. katalog
cataract n. katarakt
catch v. t. uloviti
catch n. ulov
categorical a. kategoričan
category n. kategorija
cater v. i. snabdevati hranom
caterpillar n gusenica
cathedral n. katedrala
catholic a. katolički
cattle n. stoka
cauliflower n. karfiol
causal adj. uzročan
causality n uzročnost
cause n. uzrok
cause v.t uzrokovati
causeway n nasip
caustic a. oštar
caution n. oprez

caution v. t. upozoriti
cautious a. oprezan
cavalry n. konjica
cave n. pećina
cavern n. pećina
cavil v. t cepidlačiti
cavity n. duplja
caw n. graktanje
caw v. i. graktati
cease v. i. prestati
ceaseless a. neprestan
cedar n. kedar
ceiling n. plafon
celebrate v. t. & i. slaviti
celebration n. slavlje
celebrity n. slavna osoba
celestial adj nebeski
celibacy n. celibat
celibacy n. bezbračnost
cell n. ćelija
cellar n podrum
cellular adj. ćelijski
cement n. cement
cement v. t. cementirati
cemetery n. groblje
cense v. t kaditi
censer n kadionica
censor n. cenzor
censor v. t. cenzurisati
censorious adj kritičan
censorship n. cenzura
censure n. kritika
censure v. t. kritikovati
census n. cenzus
cent n cent
centenarian n stogodišnjak
centenary n. stogodišnjica
centennial adj. stogodišnji
center n centar
centigrade a. sto stepeni

centipede n. stonoga
central a. centralni
centre n centar
centrifugal adj. centrifugalni
centuple n. & adj. ustostručiti
century n. vek
ceramics n keramika
cerated adj. voštana mast
cereal n. žitarica
cereal a žitni
cerebral adj. moždani
ceremonial a. svečan
ceremonious a. obredni
ceremony n. ceremonija
certain a određeni
certainly adv. sigurno
certainty n. izvesnost
certificate n. sertifikat
certify v. t. potvrditi
cerumen n. ušna mast
cesspool n. septička jama
chain n. lanac
chair n. stolica
chairman n predsednik
chaise n stolica
challenge n. izazov
challenge v. t. izazvati
chamber n. komora
chamberlain n. viši dvorski službenik
champion n. šampion
champion v. t. braniti
chance n. šansa
chancellor n. kancelar
chancery n arhiv
change v. t. promeniti
change n. promena
channel n kanal
chant n pesma
chaos n. haos
chaotic adv. haotičan

chapel n. kapela
chapter n. poglavlje
character n. karakter
charge v. t. puniti
charge n. punjenje
chariot n kočija
charitable a. dobrotvorno
charity n. milosrđe
charm n. šarm
charm v. t. šarmirati
chart n. grafikon
charter n povelja
chase v. t. juriti
chase n. potera
chaste a. nevin
chastity n. nevinost
chat n. čavrljanje
chat v. i. čavrljati
chatter v. t. brbljati
chauffeur n. šofer
cheap a jeftin
cheapen v. t. pojeftiniti
cheat v. t. varati
cheat n. varanje
check v. t. proveriti
check n provera
checkmate n mat
cheek n obraz
cheep v. i pijukati
cheer n. bodrenje
cheer v. t. bodriti
cheerful a. veseo
cheerless a neveseo
cheese n. sir
chemical a. hemijski
chemical n. hemikalija
chemise n. ženska košulja
chemist n. hemičar
chemistry n. hemija
cheque n. ček

cherish v. t. negovati
cheroot n. vrsta cigare
chess n. šah
chest n grudi
chestnut n. kesten
chew v. t žvakati
chevalier n konjanik
chicken n. kokoš
chide v. t. psovati
chief a. glavni
chieftain n. poglavica
child n. dete
childhood n. detinjstvo
childish a. detinjast
chill n. jeza
chilli n. čili
chilly a prohladno
chiliad n. hiljada
chimney n. dimnjak
chimpanzee n. šimpanza
chin n. brada
china n. Kina
chirp v.i. cvrkutati
chirp n cvrkut
chisel n dleto
chisel v. t. klesati
chit n. klica
chivalrous a. viteški
chivalry n. viteštvo
chlorine n hlor
chloroform n hloroform
choice n. izbor
choir n hor
choke v. t. gušiti se
cholera n. kolera
chocolate n čokolada
choose v. t. izabrati
chop v. t seći
chord n. akord
chorus n. refren

Christ n. hrist
Christendom n. hrišćanstvo
Christian n hrišćanin
Christian a. hrišćanski
Christianity n. hrišćanstvo
Christmas n. Božić
chrome n. hrom
chronic a. hroničan
chronicle n. letopis
chronology n. hronologija
chronograph n hronograf
chuckle v. i. prigrušeno se smejati
chum n pobratim
church n. crkva
churchyard n. groblje
churl n grubijan
churn v. t. & i. mućkalica
churn n. mućkati
cigar n. cigara
cigarette n. cigareta
cinema n. bioskop
cinnabar n cinober
cinnamon n cimet
cipher n. cifra
circle n. krug
circuit n. kruženje
circumspect adj. obazriv
circular a kružni
circular n. cirkular
circulate v. i. cirkulisati
circulation n cirkulacija
circumference n. opseg
circumstance n. okolnost
circus n. cirkus
cist n. kripta
citadel n. tvrđava
cite v. t citirati
citizen n građanin
citizenship n. državljanstvo
citric adj. limunski

city n grad
civic a građanski
civics n. građansko pravo
civil a civilni
civilian n civil
civilization n. civilizacija
civilize v. t civilizovati
clack n. & v. i klopotati
claim n potraživanje
claim v. t zahtevati
claimant n tužilac
clamber v. i. pentrati se
clamour n galama
clamour v. i. galamiti
clamp n stega
clandestine adj. tajan
clap v. i. pljeskati
clap n pljeskanje
clarify v. t. razjasniti
clarification n. razjašnjenje
clarion n. zvuk trube
clarity n. jasnoća
clash n. sudar
clash v. t. sudariti se
clasp n kopča
class n klasa
classic a klasičan
classic n klasik
classical a klasičan
classification n klasifikacija
classify v. t razvrstati
clause n klauzula
claw n kandža
clay n glina
clean adj. čist
clean v. t čistiti
cleanliness n čistoća
cleanse v. t očistiti
clear a jasno
clear v. t. razjasniti

clearance n. čišćenje
clearly adv. očigledno
cleft n. rascep
clergy n. sveštenstvo
clerical a. sveštenički
clerk n službenik
clever a. pametan
clew n. klupko
click n. škljocaj
client n.. klijent
cliff n. litica
climate n. klima
climax n. vrhunac
climb1 n. penjanje
climb v.i. penjati se
cling v. i. prilepiti se
clinic n. klinika
clink n. zveket
cloak n. ogrtač
clock n. sat
clod n. gruda
cloister n. samostan
close n. ograda
close a. zatvoren
close v. t zatvoriti
closet n. plakar
closure n. zatvaranje
clot n. ugrušak
clot v. t. zgrušati
cloth n. tkanina
clothe v. t obući
clothes n. odeća
clothing n odeća
cloud n. oblak
cloudy a oblačno
clove n češanj
clown n klovn
club n klub
clue n indicija
clumsy a nespretan

cluster n skupina
cluster v. i. nagomilati
clutch n. kvačilo
clutter v. t. zakrčiti
coach n. kočija, trener
coachman n kočijaš
coal n ugalj
coalition n koalicija
coarse a grub
coast n obala
coat n kaput
coating n oblaganje
coax v. t navesti
cobalt n kobalt
cobbler n obućar
cobra n kobra
cobweb n paučina
cocaine n kokain
cock n petao
cocker v. t maziti
cockle v. i kukolj
cock-pit n. kokpit
cockroach n bubašvaba
coconut n kokos
code n kod
co-education n. koedukacija
coefficient n. koeficijent
co-exist v. i koegzistirati
co-existence n koegzistencija
coffee n kafa
coffin n mrtvački sanduk
cog n zubac
cogent adj. ubedljiv
cognate adj krvni srodnik
cognizance n spoznaja
cohabit v. t zajedno živeti
coherent a dosledan
cohesive adj. priljubljen
coif n kapa
coin n novčić

coinage n kovanica
coincide v. i podudarati
coir n kokosovo vlakno
coke v. t koks
cold a hladan
cold n hladnoća
collaborate v. i sarađivati
collaboration n saradnja
collapse v. i kolabirati
collar n okovratnik
colleague n kolega
collect v. t prikupiti
collection n kolekcija
collective a kolektivno
collector n kolekcionar
college n koledž
collide v. i. sudariti se
collision n sudar
collusion n tajni sporazum
colon n debelo crevo
colon n dvotačka
colonel n. pukovnik
colonial a kolonijalan
colony n kolonija
colour n boja
colour v. t bojiti
colter n. nož pluga
column n kolona
coma n. koma
comb n češalj
combat1 n borba
combat v. t. boriti se
combatant1 n borac
combatant a. pobornik
combination n kombinacija
combine v. t kombinovati
come v. i. doći
comedian n. komičar
comedy n. komedija
comet n kometa

comfit *n.* poslastica
comfort *n.* uteha
comfort *v. t.* utešiti
comfortable *a.* udoban
comic *a* komičan
comic *n* komičar
comical *a* šaljiv
comma *n* zarez
command *n* naredba
command *v. t* narediti
commandant *n* zapovednik
commander *n* komandant
commemorate *v. t.* pomen
commemoration *n.* komemoracija
commence *v. t* početi
commencement *n* početak
commend *v. t* pohvaliti
commendable *a.* uzoran
commendation *n* pohvala
comment *v. i* komentarisati
comment *n* komentar
commentary *n* komentar
commentator *n* komentator
commerce *n* trgovina
commercial *a* trgovački
commiserate *v. t* saosećati
commission *n.* provizija
commissioner *n.* poverenik
commit *v. t.* obavezati se
committee *n* odbor
commodity *n.* roba
common *a.* zajednički
commoner *n.* prost čovek
commonplace *a.* svakidašnji
commonwealth *n.* komonvelt
commotion *n* metež
commove *v. t* uznemiriti
communal *a.* komunalan
commune *v. t* komuna
communicate *v. t* komunicirati

35

communication *n.* komunikacija
communiqué *n.* saopštenje
communism *n* komunizam
community *n.* zajednica
commute *v. t* zameniti
compact *a.* kompaktan
compact *n.* sporazum
companion *n.* saradnik
company *n.* kompanija
comparative *a* komparativno
compare *v. t* uporediti
comparison *n* poređenje
compartment *n.* odeljenje
compass *n* kompas
compassion *n* saosećanje
compel *v. t* prisiliti
compensate *v.t* nadoknaditi
compensation *n* kompenzacija
compete *v. i.* takmičiti se
competence *n* sposobnost
competent *a.* sposoban
competition *n.* takmičenje
competitive *a* konkurentan
compile *v. t.* sastaviti
complacent *adj.* samozadovoljan
complain *v. i.* žaliti se
complaint *n* žalba
complaisance *n.* uslužnost
complaisant *adj.* uslužan
complement *n* dopuna
complementary *a* dopunski
complete *a* kompletan
complete *v. t* kompletirati
completion *n.* završetak
complex *a* složen
complex *n.* kompleks
complexion *n.* ten
compliance *n.* udovoljavanje
compliant *adj.* popustljiv
complicate *v. t* komplikovati

complication n. komplikacija
compliment n. kompliment
compliment v. t. dati kompliment
comply v. i. udovoljiti
component adj. sastavni
compose v. t sastaviti
composition n sastav
compositor n. kompozitor
compost n. đubrivo
composure n. pribranost
compound n sastav
compound a. složen
compound n mešavina
compound v. i sastaviti
compounder n. sastavljač
comprehend v. t. obuhvatiti
comprehension n. obuhvatanje
comprehensive a sveobuhvatan
compress v. t. sažeti
compromise n nagodba
compromise v. t. nagoditi se
compulsion n prinuda
compulsory a obavezan
compunction n. griža savesti
computation n. računanje
compute v.t. računati
comrade n. drug
conation n. aspekt ponašanja
concave adj. udubljen
conceal v. t. prikriti
concede v.t. ustupiti
conceit n uobraženost
conceive v. t začeti
concentrate v. t usredsrediti
concentration n. usredsređenost
concept n koncept
conception n. koncepcija
concern v. t brinuti
concern n briga
concert n. koncert

concert v. t. dogovoriti se
concession n. olakšica
conch n. školjka
conciliate v.t. pomiriti se
concise a koncizan
conclude v. t zaključiti
conclusion n. zaključak
conclusive a zaključni
concoct v. t izmisliti
concoction n. izmišljotina
concord n. sloga
concrescence n. srastanje
concrete n beton
concrete a konkretan
concrete v. t betonirati
concubinage n. konkubinat
concubine n konkubina
conculcate v.t. gaziti
condemn v. t. osuditi
condemnation n osuda
condense v. t kondenzovati
condite v.t. vrsta ponošanja
condition n. uslov, stanje
conditional a uslovni
condole v. i. izjaviti saučešće
condolence n saučešće
condonation n. oproštenje
conduct n upravljanje
conduct v. t upravljati
conductor n kondukter
cone n. šišarka
confectioner n poslastičar
confectionery n poslastičarnica
confer v. i dodeliti
conference n konferencija
confess v. t. priznati
confession n priznanje
confidant n poverenik
confide v. i poveriti
confidence n poverenje

confident a. samouveren
confidential a. poverljiv
confine v. t ograničiti
confinement n. ograničenje
confirm v. t potvrditi
confirmation n potvrda
confiscate v. t konfiskovati
confiscation n konfiskacija
conflict n. konflikt
conflict v. i. sukobiti se
confluence n ušće
confluent adj. koji se sastavlja
conformity n. saglasnost
conformity n. sklad
confraternity n. bratstvo
confrontation n. suočenje
confuse v. t zbunjenost
confusion n zabuna
confute v.t. opovrgnuti
conge n. otpust
congenial a srodan
conglutinate v.t. slepiti
congratulate v. t čestitati
congratulation n čestitanje
congress n kongres
conjecture n pretpostavka
conjecture v. t pretpostavljati
conjugal a bračni
conjugate v.t. & i. sjediniti
conjunct adj. združeno
conjunctiva n. sluznica
conjuncture n. konjukcija
conjure v.t. prizivati
conjure v.i. bajati
connect v. t. povezati
connection n veza
connivance n. popustljivost
conquer v. t osvojiti
conquest n osvajanje
conscience n savest

conscious a svestan
consecrate v.t. posvetiti
consecutive adj. uzastopni
consecutively adv uzastopno
consensus n. konsenzus
consent n. pristanak
consent v. i pristati
consent3 v.t. privoleti
consequence n posledica
consequent a dosledan
conservative a konzervativan
conservative n konzervativanost
conserve v. t očuvati
consider v. t razmotriti
considerable a važan
considerate a. promišljen
consideration n razmatranje
considering prep. uzimajući u obzir
consign v.t. izručiti
consign v. t. poveriti
consignment n. pošiljka
consist v. i. sastojati se
consistence,-cy n. doslednost
consistent a dosledan
consolation n uteha
console v. t konzola
consolidate v. t. konsolidovati
consolidation n konsolidacija
consonance n. sklad
consonant n. suglasnik
consort n. bračni drug
conspectus n. pregled
conspicuous a. upadljiv
conspiracy n. zavera
conspirator n. zaverenik
conspire v. i. kovati zaveru
constable n policajac
constant a stalan
constellation n. sazvežđe
constipation n. zatvor

constituency *n* izborna jedinica
constituent *n.* birač
constituent *adj.* sastavni
constitute *v. t* ustanoviti
constitution *n* ustav
constrict *v.t.* stegnuti
construct *v. t.* konstruisati
construction *n* konstrukcija
consult *v. t* konsultovati
consultation *n* konsultacije
consume *v. t* trošiti
consumption *n* potrošnja
consumption *n* konzumacija
contact *n.* kontakt
contact *v. t* kontaktirati
contagious *a* zarazan
contain *v.t.* sadržati
contaminate *v.t.* kontaminirati
contemplate *v. t* razmišljati
contemplation *n* razmišljanje
contemporary *a* savremen
contempt *n* prezir
contemptuous *a* prezriv
contend *v. i.* boriti se
content *a.* zadovoljan
content *v. t* zadovoljiti
content *n.* sadržaj
content *n.* zadovoljstvo
contention *n* tvrdnja
contentment *n* zadovoljstvo
contest *v. t.* takmičiti se
contest *n.* takmičenje
context *n* kontekst
continent *n* kontinent
continental *a* kontinentalni
contingency *n.* slučajnost
continual *adj.* neprestan
continuation *n.* nastavljanje
continue *v. i.* nastaviti
continuity *n* kontinuitet

continuous *a* neprekidan
contour *n* kontura
contra *pref.* protiv
contraception *n.* kontracepcija
contract *n* ugovor
contract *v. t* ugovoriti
contrapose *v.t.* suprotstaviti
contractor *n.* izvođač radova
contradict *v. t* protivrečiti
contradiction *n* kontradikcija
contrary *a* suprotno
contrast *v. t* suprotstaviti
contrast *n* kontrast
contribute *v. t* doprineti
contribution *n* doprinos
control *n* kontrola
control *v. t* kontrolisati
controller *n.* kontrolor
controversy *n* polemika
contuse *v.t.* kontuzovati
conundrum *n.* pitalica
convene *v. t* sazvati
convener *n* sazivač
convenience *n.* pogodnost
convenient *a* pogodan
convent *n* ženski manastir
convention *n.* konvencija
conversant *a* upoznat
conversant *adj.* upućen
conversation *n* razgovor
converse *v.t.* razgovarati
conversion *n* konverzija
convert *v. t* pretvoriti
convert *n* preobraćenik
convey *v. t.* prenositi
conveyance *n* prenos
convict *v. t.* osuditi
convict *n* osuđenik
conviction *n* osuda
convince *v. t* ubediti

convivial *adj.* druželjubiv
convocation *n.* sazivanje
convoke *v.t.* sazivati
convolve *v.t.* namotati
coo *n* gukanje
coo *v. i* gukati
cook *v. t* kuvati
cook *n* kuvar
cooker *n* šporet
cool *a* hladan
cool *v. i.* hladiti
cooler *n* hladnjak
coolie *n* nosač
co-operate *v. i* sarađivati
co-operation *n* saradnja
co-operative *a* zadružni
co-ordinate *a.* usklađen
co-ordinate *v. t* rasporediti
co-ordination *n* koordinacija
coot *n.* glupan
co-partner *n* partner
cope *v. i* dorasti
coper *n. trgovac* konjima
copper *n* bakar
coppice *n.* šumarak
coprology *n.* koprologija
copulate *v.i.* pariti se
copy *n* kopija
copy *v. t* kopirati
coral *n* koral
cord *n* kabl
cordial *a* srdačan
corbel *n.* podupirač
cordate *adj.* srcolik
core *n.* jezgro
coriander *n.* korijander
Corinth *n.* Korint
cork *n.* pluta
cormorant *n.* kormoran
corn *n* kukuruz

cornea *n* rožnjača
corner *n* ugao
cornet *n.* kornet
cornicle *n.* vrsta organa
coronation *n* krunisanje
coronet *n.* venac
corporal *a* telesni
corporate *adj.* preduzeća
corporation *n* korporacija
corps *n* korpus
corpse *n* leš
correct *a* tačan
correct *v. t* ispraviti
correction *n* korekcija
correlate *v.t.* poklapati se
correlation *n.* korelacija
correspond *v. i* odgovarati
correspondence *n.* prepiska
correspondent *n.* dopisnik
corridor *n.* koridor
corroborate *v.t.* potkrepiti
corrosive *adj.* korozivan
corrupt *v. t.* korumpirati
corrupt *a.* korumpiran
corruption *n.* korupcija
cosier *n.* vrsta krojača
cosmetic *a.* kozmetički
cosmetic *n.* kozmetika
cosmic *adj.* kosmički
cost *v.t.* koštati
cost *n.* cena
costal *adj.* rebreni
cote *n.* staja
costly *a.* skupo
costume *n.* kostim
cosy *a.* udoban
cot *n.* krevetac
cottage *n* koliba
cotton *n.* pamuk
couch *n.* kauč

cough n. kašalj
cough v. i. kašljati
council n. savet
councillor n. odbornik
counsel n. savet
counsel v. t. savetovati
counsellor n. savetnik
count n. račun
count v. t. računati
countenance n. izraz lica
counter n. brojilac
counter v. t uzvratiti
counteract v.t. suprotstaviti
countercharge n. protivtužba
counterfeit a. falsifikovan
counterfeiter n. falsifikator
countermand v.t. opozvati
counterpart n. duplikat
countersign v. t. lozinka
countess n. grofica
countless a. bezbrojan
country n. zemlja
county n. okrug
coup n. udar
couple n par
couple v. t spojiti
couplet n. kuplet
coupon n. kupon
courage n. hrabrost
courageous a. hrabar
courier n. kurir
course n. kurs
court n. sud
court v. t. udvarati se
courteous a. uljudan
courtesan n. kurtizana
courtesy n. učtivost
courtier n. dvoranin
courtship n. udvaranje
courtyard n. dvorište

cousin n. rođak
covenant n. ugovor
cover v. t. pokriti
cover n. poklopac
coverlet n. prekrivač
covet v.t. žudeti
cow n. krava
cow v. t. zastrašiti
coward n. kukavica
cowardice n. kukavičluk
cower v.i. sakriti se
cozy adj. udoban
crab n kraba
crack n prasak
crack v. i pucketati
cracker n kreker
crackle v.t. pucketati
cradle n kolevka
craft n zanat
craftsman n zanatlija
crafty a lukav
cram v. t natrpati
crambo n. igra stihovima
crane n dizalica
crankle v.t. savijati
crash v. i sudariti se
crash n sudar
crass adj. potpun
crate n. sanduk
crave v.t. žudeti
craw n. guša
crawl v. t puziti
crawl n puzanje
craze n pomama
crazy a lud
creak v. i škripati
creak n škripanje
cream n krema
crease n brazda
create v. t kreirati

creation *n* stvaranje
creative *adj.* kreativan
creator *n* tvorac
creature *n* stvorenje
credible *a* verodostojan
credit *n* kredit
creditable *a* zaslužan
creditor *n* poverilac
credulity *adj.* lakovernost
creed *n.* vera
creed *n* kredo
creek *n.* potok
creep *v. i* puzati
creeper *n* puzavac
cremate *v. t* kremirati
cremation *n* kremiranje
crest *n* grb
crevet *n. i.* retorta
crew *n.* posada
crib *n.* krevetac
cricket *n* cvrčak
crime *n* zločin
crimp *n* vrbovnik
crimple *v.t.* naborati
criminal *n* kriminal
criminal *a* krivično
crimson *n* tamno-crven
cringe *v. i.* puzati
cripple *n* bogalj
crisis *n* kriza
crisp *a* hrskav
criterion *n* kriterijum
critic *n* kritičar
critical *a* kritičan
criticism *n* kritika
criticize *v. t* kritikovati
croak *n.* graktanje
crockery *n.* zemljano posuđe
crocodile *n* krokodil
croesus *n.* krez

crook *a* prevarantski
crop *n* usev
cross *v. t* prekrstiti
cross *n* krst
cross *a* ukršten
crossing *n.* prelaz
crotchet *n.* kuka
crouch *v. i.* čučnuti
crow *n* vrana
crow *v. i* graktati
crowd *n* gomila
crown *n* kruna
crown *v. t* krunisati
crucial *adj.* presudan
crude *a* sirov
cruel *a* okrutan
cruelty *n* okrutnost
cruise *v.i.* krstariti
cruiser *n* krstarica
crumb *n* mrvica
crumble *v. t* izmrviti
crump *adj.* hrskav
crusade *n* krstaški pohod
crush *v. t* gnječiti
crust *n.* kora
crutch *n* štaka
cry *n* uzvik
cry *v. i* vikati
cryptography *n.* kriptografija
crystal *n* kristal
cub *n* mladunče
cube *n* kocka
cubical *a* kockast
cubiform *adj.* cilindričnog oblika
cuckold *n.* rogonja
cuckoo *n* kukavica
cucumber *n* krastavac
cudgel *n* toljaga
cue *n* tak
cuff *n* manžetna

cuff v. t cušnuti
cuisine n. kuhinja
cullet n. otpaci stakla
culminate v.i. kulminirati
culpable a kriv
culprit n krivac
cult n kult
cultivate v. t obrađivati
cultrate adj. šiljat
cultural a kulturni
culture n kultura
culvert n. odvodni kanal
cunning a lukav
cunning n lukavost
cup n. šolja
cupboard n orman
Cupid n kupidon
cupidity n pohlepa
curable a izlečiv
curative a lekovit
curb n ivičnjak
curb v. t obuzdatu
curcuma n. egzotična biljka
curd n surutka
cure n lek
cure v. t. lečiti
curfew n policijski čas
curiosity n radoznalost
curious a radoznao
curl n. uvojak
currant n. ribizla
currency n valuta
current n struja
current a trenutni
curriculum n nastavni plan
curse n kletva
curse v. t prokleti
cursory a površan
curt a odsečan
curtail v. t skratiti

curtain n zavesa
curve n krivina
curve v. t kriva
cushion n jastuk
cushion v. t obložiti jastucima
custard n fil
custodian n staratelj
custody v starateljstvo
custom n. običaj
customary a uobičajen
customer n kupac
cut v. t rezati
cut n rez
cutis n. koža
cuvette n. laboratorijska posuda
cycle n krug
cyclic a kružni
cyclist n biciklista
cyclone n. ciklon
cyclostyle n ciklostil
cyclostyle v. t umnožavati na ciklostilu
cylinder n cilindar
cynic n cinik
cypher n cifra
cypress čempres

D

dabble v. i. umakati
dacoit n. razbojnik
dacoity n. razbojništvo
dad, daddy n tata
daffodil n. zelenkada
daft adj. lud
dagger n. bodež
daily a dnevni
daily adv. dnevno
daily n. dnevnik
dainty a. nežan

dainty *n.* poslastica
dairy *n* mlekara
dais *n.* podijum
daisy *n* krasuljak
dale *n* dolina
dam *n* brana
damage *n.* šteta
damage *v. t.* oštetiti
dame *n.* dama
damn *v. t.* prokleti
damnation *n.* prokletstvo
damp *a* vlažan
damp *n* vlaga
damp *v. t.* vlažiti
damsel *n.* gospođica
dance *n* ples
dance *v. t.* plesati
dandelion *n.* maslačak
dandle *v.t.* ljuljati
dandruff *n* perut
dandy *n* kicoš
danger *n.* opasnost
dangerous *a* opasan
dangle *v. t* klatiti
dank *adj.* vlažan
dap *v.i.* pecati
dare *v. i.* usuditi se
daring *n.* smelost
daring *a* smeo
dark *a* taman
dark *n* mrak
darkle *v.i.* sakriti se
darling *n* dragi
darling *a* drag
dart *n.* strelica
dash *v. i.* jurnuti
dash *n* navala
date *n* datum
date *v. t* datirati
daub *n.* mazarija

daub *v. t.* zamazati
daughter *n* ćerka
daunt *v. t* uplašiti
dauntless *a* neustrašiv
dawdle *v.i.* dagubiti
dawn *n* zora
dawn *v. i.* svitati
day *n* dan
daze *n* zapanjenost
daze *v. t* zapanjiti
dazzle *n* blesak
dazzle *v. t.* zaseniti
deacon *n.* đakon
dead *a* mrtav
deadlock *n* ćorsokak
deadly *a* smrtonosan
deaf *a* gluv
deal *n* dogovor
deal *v. i.* dogovoriti se
dealer *n* trgovac
dealing *n.* poslovanje
dean *n.* dekan
dear *a* drag
dearth *n* nestašica
death *n* smrt
debar *v. t.* uskratiti
debase *v. t.* osramotiti
debate *n.* debata
debate *v. t.* debatovati
debauch *v. t.* pijančiti
debauch *n* pijančenje
debauchee *n* razvratnik
debauchery *n* razvrat
debility *n* iznurenost
debit *n* zaduženje
debit *v. t* zadužiti
debris *n* ruševina
debt *n* dug
debtor *n* dužnik
decade *n* decenija

decadent a dekadentan
decamp v. i. napustiti logor
decay n. raspadanje
decay v. i raspadati
decease n smrt
decease v. i preminuti
deceit n prevara
deceive v. t obmanuti
december n decembar
decency n pristojnost
decennary n. desetogodišnjica
decent a pristojan
deception n prevara
decide v. t odlučiti
decimal a decimal
decimate v.t. desetkovati
decision n odluka
decisive a odlučujući
deck n paluba
deck v. t ukrasiti
declaration n deklaracija
declare v. t. proglasiti
decline n propadanje
decline v. t. propadati
declivous adj. strm
decompose v. t. razložiti
decomposition n. rastavljanje
decontrol v.t. ukinuti ograničenje
decorate v. t ukrasiti
decoration n dekoracija
decorum n pristojnost
decrease v. t smanjiti
decrease n smanjenje
decree n dekret
decree v. i narediti
decrement n. opadanje
dedicate v. t. posvetiti
dedication n posveta
deduct v.t. odbiti
deed n delo

deem v.i. smatrati
deep a. duboko
deer n jelen
defamation n kleveta
defame v. t. klevetati
default n. prekršaj
defeat n poraz
defeat v. t. poraziti
defect n nedostatak
defence n odbrana
defend v. t braniti
defendant n optuženi
defensive adv. odbrambeno
deference n priklanjanje
defiance n prkos
deficit n deficit
deficient adj. nedovoljan
defile n. tesnac
define v. t definisati
definite a određen
definition n definicija
deflation n. deflacija
deflect v.t. & i. odvratiti
deft adj. spretan
degrade v. t degradirati
degree n stepen
dehort v.i. obeshrabriti
deist n. deist
deity n. božanstvo
deject v. t oneraspoložiti
dejection n utučenost
delay v.t. & i. odložiti
delibate v.t. gucnuti
deligate1 n vezivanje
delegate v. t delegat
delegation n delegacija
delete v. t izbrisati
deliberate v. i razmatrati
deliberate a nameran
deliberation n razmatranje

delicate a delikatan
delicious a ukusan
delight n uživanje
delight v. t. uživati
deliver v. t dostaviti
delivery n isporuka
delta n delta
delude n.t. obmanuti
delusion n. obmana
demand n zahtev
demand v. t zahtevati
demarcation n. razgraničenje
dement v.t izludeti
demerit n nedostatak
democracy n demokratija
democratic a demokratski
demolish v. t. demolirati
demon n. demon
demonetize v.t. demonetizirati
demonstrate v. t pokazati
demonstration n. pokazivanje
demoralize v. t. demoralisati
demur n oklevanje
demur v. t oklevati
demurrage n. prekoračenje
den n jazbina
dengue n. denga
denial n poricanje
denote v. i označavati
denounce v. t oglasiti
dense a gust
density n gustina
dentist n stomatolog
denude v.t. ogoliti
denunciation n. potkazivanje
deny v. t. poricati
depart v. i. otići
department n odeljenje
departure n odlazak
depauperate v.t. nedovoljno razviti

depend v. i. zavisiti
dependant n zavisnik
dependence n zavisnost
dependent a zavisan
depict v. t. prikazivati
deplorable a jadan
deploy v.t. pregrupisati
deponent n. svedok
deport v.t. deportovati
depose v. t svrgnuti
deposit n. depozit
deposit v. t založiti
depot n stovarište
depreciate v.t.i. obezvrediti
depredate v.t. opljačkati
depress v. t pritisnuti
depression n depresija
deprive v. t lišiti
depth n dubina
deputation n ovlašćenje
depute v. t ovlastiti
deputy n zamenik
derail v. t. izbaciti iz koloseka
derive v. t. izvesti
descend v. i. spuštati se
descendant n potomak
descent n. silazak
describe v. t opisati
description n opis
descriptive a opisni
desert v. t. napustiti
desert n pustinja
deserve v. t. zaslužiti
design v. t. dizajnirati
design n. dizajn
desirable a poželjan
desire n želja
desire v.t želeti
desirous a željan
desk n radni sto

despair n očajanje
despair v. i očajavati
desperate a očajan
despicable a dostojan prezira
despise v. t prezirati
despot n despot
destination n destinacija
destiny n sudbina
destroy v. t uništiti
destruction n razaranje
detach v. t odvojiti
detachment n odvajanje
detail n detalj
detail v. t detaljisati
detain v. t zadržati
detect v. t otkriti
detective a detektivski
detective n. detektiv
determination n. odlučnost
determine v. t odrediti
dethrone v. t zbaciti
develop v. t. razviti
development n. razvoj
deviate v. i odstupati
deviation n odstupanje
device n uređaj
devil n đavo
devise v. t izmisliti
devoid a lišen
devote v. t posvetiti
devotee n privrženik
devotion n privrženost
devour v. t proždirati
dew n. rosa
diabetes n dijabetes
diagnose v. t postaviti dijagnozu
diagnosis n dijagnoza
diagram n dijagram
dial n. brojčanik
dialect n dijalekt

dialogue n dijalog
diameter n prečnik
diamond n dijamant
diarrhoea n dijareja
diary n dnevnik
dice n. kocke
dice v. i. kockati se
dictate v. t diktirati
dictation n diktiranje
dictator n diktator
diction n dikcija
dictionary n rečnik
dictum n izreka
didactic a didaktički
die v. i umreti
die n umiranje
diet n dijeta
differ v. i razlikovati se
difference n razlika
different a različit
difficult a težak
difficulty n teškoća
dig n kopanje
dig v.t. kopati
digest v. t. svariti
digest n. pregled
digestion n varenje
digit n cifra
dignify v.t udostojiti
dignity n dostojanstvo
dilemma n dilema
diligence n marljivost
diligent a marljiv
dilute v. t razvodniti
dilute a razvodnjen
dim a nejasan
dim v. t potamneti
dimension n dimenzija
diminish v. t smanjiti
din n buka

dine v. t. večerati
dinner n večera
dip n. umakanje
dip v. t umočiti
diploma n diploma
diplomacy n diplomatija
diplomat n diplomata
diplomatic a diplomatski
dire a strašan
direct a direktan
direct v. t usmeriti
direction n pravac
director n. direktor
directory n direktorijum
dirt n nečistoća
dirty a prljav
disability n nesposobnost
disable v. t onesposobiti
disabled a nesposoban
disadvantage n nedostatak
disagree v. i. ne slagati se
disagreeable a. neprijatan
disagreement n. nesporazum
disappear v. i nestati
disappearance n nestanak
disappoint v. t. razočarati
disapproval n neodobravanje
disapprove v. t neodobravati
disarm v. t razoružati
disarmament n. razoružanje
disaster n katastrofa
disastrous a katastrofalan
disc n. disk
discard v. t odbaciti
discharge v. t prazniti
discharge n. pražnjenje
disciple n učenik
discipline n disciplina
disclose v. t otkriti
discomfort n nelagodnost

disconnect v. t isključiti
discontent n nezadovoljstvo
discontinue v. t prekinuti
discord n nesloga
discount n popust
discourage v. t. obeshrabriti
discourse n diskurs
discourteous a neučtiv
discover v. t otkriti
discovery n. otkriće
discretion n diskrecija
discriminate v. t. razlikovati
discrimination n diskriminacija
discuss v. t. diskutovati
disdain n prezir
disdain v. t. prezirati
disease n bolest
disguise n prerušen
disguise v. t prerušiti se
dish n jelo
dishearten v. t obeshrabriti
dishonest a nepošten
dishonesty n. nepoštenje
dishonour v. t osramotiti
dishonour n sramota
dislike v. t. ne voleti
dislike n antipatija
disloyal a nelojalan
dismiss v. t. odbaciti
dismissal n. otpuštanje
disobey v. t. biti neposlušan
disorder n poremećaj
disparity n nejednakost
dispensary n ambulanta
disperse v. t rasuti
displace v. t pomeriti
display v. t pokazati
display n pokazivanje
displease v. t ne sviđati se
displeasure n nezadovoljstvo

disposal n raspolaganje
dispose v. t raspolagati
disprove v. t opovrgnuti
dispute n spor
dispute v. i prepirati se
disqualification n diskvalifikacija
disqualify v. t. diskvalifikovati
disquiet n uznemirenost
disregard n potcenjivanje
disregard v. t potcenjivati
disrepute n ozloglašenost
disrespect n nepoštovanje
disrupt v. t prekinuti
dissatisfaction n nezadovoljstvo
dissatisfy v. t. ne zadovoljiti
dissect v. t secirati
dissection n seciranje
dissimilar a različit
dissolve v.t rastvoriti
dissuade v. t odvratiti
distance n rastojanje
distant a udaljen
distil v. t destilovati
distillery n destilerija
distinct a poseban
distinction n razlika
distinguish v. i razlikovati
distort v. t izobličiti
distress n bol
distress v. t ožalostiti
distribute v. t distribuirati
distribution n distribucija
district n okrug
distrust n nepoverenje
distrust v. t. sumnjati
disturb v. t uznemiravati
ditch n jarak
ditto n. isto
dive v. i roniti
dive n ronjenje

diverse a različit
divert v. t skrenuti
divide v. t podeliti
divine a božanski
divinity n božanstvenost
division n podela
divorce n razvod
divorce v. t razvesti
divulge v. t otkriti
do v. t činiti
docile a poslušan
dock n. pristanište
doctor n lekar
doctorate n doktorat
doctrine n doktrina
document n dokument
dodge n izmicanje
dodge v. t izmicati
doe n srna
dog n pas
dog v. t pratiti
dogma n dogma
dogmatic a dogmatski
doll n lutka
dollar n dolar
domain n domen
dome n kupola
domestic a domaći
domestic n posluga
domicile n prebivalište
dominant a dominantan
dominate v. t dominirati
domination n dominacija
dominion n vlast
donate v. t pokloniti
donation n. donacija
donkey n magarac
donor n davalac
doom n propast
doom v. t. osuditi

door *n* vrata
dose *n* doza
dot *n* tačka
dot *v. t* istačkati
double *a* dvostruko
double *v. t.* udvostručiti
double *n* dvostrukost
doubt *v. i* sumnjati
doubt *n* sumnja
dough *n* testo
dove *n* golub
down *adv* dole
down *prep* niz
down *v. t* baciti
downfall *n* slom
downpour *n* pljusak
downright *adv* potpuno
downright *a* potpun
downward *a* nagnut
downward *adv* nadole
downwards *adv* dole
dowry *n* miraz
doze *n.* dremanje
doze *v. i* dremati
dozen *n* tuce
draft *v. t* skicirati
draft *n* skica
draftsman *a* crtač
drag *n* povlačenje
drag *v. t* povlačiti
dragon *n* zmaj
drain *n* odvod
drain *v. t* odvoditi
drainage *n* drenaža
dram *n* gutljaj
drama *n* drama
dramatic *a* dramatičan
dramatist *n* dramaturg
draper *n* suknar
drastic *a* drastičan

draught *n* nacrt
draw *v.t* vući
draw *n* izvlačenje
drawback *n* smetnja
drawer *n* fioka
drawing *n* crtanje
drawing-room *n* salon
dread *n* strah
dread *v.t* strahovati
dread *a* strašan
dream *n* san
dream *v. i.* sanjati
drench *v. t* pokvasiti
dress *n* haljina
dress *v. t* oblačiti
dressing *n* oblačenje
drill *n* bušilica
drill *v. t.* bušenje
drink *n* piće
drink *v. t* piti
drip *n* kapanje
drip *v. i* kapati
drive *v. t* voziti
drive *n* vožnja
driver *n* vozač
drizzle *n* izmaglica
drizzle *v. i* rominjati
drop *n* kap
drop *v. i* kapati
drought *n* suša
drown *v.i* utopiti
drug *n* lek
druggist *n* apotekar
drum *n* bubanj
drum *v.i.* udarati u bubanj
drunkard *n* pijanica
dry *a* suvo
dry *v. i.* osušiti
dual *a* dvostruk
duck *n.* patka

duck v.i. zaroniti
due a dužan
due n dug
due adv tačno
duel n dvoboj
duel v. i. boriti se
duke n vojvoda
dull a tup
dull v. t. tupiti
duly adv propisno
dumb a glup
dunce n glupan
dung n đubre
duplicate a dvostruk
duplicate n duplikat
duplicate v. t udvostručiti
duplicity n dvoličnost
durable a izdržljiv
duration n trajanje
during prep za vreme
dusk n suton
dust n prašina
dust v.t. zaprašiti
duster n pajalica
dutiful a savestan
duty n dužnost
dwarf n patuljak
dwell v. i stanovati
dwelling n prebivalište
dwindle v. t nestajati
dye v. t bojiti
dye n boja
dynamic a dinamičan
dynamics n. dinamika
dynamite n dinamit
dynamo n generator
dynasty n dinastija
dysentery n dizenterija

E

each a svaki
each pron. svaki
eager a željan
eagle n orao
ear n uvo
early adv ran
early a rano
earn v. t zaslužiti
earnest a ozbiljan
earth n zemlja
earthen a zemljan
earthly a zemaljski
earthquake n zemljotres
ease n jednostavnost
ease v. t pojednostaviti
east n istok
east adv istočno
east a istočni
easter n uskrs
eastern a istočni
easy a lako
eat v. t jesti
eatable n. jestivost
eatable a jestiv
ebb n oseka
ebb v. i opadati
ebony n abonos
echo n odjek
echo v. t odjekivati
eclipse n pomračenje
economic a ekonomski
economical a ekonomičan
economics n. ekonomija
economy n ekonomija
edge n ivica
edible a jestivo

edifice n građevina
edit v. t urediti
edition n izdanje
editor n urednik
editorial a urednički
editorial n uvodnik
educate v. t obrazovati
education n obrazovanje
efface v. t izbrisati
effect n efekat
effect v. t delovanje
effective a efikasan
effeminate a ženstven
efficacy n delotvornost
efficiency n efikasnost
efficient a efikasan
effigy n slika
effort n napor
egg n jaje
ego n ego
egotism n egoizam
eight n osam
eighteen a osamnaest
eighty n osamdeset
either a. oba
either adv. niti
eject v. t. izbaciti
elaborate v. t razraditi
elaborate a razrađen
elapse v. t prolaziti
elastic a elastičan
elbow n lakat
elder a stariji
elder n starešina
elderly a starije
elect v. t izabrati
election n izbor
electorate n biračko telo
electric a električni
electricity n elektricitet

electrify v. t naelektrisati
elegance n elegancija
elegant adj elegantan
elegy n elegija
element n element
elementary a elementarni
elephant n slon
elevate v. t podići
elevation n uzdignuće
eleven n jedanaest
elf n patuljak
eligible a poželjan
eliminate v. t eliminisati
elimination n eliminacija
elope v. i pobeći
eloquence n rečitost
eloquent a rečit
else a drugi
else adv drugo
elucidate v. t objasniti
elude v. t izbegavati
elusion n izbegavanje
elusive a nedostižan
emancipation n. emancipacija
embalm v. t balsamovati
embankment n nasip
embark v. t ukrcati
embarrass v. t posramiti
embassy n ambasada
embitter v. t zagorčati
emblem n amblem
embodiment n otelovljenje
embody v. t. otelotvoriti
embolden v. t. ohrabriti
embrace v. t. zagrliti
embrace n zagrljaj
embroidery n vez
embryo n embrion
emerald n smaragd
emerge v. i pojaviti se

emergency *n* hitan slučaj
eminence *n* eminencija
eminent *a* eminentni
emissary *n* izaslanik
emit *v. t* emitovati
emolument *n* prihod
emotion *n* emocija
emotional *a* emotivan
emperor *n* imperator
emphasis *n* naglasak
emphasize *v. t* naglasiti
emphatic *a* izrazit
empire *n* carstvo
employ *v. t* zaposliti
employee *n* službenik
employer *n* poslodavac
employment *n* zaposlenje
empower *v. t* osposobiti
empress *n* carica
empty *a* prazan
empty *v* prazniti
emulate *v. t* takmičiti se
enable *v. t* omogućiti
enact *v. t* ozakoniti
enamel *n* emajl
enamour *v. t* zaljubiti se
encase *v. t* spakovati
enchant *v. t* opčiniti
encircle *v. t.* okružiti
enclose *v. t* priložiti
enclosure *n.* prilog
encompass *v. t* opkoliti
encounter *n.* susret
encounter *v. t* susresti
encourage *v. t* ohrabriti
encroach *v. i* zadirati
encumber *v. t.* opteretiti
encyclopaedia *n.* enciklopedija
end *v. t* završiti
end *n.* kraj

endanger *v. t.* ugroziti
endear *v.t učiniti* dragim
endearment *n.* nežnost
endeavour *n* nastojanje
endeavour *v.i* nastojati
endorse *v. t.* odobriti
endow *v. t* obdariti
endurable *a* izdržljiv
endurance *n.* izdržljivost
endure *v.t.* izdržati
enemy *n* neprijatelj
energetic *a* energičan
energy *n.* energija
enfeeble *v. t.* oslabiti
enforce *v. t.* primeniti
enfranchise *v.t.* dati pravo glasa
engage *v. t* angažovati
engagement *n.* angažovanje
engine *n* motor
engineer *n* inženjer
English *n* engleski jezik, Englez
engrave *v. t* ugravirati
engross *v.t* zaokupiti
engulf *v.t* progutati
enigma *n* enigma
enjoy *v. t* uživati
enjoyment *n* uživanje
enlarge *v. t* uvećanje
enlighten *v. t.* prosvetliti
enlist *v. t* regrutovati
enliven *v. t.* oživeti
enmity *n* neprijateljstvo
ennoble *v. t.* oplemeniti
enormous *a* ogroman
enough *a* dovoljan
enough *adv* dovoljno
enrage *v. t* razbesneti
enrapture *v. t* ushititi
enrich *v. t* obogatiti
enrol *v. t* upisati

enshrine v. t zatvoriti u svetilište
enslave v.t. zarobiti
ensue v.i proizilaziti
ensure v. t obezbediti
entangle v. t upetljati
enter v. t ulaziti
enterprise n preduzeće
entertain v. t zabaviti
entertainment n. zabava
enthrone v. t ustoličiti
enthusiasm n entuzijazam
enthusiastic a oduševljen
entice v. t. namamiti
entire a čitav
entirely adv potpuno
entitle v. t. ovlastiti
entity n entitet
entomology n. entomologija
entrails n. utroba
entrance n ulaz
entrap v. t. zarobiti
entreat v. t. preklinjati
entreaty n. preklinjanje
entrust v. t poveriti
entry n ulazak
enumerate v. t. nabrajati
envelop v. t zamotati
envelope n koverat
enviable a zavidan
envious a zavidljiv
environment n. okruženje
envy v biti zavidan
envy v. t zavideti
epic n ep
epidemic n epidemija
epigram n epigram
epilepsy n epilepsija
epilogue n epilog
episode n epizoda
epitaph n epitaf

epoch n epoha
equal a jednako
equal v. t izjednačiti
equal n ravnopravnost
equality n jednakost
equalize v. t. izjednačiti
equate v. t uskladiti
equation n jednačina
equator n ekvator
equilateral a jednakostranični
equip v. t opremiti
equipment n oprema
equitable a pravedan
equivalent a ekvivalent
equivocal a dvosmislen
era n doba
eradicate v. t iskoreniti
erase v. t brisati
erect v. t uspraviti
erect a uspravljen
erection n erekcija
erode v. t erodirati
erosion n erozija
erotic a erotski
err v. i pogrešiti
errand n zadatak
erroneous a pogrešan
error n greška
erupt v. i buknuti
eruption n erupcija
escape n bekstvo
escape v.i pobeći
escort n pratnja
escort v. t pratiti
especial a poseban
essay n. esej
essay v. t. ustanoviti
essayist n esejista
essence n suština
essential a suštinski

establish v. t. uspostaviti
establishment n osnivanje
estate n imanje
esteem n poštovanje
esteem v. t poštovati
estimate n. procena
estimate v. t proceniti
estimation n procena
etcetera i tako dalje
eternal adj. večan
eternity n večnost
ether n etar
ethical a etički
ethics n. etika
etiquette n etiketa
etymology n. etimologija
eunuch n evnuh
evacuate v. t evakuisati
evacuation n evakuacija
evade v. t izbeći
evaluate v. t oceniti
evaporate v. i ispariti
evasion n izbegavanje
even a ravan
even v. t izravnati
even adv čak
evening n veče
event n događaj
eventually adv. konačno
ever adv ikad
evergreen a zimzelen
evergreen n evergrin
everlasting a. večan
every a svaki
evict v. t proterati
eviction n proterivanje
evidence n dokaz
evident a. očigledan
evil n zlo
evil a zao

evoke v. t evocirati
evolution n evolucija
evolve v.t evoluirati
ewe n ovca
exact a tačan
exaggerate v. t. preuveličavati
exaggeration n. preuveličavanje
exalt v. t veličati
examination n. ispitivanje
examine v. t ispitati
examinee n ispitanik
examiner n ispitivač
example n primer
excavate v. t. iskopavati
excavation n. iskopavanje
exceed v.t prekoračiti
excel v.i nadmašiti
excellence n. izvrsnost
excellency n ekselencija
excellent a. odličan
except v. t izuzeti
except prep osim
exception n izuzetak
excess n višak
excess a suvišan
exchange n razmena
exchange v. t. razmeniti
excise n akciza
excite v. t uzbuditi
exclaim v.i uzviknuti
exclamation n uzvik
exclude v. t isključiti
exclusive a isključiv
excommunicate v. t. ekskomunicirati
excursion n. ekskurzija
excuse v.t opravdati
excuse n izgovor
execute v. t izvršiti
execution n izvršenje
executioner n. izvršilac

exempt v. t. osloboditi
exempt adj. oslobođen
exercise n. vežba
exercise v. t vežbati
exhaust v. t. izduvati
exhibit n. eksponat
exhibit v. t izložiti
exhibition n. Izložba
exile n. progonstvo
exile v. t prognati
exist v.i postojati
existence n postojanje
exit n. izlaz
expand v.t. proširiti
expansion n. proširenje
ex-parte a jednostran
ex-parte adv jednostrano
expect v. t očekivati
expectation n. očekivanje
expedient a prikladan
expedite v. t. požuriti
expedition n ekspedicija
expel v. t. isključiti
expend v. t potrošiti
expenditure n rashod
expense n. trošak
expensive a skup
experience n iskustvo
experience v. t. iskusiti
experiment n eksperiment
expert a stručan
expert n stručnjak
expire v.i. isteći
expiry n istek
explain v. t. objasniti
explanation n objašnjenje
explicit a. eksplicitan
explode v. t. eksplodirati
exploit n eksploatacija
exploit v. t eksploatisati

exploration n istraživanje
explore v.t istražiti
explosion n. eksplozija
explosive n. eksploziv
explosive a eksplozivan
exponent n tumač
export n izvoz
export v. t. izvoziti
expose v. t izložiti
express v. t. izraziti
express a određen
express n ekspres
expression n. izraz
expressive a. izražajan
expulsion n. isključenje
extend v. t proširiti
extent n. obim
external a spoljni
extinct a izumro
extinguish v.t ugasiti
extol v. t. veličati
extra a dodatni
extra adv ekstra
extract n ekstrakt
extract v. t. izdvojiti
extraordinary a. izvanredan
extravagance n ekstravagancija
extravagant a ekstravagantan
extreme a ekstreman
extreme n ekstrem
extremist n ekstremista
exult v. i likovati
eye n oko
eyeball n očna jabučica
eyelash n trepavica
eyelet n rupica
eyewash n prevara

F

fable *n.* basna
fabric *n* tkanina
fabricate *v.t* proizvoditi
fabrication *n* proizvodnja
fabulous *a* neverovatan
facade *n* fasada
face *n* lice
face *v.t* suočiti se
facet *n* aspekt
facial *a* lični
facile *a* lak
facilitate *v.t* olakšati
facility *n* postrojenje
facsimile *n* faksimil
fact *n* činjenica
faction *n* frakcija
factious *a* stranački
factor *n* faktor
factory *n* fabrika
faculty *n* fakultet
fad *n* hir
fade *v.i* izbledeti
faggot *n* naramak pruća
fail *v.i ne* uspeti
failure *n* neuspeh
faint *a* slab
faint *v.i* onesvestiti se
fair *a* lep
fair *n.* sajam
fairly *adv.* pošteno
fairy *n* vila
faith *n* vera
faithful *a* veran
falcon *n* soko
fall *v.i.* pasti
fall *n* jesen

fallacy *n* zabluda
fallow *n* ugar
false *a* lažan
falter *v.i* posrnuti
fame *n* slava
familiar *a* poznat
family *n* porodica
famine *n* glad
famous *a* poznat
fan *n* blag vetar
fanatic *a* fanatičan
fanatic *n* fanatik
fancy *n* mašta
fancy *v.t* zamisliti
fantastic *a* fantastičan
far *adv.* daleko
far *a* dalek
far *n* daljina
farce *n* farsa
fare *n* karta
farewell *n* oproštaj
farewell *interj.* zbogom
farm *n* farma
farmer *n* poljoprivrednik
fascinate *v.t* fascinirati
fascination *n.* fascinacija
fashion *n* moda
fashionable *a* moderan
fast *a* brz
fast *adv* brzo
fast *n* post
fast *v.i* postiti
fasten *v.t* pričvrstiti
fat *a* gojazan
fat *n* mast
fatal *a* fatalan
fate *n* sudbina
father *n* otac
fathom *v.t* proniknuti
fathom *n* hvat

fatigue *n* umor
fatigue *v.t* umarati
fault *n* greška
faulty *a* neispravan
fauna *n* fauna
favour1 *n* naklonost
favour *v.t* pomagati
favourable *a* povoljan
favourite *a* omiljen
favourite *n* favorit
fear *n* strah
fear *v.i.* plašiti se
fearful *a.* strašno
feasible *a* izvodljiv
feast *n* gozba
feast *v.i* gostiti se
feat *n* podvig
feather *n* pero
feature *n* odlika
February *n* februar
federal *a* federalni
federation *n* federacija
fee *n* honorar
feeble *a* slab
feed *v.t* hraniti
feed *n* hranjenje
feel *v.t* osećati
feeling *n* osećaj
feign *v.t* pretvarati se
felicitate *v.t* čestitati
felicity *n* blaženstvo
fell *v.t* pasti
fellow *n* kolega
female *a* ženski
female *n* žena
feminine *a.* ženskog roda
fence *n* ograda
fence *v.t* ograditi
fend *v.t braniti* se
ferment *n* kvasac

ferment *v.t* ključati
fermentation *n* fermentacija
ferocious *a* svirep
ferry *n* trajekt
ferry *v.t* prevoziti
fertile *a* plodan
fertility *n* plodnost
fertilize *v.t* oploditi
fertilizer *n* đubrivo
fervent *a* vatren
fervour *n* žestina
festival *n* festival
festive *a* svečan
festivity *n* svečanost
festoon *n* venac
fetch *v.t* doneti
fetter *n* karika
fetter *v.t* sputati
feud *n.* zavada
feudal *a* feudalni
fever *n* groznica
few *a* malo
fiasco *n* fijasko
fibre *n* vlakno
fickle *a* promenljiv
fiction *n* fikcija
fictitious *a* fiktivan
fiddle *n* violina
fiddle *v.i* guditi
fidelity *n* vernost
fie *interj* fuj
field *n* polje
fiend *n* đavo
fierce *a* žestok
fiery *a* užaren
fifteen *n* petnaest
fifty *n.* pedeset
fig *n* smokva
fight *n* borba
fight *v.t* boriti se

figment *n* izmišljotina
figurative *a* figurativan
figure *n* figura
figure *v.t* uobličiti
file *n* arhiva
file *v.t* arhivirati
file *n* fascikla
file *v.t* ubeležiti
file *n* dosije
file *v.i.* nizati
fill *v.t* popuniti
film *n* film
film *v.t* snimati
filter *n* filter
filter *v.t* čistiti
filth *n* nečistoća
filthy *a* prljav
fin *n* peraje
final *a* konačan
finance *n* finansije
finance *v.t* finansirati
financial *a* finansijski
financier *n* finansijer
find *v.t* kazniti
fine *n* kazna
fine *v.t* čistiti
fine *a* dobar
finger *n* prst
finger *v.t* dodirivati
finish *v.t* završiti
finish *n* završetak
finite *a* konačan
fir *n* jela
fire *n* vatra
fire *v.t* zapaliti
firm *a* čvrst
firm *n.* firma
first *a* prvi
first *n* prvi
first *adv* prvo

fiscal *a* fiskalni
fish *n* riba
fish *v.i* pecati
fisherman *n* ribar
fissure *n* pukotina
fist *n* pesnica
fistula *n* fistula
fit *v.t* podesiti
fit prikladan
fit *n* napad
fitful *a* grčevit
fitter *n* monter
five *n* pet
fix *v.t* popraviti
fix *n* neprilika
flabby *a* mlitav
flag *n* zastava
flagrant *a* sramotan
flame *n* plamen
flame *v.i* plamteti
flannel *n* flanel
flare *v.i* planuti
flare *n* blesak
flash *n* blic
flash *v.t* zasijati
flask *n* pljoska
flat *a* ravan
flat *n* ravnina
flatter *v.t* laskati
flattery *n* laskanje
flavour *n* ukus
flaw *n* mana
flea *n.* buva
flee *v.i* pobeći
fleece *n* runo
fleece *v.t* ošišati
fleet *n* flota
flesh *n* meso
flexible *a* fleksibilan
flicker *n* treperenje

flicker *v.t* treperiti
flight *n* let
flimsy *a* tanak
fling *v.t* baciti
flippancy *n* lakomislenost
flirt *n* flertovanje
flirt *v.i* flertovati
float *v.i* ploviti
flock *n* stado
flock *v.i* gomilati
flog *v.t* šibati
flood *n* poplava
flood *v.t* poplaviti
floor *n* pod
floor *v.t* popločati
flora *n* flora
florist *n* cvećar
flour *n* brašno
flourish *v.i* cvetati
flow *n* protok
flow *v.i* teći
flower *n* cvet
flowery *a* cvetni
fluent *a* tečan
fluid *a* tekući
fluid *n* tečnost
flush *v.i* sprati
flush *n* rumenilo
flute *n* flauta
flute *v.i* svirati flautu
flutter *n* lepršanje
flutter *v.t* lepršati
fly *n* muva
fly *v.i* leteti
foam *n* pena
foam *v.t* peniti se
focal *a* žarišni
focus *n* fokus
focus *v.t* izoštriti
fodder *n* stočna hrana

foe *n* neprijatelj
fog *n* magla
foil *v.t* folija
fold *n* nabor
fold *v.t* saviti
foliage *n* lišće
follow *v.t* pratiti
follower *n* sledbenik
folly *n* glupost
foment *v.t* izazivati
fond *a* naklonjen
fondle *v.t* milovati
food *n* hrana
fool *n* budala
foolish *a* budalast
foolscap *n* tabak za pisanje
foot *n* stopalo
for *prep* za
for *conj.* jer
forbid *v.t* zabraniti
force *n* sila
force *v.t* siliti
forceful *a* snažan
forcible *a* prisilan
forearm *n* podlaktica
forearm *v.t* unapred oružati
forecast *n* predviđanje
forecast *v.t* predviđati
forefather *n* praotac
forefinger *n* kažiprst
forehead *n* čelo
foreign *a* strani
foreigner *n* stranac
foreknowledge *n.* predviđanje
foreleg *n* prednja noga
forelock *n* uvojak
foreman *n* nadzornik
foremost *a* prednji
forenoon *n* pre podne
forerunner *n* prethodnik

foresee v.t predvideti
foresight n predviđanje
forest n šuma
forestall v.t preduhitriti
forester n šumar
forestry n šumarstvo
foretell v.t proreći
forethought n promišljenost
forever adv zauvek
forewarn v.t upozoriti
foreword n predgovor
forfeit v.t izgubiti
forfeit n gubitak
forfeiture n gubitak prava
forge n kovačnica
forge v.t falsifikovati
forgery n falsifikat
forget v.t zaboraviti
forgetful a zaboravan
forgive v.t oprostiti
forgo v.t odreći se
forlorn a usamljen
form n forma
form v.t. formirati
formal a formalan
format n format
formation n. formacija
former a prethodni
former pron bivši
formerly adv ranije
formidable a znatan
formula n formula
formulate v.t formulisati
forsake v.t. napustiti
forswear v.t. prekršiti zakletvu
fort n. utvrđenje
forte n. jaka tačka
forth adv. napred
forthcoming a. predstojeći
forthwith adv. odmah

fortify v.t. utvrditi
fortitude n. hrabrost
fort-night n. dve nedelje
fortress n. tvrđava
fortunate a. srećan
fortune n. sreća
forty n. četrdeset
forum n. forum
forward a. prednji
forward adv napred
forward v.t poslati
fossil n. fosil
foster v.t. odgajati
foul a. prekršaj
found v.t. utemeljiti
foundation n. utemeljenje
founder n. osnivač
foundry n. livnica
fountain n. fontana
four n. četiri
fourteen n. četrnaest
fowl n. živina
fowler n. ptičar
fox n. lisica
fraction n. frakcija
fracture n. prelom
fracture v.t polomiti
fragile a. krhak
fragment n. fragment
fragrance n. miris
fragrant a. mirisan
frail a. slab
frame v.t. uramiti
frame n okvir
frachise n. franšiza
frank a. iskren
frantic a. pomaman
fraternal a. bratski
fraternity n. bratstvo
fratricide n. bratoubistvo

fraud n. prevara
fraudulent a. nepošten
fraught a. ispunjen
fray n tuča
free a. slobodan
free v.t osloboditi
freedom n. sloboda
freeze v.i. zamrznuti
freight n. tovar
French a. francuski
French n. francuski jezik, Francuz
frenzy n. pomama
frequency n. frekvencija
frequent n. učestalost
fresh a. svež
fret n. uzrujanost
fret v.t. uzrujati se
friction n. trenje
Friday n. petak
fridge n. frižider
friend n. prijatelj
fright n. strah
frighten v.t. uplašiti
frigid a. frigidan
frill n. nabor
fringe n. resa
fringe v.t obrubiti
frivolous a. neozbiljan
frock n. haljina
frog n. žaba
frolic n. zabava
frolic v.i. veseliti se
from prep. od
front n. front
front a prednji
front v.t gledati
frontier n. granica
frost n. mraz
frown n. mrštenje
frown v.i. mrštiti se

frugal a. štedljiv
fruit n. voće
fruitful a. plodan
frustrate v.t. frustrirati
frustration n. frustracija
fry v.t. pržiti
fry n ikra
fuel n. gorivo
fugitive a. odbegao
fugitive n. begunac
fulfil v.t. ispuniti
fulfilment n. ispunjenje
full a. pun
full adv. puno
fullness n. punoća
fully adv. potpuno
fumble v.i. preturati
fun n. zabava
function n. funkcija
function v.i funkcionisati
functionary n. funkcioner
fund n. fond
fundamental a. osnovni
funeral n. sahrana
fungus n. gljiva
funny n. smešan
fur n. krzno
furious a. besan
furl v.t. smotati
furlong n. osmina milje
furnace n. peć
furnish v.t. opremiti
furniture n. nameštaj
furrow n. brazda
further adv. dalje
further a dalji
further v.t unaprediti
fury n. bes
fuse v.t. rastopiti
fuse n osigurač

fusion *n.* fuzija
fuss *n.* komešanje
fuss *v.i.* uznemiriti se
futile *a.* uzaludan
futility *n.* uzaludnost
future *a.* budući
future *n* budućnost

G

gabble *v.i.* blebetati
gadfly *n.* obad
gag *v.t. geg,* čep
gag *n.* začepiti
gaiety *n.* veselost
gain *v.t.* dobiti
gain *n* dobit
gainsay *v.t.* poricati
gait *n.* hod
galaxy *n.* galaksija
gale *n.* oluja
gallant *a.* galantan
gallant *n* kavaljer
gallantry *n.* hrabrost
gallery *n.* galerija
gallon *n.* galon
gallop *n.* galop
gallop *v.t.* galopirati
gallows *n..* vešala
galore *adv.* u izobilju
galvanize *v.t.* podstaći
gamble *v.i.* kockati se
gamble *n* kockanje
gambler *n.* kockar
game *n.* igra
game *v.i* igrati
gander *n.* glupan
gang *n.* banda
gangster *n.* gangster

gap *n* pukotina
gape *v.i.* zevati
garage *n.* garaža
garb *n.* odeća
garb *v.t* obući
garbage *n.* smeće
garden *n.* bašta
gardener *n.* baštovan
gargle *v.i.* ispirati grlo
garland *n.* venac
garland *v.t.* ovenčati
garlic *n. beli* luk
garment *n.* odeća
garter *n.* podvezica
gas *n.* gas
gasket *n.* zaptivač
gasp *n.* dahtanje
gasp *v.i* dahtati
gassy *a.* gasni
gastric *a.* želudačni
gate *n.* kapija
gather *v.t.* okupiti
gaudy *a.* kitnjast
gauge *n.* kolosek
gauntlet *n.* oklopna rukavica
gay *a.* veseo
gaze *v.t.* zuriti
gaze *n* zurenje
gazette *n.* novine
gear *n.* oprema
geld *v.t.* kastrirati
gem *n* dragulj
gender *n.* pol
general *a.* opšti
generally *adv.* uglavnom
generate *v.t.* generisati
generation *n.* generacija
generator *n.* generator
generosity *n.* velikodušnost
generous *a.* velikodušan

genius *n.* genije
gentle *a.* nežno
gentleman *n.* gospodin
gentry *n.* niže plemstvo
genuine *a.* pravi
geographer *n.* geograf
geographical *a.* geografski
geography *n.* geografija
geological *a.* geološki
geologist *n.* geolog
geology *n.* geologija
geometrical *a.* geometrijski
geometry *n.* geometrija
germ *n.* klica
germicide *n.* germicid
germinate *v.i.* klijati
germination *n.* klijanje
gerund *n.* gerund
gesture *n.* gest
get *v.t.* dobiti
ghastly *a.* jeziv
ghost *n.* duh
giant *n.* džin
gibbon *n.* gibon
gibe *v.i.* rugati se
gibe *n* ruganje
giddy *a.* vrtoglav
gift *n.* poklon
gifted *a.* nadaren
gigantic *a.* gigantski
giggle *v.i.* kikotati se
gild *v.t.* pozlatiti
gilt *a.* pozlata
ginger *n.* đumbir
giraffe *n.* žirafa
gird *v.t.* opasati
girder *n.* nosač
girdle *n.* pojas
girdle *v.t* opasivati
girl *n.* devojka

girlish *a.* devojački
gist *n.* suština
give *v.t.* dati
glacier *n.* glečer
glad *a.* radostan
gladden *v.t.* obradovati
glamour *n.* blistavost
glance *n.* pogled
glance *v.i.* pogledati
gland *n.* žlezda
glare *n.* bleštanje
glare *v.i* bleštati
glass *n.* staklo
glaucoma *n.* glaukom
glaze *v.t.* glačati
glaze *n* glazura
glazier *n.* staklorezac
glee *n.* radost
glide *v.t.* kliziti
glider *n.* jedrilica
glimpse *n.* letimičan pogled
glitter *v.i.* sijati
glitter *n* sjaj
global *a.* globalni
globe *n.* svet
gloom *n.* sumornost
gloomy *a.* sumoran
glorification *n.* slavljenje
glorify *v.t.* veličati
glorious *a.* slavan
glory *n.* slava
gloss *n.* sjaj
glossary *n.* glosar
glossy *a.* sjajan
glove *n.* rukavica
glow *v.i.* sijati
glow *n* sjaj
glucose *n.* glukoza
glue *n.* lepak
glut *v.t.* prezasititi

glut *n* prezasićenost
glutton *n.* proždrljivac
gluttony *n.* proždrljivost
glycerine *n.* glicerin
go *v.i.* ići
goad *n.* podsticaj
goad *v.t* podsticati
goal *n.* cilj
goat *n.* koza
gobble *n.* uterivanje u rupu
goblet *n.* pehar
god *n.* Bog
goddess *n.* boginja
godhead *n.* božanstvo
godly *a.* božji
godown *n.* skladište
godsend *n.* neočekivana sreća
goggles *n.* zaštitne naočare
gold *n.* zlato
golden *a.* zlatan
goldsmith *n.* zlatar
golf *n.* *golf,* zaliv
gong *n.* gong
good *a.* dobar
good *n* valjanost
good-bye *interj.* zbogom
goodness *n.* dobrota
goodwill *n.* dobra volja
goose *n.* guska
gooseberry *n.* ogrozd
gorgeous *a.* divan
gorilla *n.* gorila
gospel *n.* jevanđelje
gossip *n.* ogovaranje
gourd *n.* tikva
gout *n.* giht
govern *v.t.* upravljati
governance *n.* uprava
governess *n.* guvernanta
government *n.* Vlada

governor *n.* guverner
gown *n.* haljina
grab *v.t.* zgrabiti
grace *n.* milost
grace *v.t.* ukrasiti
gracious *a.* milostiv
gradation *n.* gradacija
grade *n.* razred
grade *v.t* oceniti
gradual *a.* postepen
graduate *v.i.* diplomirati
graduate *n* diplomirani đak/student
graft *n.* kalem
graft *v.t* kalemiti
grain *n.* zrno
grammar *n.* gramatika
grammarian *n.* gramatičar
gramme *n.* gram
gramophone *n.* gramofon
granary *n.* ambar
grand *a.* velik
grandeur *n.* veličanstvenost
grant *v.t.* odobriti
grant *n* odobrenje
grape *n.* grožđe
graph *n.* grafikon
graphic *a.* grafički
grapple *n.* rvanje
grapple *v.i.* rvati se
grasp *v.t.* ščepati
grasp *n* zahvat
grass *n* trava
grate *n.* rešetka
grate *v.t* strugati
grateful *a.* zahvalan
gratification *n.* zadovoljstvo
gratis *adv.* besplatno
gratitude *n.* zahvalnost
gratuity *n.* napojnica
grave *n.* grob

grave *a.* ozbiljan
gravitate *v.i.* težiti ka
gravitation *n.* gravitacija
gravity *n.* ozbiljnost
graze *v.i.* pasti
graze *n lagan* dodir
grease *n* mast
grease *v.t* podmazati
greasy *a.* mastan
great *a* velik
greed *n.* pohlepa
greedy *a.* pohlepan
Greek *n.* grčki jezik, Grk
Greek *a* grčki
green *a.* zelen
green *n* zelena boja
greenery *n.* zelenilo
greet *v.t.* pozdraviti
grenade *n.* granata
grey *a.* siva
greyhound *n.* hrt
grief *n.* žalost
grievance *n.* tuga
grieve *v.t.* tugovati
grievous *a.* žalostan
grind *v.i.* mleti
grinder *n.* mlin
grip *v.t.* stisnuti
grip *n* stisak
groan *v.i.* stenjanje
groan *n* stenjati
grocer *n.* bakalin
grocery *n.* bakalnica
groom *n.* mladoženja
groom *v.t* timariti
groove *n.* žleb
groove *v.t* užlebiti
grope *v.t.* pipati
gross *n.* bruto
gross *a* težak

grotesque *a.* groteskan
ground *n.* tlo
group *n.* grupa
group *v.t.* grupisati
grow *v.t.* rasti
grower *n.* uzgajivač
growl *v.i.* režati
growl *n* režanje
growth *n.* rast
grudge *v.t.* gunđati
grudge *n* zavidnik
grumble *v.i.* zanovetati
grunt *n.* roktati
grunt *v.i.* roktanje
guarantee *n.* garancija
guarantee *v.t* garantovati
guard *v.i.* čuvati
guard *n.* stražar
guardian *n.* čuvar
guerilla *n.* gerila
guess *n.* pretpostavka
guess *v.i* pretpostaviti
guest *n.* gost
guidance *n.* vođstvo
guide *v.t.* voditi
guide *n.* vodič
guild *n.* esnaf
guile *n.* lukavstvo
guilt *n.* krivica
guilty *a.* kriv
guise *n.* izgled
guitar *n.* gitara
gulf *n.* zaliv
gull *n.* galeb
gull *n* glupan
gull *v.t* nadmudriti
gulp *n.* gutljaj
gum *n.* guma
gun *n.* vatreno oružje
gust *n.* nalet

gutter n. oluk
guttural a. grlen
gymnasium n. gimnazija
gymnast n. gimnastičar
gymnastic a. gimnastički
gymnastics n. gimnastika

H

habit n. navika
habitable a. pogodan za stanovanje
habitat n. stanište
habitation n. stanovanje
habituate v. t. naviknuti
hack v.t. pijuk
hag n. veštica
haggard a. unezveren
haggle v.i. iseckati
hail n. grad
hail v.i padati
hail v.t pozdraviti
hair n kosa
hale a. čio
half n. polovina
half a pola
hall n. hol
hallmark n. žig
hallow v.t. posvetiti
halt v. t. oklevati
halt n zastoj
halve v.t. prepoloviti
hamlet n. seoce
hammer n. čekić
hammer v.t čekićati
hand n šaka
hand v.t uručiti
handbill n. oglas
handbook n. priručnik
handcuff n. lisice

handcuff v.t staviti lisice
handful n. pregršt
handicap v.t. hendikepirati
handicap n hendikep
handicraft n. rukotvorina
handiwork n. ručni rad
handkerchief n. maramica
handle n. ručka
handle v.t rukovati
handsome a. zgodan
handy a. pogodan
hang v.t. obesiti
hanker v.i. žudeti
haphazard a. slučajan
happen v.t. desiti
happening n. događaj
happiness n. sreća
happy a. srećan
harass v.t. uznemiravati
harassment n. uznemiravanje
harbour n. luka
harbour v.t pružiti utočište
hard a. težak
harden v.t. stvrdnuti
hardihood n. hrabrost
hardly adv. jedva
hardship n. teškoća
hardy adj. izdržljiv
hare n. zec
harm n. šteta
harm v.t oštetiti
harmonious a. harmoničan
harmonium n. harmonijum
harmony n. harmonija
harness n. am
harness v.t upregnuti
harp n. harfa
harsh a. grub
harvest n. žetva
haverster n. žetelac

haste *n.* žurba
hasten *v.i.* ubrzati
hasty *a.* užurban
hat *n.* šešir
hatchet *n.* sekira
hate *n.* mržnja
hate *v.t.* mrzeti
haughty *a.* ohol
haunt *v.t.* progoniti
haunt *n* utočište
have *v.t.* imati
haven *n.* luka
havoc *n.* pustoš
hawk *n* jastreb
hawker *n* sokolar
hawthorn *n.* glog
hay *n.* seno
hazard *n.* rizik
hazard *v.t* rizikovati
haze *n.* izmaglica
hazy *a.* maglovit
he *pron.* on
head *n.* glava
head *v.t* voditi
headache *n.* glavobolja
heading *n.* naslov
headlong *adv.* strmoglav
headstrong *a.* tvrdoglav
heal *v.i.* lečiti
health *n.* zdravlje
healthy *a.* zdrav
heap *n.* gomila
heap *v.t* gomilati
hear *v.t.* čuti
hearsay *n.* rekla-kazala
heart *n.* srce
hearth *n.* ognjište
heartily *adv.* srdačno
heat *n.* toplota
heat *v.t* zagrejati

heave *v.i.* dignuti
heaven *n.* nebo
heavenly *a.* nebeski
hedge *n.* živa ograda
hedge *v.t* ograditi
heed *v.t.* paziti
heed *n* pažnja
heel *n.* peta
hefty *a.* snažan
height *n.* visina
heighten *v.t.* povisiti
heinous *a.* gnusan
heir *n.* naslednik
hell *a.* pakao
helm *n.* kormilo
helmet *n.* kaciga
help *v.t.* pomoći
help *n* pomoć
helpful *a.* koristan
helpless *a.* bespomoćan
helpmate *n.* pomoćnik
hemisphere *n.* hemisfera
hemp *n.* konoplja
hen *n.* kokoška
hence *adv.* otud
henceforth *adv.* od sada
henceforward *adv.* ubuduće
henchman *n.* sledbenik
henpecked *a.* papučar
her *pron.* njoj
her *a* njen
herald *n.* glasnik
herald *v.t* najaviti
herb *n.* biljka
herculean *a.* herkulski
herd *n.* stado
herdsman *n.* pastir
here *adv.* ovde
hereabouts *adv.* ovde u okolini
hereafter *adv.* od sada

hereditary *n.* nasleđenost
heredity *n.* naslednost
heritable *a.* nasledan
heritage *n.* nasleđe
hermit *n.* pustinjak
hermitage *n.* pustinjačka ćelija
hernia *n.* hernija
hero *n.* heroj
heroic *a.* herojski
heroine *n.* heroina
heroism *n.* junaštvo
herring *n.* haringa
hesitant *a.* neodlučan
hesitate *v.i.* oklevati
hesitation *n.* oklevanje
hew *v.t.* tesati
heyday *n.* vrhunac
hibernation *n.* hibernacija
hiccup *n.* štucanje
hide *n.* sakrivanje
hide *v.t* sakriti
hideous *a.* odvratan
hierarchy *n.* hijerarhija
high *a.* visok
highly *adv.* visoko
Highness *n.* Visost
highway *n.* autoput
hilarious *a.* smešan
hilarity *n.* veselje
hill *n.* brdo
hillock *n.* breg
him *pron.* njega
hinder *v.t.* ometati
hindrance *n.* prepreka
hint *n.* nagoveštaj
hint *v.i* nagovestiti
hip *n* kuk
hire *n.* najam
hire *v.t* zaposliti
hireling *n.* najamnik

his *pron.* njegov
hiss *n* siktanje
hiss *v.i* siktati
historian *n.* istoričar
historic *a* . istorijski
historical *a.* istorijski
history *n.* istorija
hit *v.t.* pogoditi
hit *n* pogodak
hitch *n.* zapreka
hither *adv.* ovamo
hitherto *adv.* do sada
hive *n.* košnica
hoarse *a.* promukao
hoax *n.* podvala
hoax *v.t* podvaliti
hobby *n.* hobi
hobby-horse *n.* drveni konjić
hockey *n.* hokej
hoist *v.t.* dizati
hold *n.* držanje
hold *v.t* držati
hole *n* rupa
hole *v.t* probušiti
holiday *n.* odmor
hollow *a.* šupalj
hollow *n.* šupljina
hollow *v.t* izdupsti
holocaust *n.* holokaust
holy *a.* sveti
homage *n.* omaž
home *n.* dom
homicide *n.* ubistvo
homoeopath *n.* homeopata
homeopathy *n.* homeopatija
homogeneous *a.* homogen
honest *a.* pošten
honesty *n.* poštenje
honey *n.* med
honeycomb *n.* saće

honeymoon n. medeni mesec
honorarium n. honorar
honorary a. počasni
honour n. čast
honour v. t poštovati
honourable a. častan
hood n. hauba
hoodwink v.t. prevariti
hoof n. kopito
hook n. kuka
hooligan n. huligan
hoot n. trubljenje
hoot v.i trubiti
hop v. i skočiti
hop n skakanje
hope v.t. nadati se
hope n nada
hopeful a. pun nade
hopeless a. beznadežan
horde n. horda
horizon n. horizont
horn n. rog
hornet n. stršljen
horrible a. strašan
horrify v.t. zaprepastiti
horror n. užas
horse n. konj
horticulture n. hortikultura
hose n. crevo
hosiery n. čarape
hospitable a. gostoprimljiv
hospital n. bolnica
hospitality n. gostoprimstvo
host n. domaćin
hostage n. talac
hostel n. hostel
hostile a. neprijateljski
hostility n. neprijateljstvo
hot a. vreo
hotchpotch n. papazjanija

hotel n. hotel
hound n. lovački pas
hour n. sat
house n kuća
house v.t smestiti
how adv. kako
however adv. ma kako
however conj ipak
howl v.t. zavijati
howl n zavijanje
hub n. čvor
hubbub n. graja
huge a. ogroman
hum v. i zujati
hum n zujanje
human a. čovek
humane a. human
humanitarian a humanitarno
humanity n. čovečanstvo
humanize v.t. počovečiti
humble a. skroman
humdrum a. jednoličan
humid a. vlažan
humidity n. vlažnost
humiliate v.t. poniziti
humiliation n. ponižavanje
humility n. poniznost
humorist n. humorista
humorous a. humorističan
humour n. humor
hunch n. slutnja
hundred n. sto
hunger n glad
hungry a. gladan
hunt v.t. loviti
hunt n lov
hunter n. lovac
huntsman n. lovac
hurdle1 n. ograda
hurdle2 v.t ograditi

hurl v.t. baciti
hurrah interj. ura
hurricane n. uragan
hurry v.t. žuriti
hurry n žurba
hurt v.t. povrediti
hurt n povreda
husband n muž
husbandry n. ratarstvo
hush n tišina
hush v.i utišati
husk n. ljuska
husky a. hrapav
hut n. koliba
hyaena, hyena n. hijena
hybrid a. hibridan
hybrid n hibrid
hydrogen n. vodonik
hygiene n. higijena
hygienic a. higijenski
hymn n. himna
hyperbole n. hiperbola
hypnotism n. hipnotizam
hypnotize v.t. hipnotisati
hypocrisy n. licemerje
hypocrite n. licemer
hypocritical a. licemeran
hypothesis n. hipoteza
hypothetical a. hipotetički
hysteria n. histerija
hysterical a. histeričan

I

I pron. ja
ice n. led
iceberg n. santa leda
icicle n. ledenica
icy a. leden

idea n. ideja
ideal a. idealan
ideal n ideal
idealism n. idealizam
idealist n. idealista
idealistic a. idealistički
idealize v.t. idealizovati
identical a. identičan
indentification n. identifikacija
identify v.t. identifikovati
identity n. identitet
ideocy n. idiotizam
idiom n. idiom
idiomatic a. idiomatski
idiot n. idiot
idiotic a. idiotski
idle a. besposlen
idleness n. besposlica
idler n. besposličar
idol n. idol
idolater n. obožavalac
if conj. ako
ignoble a. koji nije plemenit
ignorance n. neznanje
ignorant a. neobrazovan
ignore v.t. ignorisati
ill a. bolestan
ill adv. loše
ill n nevolja
illegal a. nezakonit
illegibility n. nečitkost
illegible a. nečitak
illegitimate a. nezakonit
illicit a. protivzakonit
illiteracy n. nepismenost
illiterate a. nepismen
illness n. bolest
illogical a. nelogičan
illuminate v.t. osvetliti
illumination n. osvetljenje

illusion n. iluzija
illustrate v.t. ilustrovati
illustration n. ilustracija
image n. slika
imagery n. slikovito izlaganje
imaginary a. izmišljen
imagination n. mašta
imaginative a. maštovit
imagine v.t. zamisliti
imitate v.t. imitirati
imitation n. imitacija
imitator n. imitator
immaterial a. nematerijalni
immature a. nezreo
immaturity n. nezrelost
immeasurable a. nemerljiv
immediate a neposredan
immemorial a. prastari
immense a. ogroman
immensity n. beskrajnost
immerse v.t. utonuti
immersion n. potapanje
immigrant n. imigrant
immigrate v.i. imigrirati
immigration n. imigracija
imminent a. predstojeći
immodest a. neskroman
immodesty n. neskromnost
immoral a. nemoralan
immorality n. nemoralnost
immortal a. besmrtan
immortality n. besmrtnost
immortalize v.t. obesmrtiti
immovable a. nepokretan
immune a. imun
immunity n. imunitet
immunize v.t. učiniti imunim
impact n. udar
impart v.t. saopštiti
impartial a. nepristrasan

impartiality n. nepristrasnost
impassable a. neprohodan
impasse n. ćorsokak
impatience n. nestrpljenje
impatient a. nestrpljiv
impeach v.t. okriviti
impeachment n. optužba
impede v.t. ometati
impediment n. prepreka
impenetrable a. neprobojan
imperative a. imperativ
imperfect a. nesavršen
imperfection n. nesavršenost
imperial a. carski
imperialism n. imperijalizam
imperil v.t. ugroziti
imperishable a. neprolazan
impersonal a. bezličan
impersonate v.t. oličavati
impersonation n. predstavljanje
impertinence n. drskost
impertinent a. drzak
impetuosity n. plahovitost
impetuous a. nagao
implement n. implementacija
implement v.t. implementirati
implicate v.t. obuhvatati
implication n. implikacija
implicit a. indirektan
implore v.t. preklinjati
imply v.t. podrazumevati
impolite a. neljubazan
import v.t. uvoziti
import n. uvoz
importance n. značaj
important a. važno
impose v.t. nametati
imposing a. impozantan
imposition n. nametanje
impossibility n. nemogućnost

impossible *a.* nemoguć	**incalculable** *a.* neizračunljiv
impostor *n.* varalica	**incapable** *a.* nesposoban
imposture *n.* podvala	**incapacity** *n.* nesposobnost
impotence *n.* impotencija	**incarnate** *a.* utelovljen
impotent *a.* impotentan	**incarnate** *v.t.* ovaplotiti
impoverish *v.t.* osiromašiti	**incarnation** *n.* ovaploćenje
impracticability *n.* neizvodljivost	**incense** *v.t.* kaditi tamjanom
impracticable *a.* neizvršiv	**incense** *n.* tamjan
impress *v.t.* impresionirati	**incentive** *n.* podsticaj
impression *n.* utisak	**inception** *n.* početak
impressive *a.* impresivan	**inch** *n.* inč
imprint *v.t.* utisnuti	**incident** *n.* incident
imprint *n.* otisak	**incidental** *a.* slučajan
imprison *v.t.* uhapsiti	**incite** *v.t.* huškati
improper *a.* neprikladan	**inclination** *n.* sklonost
impropriety *n.* neprikladnost	**incline** *v.i.* nagnuti se
improve *v.t.* poboljšati	**include** *v.t.* uključivati
improvement *n.* poboljšanje	**inclusion** *n.* uključivanje
imprudence *n.* nesmotrenost	**inclusive** *a.* uključivo
imprudent *a.* nepromišljen	**incoherent** *a.* nepovezan
impulse *n.* impuls	**income** *n.* prihod
impulsive *a.* impulsivan	**incomparable** *a.* neuporediv
impunity *n.* nekažnjivost	**incompetent** *a.* nesposoban
impure *a.* nečist	**incomplete** *a.* nepotpun
impurity *n.* nečistoća	**inconsiderate** *a.* nepromišljen
impute *v.t.* pripisati	**inconvenient** *a.* neprikladan
in *prep.* u	**incorporate** *v.t.* priključiti
inability *n.* nesposobnost	**incorporate** *a.* uključen
inaccurate *a.* netačan	**incorporation** *n.* priključenje
inaction *n.* neaktivnost	**incorrect** *a.* netačan
inactive *a.* neaktivan	**incorrigible** *a.* nepopravljiv
inadmissible *a.* nedopustiv	**incorruptible** *a.* nepodmitljiv
inanimate *a.* neživ	**increase** *v.t.* porasti
inapplicable *a.* neprimenljiv	**increase** *n* porast
inattentive *a.* nepažljiv	**incredible** *a.* neverovatan
inaudible *a.* nečujan	**increment** *n.* priraštaj
inaugural *a.* uvodni	**incriminate** *v.t.* okriviti
inauguration *n.* inauguracija	**incubate** *v.i.* izleći
inauspicious *a.* zlokoban	**inculcate** *v.t.* utuviti
inborn *a.* urođen	**incumbent** *n.* koji je obavezan

incumbent *a.* obavezan
incur *v.t.* natovariti
incurable *a.* neizlečiv
indebted *a.* zadužen
indecency *n.* nepristojnost
indecent *a.* nepristojan
indecision *n.* neodlučnost
indeed *adv.* zaista
indefensible *a.* neodbranjiv
indefinite *a.* neodređen
indemnity *n.* odšteta
independence *n.* nezavisnost
independent *a.* nezavisan
indescribable *a.* neopisiv
index *n.* indeks
Indian *a.* indijski
indicate *v.t.* ukazati
indication *n.* indikacija
indicative *a.* indikativan
indicator *n.* indikator
indict *v.t.* optužiti
indictment *n.* optužnica
indifference *n.* ravnodušnost
indifferent *a.* ravnodušan
indigenous *a.* urođenički
indigestible *a.* nesvarljiv
indigestion *n.* loše varenje
indignant *a.* ozlojeđen
indignation *n.* ozlojeđenost
indigo *n.* indigo
indirect *a.* indirektan
indiscipline *n.* nedisciplina
indiscreet *a.* indiskretan
indiscretion *n.* indiskrecija
indiscriminate *a.* nekritički
indispensable *a.* neophodan
indisposed *a.* neraspoložen
indisputable *a.* neosporan
indistinct *a.* nejasan
individual *a.* pojedinačni

individualism *n.* individualizam
individuality *n.* individualnost
indivisible *a.* nedeljiv
indolent *a.* lenj
indomitable *a.* nesavladiv
indoor *a.* unutrašnji
indoors *adv.* unutra
induce *v.t.* navesti
inducement *n.* navođenje
induct *v.t.* uvesti
induction *n.* uvođenje
indulge *v.t.* ugađati
indulgence *n.* ugađanje
indulgent *a.* popustljiv
industrial *a.* industrijski
industrious *a.* vredan
industry *n.* industrija
ineffective *a.* neefikasan
inert *a.* inertan
inertia *n.* inercija
inevitable *a.* neizbežan
inexact *a.* netačan
inexorable *a.* neumoljiv
inexpensive *a.* jeftin
inexperience *n.* neiskustvo
inexplicable *a.* neobjašnjiv
infallible *a.* nepogrešiv
infamous *a.* ozloglašen
infamy *n.* sramota
infancy *n.* *rano* detinjstvo
infant *n.* odojče
infanticide *n.* čedomorstvo
infantile *a.* infantilan
infantry *n.* pešadija
infatuate *v.t.* zaluđivati
infatuation *n.* zaslepljenost
infect *v.t.* inficirati
infection *n.* infekcija
infectious *a.* zarazan
infer *v.t.* zaključiti

inference *n.* zaključivanje
inferior *a.* inferioran
inferiority *n.* inferiornost
infernal *a.* paklen
infinite *a.* beskonačan
infinity *n.* beskonačnost
infirm *a.* slab
infirmity *n.* nemoć
inflame *v.t.* raspaliti
inflammable *a.* zapaljiv
inflammation *n.* zapaljenje
inflammatory *a.* raspaljiv
inflation *n.* inflacija
inflexible *a.* nefleksibilan
inflict *v.t.* naneti
influence *n.* uticaj
influence *v.t.* uticati
influential *a.* uticajan
influenza *n.* grip
influx *n.* priliv
inform *v.t.* obavestiti
informal *a.* neformalan
information *n.* informacija
informative *a.* informativan
informer *n.* izvestilac
infringe *v.t.* narušiti
infringement *n.* narušivanje
infuriate *v.t.* razbesneti
infuse *v.t.* uliti
infusion *n.* infuzija
ingrained *a.* ukorenjen
ingratitude *n.* nezahvalnost
ingredient *n.* sastojak
inhabit *v.t.* nastaniti
inhabitable *a.* useljiv
inhabitant *n.* stanovnik
inhale *v.i.* udisati
inherent *a.* inherentan
inherit *v.t.* naslediti
inheritance *n.* nasleđe

inhibit *v.t.* inhibirati
inhibition *n.* inhibicija
inhospitable *a.* negostoljubiv
inhuman *a.* nehuman
inimical *a.* neprijateljski
inimitable *a.* jedinstven
initial *a.* početni
initial *n.* inicijal
initial *v.t* obeležiti inicijalima
initiate *v.t.* započeti
initiative *n.* inicijativa
inject *v.t.* ubrizgati
injection *n.* ubrizgavanje
injudicious *a.* nerazborit
injunction *n.* sudski nalog
injure *v.t.* povrediti
injurious *a.* štetan
injury *n.* povreda
injustice *n.* nepravda
ink *n.* mastilo
inkling *n.* nagoveštaj
inland *a.* u unutrašnjosti
inland *adv.* unutrašnji
in-laws *n.* srodnik
inmate *n.* stanar
inmost *a.* najskriveniji
inn *n.* krčma
innate *a.* urođen
inner *a.* unutrašnji
innermost *a.* u samoj unutrašnjosti
innings *n.* razdoblje
innocence *n.* nevinost
innocent *a.* nevin
innovate *v.t.* inovirati
innovation *n.* inovacija
innovator *n.* inovator
innumerable *a.* bezbrojan
inoculate *v.t.* kalemiti
inoculation *n.* kalemljenje
inoperative *a.* nedelotvoran

inopportune *a.* u krivi čas
input *n.* ulazni
inquest *n.* istraga
inquire *v.t.* raspitati se
inquiry *n.* ispitivanje
inquisition *n.* inkvizicija
inquisitive *a.* radoznao
insane *a.* lud
insanity *n.* ludilo
insatiable *a.* nezasit
inscribe *v.t.* upisati
inscription *n.* natpis
insect *n.* insekt
insecticide *n.* insekticid
insecure *a.* nesiguran
insecurity *n.* nesigurnost
insensibility *n.* neosetljivost
insensible *a.* neosetljiv
inseparable *a.* neodvojiv
insert *v.t.* umetnuti
insertion *n.* umetanje
inside *n.* unutrašnjost
inside *prep.* unutar
inside *a* unutrašnji
inside *adv.* unutra
insight *n.* uvid
insignificance *n.* beznačajnost
insignificant *a.* beznačajan
insincere *a.* neiskren
insincerity *n.* neiskrenost
insinuate *v.t.* insinuirati
insinuation *n.* insinuacija
insipid *a.* bljutav
insipidity *n.* bljutavost
insist *v.t.* insistirati
insistence *n.* insistiranje
insistent *a.* uporan
insolence *n.* bezobrazluk
insolent *a.* drzak
insoluble *a.* nerastvoriv

insolvency *n.* insolventnost
insolvent *a.* insolventan
inspect *v.t.* pregledati
inspection *n.* inspekcija
inspector *n.* inspektor
inspiration *n.* inspiracija
inspire *v.t.* inspirisati
instability *n.* nestabilnost
install *v.t.* instalirati
installation *n.* instalacija
instalment *n.* otplata
instance *n.* primer
instant *n.* trenutak
instant *a.* trenutni
instantaneous *a.* istovremen
instantly *adv.* odmah
instigate *v.t.* podstaći
instigation *n.* podstrekivanje
instil *v.t.* ulivati
instinct *n.* instinkt
instinctive *a.* instinktivan
institute *n.* institut
institution *n.* institucija
instruct *v.t.* narediti
instruction *n.* instrukcija
instructor *n.* instruktor
instrument *n.* instrument
instrumental *a.* instrumentalni
instrumentalist *n.* instrumentalista
insubordinate *a.* neposlušan
insubordination *n.* neposlušnost
insufficient *a.* nedovoljan
insular *a.* ostrvski
insularity *n.* ograničenost
insulate *v.t.* izolovati
insulation *n.* izolacija
insulator *n.* izolator
insult *n.* uvreda
insult *v.t.* uvrediti
insupportable *a.* nesnosan

insurance *n.* osiguranje
insure *v.t.* osigurati
insurgent *a.* buntovnički
insurgent *n.* buntovnik
insurmountable *a.* nepremostiv
insurrection *n.* pobuna
intact *a.* netaknut
intangible *a.* neopipljiv
integral *a.* integralan
integrity *n.* integritet
intellect *n.* intelekt
intellectual *a.* intelektualni
intellectual *n.* intelektualac
intelligence *n.* inteligencija
intelligent *a.* inteligentan
intelligentsia *n.* inteligencija
intelligible *a.* shvatljiv
intend *v.t.* nameravati
intense *a.* napregnut
intensify *v.t.* pojačati
intensity *n.* intenzitet
intensive *a.* intenzivan
intent *n.* napet
intent *a.* namerni
intention *n.* namera
intentional *a.* nameran
intercept *v.t.* presresti
interception *n.* presretanje
interchange *n.* razmena
interchange *v.* razmeniti
intercourse *n.* odnos
interdependence *n.* međuzavisnost
interdependent *a.* međuzavisan
interest *n.* interes
interested *a.* zainteresovan
interesting *a.* zanimljiv
interfere *v.i.* uplitati se
interference *n.* uplitanje
interim *n.* međuvreme
interior *a.* unutrašnji

interior *n.* unutrašnjost
interjection *n.* uzvik
interlock *v.t.* spojiti se
interlude *n.* Interludijum
intermediary *n.* posrednik
intermediate *a.* srednji
interminable *a.* beskrajan
intermingle *v.t.* pomešati
intern *v.t.* stažirati
internal *a.* interni
international *a.* internacionalni
interplay *n.* uzajamno dejstvo
interpret *v.t.* protumačiti
interpreter *n.* prevodilac
interrogate *v.t.* saslušavati
interrogation *n.* saslušavanje
interrogative *a.* upitni
interrogative *n* upitnik
interrupt *v.t.* prekinuti
interruption *n.* prekid
intersect *v.t.* seći
intersection *n.* raskrsnica
interval *n.* interval
intervene *v.i.* intervenisati
intervention *n.* intervencija
interview *n.* intervju
interview *v.t.* intervjuisati
intestinal *a.* crevni
intestine *n.* crevo
intimacy *n.* intimnost
intimate *a.* intiman
intimate *v.t.* nagovestiti
intimation *n.* nagoveštaj
intimidate *v.t.* zastrašiti
intimidation *n.* zastrašivanje
into *prep.* u
intolerable *a.* nepodnošljiv
intolerance *n.* nepodnošljivost
intolerant *a.* netolerantan
intoxicant *n.* opojno sredstvo

intoxicate v.t. otrovati
intoxication n. intoksikacija
intransitive a. neprelazni
interpid a. neustrašiv
intrepidity n. neustrašivost
intricate a. zapetljan
intrigue v.t. intrigirati
intrigue n intriga
intrinsic a. unutrašnji
introduce v.t. uvesti
introduction n. uvod
introductory a. uvodni
introspect v.i. preispitivati se
introspection n. samoispitivanje
intrude v.t. upasti
intrusion n. upad
intuition n. intuicija
intuitive a. intuitivan
invade v.t. napasti
invalid a. nevažeći
invalid a. onesposobljen
invalid n invalid
invalidate v.t. poništiti
invaluable a. neprocenjiv
invasion n. invazija
invective n. grdnja
invent v.t. izumeti
invention n. pronalazak
inventive a. pronalazački
inventor n. pronalazač
invert v.t. obrnuti
invest v.t. investirati
investigate v.t. istražiti
investigation n. istraga
investment n. investicija
invigilate v.t. nadzirati
invigilation n. nadgledanje
invigilator n. nadzornik
invincible a. nepobediv
inviolable a. neprikosnoven

invisible a. nevidljiv
invitation v. poziv
invite v.t. pozvati
invocation n. prizivanje
invoice n. faktura
invoke v.t. prizivati
involve v.t. uključiti
inward a. unutrašnji
inwards adv. unutra
irate a. srdit
ire n. ljutnja
Irish a. Irski
Irish n. irski jezik, Irac
irksome a. zamoran
iron n. gvožđe
iron v.t. okovati
ironical a. ironičan
irony n. ironija
irradiate v.i. ozračiti
irrational a. iracionalan
irreconcilable a. nepomirljiv
irrecoverable a. nepovrativ
irrefutable a. nepobitan
irregular a. nepravilan
irregularity n. nepravilnost
irrelevant a. nebitan
irrespective a. bez obzira na
irresponsible a. neodgovoran
irrigate v.t. navodnjavati
irrigation n. navodnjavanje
irritable a. razdražljiv
irritant a. koji draži
irritant n. iritiranje
irritate v.t. dražiti
irritation n. iritacija
irruption n. provala
island n. ostrvo
isle n. ostrvo
isobar n. izobara
isolate v.t. izolovati

isolation n. izolacija
issue v.i. izadati
issue n. pitanje
it pron. to
Italian a. Italijanski
Italian n. italijanski jezik, Italijan
italic a. kurzivan
italics n. kurziv
itch n. svrab
itch v.i. svrbeti
item n. stavka
ivory n. slonovača
ivy n bršljan

J

jab v.t. probosti
jabber v.t. blebetati
jack n. utičnica
jack v.t. utaknuti
jackal n. šakal
jacket n. jakna
jade n. žad
jail n. zatvor
jailer n. tamničar
jam n. džem
jam v.t. zakucati
jar n. tegla
jargon n. žargon
jasmine, jessamine n. jasmin
jaundice n. žutica
jaundice v.t. izazvati žuticu
javelin n. koplje
jaw n. vilica
jay n. sojka
jealous a. ljubomoran
jealousy n. ljubomora
jean n. jaka pamučna tkanina
jeer v.i. rugati se

jelly n. žele
jeopardize v.t. ugroziti
jeopardy n. opasnost
jerk n. trzaj
jerkin n. kožuh
jerky a. grčevit
jersey n. dres
jest n. šala
jest v.i. šaliti se
jet n. mlaznjak
Jew n. Jevrejin
jewel n. dragulj
jewel v.t. ukrasiti draguljima
jeweller n. juvelir
jewellery n. nakit
jingle n. zveckanje
jingle v.i. zveckati
job n. posao
jobber n. nadničar
jobbery n. korupcija
jocular a. šaljiv
jog v.t. džogirati
join v.t. pridružiti
joiner n. stolar
joint n. članak
jointly adv. zajedničko
joke n. vic
joke v.i. zbijati šalu
joker n. džoker
jollity n. veselje
jolly a. radostan
jolt n. drmusanje
jolt v.t. drmati
jostle n. udarac
jostle v.t. udariti o
jot n. sitnica
jot v.t. zabeležiti
journal n. časopis
journalism n. novinarstvo
journalist n. novinar

journey *n.* putovanje
journey *v.i.* putovati
jovial *a.* veseo
joviality *n.* veselost
joy *n.* radost
joyful, joyous *n.* radostan
jubilant *a.* ushićen
jubilation *n.* slavlje
jubilee *n.* jubilej
judge *n.* sudija
judge *v.i.* suditi
judgement *n.* presuda
judicature *n.* pravosuđe
judicial *a.* sudski
judiciary *n.* sudstvo
judicious *a.* razborit
jug *n.* krčag
juggle *v.t.* žonglirati
juggler *n.* žongler
juice *n* sok
juicy *a.* sočan
jumble *n.* zbrka
jumble *v.t.* zbrkati
jump *n.* skok
jump *v.i* skočiti
junction *n.* raskrsnica
juncture *n.* spoj
jungle *n.* džungla
junior *a.* mlađi
junior *n.* junior
junk *n.* đubre
jupiter *n.* jupiter
jurisdiction *n.* nadležnost
jurisprudence *n.* jurisprudencija
jurist *n.* pravnik
juror *n.* porotnik
jury *n.* porota
juryman *n.* porotnik
just *a.* pravedan
just *adv.* upravo

justice *n.* pravda
justifiable *a.* opravdan
justification *n.* opravdanje
justify *v.t.* opravdati
justly *adv.* pravedno
jute *n.* juta
juvenile *a.* maloletnik

K

keen *a.* bodar
keenness *n.* bodrost
keep *v.t.* držati
keeper *n.* čuvar
keepsake *n.* uspomena
kennel *n.* štenara
kerchief *n.* marama
kernel *n.* koštica
kerosene *n.* kerozin
ketchup *n.* kečap
kettle *n.* čajnik
key *n.* ključ
key *v.t* pričvrstiti
kick *n.* šut
kick *v.t.* šutirati
kid *n.* dete
kidnap *v.t.* kidnapovati
kidney *n.* bubreg
kill *v.t.* ubiti
kill *n.* ubijanje
kiln *n.* sušara
kin *n.* rodbina
kind *n.* vrsta
kind *a* prijatan
kindergarten *n.* obdanište
kindle *v.t.* potpaliti
kindly *adv.* ljubazno
king *n.* kralj
kingdom *n.* kraljevina

kinship *n.* srodstvo
kiss *n.* poljubac
kiss *v.t.* poljubiti
kit *n.* oprema
kitchen *n.* kuhinja
kite *n.* zmaj
kith *n.* poznanici
kitten *n.* mače
knave *n.* podlac
knavery *n.* podlost
knee *n.* koleno
kneel *v.i.* klečati
knife *n.* nož
knight *n.* vitez
knight *v.t.* učiniti vitezom
knit *v.t.* plesti
knock *v.t.* kucati
knot *n.* čvor
knot *v.t.* vezati
know *v.t.* znati
knowledge *n.* znanje

L

label *n.* etiketa
label *v.t.* etiketirati
labial *a.* labijalni
laboratory *n.* laboratorija
laborious *a.* mučan
labour *n.* rad
labour *v.i.* raditi
laboured *a.* naporan
labourer *n.* radnik
labyrinth *n.* lavirint
lac, lakh *n* lak
lace *n.* čipka
lace *v.t.* vezati
lacerate *v.t.* rastrgnuti
lachrymose *a.* plačljiv

lack *n.* nedostatak
lack *v.t.* nedostajati
lackey *n.* lakej
lacklustre *a.* mutan
laconic *a.* lakonski
lactate *v.i.* dojiti
lactometer *n.* mlekomer
lactose *n.* laktoza
lacuna *n.* praznina
lacy *a.* čipkast
lad *n.* momak
ladder *n.* merdevine
lade *v.t.* natovariti
ladle *n.* kutlača
ladle *v.t.* crpsti
lady *n.* dama
lag *v.i.* uhapsiti
laggard *n.* trom
lagoon *n.* laguna
lair *n.* jazbina
lake *n.* jezero
lama *n.* lama
lamb *n.* jagnje
lambaste *v.t.* izgrditi
lame *a.* hrom
lame *v.t.* osakatiti
lament *v.i.* oplakivati
lament *n* oplakivanje
lamentable *a.* žalostan
lamentation *n.* naricanje
lambkin *n.* jagnješce
laminate *v.t.* spljoštiti
lamp *n.* lampa
lampoon *n.* satira
lampoon *v.t.* izrugivati se
lance *n.* koplje
lance *v.t.* ubosti
lancer *n.* kopljanik
lancet *a.* lanceta
land *n.* zemljište

land *v.i.* iskrcati	laudable *a.* pohvalan
landing *n.* pristajanje	laugh *n.* smejanje
landscape *n.* pejzaž	laugh *v.i* smejati se
lane *n.* sokak	laughable *a.* smešan
language *n.* jezik	laughter *n.* smeh
languish *v.i.* čeznuti	launch *v.t.* lansirati
lank *a.* mršav	launch *n.* lansiranje
lantern *n.* fenjer	launder *v.t.* oprati
lap *n.* skut	laundress *n.* pralja
lapse *v.i.* propustiti	laundry *n.* rublje
lapse *n* propust	laurel *n.* lovor
lard *n.* salo	laureate *a.* ovenčan lovorom
large *a.* velik	laureate *n* laureat
largesse *n.* darežljivost	lava *n.* lava
lark *n.* ševa	lavatory *n.* toalet
lascivious *a.* lascivan	lavender *n.* lavanda
lash *a.* bičevan	lavish *a.* raskošan
lash *n.* udarac bičem	lavish *v.t.* obasipati
lass *n.* draga	law *n.* zakon
last1 *a.* poslednji	lawful *a.* zakonit
last *adv.* najzad	lawless *a.* nezakonit
last *v.i.* trajati	lawn *n.* travnjak
last *n* izdržljivost	lawyer *n.* advokat
lastly *adv.* na kraju	lax *a.* labav
lasting *a.* trajan	laxative *n.* laksativ
latch *n.* kvaka	laxative *a* pročišćavajući
late *a.* kasno	laxity *n.* labavost
late *adv.* nedavno	lay *v.t.* položiti
lately *adv.* u poslednje vreme	lay *a.* nestručan
latent *a.* prikriven	lay *n* smer
lath *n.* letva	layer *n.* sloj
lathe *n.* strug	layman *n.* laik
lathe *n.* čekrk	laze *v.i.* dangubiti
lather *n.* pena	laziness *n.* lenjost
latitude *n.* širina	lazy *n.* lenj
latrine *n.* nužnik	lea *n.* ledina
latter *a.* kasniji	leach *v.t.* navlažiti
lattice *n.* rešetka	lead *n.* olovo
laud *v.t.* pohvaliti	lead *v.t.* plombirati
laud *n* pohvala	lead *n.* visak

leaden *a.* olovni
leader *n.* vođa
leadership *n.* vođstvo
leaf *n.* list
leaflet *n.* letak
leafy *a.* lisnat
league *n.* liga
leak *n.* curenje
leak *v.i.* curiti
leakage *n.* curenje
lean *n.* mršavo
lean *v.i.* nasloniti
leap *v.i.* skočiti
leap *n* skok
learn *v.i.* naučiti
learned *a.* učen
learner *n.* učenik
learning *n.* učenje
lease *n.* zakup
lease *v.t.* zakupiti
least *a.* najmanji
least *adv.* najmanje
leather *n.* koža
leave *n.* dopuštenje
leave *v.t.* ostaviti
lecture *n.* predavanje
lecture *v* predavati
lecturer *n.* predavač
ledger *n.* glavna knjiga
lee *n.* zaklon
leech *n.* pijavica
leek *n.* praziluk
left *a.* levo
left *n.* levica
leftist *n* levičar
leg *n.* noga
legacy *n.* nasleđe
legal *a.* pravni
legality *n.* zakonitost
legalize *v.t.* legalizovati

legend *n.* legenda
legendary *a.* legendaran
legible *a.* čitljiv
legibly *adv.* čitko
legion *n.* legija
legionary *n.* legionar
legislate *v.i.* donositi zakon
legislation *n.* donošenje zakona
legislative *a.* zakonodavan
legislator *n.* zakonodavac
legislature *n.* zakonodavstvo
legitimacy *n.* legitimitet
legitimate *a.* legitiman
leisure *n.* slobodno vreme
leisure *a* slobodan
leisurely *a.* ležerno
leisurely *adv.* lagano
lemon *n.* limun
lemonade *n.* limunada
lend *v.t.* pozajmiti
length *n.* dužina
lengthen *v.t.* produžiti
lengthy *a.* podugačak
lenience, leniency *n.* popustljivost
lenient *a.* popustljiv
lens *n.* objektiv
lentil *n.* sočivo
Leo *n.* lav
leonine *a* lavovski
leopard *n.* leopard
leper *n.* gubavac
leprosy *n.* lepra
leprous *a.* gubav
less *a.* manji
less *n* ono što je manje
less *adv.* manje
less *prep.* manje
lessee *n.* zakupac
lessen *v.t* smanjiti
lesser *a.* manji

lesson *n.* lekcija
lest *conj.* da ne bi
let *v.t.* dozvoliti
lethal *a.* smrtonosan
lethargic *a.* letargičan
lethargy *n.* letargija
letter *n* pismo
level *n.* nivo
level *a* izjednačen
level *v.t.* izjednačiti
lever *n.* poluga
lever *v.t.* služiti se polugom
leverage *n.* moć
levity *n.* lakomislenost
levy *v.t.* nametnuti
levy *n.* nametanje
lewd *a.* razvratan
lexicography *n.* leksikografija
lexicon *n.* leksikon
liability *n.* odgovornost
liable *a.* odgovoran
liaison *n.* veza
liar *n.* lažov
libel *n.* kleveta
libel *v.t.* oklevetati
liberal *a.* liberalan
liberalism *n.* liberalizam
liberality *n.* velikodušnost
liberate *v.t.* osloboditi
liberation *n.* oslobođenje
liberator *n.* oslobodilac
libertine *n.* slobodoumnik
liberty *n.* sloboda
librarian *n.* bibliotekar
library *n.* biblioteka
licence *n.* dozvola
license *v.t.* dozvoliti
licensee *n.* onaj koji ima licencu
licentious *a.* raspojasan
lick *v.t.* lizati

lick *n* lizanje
lid *n.* poklopac
lie *v.i.* lagati
lie *v.i* ležati
lie *n* laž
lien *n.* pravo zaloge
lieu *n.* umesto
lieutenant *n.* poručnik
life *n* život
lifeless *a.* beživotan
lifelong *a.* doživotni
lift *n.* podizanje
lift *v.t.* podizati
light *n.* svetlo
light *a* lako
light *v.t.* osvetliti
lighten *v.i.* olakšati
lighter *n.* upaljač
lightly *adv.* olako
lightening *n.* munja
lignite *n.* lignit
like *a.* sličan
like *n.* naklonost
like *v.t.* kao što
like *prep* poput
likelihood *n.* verovatnoća
likely *a.* verovatno
liken *v.t.* porediti
likeness *n.* sličnost
likewise *adv.* takođe
liking *n.* dopadanje
lilac *n.* jorgovan
lily *n.* ljiljan
limb *n.* ud
limber *v.t.* pričvrstiti
limber *n* prednjak
lime *n.* limeta
lime *v.t* namazati
lime *n.* kreč
limelight *n.* centar pažnje

limit *n.* granica
limit *v.t.* ograničiti
limitation *n.* ograničenje
limited *a.* ograničen
limitless *a.* neograničen
line *n.* linija
line *v.t.* iscrtati
line *v.t.* poređati
lineage *n.* loza
linen *n.* platno
linger *v.i.* odugovlačiti
lingo *n.* žargon
lingua franca *n.* mešovit žargon
lingual *a.* jezični
linguist *n.* lingvista
linguistic *a.* jezički
linguistics *n.* lingvistika
lining *n* postava
link *n.* spona
link *v.t* spojiti
linseed *n.* laneno seme
lintel *n.* nadvratink
lion *n* lav
lioness *n.* lavica
lip *n.* usna
liquefy *v.t.* rastopiti
liquid *a.* tečan
liquid *n* tečnost
liquidate *v.t.* likvidirati
liquidation *n.* likvidacija
liquor *n.* alkoholno piće
lisp *v.t.* šuškati
lisp *n* šuškanje
list *n.* rub
list *v.t.* obrubiti
listen *v.i.* slušati
listener *n.* slušalac
listless *a.* trom
lists *n.* borilište
literacy *n.* pismenost

literal *a.* doslovan
literary *a.* književni
literate *a.* pismen
literature *n.* književnost
litigant *n.* parničar
litigate *v.t. parničiti*
litigation *n.* parničenje
litre *n.* litar
litter *n.* slama
litter *v.t.* pokriti slamom
litterateur *n.* literatura
little *a.* malen
little *adv.* malo
little *n.* ono što je malo
littoral *a.* primorski
liturgical *a.* liturgijski
live *v.i.* živeti
live *a.* živ
livelihood *n.* izdržavanje
lively *a.* živo
liver *n.* jetra
livery *n.* livreja
living *a.* živahan
living *n* život
lizard *n.* gušter
load *n.* teret
load *v.t.* natovariti
loadstar *n. zvezda* vodilja
loadstone *n.* magnet
loaf *n.* vekna
loaf *v.i.* dangubiti
loafer *n.* danguba
loan *n.* zajam
loan *v.t.* pozajmiti
loath *a.* nesklon
loathe *v.t.* prezirati
loathsome *a.* gnusan
lobby *n.* predsoblje
lobe *n. ušna* resa
lobster *n.* jastog

local *a.* lokalno
locale *n.* poprište
locality *n.* položaj
localize *v.t.* lokalizovati
locate *v.t.* locirati
location *n.* lokacija
lock *n.* brava
lock *v.t* zaključati
lock *n* uvojak
locker *n.* ormar
locket *n.* medaljon
locomotive *n.* lokomotiva
locus *n.* mesto
locust *n.* skakavac
locution *n.* izraz
lodge *n.* kućica
lodge *v.t.* ukonačiti
lodging *n.* konačište
loft *n.* potkrovlje
lofty *a.* uzvišen
log *n.* zabeležiti
logarithim *n.* logaritam
loggerhead *n.* tikvan
logic *n.* logika
logical *a.* logičan
logician *n.* logičar
loin *n.* slabina
loiter *v.i.* tumarati
loll *v.i.* zavaliti se
lollipop *n.* lizalica
lone *a.* usamljen
loneliness *n.* usamljenost
lonely *a.* usamljen
lonesome *a.* usamljen
long *a.* dug
long *adv* dugo
long *v.i* čeznuti
longevity *n.* dugovečnost
longing *n.* čežnja
longitude *n.* dužina

look *v.i* gledati
look *a koji* izgleda
loom *n* razboj
loom *v.i.* nazirati se
loop *n.* petlja
loop-hole *n.* puškarnica
loose *a.* labav
loose *v.t.* odrešiti
loosen *v.t.* olabaviti
loot *n.* pljačka
loot *v.i.* pljačkati
lop *v.t.* rezati
lop *n.* obrezivanje
lord *n.* gospodar
lordly *a.* oholo
lordship *n.* gospodstvo
lore *n.* znanje
lorry *n.* kamion
lose *v.t.* izgubiti
loss *n.* gubitak
lot *n.* mnoštvo
lot *n* gradilište
lotion *n.* losion
lottery *n.* lutrija
lotus *n.* lotos
loud *a.* glasno
lounge *v.i.* šetkati se
lounge *n.* predvorje
louse *n.* vaška
lovable *a.* simpatičan
love *n* ljubav
love *v.t.* voleti
lovely *a.* divan
lover *n.* ljubavnik
loving *a.* voljen
low *a.* nizak
low *adv.* nisko
low *v.i.* mukati
low *n.* nizak položaj
lower *v.t.* niže

lowliness *n.* skromnost
lowly *a.* ponizan
loyal *a.* lojalan
loyalist *n.* privrženik
loyalty *n.* lojalnost
lubricant *n.* mazivo
lubricate *v.t.* podmazati
lubrication *n.* podmazivanje
lucent *a.* svetao
lucerne *n.* detelina
lucid *a.* bistar
lucidity *n.* lucidnost
luck *n.* sreća
luckily *adv.* srećom
luckless *a.* nesrećan
lucky *a.* srećan
lucrative *a.* unosan
lucre *n.* novac
luggage *n.* prtljag
lukewarm *a.* mlak
lull *v.t.* utišati
lull *n.* zatišje
lullaby *n.* uspavanka
luminary *n.* prosvetitelj
luminous *a.* svetleći
lump *n.* gruda
lump *v.t.* nagomilati
lunacy *n.* ludilo
lunar *a.* mesečev
lunatic *n.* ludak
lunatic *a.* lud
lunch *n.* ručak
lunch *v.i.* ručati
lung *n* pluća
lunge *n.* zamah
lunge *v.i* baciti se
lurch *n.* trzaj
lurch *v.i.* zateturati se
lure *n.* mamac
lure *v.t.* namamiti

lurk *v.i.* vrebati
luscious *a.* sočan
lush *a.* bujan
lust *n.* požuda
lustful *a.* pohotan
lustre *n.* sjaj
lustrous *a.* sjajan
lusty *a.* sočan
lute *n.* lauta
luxuriance *n.* raskoš
luxuriant *a.* raskošan
luxurious *a.* luksuzan
luxury *n.* luksuz
lynch *v.t.* linč
lyre *n.* lira
lyric *a.* lirski
lyric *n.* lirika
lyrical *a.* lirski
lyricist *n.* liričar

M

magical *a.* magijski
magician *n.* mađioničar
magisterial *a.* merodavan
magistracy *n.* magistrat
magistrate *n.* sudija za prekršaje
magnanimity *n.* velikodušnost
magnanimous *a.* velikodušan
magnate *n.* magnat
magnet *n.* magnet
magnetic *a.* magnetni
magnetism *n.* magnetizam
magnificent *a.* veličanstven
magnify *v.t.* uveličati
magnitude *n.* veličina
magpie *n.* svraka
mahogany *n.* mahagoni
mahout *n.* čuvar slonova u Indiji

maid n. služavka
maiden n. devojka
maiden a čedan
mail n. pošta
mail v.t. poslati poštom
mail n oklop
main a glavni
main n snaga
mainly adv. uglavnom
mainstay n. glavna potpora
maintain v.t. održavati
maintenance n. održavanje
maize n. kukuruz
majestic a. veličanstven
majesty n. veličanstvo
major a. glavni
major n major
majority n. većina
make v.t. napraviti
make n tvorevina
maker n. tvorac
maladjustment n. neprilagodljivost
maladministration n. loše poslovanje
malady n. bolest
malaria n. malarija
maladroit a. nespretan
malaise n. slabost
malcontent a. nezadovoljan
malcontent n nezadovoljstvo
male a. muški
male n muški rod
malediction n. prokletstvo
malefactor n. zločinac
maleficent a. škodljiv
malice n. zloba
malicious a. zlonameran
malign v.t. klevetati
malign a poguban
malignancy n. opakost
malignant a. zao

malignity n. malignitet
malleable a. prilagodljiv
malmsey n. malvazija
malnutrition n. neuhranjenost
malpractice n. pogrešno lečenje
malt n. slad
mal-treatment n. zlostavljanje
mamma n. vime
mammal n. sisar
mammary a. mlečni
mammon n. mamon
mammoth n. mamut
mammoth a ogroman
man n. čovek
man v.t. osokoliti
manage v.t. upravljati
manageable a. izvediv
management n. upravljanje
manager n. menadžer
managerial a. menadžerski
mandate n. mandat
mandatory a. obavezan
mane n. griva
manes n. duše pokojnika
manful a. hrabar
manganese n. mangan
manger n. jasle
mangle v.t. valjati rublje
mango n mango
manhandle v.t. maltertirati
manhole n. šaht
manhood n. muškost
mania n manija
maniac n. manijak
manicure n. manikir
manifest a. očevidan
manifest v.t. manifestovati
manifestation n. manifestacija
manifesto n. manifest
manifold a. mnogostruk

manipulate *v.t.* manipulisati
manipulation *n.* manipulacija
mankind *n.* čovečanstvo
manlike *a.* muževan
manliness *n* muškost
manly *a.* muški
manna *n.* mana
mannequin *n.* maneken
manner *n.* način
mannerism *n.* manirizam
mannerly *a.* učtiv
manoeuvre *n.* manevar
manoeuvre *v.i.* manevrisati
manor *n.* vlastelinstvo
manorial *a.* vlastelinski
mansion *n.* palata
mantel *n.* okvir kamina
mantle *n* omotač
mantle *v.t* pokriti
manual *a.* ručno
manual *n* priručnik
manufacture *v.t.* proizvoditi
manufacture *n* proizvodnja
manufacturer *n* proizvođač
manumission *n.* oslobađanje roba
manumit *v.t.* osloboditi ropstva
manure *n.* đubrivo
manure *v.t.* đubriti
manuscript *n.* rukopis
many *a.* mnogo
map *n* mapa
map *v.t.* ucrtati
mar *v.t.* pokvariti
marathon *n.* maraton
maraud *v.i.* pljačkati
marauder *n.* pljačkaš
marble *n.* mermer
march *n* mart
march *n.* marš
march *v.i* marširati

mare *n.* kobila
margarine *n.* margarin
margin *n.* margina
marginal *a.* marginalni
marigold *n.* neven
marine *a.* morski
mariner *n.* mornar
marionette *n.* marioneta
marital *a.* bračni
maritime *a.* pomorski
mark *n.* znak
mark *v.t* označiti
marker *n.* marker
market *n* tržište
market *v.t* trgovati
marketable *a.* koji se može prodati
marksman *n.* strelac
marl *n.* lapor
marmalade *n.* marmelada
maroon *n.* kestenjasta boja
maroon *a* kestenjast
maroon *v.t* lutati
marriage *n.* brak
marriageable *a.* sposoban za brak
marry *v.t.* udati
Mars *n* mars
marsh *n.* močvara
marshal *n* maršal
marshal *v.t* postrojiti
marshy *a.* močvaran
marsupial *n.* torbar
mart *n.* pijaca
marten *n.* kuna
martial *a.* vojni
martinet *n.* starešina
martyr *n.* mučenik
martyrdom *n.* mučeništvo
marvel *n.* čudo
marvel *v.i* čuditi se
marvellous *a.* veličanstven

mascot n. maskota
masculine a. muški
mash n. kaša
mash v.t gnječiti
mask n. maska
mask v.t. maskirati
mason n. zidar
masonry n. zidarstvo
masquerade n. maskarada
mass n. masa
mass v.i gomilati
massacre n. masakr
massacre v.t. masakrirati
massage n. masaža
massage v.t. masirati
masseur n. maser
massive a. masivan
massy a. krupan
mast n. jarbol
master n. gospodar
master v.t. savladati
masterly a. majstorski
masterpiece n. remek-delo
mastery n. majstorstvo
masticate v.t. žvakati
masturbate v.i. masturbirati
mat n. otirač
matador n. matador
match n. meč
match v.i. odgovarati
match n šibica
matchless a. bez premca
mate n. prijatelj
mate v.t. pariti
mate n bračni drug
mate v.t. matirati
material a. materijalan
material n materijal
materialism n. materijalizam
materialize v.t. materijalizovati

maternal a. materinski
maternity n. materinstvo
mathematical a. matematički
mathematician n. matematičar
mathematics n matematika
matinee n. matine
matriarch n. matrijarh
matricidal a. materoubilački
matricide n. materoubistvo
matriculate v.t. upisati visoku školu
matriculation n. matura
matrimonial a. bračni
matrimony n. brak
matrix n matrica
matron n. matrona
matter n. stvar
matter v.i. mariti
mattock n. pijuk
mattress n. dušek
mature a. zreo
mature v.i zreo
maturity n. zrelost
maudlin a preosetljiv
maul n. malj
maul v.t izmlatiti
maulstick n. slikarev potporni štap
maunder v.t. tromo se kretati
mausoleum n. mauzolej
mawkish a. sladunjav
maxilla n. gornja vilica
maxim n. maksima
maximize v.t. maksimalno povećati
maximum a. maksimalan
maximum n maksimum
May n. maj
may v moći
mayor n. gradonačelnik
maze n. lavirint
me pron. mene
mead n. medovina

meadow *n.* livada
meagre *a.* oskudan
meal *n.* obrok
mealy *a.* brašnjav
mean *a.* značiti
mean *n.* sredina
mean *v.t* značiti
meander *v.i.* meander
meaning *n.* značenje
meaningful *a.* značajan
meaningless *a.* beznačajan
meanness *n.* pakost
means *n* sredstvo
meanwhile *adv.* u međuvremenu
measles *n* male boginje
measurable *a.* merljiv
measure *n.* mera
measure *v.t* meriti
measureless *a.* neizmeran
measurement *n.* mera
meat *n.* meso
mechanic *n.* mehaničar
mechanic *a* mehanički
mechanical *a.* mašinski
mechanics *n.* mehanika
mechanism *n.* mehanizam
medal *n.* medalja
medallist *n.* nosilac medalje
meddle *v.i.* mešati se
medieval *a.* srednjevekovni
medieval *a.* sredovečan
median *a.* srednji
mediate *v.i.* posredovati
mediation *n.* posredovanje
mediator *n.* posrednik
medical *a.* medicinski
medicament *n.* lek
medicinal *a.* medicinski
medicine *n.* medicina
medico *n*. student medicine

mediocre *a.* osrednji
mediocrity *n.* osrednjost
meditate *v.t.* meditirati
mediation *n.* posredovanje
meditative *a.* refleksivan
medium *n* medijum
medium *a* srednji
meek *a.* krotak
meet *n.* utakmica
meet *v.t.* sresti
meeting *n.* sastanak
megalith *n.* golem kamen
megalithic *a.* megalitski
megaphone *n.* megafon
melancholia *n.* melanholija
melancholic *a.* melanholičan
melancholy *n.* tuga
melancholy *adj* tužan
melee *n.* opšta tuča
meliorate *v.t.* poboljšati
mellow *a.* pripit
melodious *a.* melodičan
melodrama *n.* melodrama
melodramatic *a.* melodramatičan
melody *n.* melodija
melon *n.* dinja
melt *v.i.* rastopiti
member *n.* član
membership *n.* članstvo
membrane *n.* membrana
memento *n.* uspomena
memoir *n.* memoari
memorable *a.* nezaboravan
memorandum *n* memorandum
memorial *n.* komemoracija
memorial *a* komemorativan
memory *n.* memorija
menace *n* pretnja
menace *v.t* pretiti
mend *v.t.* popraviti

mendacious *a.* lažljiv
menial *a.* servilan
menial *n* sluga
meningitis *n.* meningitis
menopause *n.* menopauza
menses *n.* menzis
menstrual *a.* menstrualni
menstruation *n.* menstruacija
mental *a.* mentalni
mentality *n.* mentalitet
mention *n.* spominjanje
mention *v.t.* spominjati
mentor *n.* mentor
menu *n.* jelovnik
mercantile *a.* trgovački
mercenary *a.* plaćenički
mercerise *v.t.* mercerizirati
merchandise *n.* roba
merchant *n.* trgovac
merciful *a.* milostiv
merciless *adj.* nemilosrdan
mercurial *a.* živin
mercury *n.* merkur
mercy *n.* milost
mere *a.* puki
merge *v.t.* spojiti
merger *n.* udruživanje
meridian *a.* meridijan
merit *n.* zasluga
merit *v.t* zaslužiti
meritorious *a.* zaslužan
mermaid *n.* sirena
merman *n.* triton
merriment *n.* veselje
merry *a* veseo
mesh *n.* mreža
mesh *v.t* uhvatiti u mrežu
mesmerism *n.* hipnotizam
mesmerize *v.t.* hipnotisati
mess *n.* nered

mess *v.i* pobrkati
message *n.* poruka
messenger *n.* kurir
messiah *n.* mesija
Messrs *n.* gospoda
metabolism *n.* metabolizam
metal *n.* metal
metallic *a.* metalni
metallurgy *n.* metalurgija
metamorphosis *n.* metamorfoza
metaphor *n.* metafora
metaphysical *a.* metafizički
metaphysics *n.* metafizika
mete *v.t* odmeriti
meteor *n.* meteor
meteoric *a.* meteorski
meteorologist *n.* meteorolog
meteorology *n.* meteorologija
meter *n.* metar
method *n.* metod
methodical *a.* metodičan
metre *n.* metar
metric *a.* metrički
metrical *a.* metarski
metropolis *n.* metropola
metropolitan *a.* metropolitski
metropolitan *n.* metropolit
mettle *n.* temperament
mettlesome *a.* odvažan
mew *v.i.* mjaukati
mew *n.* galeb
mezzanine *n.* mezanin
mica *n.* liskun
microfilm *n.* mikrofilm
micrology *n.* mikrologija
micrometer *n.* mikrometar
microphone *n.* mikrofon
microscope *n.* mikroskop
microscopic *a.* mikroskopski
microwave *n.* mikrotalasna peć

mid *a.* srednji
midday *n.* podne
middle *a.* srednji
middle *n* sredina
middleman *n.* posrednik
middling *a.* osrednji
midget *n.* patuljak
midland *n.* unutrašnjost
midnight *n.* ponoć
mid-off *n.* pozicija u kriketu
mid-on *n.* pozicija u kriketu
midriff *n.* dijafragma
midst *n.* sredina
midsummer *n.* sredina leta
midwife *n.* babica
might *n.* moć
mighty *adj.* moćan
migraine *n.* migrena
migrant *n.* migrant
migrate *v.i.* migrirati
migration *n.* migracija
milch *a.* mlečni
mild *a.* blag
mildew *n.* buđ
mile *n.* milja
mileage *n.* miljaža
milestone *n.* prekretnica
milieu *n.* ambijent
militant *a.* ratoboran
militant *n* militant
military *a.* vojni
military *n* vojska
militate *v.i.* ratovati
militia *n.* milicija
milk *n.* mleko
milk *v.t.* musti
milky *a.* mlečan
mill *n.* mlin
mill *v.t.* mleti
millennium *n.* milenijum

miller *n.* mlinar
millet *n.* proso
milliner *n.* modiskinja
milliner *n.* modist
millinery *n.* radnja modistkinje
million *n.* milion
millionaire *n.* milioner
millipede *n.* stonoga
mime *n.* mimika
mime *v.i* izraziti mimikom
mimesis *n.* mimikrija
mimic *a.* imitirati
mimic *n* mimičar
mimic *v.t* imitirati
mimicry *n* mimikrija
minaret *n.* minaret
mince *v.t.* ublažiti
mind *n.* um
mind *v.t.* mariti
mindful *a.* pažljiv
mindless *a.* nepromišljen
mine *pron.* moj
mine *n* rudnik
miner *n.* rudar
mineral *n.* mineral
mineral *a* mineralni
mineralogist *n.* mineralog
mineralogy *n.* mineralogija
mingle *v.t.* mešati
miniature *n.* minijaturan
miniature *a.* minijatura
minim *n.* kapljica
minimal *a.* minimalan
minimize *v.t.* umanjivati
minimum *n.* minimum
minimum *a* minimalan
minion *n.* ljubimac
minister *n.* ministar
minister *v.i.* pomagati
ministrant *a.* ministrant

ministry n. ministarstvo
mink n. kanadska kuna
minor a. manji
minor n maloletnik
minority n. manjina
minster n. katedrala
mint n. metvica
mint n kovnica
mint v.t. kovati
minus prep. manje
minus a negativan
minus n minus
minuscule a. beznačajan
minute a. minut
minute n. uneti u zapisnik
minutely adv. svaki čas
minx n. namiguša
miracle n. čudo
miraculous a. čudesan
mirage n. fatamorgana
mire n. blato
mire v.t. blatiti
mirror n ogledalo
mirror v.t. odražavati
mirth n. razdraganost
mirthful a. razdragan
misadventure n. nezgoda
misalliance n. mezalijansa
misanthrope n. mizantrop
misapplication n. zloupotreba
misapprehend v. pogrešno razumeti
misapprehension n nesporazum
misappropriate v.t. proneveriti
misappropriation n. pronevera
misbehave v. nedolično se ponašati
misbehaviour n. nedolično ponašanje
misbelief n. pogrešno verovanje
miscalculate v.t. loše proceniti
miscalculation n. loša procena
miscall v.t. pogrešno nazvati

miscarriage n. pobačaj
miscarry v.i. pobaciti
miscellaneous a. mešovit
miscellany n. zbirka
mischance n. nesrećan slučaj
mischief n nestašluk
mischievous a. vragolast
misconceive v.t. pogrešno razumeti
misconception n. pogrešno shvatanje
misconduct n. loše vladanje
misconstrue v.t. pogrešno razumeti
miscreant n. nitkov
misdeed n. nedelo
misdemeanour n. prekršaj
misdirect v.t. pogrešno uputiti
misdirection n. pogrešno upućivanje
miser n. tvrdica
miserable a. nesrećan
miserly a. cicijaški
misery n. beda
misfire v.i. zatajiti
misfit n. loše pristajati
misfortune n. nesreća
misgive v.t. slutiti
misgiving n. slutnja
misguide v.t. obmanjivati
mishap n. nesrećan slučaj
misjudge v.t. pogrešno proceniti
mislead v.t. pogrešno voditi
mismanagement n. loše upravljanje
mismatch v.t. loše spojiti
misnomer n. pogrešan naziv
misplace v.t. zagubiti
misprint n. štamparska greška
misprint v.t. pogrešno odštampati
misrepresent v. pogrešno predstaviti
misrule n. bezakonje
miss n. promašaj
miss v.t. promašiti
missile n. projektil

mission n. misija
missionary n. misionar
missis, *missus* n. gospođa, supruga
missive n. poslanica
mist n. izmaglica
mistake n. greška
mistake v.t. pogrešiti
mister n. gospodin
mistletoe n. imela
mistreat v.t. maltretirati
mistress n. gospodarica, ljubavnica
mistrust n. nepoverenje
mistrust v.t. biti nepoverljiv
misty a. maglovit
misunderstand v.t. pogrešno razumeti
misunderstanding n. nesporazum
misuse n. zloupotreba
misuse v.t. zloupotrebiti
mite n. novčić
mite n crv
mithridate n. protivotrov
mitigate v.t. ublažiti
mitigation n. ublažavanje
mitre n. mitra
mitten n. rukavica bez prstiju
mix v.i mešati
mixture n. mešavina
moan v.i. stenjati
moan n. stenjanje
moat n. šanac
moat v.t. opasati šancem
mob n. gomila
mob v.t. nasrnuti
mobile a. pokretan
mobility n. pokretnost
mobilize v.t. mobilisati
mock v.i. ismevati
mock adj ismevanje
mockery n. izrugivanje
modality n. modalitet

mode n. način
model n. model
model v.t. oblikovati
moderate a. umeren
moderate v.t. ublažiti
moderation n. umerenost
modern a. moderan
modernity n. modernost
modernize v.t. modernizovati
modest a. skroman
modesty n skromnost
modicum n. malenkost
modification n. modifikacija
modify v.t. modifikovati
modulate v.t. modulirati
moil v.i. mučiti se
moist a. vlažan
moisten v.t. vlažiti
moisture n. vlaga
molar n. kutnjak
molar a masivan
molasses n melasa
mole n. krtica
molecular a. molekularni
molecule n. molekul
molest v.t. zlostavljati
molestation n. zlostavljanje
molten a. izliven
moment n. trenutak
momentary a. trenutan
momentous a. značajan
momentum n. impuls
monarch n. monarh
monarchy n. monarhija
monastery n. manastir
monasticism n monaštvo
Monday n. ponedeljak
monetary a. monetarni
money n. novac
monger n. prodavac

mongoose *n.* mungos
mongrel *a* melez
monitor *n.* monitor
monitory *a.* koji opominje
monk *n.* monah
monkey *n.* majmun
monochromatic *a.* monohromatski
monocle *n.* monokl
monocular *a.* jednook
monody *n.* monodija
monogamy *n.* monogamija
monogram *n.* monogram
monograph *n.* monografija
monolith *n.* monolit
monologue *n.* monolog
monopolist *n.* monopolist
monopolize *v.t.* monopolizovati
monopoly *n.* monopol
monosyllable *n.* jedan slog
monosyllabic *a.* jednosložan
monotheism *n.* monoteizam
monotheist *n.* monoteist
monotonous *a.* monoton
monotony *n* monotonija
monsoon *n.* monsun
monster *n.* čudovište
monstrous *a.* monstruozan
monstrous *n.* monstrum
month *n.* mesec
monthly *a.* mesečni
monthly *adv* mesečno
monthly *n* mesečnik
monument *n.* spomenik
monumental *a.* monumentalan
moo *v.i* mukanje
mood *n.* raspoloženje
moody *a.* ćudljiv
moon *n.* mesec
moor *n.* vresište
moor *v.t* usidriti brod

moorings *n.* sidrište
moot *n.* sporan
mop *n.* metla
mop *v.t.* brisati
mope *v.i.* biti snužden
moral *a.* moralan
moral *n.* pouka
morale *n.* moral
moralist *n.* moralist
morality *n.* moralnost
moralize *v.t.* moralisati
morbid *a.* morbidan
morbidity *n* morbidnost
more *a.* još
more *adv* više
moreover *adv.* štaviše
morganatic *a.* morgantski
morgue *n.* mrtvačnica
moribund *a.* na umoru
morning *n.* jutro
moron *n.* imbecil
morose *a.* mrzovoljan
morphia *n.* morfijum
morrow *n.* jutro
morsel *n.* zalogaj
mortal *a.* smrtan
mortal *n* smrtnik
mortality *n.* mortalitet
mortar *v.t.* malter
mortgage *n.* hipoteka
mortgage *v.t.* založiti
mortagagee *n.* založni verovnik
mortgagor *n.* založni dužnik
mortify *v.t.* poniziti
mortuary *n.* mrtvačnica
mosaic *n.* mozaik
mosque *n.* džamija
mosquito *n.* komarac
moss *n.* mahovina
most *a.* većinom

most *adv.* najviše
most *n.* većina
mote *n.* trunčica
motel *n.* motel
moth *n.* moljac
mother *n* majka
mother *v.t.* odgajati
motherhood *n.* materinstvo
motherlike *a.* majčinski
motherly *a.* materinski
motif *n.* motiv
motion *n.* kretanje
motion *v.i.* uputiti
motionless *a.* nepokretan
motivate *v* motivisati
motivation *n.* motivacija
motive *n.* motiv
motley *a.* šarolik
motor *n.* motor
motor *v.i.* voziti se
motorist *n.* vozač
mottle *n.* šara
motto *n.* moto
mould *n.* kalup
mould *v.t.* oblikovati
mould *n* humus
mould *n* plesan
mouldy *a.* ustajao
moult *v.i.* mitariti se
mound *n.* humka
mount *n.* postolje
mount *v.t.* postaviti
mount *n* brdo
mountain *n.* planina
mountaineer *n.* planinar
mountainous *a.* planinski
mourn *v.i.* tugovati
mourner *n.* ožalošćeni
mournful *n.* žalostan
mourning *n.* oplakivanje

mouse *n.* miš
moustache *n.* brkovi
mouth *n.* usta
mouth *v.t.* izustiti
mouthful *n.* zalogaj
movable *a.* pokretan
movables *n.* pokretna imovina
move *n.* potez
move *v.t.* pomeriti
movement *n.* pokret
mover *n.* pokretač
movies *n.* bioskop
mow *v.t.* kositi
much *a* mnogo
much *adv* veoma
mucilage *n.* biljni lepak
muck *n.* blato
mucous *a.* sluzav
mucus *n.* sluz
mud *n.* blato
muddle *n.* zbrka
muddle *v.t.* zbrkati
muffle *v.t.* prigušiti
muffler *n.* prigušivač
mug *n.* krigla
muggy *a.* sparan
mulatto *n.* mulat
mulberry *n.* dud
mule *n.* mazga
mulish *a.* tvrdoglav
mull *n.* greben
mull *v.t.* zabrljati
mullah *n.* mula
mullion *n.* drveni stub usred prozora
multifarious *a.* raznolik
multiform *n.* raznolik
multilateral *a.* multilateralan
multiparous *a.* multiparan
multiple *a.* mnogostruk
multiple *n* sadržitelj

multiped n. mnogonog
multiplex a. višestruk
multiplicand n. množenik
multiplication n. množenje
multiplicity n. mnogostrukost
multiply v.t. umnožiti
multitude n. mnoštvo
mum a. miran
mum n mama
mumble v.i. mrmljati
mummer n. pantomimičar
mummy n. mumija
mummy n mamica
mumps n. zauške
munch v.t. žvakati
mundane a. svetovni
municipal a. opštinski
municipality n. opština
munificent a. darežljiv
muniment n. povelja
munitions n. municija
mural a. zidni
mural n. mural
murder n. ubistvo
murder v.t. ubiti
murderer n. ubica
murderous a. ubilački
murmur n. žamor
murmur v.t. mrmljati
muscle n. mišić
muscovite n. moskovljanin
muscular a. mišićav
muse v.i. razmišljati
muse n muza
museum n. muzej
mush n. kaša
mushroom n. gljiva
music n. muzika
musical a. muzički
musician n. muzičar

musk n. mošus
musket n. musketa
musketeer n. musketar
muslin n. muslin
must v. morati
must n. obaveza
must n mošt
mustache n. brkovi
mustang n. mustang
mustard n. senf
muster v.t. prikupiti
muster n smotra
musty a. buđav
mutation n. mutacija
mutative a. mutativan
mute a. nem
mute n. nema osoba
mutilate v.t. sakatiti
mutilation n. sakaćenje
mutinous a. buntovan
mutiny n. pobuna
mutiny v. i. pobuniti se
mutter v.i. promrmljati
mutton n. ovčetina
mutual a. zajednički
muzzle n. njuška
muzzle v.t ućutkati
my a. moj
myalgia n. mijalgija
myopia n. kratkovidost
myopic a. kratkovid
myosis n. mijoza
myriad n. bezbroj
myriad a bezbrojan
myrrh n . mirisna smola
myrtle n. mirta
myself pron. sebe
mysterious a. misteriozan
mystery n. misterija
mystic a. mističan

mystic n mistik
mysticism n. misticizam
mystify v.t. mistifikovati
myth n. mit
mythical a. mitski
mythological a. mitološki
mythology n. mitologija

N

nab v.t. sčepati
nabob n. nabob
nadir n. nadir
nag n. zanovetanje
nag v.t. zanovetalo
nail n. ekser
nail v.t. zabiti
naive a. naivan
naivete n. naivnost
naivety n. naivnost
naked a. nag
name n. ime
name v.t. imenovati
namely adv. naime
namesake n. imenjak
nap v.i. dremati
nap n. dremež
nap n rizikovanje
nape n. potiljak
napkin n. salveta
narcissism n. narcisizam
narcissus n narcis
narcosis n. narkoza
narcotic n. narkotik
narrate v.t. pripovedati
narration n. naracija
narrative n. pripovest
narrative a. pripovedački
narrator n. pripovedač

narrow a. uzak
narrow v.t. suziti
nasal a. nazalni
nasal n nazal
nascent a. koji se rađa
nasty a. gadan
natal a. rodni
natant a. plivajući
nation n. nacija
national a. nacionalni
nationalism n. nacionalizam
nationalist n. nacionalista
nationality n. državljanstvo
nationalization n. nacionalizacija
nationalize v.t. nacionalizovati
native a. maternji
native n urođenik
nativity n. rađanje
natural a. prirodni
naturalist n. prirodnjak
naturalize v.t. odomaćiti
naturally adv. prirodno
nature n. priroda
naughty a. nevaljao
nausea n. mučnina
nautic(al) a. nautički
naval a. pomorski
nave n. brod
navigable a. plovan
navigate v.i. upravljati
navigation n. navigacija
navigator n. navigator
navy n. mornarica
nay adv. čak
neap a. najniža plima
near a. blizak
near prep. blizu
near adv. u blizini
near v.i. blizu
nearly adv. skoro

neat *a.* uredan
nebula *n.* maglina
necessary *n.* potreba
necessary *a* potreban
necessitate *v.t.* zahtevati
necessity *n.* nužda
neck *n.* vrat
necklace *n.* ogrlica
necklet *n.* ukras za vrat
necromancer *n.* prizivač duhova
necropolis *n.* groblje
nectar *n.* nektar
need *n.* nevolja
need *v.t.* trebati
needful *a.* potreban
needle *n.* igla
needless *a.* nepotreban
needs *adv.* svakako
needy *a.* siromašan
nefandous *a.* neopisiv
nefarious *a.* zao
negation *n.* negacija
negative *a.* negativan
negative *n.* negativ
negative *v.t.* odbiti
neglect *v.t.* zanemariti
neglect *n* zanemarivanje
negligence *n.* nemar
negligent *a.* nemaran
negligible *a.* zanemarljiv
negotiable *a.* premostiv
negotiate *v.t.* pregovarati
negotiation *n.* pregovaranje
negotiator *n.* pregovarač
negress *n.* crnkinja
negro *n.* crnac
neigh *v.i.* rzati
neigh *n.* rzanje
neighbour *n.* komšija
neighbourhood *n.* komšiluk

neighbourly *a.* susedski
neither *conj.* ni
nemesis *n.* osvetnik
neolithic *a.* neolitski
neon *n.* neon
nephew *n.* nećak
nepotism *n.* nepotizam
Neptune *n.* neptun
Nerve *n.* živac
nerveless *a.* hladnokrvan
nervous *a.* nervozan
nescience *n.* neznanje
nest *n.* gnezdo
nest *v.t.* ugnezditi
nether *a.* niži
nestle *v.i.* gnijezditi se
nestling *n.* goluždravac
net *n.* mreža
net *v.t.* hvatati mrežom
net *a* neto
net *v.t.* zaraditi
nettle *n.* kopriva
nettle *v.t.* opeći koprivom
network *n.* mreža
neurologist *n.* neurolog
neurology *n.* neurologija
neurosis *n.* neuroza
neuter *a.* srednjeg roda
neuter *n* srednji rod
neutral *a.* neutralan
neutralize *v.t.* neutralisati
neutron *n.* neutron
never *adv.* nikada
nevertheless *conj.* ipak
new *a.* nov
news *n.* vesti
next *a.* sledeći
next *adv.* potom
nib *n.* pero
nibble *v.t.* grickati

nibble n grickanje
nice a. lep
nicety n. uglađenost
niche n. niša
nick n. zerez
nickel n. nikl
nickname n. nadimak
nickname v.t. dati nadimak
nicotine n. nikotin
niece n. nećaka
niggard n. škrtica
niggardly a. škrt
nigger n. crnac
nigh adv. blisko
nigh prep. blizu
night n. noć
nightingale n. slavuj
nightly adv. noću
nightmare n. noćna mora
nightie n. spavaćica
nihilism n. nihilizam
nil n. nula
nimble a. okretan
nimbus n. oreol
nine n. devet
nineteen n. devetnaest
nineteenth a. devetnaesti
ninetieth a. devedeseti
ninth a. deveti
ninety n. devedeset
nip v.t uštinuti
nipple n. bradavica
nitrogen n. azot
no a. ni jedan
no adv. nikako
no n ne
nobility n. plemstvo
noble a. plemenit
noble n. plemenit
nobleman n. plemić

nobody pron. niko
nocturnal a. noćni
nod v.i. klimati glavom
node n. čvor
noise n. buka
noisy a. bučan
nomad n. nomad
nomadic a. nomadski
nomenclature n. nomenklatura
nominal a. nominalan
nominate v.t. nominovati
nomination n. imenovanje
nominee n kandidat
non-alignment n. nesvrstanost
nonchalance n. nonšalantnost
nonchalant a. nonšalantan
none pron. niko
none adv. nikako
nonentity n. nepostojanje
nonetheless adv. pored toga
nonpareil a. neuporediv
nonpareil n. nonparel
nonplus v.t. zbuniti
nonsense n. besmislica
nonsensical a. besmislen
nook n. kutak
noon n. podne
noose n. zamka
noose v.t. uhvatiti u zamku
nor conj niti
norm n. norma
norm n. obrazac
normal a. normalan
normalcy n. normalnost
normalize v.t. normalizovati
north n. sever
north a severni
north adv. severno
northerly a. severni
northerly adv. severno

northern *a.* severni
nose *n.* nos
nose *v.t* njušiti
nosegay *n.* kita cveća
nosey *a.* nosat
nosy *a.* njuškalo
nostalgia *n.* nostalgija
nostril *n.* nozdrva
nostrum *n.* nadrilek
not *adv.* ne
notability *n.* značajnost
notable *a.* značajan
notary *n.* beležnik
notation *n.* notacija
notch *n.* zarez
note *n.* napomena
note *v.t.* zapisati
noteworthy *a.* vredan pažnje
nothing *n.* ništa
nothing *adv.* ništa
notice *a.* primećen
notice *v.t.* primetiti
notification *n.* obaveštenje
notify *v.t.* obavestiti
notion *n.* pojam
notional *a.* pojmovni
notoriety *n.* ozloglašenost
notorious *a.* ozloglašen
notwithstanding *prep.* uprkos
notwithstanding *adv.* ipak
notwithstanding *conj.* premda
nought *n.* ništa
noun *n.* imenica
nourish *v.t.* hraniti
nourishment *n.* ishrana
novel *a.* nov
novel *n* roman
novelette *n.* novela
novelist *n.* romanopisac
novelty *n.* novost

101

november *n.* novembar
novice *n.* početnik
now *adv.* sada
now *conj.* sada
nowhere *adv.* nigde
noxious *a.* štetan
nozzle *n.* mlaznica
nuance *n.* nijansa
nubile *a.* stasala za udaju
nuclear *a.* nuklearna
nucleus *n.* jezgro
nude *a.* akt
nude *n* nagost
nudity *n.* golotinja
nudge *v.t.* gurkati
nugget *n.* grudva
nuisance *n.* neprilika
null *a.* nula
nullification *n.* poništenje
nullify *v.t.* poništiti
numb *a.* ukočen
number *n.* broj
number *v.t.* brojati
numberless *a.* bezbrojan
numeral *a.* brojčani
numerator *n.* brojač
numerical *a.* numerički
numerous *a.* brojni
nun *n.* kaluđerica
nunnery *n.* samostan
nuptial *a.* svadbeni
nuptials *n.* svadba
nurse *n.* medicinska sestra
nurse *v.t* negovati
nursery *n.* jaslice
nurture *n.* odgoj
nurture *v.t.* negovati
nut *n* orah
nutrition *n.* ishrana
nutritious *a.* hranljiv

nutritive *a.* nutritivan
nuzzle *v.* njuškati
nylon *n.* najlon
nymph *n.* nimfa

O

oak *n.* hrast
oar *n.* veslo
oarsman *n.* veslač
oasis *n.* oaza
oat *n.* zob
oath *n.* zakletva
obduracy *n.* bezdušnost
obdurate *a.* tvrdokoran
obedience *n.* poslušnost
obedient *a.* poslušan
obeisance *n.* naklon
obesity *n.* gojaznost
obey *v.t.* pokoravati se
obituary *a.* posmrtni
object *n.* objekat
object *v.t.* prigovoriti
objection *n.* prigovor
objective *n.* cilj
objective *a.* objektivan
oblation *n.* žrtva
obligation *n.* obaveza
obligatory *a.* obavezan
oblige *v.t.* obavezati
oblique *a.* posredan
obliterate *v.t.* uništiti
obliteration *n.* brisanje
oblivion *n.* zaborav
oblivious *a.* nesvestan
oblong *a.* duguljast
oblong *n.* duguljasta figura
obnoxious *a.* odvratan
obnoxiously *adv.* odvratano

obscene *a.* opscen
obscenity *n.* razvratnost
obscure *a.* nejasan
obscure *v.t.* potamneti
obscurity *n.* nejasnost
observance *n.* pridržavanje
observant *a.* posmatrački
observation *n.* posmatranje
observatory *n.* opservatorija
observe *v.t.* posmatrati
obsess *v.t.* opsednuti
obsession *n.* opsesija
obsolete *a.* zastareo
obstacle *n.* prepreka
obstinacy *n.* tvrdoglavost
obstinate *a.* tvrdoglav
obstruct *v.t.* ometati
obstruction *n.* opstrukcija
obstructive *a.* opstruktivan
obtain *v.t.* dobiti
obtainable *a.* koji se može dobiti
obtuse *a.* tup
obvious *a.* očigledan
occasion *n.* prilika
occasion *v.t* prouzrokovati
occasional *a.* povremen
occasionally *adv.* povremeno
occident *n.* zapad
occidental *a.* zapadnjački
occult *a.* okultan
occupancy *n.* stanovanje
occupant *n.* stanar
occupation *n.* zanimanje
occupier *n.* okupator
occupy *v.t.* zauzeti
occur *v.i.* desiti se
occurrence *n.* događaj
ocean *n.* okean
oceanic *a.* okeanski
octagon *n.* osmougao

octangular *a.* osmougli
octave *n.* oktava
October *n.* oktobar
octogenarian *a.* osamdesetogodišnji
octogenarian *a* osamdesetogodišnje
octroi *n.* porez na uvezenu robu
ocular *a.* očni
oculist *n.* okular
odd *a.* neparan
oddity *n.* nastranost
odds *n.* izgledi
ode *n.* oda
odious *a.* mrzak
odium *n.* mrskost
odorous *a.* miomirisan
odour *n.* miris
offence *n.* uvreda
offend *v.t.* uvrediti
offender *n.* prestupnik
offensive *a.* napadački
offensive *n* napad
offer *v.t.* ponuditi
offer *n* ponuda
offering *n.* pružanje
office *n.* kancelarija
officer *n.* oficir
official *a.* službeni
official *n* zvaničnik
officially *adv.* zvanično
officiate *v.i.* službovati
officious *a.* preterano uslužan
offing *n.* pučina
offset *v.t.* izjednačiti
offset *n* izdanak
offshoot *n.* mladica
offspring *n.* potomak
oft *adv.* često
often *adv.* često
ogle *v.t.* očijukati
ogle *n* očijukanje

oil *n.* ulje
oil *v.t* uljiti
oily *a.* mastan
ointment *n.* mast
old *a.* star
oligarchy *n.* oligarhija
olive *n.* maslina
olympiad *n.* olimpijada
omega *n.* omega
omelette *n.* omplet
omen *n.* slutnja
ominous *a.* zloslustan
omission *n.* izostavljanje
omit *v.t.* izostaviti
omnipotence *n.* svemoć
omnipotent *a.* svemoguć
omnipresence *n.* sveprisutnost
omnipresent *a.* sveprisutan
omniscience *n.* sveznanje
omniscient *a.* sveznajući
on *prep.* na
on *adv.* dalje
once *adv.* jednom
one *a.* jedan
one *pron.* neko
oneness *n.* jedinstvo
onerous *a.* tegoban
onion *n.* luk
on-looker *n.* osmatrač
only *a.* jedini
only *adv.* samo
only *conj.* samo što
onomatopoeia *n.* onomatopeja
onrush *n.* nadiranje
onset *n.* početak
onslaught *n.* juriš
onus *n.* teret
onward *a.* napred
onwards *adv.* nadalje
ooze *n.* glib

ooze *v.i.* curiti
opacity *n.* neprozirnost
opal *n.* opal
opaque *a.* neproziran
open *a.* otvoren
open *v.t.* otvoriti
opening *n.* otvaranje
openly *adv.* otvoreno
opera *n.* opera
operate *v.t.* raditi
operation *n.* operacija
operative *a.* operativan
operator *n.* operator
opine *v.t.* misliti
opinion *n.* mišljenje
opium *n.* opijum
opponent *n.* protivnik
opportune *a.* prikladan
opportunism *n.* oportunizam
opportunity *n.* prilika
oppose *v.t.* suprotstaviti
opposite *a.* suprotan
opposition *n.* opozicija
oppress *v.t.* ugnjetavati
oppression *n.* ugnjetavanje
oppressive *a.* tiranski
oppressor *n.* tlačitelj
opt *v.i.* odlučiti se
optic *a.* optički
optician *n.* optičar
optimism *n.* optimizam
optimist *n.* optimista
optimistic *a.* optimistički
optimum *n.* optimum
optimum *a* optimalan
option *n.* opcija
optional *a.* neobavezan
opulence *n.* bogatstvo
opulent *a.* bogat
oracle *n.* proročanstvo
oracular *a.* proročanski
oral *a.* usmen
orally *adv.* usmeno
orange *n.* pomorandža
orange *a* narandžast
oration *n.* govor
orator *n.* govornik
oratorical *a.* govornički
oratory *n.* oratorijum
orb *n.* nebesko telo
orbit *n.* orbita
orchard *n.* voćnjak
orchestra *n.* orkestar
orchestral *a.* orkestarski
ordeal *n.* iskušenje
order *n.* red
order *v.t* naručiti
orderly *a.* uredan
orderly *n.* uredno
ordinance *n.* obred
ordinarily *adv.* redovno
ordinary *a.* redovan
ordnance *n.* borbena tehnika
ore *n.* ruda
organ *n.* organ
organic *a.* organski
organism *n.* organizam
organization *n.* organizacija
organize *v.t.* organizovati
orient *n.* Orijent
orient *v.t.* orijentisati
oriental *a.* orijentalan
oriental *n* istočnjak
orientate *v.t.* orijentisati
origin *n.* poreklo
original *a.* originalan
original *n* original
originality *n.* originalnost
originate *v.t.* voditi poreklo
originator *n.* tvorac

ornament *n.* ornament
ornament *v.t.* ukrasiti
ornamental *a.* ukrasni
ornamentation *n.* ukrašavanje
orphan *n.* siroče
orphan *v.t* učiniti siročetom
orphanage *n.* sirotište
orthodox *a.* pravoslavan
orthodoxy *n.* pravoslavlje
oscillate *v.i.* oscilovati
oscillation *n.* oscilacija
ossify *v.t.* okoštati
ostracize *v.t.* prognati
ostrich *n.* noj
other *a.* drugi
other *pron.* drugi
otherwise *adv.* inače
otherwise *conj.* inače
otter *n.* vidra
ottoman *n.* otoman
ounce *n.* unca
our *pron.* naš
oust *v.t.* istisnuti
out *adv.* van
out-balance *v.t.* prevagnuti
outbid *v.t.* više ponuditi
outbreak *n.* izbijanje
outburst *n.* izliv
outcast *n.* izgnanik
outcast *a* izgnan
outcome *n.* ishod
outcry *a.* negodovanje
outdated *a.* zastareo
outdo *v.t.* nadmašiti
outdoor *a.* napolju
outer *a.* spoljni
outfit *n.* oprema
outfit *v.t* otpremiti
outgrow *v.t.* prerasti
outhouse *n.* poljski klozet

outing *n.* izlet
outlandish *a.* čudnovat
outlaw *n.* odmetnik
outlaw *v.t* staviti van zakona
outline *n.* skica
outline *v.t.* skicirati
outlive *v.i.* nadživeti
outlook *n.* gledište
outmoded *a.* staromodan
outnumber *v.t.* nadmašiti u brojnosti
outpatient *n.* ambulantni bolesnik
outpost *n.* predstraža
output *n.* izlaz
outrage *n.* nasilje
outrage *v.t.* počiniti nasilje
outright *adv.* izravno
outright *a* izravan
outrun *v.t.* nadmašiti u trčanju
outset *n.* polazak
outshine *v.t.* nadsijati
outside *a.* spoljni
outside *n* spoljašnjost
outside *adv* napolju
outside *prep* izvan
outsider *n.* autsajder
outsize *a.* prevelik
outskirts *n.pl.* periferija
outspoken *a.* otvoren
outstanding *a.* izvanredan
outward *a.* spoljašnji
outward *adv* van
outwards *adv* napolje
outwardly *adv.* napolju
outweigh *v.t.* pretegnuti
outwit *v.t.* nadmudriti
oval *a.* ovalan
oval *n* oval
ovary *n.* jajnik
ovation *n.* ovacija
oven *n.* peć

over *prep.* preko
over *adv* više
over *n* višak
overact *v.t.* preterivati
overall *n.* ogrtač
overall *a* ukupan
overawe *v.t.* preplašiti
overboard *adv.* preko palube
overburden *v.t.* preopteretiti
overcast *a.* oblačan
overcharge *v.t.* preopteretiti
overcharge *n* preopterećenje
overcoat *n.* kaput
overcome *v.t.* prevazići
overdo *v.t.* preterati
overdose *n.* prevelika doza
overdose *v.t.* predozirati
overdraft *n.* prekoračenje računa
overdraw *v.t.* prekoračiti račun
overdue *a.* zakasneo
overhaul *v.t.* pregledati
overhaul *n.* pregled
overhear *v.t.* načuti
overjoyed *a* presrećan
overlap *v.t.* preklapati
overlap *n* preklapanje
overleaf *adv.* na drugoj strani
overload *v.t.* preopteretiti
overload *n* preopterećenje
overlook *v.t.* prevideti
overnight *adv.* preko noći
overnight *a* noćni
overpower *v.t.* nadjačati
overrate *v.t.* preceniti
overrule *v.t.* nadglasati
overrun *v.t* pretrčati
oversee *v.t.* nadgledati
overseer *n.* nadzornik
overshadow *v.t.* zaseniti
oversight *n.* nadzor

overt *a.* otvoren
overtake *v.t.* prestići
overthrow *v.t.* srušiti
overthrow *n* rušenje
overtime *adv.* prekovremeno
overtime *n* prekovremeni rad
overture *n.* uvertira
overwhelm *v.t.* savladati
overwork *v.i.* preopteretiti radom
overwork *n.* prekomeran rad
owe *v.t* dugovati
owl *n.* sova
own *a.* svoje
own *v.t.* posedovati
owner *n.* vlasnik
ownership *n.* vlasništvo
ox *n.* vo
oxygen *n.* kiseonik
oyster *n.* ostriga

P

pace *n* korak
pace *v.i.* koračati
pacific *a.* miroljubiv
pacify *v.t.* umiriti
pack *n.* paket
pack *v.t.* upakovati
package *n.* paket
packet *n.* zavežljaj
packing *n.* pakovanje
pact *n.* pakt
pad *n.* jastuk
pad *v.t.* obložiti
padding *n.* punjenje
paddle *v.i.* veslati
paddle *n* veslo
paddy *n.* pirinač
page *n.* strana

page v.t. prelomiti
pageant n. parada
svečanost n. velelepnost
pagoda n. pagoda
pail n. kanta
pain n. bol
pain v.t. boleti
painful a. bolan
painstaking a. radan
paint n. boja
paint v.t. bojiti
painter n. slikar
painting n. slika
pair n. par
pair v.t. spariti
pal n. drug
palace n. palata
palanquin n. palankin
palatable a. ukusan
palatal a. nepčan
palate n. nepce
palatial a. veličanstven
pale n. kolac
pale a bled
pale v.i. pobledeti
palette n. paleta
palm n. palma
palm v.t. dodirnuti
palm n. dlan
palmist n. hiromant
palmistry n. hiromantija
palpable a. opipljiv
palpitate v.i. podrhtavati
palpitation n. treperenje
palsy n. paraliza
paltry a. tričav
pamper v.t. razmaziti
pamphlet n. pamflet
pamphleteer n. pamfletista
panacea n. panaceja

pandemonium n. urnebes
pane n. okno
panegyric n. panegirik
panel n. tabla
panel v.t. oblagati
pang n. žiganje
panic n. panika
panorama n. panorama
pant v.i. brektati
pant n. brektanje
pantaloon n. lakrdijaš
pantheism n. panteizam
pantheist n. panteista
panther n. panter
pantomime n. pantomima
pantry n. ostava
papacy n. papstvo
papal a. papski
paper n. papir
par n. jednakost
parable n. parabola
parachute n. padobran
parachutist n. padobranac
parade n. parada
parade v.t. paradirati
paradise n. raj
paradox n. paradoks
paradoxical a. paradoksalan
paraffin n. parafin
paragon n. uzor
paragraph n. paragraf
parallel a. paralelan
parallel v.t. načiniti paralelnim
parallelism n. paralelizam
parallelogram n. paralelogram
paralyse v.t. paralizovati
paralysis n. paraliza
paralytic a. paralitički
paramount n. ono što je glavno
paramour n. ljubavnik

paraphernalia *n. pl* pribor
paraphrase *n.* parafraza
paraphrase *v.t.* parafrazirati
parasite *n.* parazit
parcel *n.* parcela
parcel *v.t.* razdeliti
parch *v.t.* spržiti
pardon *v.t.* oprostiti
pardon *n.* oproštenje
pardonable *a.* oprostiv
parent *n.* roditelj
parentage *n.* roditeljstvo
parental *a.* roditeljski
parenthesis *n.* umetak
parish *n.* parohija
parity *n.* paritet
park *n.* park
park *v.t.* parkirati
parlance *n.* način govora
parley *n.* pregovaranje
parley *v.i* pregovarati
parliament *n.* parlament
parliamentarian *n.* parlamentarac
parliamentary *a.* parlamentaran
parlour *n.* soba za posete
parody *n.* parodija
parody *v.t.* parodirati
parole *n.* uslovni otpust
parole *v.t.* uslovno otpustiti
parricide *n.* roditeljoubistvo
parrot *n.* papagaj
parry *v.t.* parirati
parry *n.* pariranje
parson *n.* paroh
part *n.* deo
part *v.t.* deliti
partake *v.i.* učestvovati
partial *a.* delimičan
partiality *n.* pristrasnost
participate *v.i.* učestvovati

participant *n.* učesnik
participation *n.* učešće
particle *a.* poput čestice
particular *a.* poseban
particular *n.* pojedinost
partisan *n.* partizan
partisan *a.* partizanski
partition *n.* podela
partition *v.t.* podeliti
partner *n.* partner
partnership *n.* partnerstvo
party *n.* stranka
pass *v.i.* proći
pass *n* prolaz
passage *n.* pasus
passenger *n.* putnik
passion *n.* strast
passionate *a.* strastven
passive *a.* pasivan
passport *n.* pasoš
past *a.* prošli
past *n.* prošlost
past *prep.* posle
paste *n.* pasta
paste *v.t.* lepiti
pastel *n.* pastel
pastime *n.* razonoda
pastoral *a.* pastirski
pasture *n.* pašnjak
pasture *v.t.* pasti
pat *v.t.* tapkati
pat *n* tapkanje
pat *adv* upravo
patch *v.t.* zakrpiti
patch *n* zakrpa
patent *a.* patentan
patent *n* patent
patent *v.t.* patentni
paternal *a.* očinski
path *n.* put

pathetic *a.* patetičan
pathos *n.* patos
patience *n.* strpljenje
patient *a.* strpljiv
patient *n* pacijent
patricide *n.* oceubistvo
patrimony *n.* očevina
patriot *n.* patriota
patriotic *a.* patriotski
partiotism *n.* partiotizam
patrol *v.i.* patrolirati
patrol *n* patrola
patron *n.* pokrovitelj
patronage *n.* pokroviteljstvo
patronize *v.t.* štititi
pattern *n.* obrazac
paucity *n.* malobrojnost
pauper *n.* siromah
pause *n.* pauza
pause *v.i.* zastati
pave *v.t.* popločati
pavement *n.* pločnik
pavilion *n.* paviljon
paw *n.* šapa
paw *v.t.* udariti šapom
pay *v.t.* platiti
pay *n* plata
payable *a.* plativ
payee *n.* primalac
payment *n.* plaćanje
pea *n.* grašak
peace *n.* mir
peaceable *a.* miroljubiv
peaceful *a.* miran
peach *n.* breskva
peacock *n.* paun
peahen *n.* paunica
peak *n.* vrh
pear *n.* kruška
pearl *n.* biser

peasant *n.* seljak
peasantry *n.* seljaštvo
pebble *n.* šljunak
peck *n.* kljucanje
peck *v.i.* kljucati
peculiar *a.* čudan
peculiarity *n.* svojstvenost
pecuniary *a.* novčan
pedagogue *n.* pedagog
pedagogy *n.* pedagogija
pedal *n.* pedala
pedal *v.t.* voziti bicikl
pedant *n.* pedant
pedantic *n.* pedantan
pedantry *n.* pedanterija
pedestal *n.* postolje
pedestrian *n.* pešak
pedigree *n.* pedigre
peel *v.t.* oljuštiti
peel *n.* kora
peep *v.i.* viriti
peep *n* virenje
peer *n.* plemić
peerless *a.* bez premca
peg *n.* klin
peg *v.t.* prikovati
pelf *n.* dobitak
pell-mell *adv.* zbrkano
pen *n.* pero
pen *v.t.* pisati
penal *a.* kazneni
penalize *v.t.* kazniti
penalty *n.* kazna
pencil *n.* olovka
pencil *v.t.* slikati
pending *prep.* u toku
pending *a* neodređen
pendulum *n.* klatno
penetrate *v.t.* prodreti
penetration *n.* penetracija

penis *n.* penis
penniless *a.* bez novca
penny *n.* peni
pension *n.* penzija
pension *v.t.* penzionisati
pensioner *n.* penzioner
pensive *a.* zadubljen u misli
pentagon *n.* pentagon
peon *n.* nadničar
people *n.* narod
people *v.t.* naseliti
pepper *n.* biber
pepper *v.t.* biberiti
per *prep.* na, po
perambulator *n.* dečija kolica
perceive *v.t.* opaziti
perceptible *adj* primetan
per *cent adv.* odsto
percentage *n.* procenat
perception *n.* percepcija
perceptive *a.* perceptivan
perch *n.* grgeč
perch *v.i.* spustiti se
perennial *a.* višegodišnji
perennial *n.* trajnica
perfect *a.* savršen
perfect *v.t.* usavršiti
perfection *n.* savršenstvo
perfidy *n.* podmuklost
perforate *v.t.* probušiti
perforce *adv.* silom
perform *v.t.* izvesti
performance *n.* izvođenje
performer *n.* izvođač
perfume *n.* parfem
perfume *v.t.* namirisati
perhaps *adv.* možda
peril *n.* opasnost
peril *v.t.* ugroziti
perilous *a.* opasan

period *n.* period
periodical *n.* časopis
periodical *a.* periodičan
periphery *n.* periferija
perish *v.i.* poginuti
perishable *a.* kvarljiv
perjure *v.i.* lažno se zakleti
perjury *n.* krivokletstvo
permanence *n.* trajnost
permanent *a.* trajan
permissible *a.* dopustiv
permission *n.* dopuštenje
permit *v.t.* dozvoliti
permit *n.* dozvola
permutation *n.* permutacija
pernicious *a.* škodljiv
perpendicular *a.* vertikalan
perpendicular *n.* vertikala
perpetual *a.* večit
perpetuate *v.t.* ovekovečiti
perplex *v.t.* zbuniti
perplexity *n.* zbunjenost
persecute *v.t.* progoniti
persecution *n.* proganjanje
perseverance *n.* istrajnost
persevere *v.i.* istrajati
persist *v.i.* izdržati
persistence *n.* izdržljivost
persistent *a.* uporan
person *n.* osoba
personage *n.* ugledna ličnost
personal *a.* lični
personality *n.* ličnost
personification *n.* personifikacija
personify *v.t.* oličavati
personnel *n.* osoblje
perspective *n.* perspektiva
perspiration *n.* znojenje
perspire *v.i.* znojiti se
persuade *v.t.* ubediti

persuasion n. ubeđivanje
pertain v.i. odnositi se
pertinent a. prigodan
perturb v.t. poremetiti
perusal n. pregled
peruse v.t. pregledati
pervade v.t. prožimati
perverse a. perverzan
perversion n. perverzija
perversity n. izopačenost
pervert v.t. pokvarenjak
pessimism n. pesimizam
pessimist n. pesimista
pessimistic a. pesimističan
pest n. štetočina
pesticide n. pesticid
pestilence n. kuga
pet n. ljubimac
pet v.t. milovati
petal n. latica
petition n. peticija
petition v.t. moliti
petitioner n. molilac
petrol n. benzin
petroleum n. nafta
petticoat n. podsuknja
petty a. sitan
petulance n. nestašnost
petulant a. mrzovoljan
phantom n. fantom
pharmacy n. apoteka
phase n. faza
phenomenal a. fenomenalan
phenomenon n. fenomen
phial n. bočica
philanthropic a. filantropski
philanthropist n. filantrop
philanthropy n. filantropija
philological a. filološki
philologist n. filolog

philology n. filologija
philosopher n. filozof
philosophical a. filozofski
philosophy n. filozofija
phone n. telefon
phonetic a. fonetski
phonetics n. fonetika
phosphate n. fosfat
phosphorus n. fosfor
photo n fotografija
photograph v.t. fotografisati
photograph n fotografija
photographer n. fotograf
photographic a. fotografski
photography n. fotografija
phrase n. fraza
phrase v.t. izraziti
phraseology n. frazeologija
physic n. medicina
physic v.t. lečiti
physical a. fizički
physician n. lekar
physicist n. fizičar
physics n. fizika
physiognomy n. fizionomija
physique n. stas
pianist n. pijanista
piano n. klavir
pick v.t. izabrati
pick n. izbor
picket n. kolac
picket v.t. ograditi kolcima
pickle n. turšija
pickle v.t ukiseliti
picnic n. piknik
picnic v.i. ići na izlet
pictorical a. slikarski
picture n. slika
picture v.t. naslikati
picturesque a. slikovit

piece *n.* komad
piece *v.t.* sastaviti
pierce *v.t.* izbosti
piety *n.* pobožnost
pig *n.* svinja
pigeon *n.* golub
pigmy *n.* pigmej
pile *n.* gomila
pile *v.t.* gomilati
piles *n.* hemoroidi
pilfer *v.t.* ukrasti
pilgrim *n.* hodočasnik
pilgrimage *n.* hodočašće
pill *n.* pilula
pillar *n.* stub
pillow *n* jastuk
pillow *v.t.* položiti
pilot *n.* pilot
pilot *v.t.* pilotirati
pimple *n.* bubuljica
pin *n.* čioda
pin *v.t.* pribosti
pinch *v.t.* uštinuti
pinch *v.* stisnuti
pine *n.* bor
pine *v.i.* čeznuti
pineapple *n.* ananas
pink *n.* karanfil, ružičasta boja
pink *a* ružičast
pinkish *a.* ružičast
pinnacle *n.* vrhunac
pioneer *n.* pionir
pioneer *v.t.* krćiti
pious *a.* pobožan
pipe *n.* cev, lula
pipe *v.i* svirati na fruli
piquant *a.* pikantan
piracy *n.* piratstvo
pirate *n.* gusar
pirate *v.t* izdavati

pistol *n.* pištolj
piston *n.* klip
pit *n.* jama
pit *v.t.* staviti u jamu
pitch *n.* smola
pitch *v.t.* zaliti
pitcher *n.* krčag
piteous *a.* bedan
pitfall *n.* zamka
pitiable *a.* jadan
pitiful *a.* sažaljiv
pitiless *a.* nemilosrdan
pitman *n.* kopač
pittance *n.* mali deo
pity *n.* sažaljenje
pity *v.t.* sažaljevati
pivot *n.* stožer
pivot *v.t.* okretati se
placard *n.* plakat
place *n.* mesto
place *v.t.* smestiti
placid *a.* miran
plague *a.* kuga
plague *v.t.* zaraziti
plain *a.* jednostavan
plain *n.* ravan
plaintiff *n.* tužilac
plan *n.* plana
plan *v.t.* planirati
plane *n.* ravnica
plane *v.t.* izravnati
plane *a.* ravan
plane *n* platan
planet *n.* planeta
planetary *a.* planetarni
plank *n.* daska
plank *v.t.* obložiti daskama
plant *n.* biljka
plant *v.t.* saditi
plantain *n.* bokvice

plantation n. plantaža
plaster n. flaster
plaster v.t. okrečiti
plate n. ploča
plate v.t. oklopiti
plateau n. plato
platform n. platforma
platonic a. platonski
platoon n. vod
play n. igra
play v.i. igrati se
player n. igrač
plea n. molba
plead v.i. obraćati se
pleader n. branilac
pleasant a. prijatan
pleasantry n. šala
please v.t. ugoditi
pleasure n. zadovoljstvo
plebiscite n. plebiscit
pledge n. zaloga
pledge v.t. zaloga
plenty n. mnogo
plight n. stanje
plod v.i. teško koračati
plot n. zaplet
plot v.t. smišljati
plough n. plug
plough v.i orati
ploughman n. orač
pluck v.t. otrgnuti
pluck n trzanje
plug n. utikač
plug v.t. začepiti
plum n. šljiva
plumber n. vodoinstalater
plunder v.t. pljačkanje
plunder n pljačkati
plunge v.t. zaroniti
plunge n ronjenje

plural a. množina
plurality n. pluralitet
plus a. dodatni
plus n plus
ply v.t. upotrebljavati
ply n nabor
pneumonia zapaljenje pluća
pocket n. džep
pocket v.t. staviti u džep
pod n. mahuna
poem n. pesma
poesy n. poezija
poet n. pesnik
poetaster n. stihoklepac
poetess n. pesnikinja
poetic a. poetski
poetics n. poetika
poetry n. poezija
poignancy n. oštrina
poignant a. oštar
point n. tačka
point v.t. zaoštriti
poise v.t. izbalansirati
poise n ravnoteža
poison n. otrov
poison v.t. otrovati
poisonous a. otrovan
poke v.t. gurati
poke n. vreća
polar n. polarni
pole n. pol
police n. policija
policeman n. policajac
policy n. politika
polish v.t. polirati
polish n sjaj
polite a. učtiv
politeness n. učtivost
politic a. lukav
political a. politički

politician *n.* političar
politics *n.* politika
polity *n.* državno uređenje
poll *n.* anketa
poll *v.t.* seći
pollen *n.* polen
pollute *v.t.* zagaditi
pollution *n.* zagađenje
polo *n.* polo
polygamous *a.* poligamski
polygamy *n.* poligamija
polyglot1 *n.* poliglota
polyglot2 *a.* poliglotski
polytechnic *a.* politehnički
polytechnic *n.* politehnika
polytheism *n.* politeizam
polytheist *n.* politeista
polytheistic *a.* politeistički
pomp *n.* raskoš
pomposity *n.* pompeznost
pompous *a.* pompezan
pond *n.* ribnjak
ponder *v.t.* razmišljati
pony *n.* poni
poor *a.* jadan
pop *v.i.* pucati
pop *n* prasak
pope *n.* papa
poplar *n.* topola
poplin *n.* puplin
populace *n.* stanovništvo
popular *a.* popularan
popularity *n.* popularnost
popularize *v.t.* popularizovati
populate *v.t.* naseliti
population *n.* stanovništvo
populous *a.* naseljen
porcelain *n.* porcelan
porch *n.* veranda
pore *n.* pora

pork *n.* svinjsko meso
porridge *n.* kaša
port *n.* luka
portable *a.* pokretan
portage *n.* nošenje
portal *n.* portal
portend *v.t.* nagovestiti
porter *n.* vratar
portfolio *n.* portfolio
portico *n.* trem
portion *n* deo
portion *v.t.* deliti
portrait *n.* portret
portraiture *n.* portretisanje
portray *v.t.* oslikati
portrayal *n.* portret
pose *v.i.* pozirati
pose *n.* poza
position *n.* mesto
position *v.t.* staviti
positive *a.* pozitivan
possess *v.t.* posedovati
possession *n.* posedovanje
possibility *n.* mogućnost
possible *a.* moguć
post *n.* sub
post *v.t.* postaviti
post *n* glasnik
post *v.t.* objaviti
post *adv.* posle
postage *n.* poštarina
postal *a.* poštanski
post-date *v.t.* staviti kasniji datum
poster *n.* plakat
posterity *n.* potomstvo
posthumous *a.* posmrtni
postman *n.* poštar
postmaster *n.* upravnik pošte
post-mortem *a.* obdukcioni
post-mortem *n.* obdukcija

post-office n. pošta
postpone v.t. odložiti
postponement n. odlaganje
postscript n. post skriptum
posture n. stav
pot n. lonac
pot v.t. ostaviti
potash n. potaša
potassium n. kalijum
potato n. krompir
potency n. potentnost
potent a. potentan
potential a. moguć
potential n. mogućnost
pontentiality n. potencijal
potter n. grnčar
pottery n. grnčarija
pouch n. vrećica
poultry n. živina
pounce v.i. zaleteti se
pounce n zalet
pound n. funta
pound v.t. zatvoriti
pour v.i. sipati
poverty n. siromaštvo
powder n. prah
powder v.t. naprašiti
power n. snaga
powerful a. moćan
practicability n. izvodljivost
practicable a. izvodljiv
practical a. praktičan
practice n. praksa
practise v.t. uvežbavati
practitioner n. praktičar
pragmatic a. pragmatičan
pragmatism n. pragmatizam
praise n. pohvala
praise v.t. hvaliti
praiseworthy a. pohvalan

prank n. nestašluk
prattle v.i. brbljati
prattle n. brbljanje
pray v.i. moliti
prayer n. molitva
preach v.i. propovedati
preacher n. propovednik
preamble n. predgovor
precaution n. predostrožnost
precautionary a. obazriv
precede v. prethoditi
precedence n. prednost
precedent n. presedan
precept n. pravilo
preceptor n. učitelj
precious a. dragocen
precis n. izvod
precise n. preciznost
precision n. preciznost
precursor n. prethodnik
predecessor n. prethodnik
predestination n. predodređenje
predetermine v.t. predodrediti
predicament n. neprilika
predicate n. predikat
predict v.t. predvideti
prediction n. predviđanje
predominance n. prevlast
predominant a. nadmoćan
predominate v.i. preovlađivati
pre-eminence n. nadmoćnost
pre-eminent a. nadmoćan
preface n. predgovor
preface v.t. snabdeti predgovorom
prefect n. prefekt
prefer v.t. više voleti
preference n. sklonost
preferential a. povlašćen
prefix n. prefiks
prefix v.t. dodati prefiks

pregnancy n. trudnoća
pregnant a. trudna
prehistoric a. praistorijski
prejudice n. predrasuda
prelate n. prelat
preliminary a. preliminaran
preliminary n priprema
prelude n. uvod
prelude v.t. uvesti
premarital a. predbračni
premature a. prevremen
premeditate v.t. unapred smisliti
premeditation n. predumišljaj
premier a. premijer
premier n premijer
premiere n. premijera
premium n. premija
premonition n. predosećanje
preoccupation n. preokupacija
preoccupy v.t. zaokupiti
preparation n. priprema
preparatory a. pripremni
prepare v.t. pripremiti
preponderance n. prevaga
preponderate v.i. premašivati
preposition n. predlog
prerequisite a. preduslovan
prerequisite n preduslov
prerogative n. privilegija
prescience n. predosećanje
prescribe v.t. propisati
prescription n. recept
presence n. prisustvo
present a. prisutan
present n. poklon
present v.t. predstaviti
presentation n. prezentacija
presently adv. uskoro
preservation n. čuvanje
preservative n. prezervativ

preservative a. zaštitni
preserve v.t. sačuvati
preserve n. ukuvano voće
preside v.i. predsedavati
president n. predsednik
presidential a. predsednički
press v.t. pritisnite
press n štampa
pressure n. pritisak
pressurize v.t. staviti pod pritisak
prestige n. prestiž
prestigious a. prestižan
presume v.t. pretpostaviti
presumption n. pretpostavka
presuppose v.t. pretpostaviti
presupposition n. pretpostavljanje
pretence n. pretvaranje
pretend v.t. pretvarati se
pretension n. pretenzija
pretentious a. pretenciozan
pretext n izgovor
prettiness n. lepota
pretty a lep
pretty adv. prilično
prevail v.i. preovlađivati
prevalence n. prevlast
prevalent a. preovlađujući
prevent v.t. sprečiti
prevention n. prevencija
preventive a. preventivan
previous a. prethodni
prey n. plen
prey v.i. vrebati
price n. cena
price v.t. ceniti
prick n. ubod
prick v.t. ubosti
pride n. ponos
pride v.t. ponositi se
priest n. sveštenik

priestess *n.* sveštenica
priesthood *n.* sveštenstvo
prima *facie adv.* na prvi pogled
primarily *adv.* prvenstveno
primary *a.* osnovni
prime *a.* glavni
prime *n.* početak
primer *n.* bukvar
primeval *a.* prastar
primitive *a.* primitivan
prince *n.* princ
princely *a.* kneževski
princess *n.* princeza
principal *n.* starešina
principal *a* glavni
principle *n.* princip
print *v.t.* štampati
print *n* otisak
printer *n.* štampač
prior *a.* raniji
prior *n* iguman
prioress *n.* igumanija
priority *n.* prioritet
prison *n.* zatvor
prisoner *n.* zatvorenik
privacy *n.* privatnost
private *a.* privatni
privation *n.* oskudica
privilege *n.* privilegija
prize *n.* nagrada
prize *v.t.* ceniti
probability *n.* verovatnoća
probable *a.* verovatan
probably *adv.* verovatno
probation *n.* proba
probationer *n.* pripravnik
probe *v.t.* istraživati
probe *n* sonda
problem *n.* problem
problematic *a.* problematičan

procedure *n.* procedura
proceed *v.i.* nastaviti
proceeding *n.* postupak
proceeds *n.* dohodak
process *n.* proces
procession *n.* povorka
proclaim *v.t.* proglasiti
proclamation *n.* proglas
proclivity *n.* sklonost
procrastinate *v.i.* odugovlačiti
procrastination *n.* odugovlačenje
proctor *n.* prokurator
procure *v.t.* nabaviti
procurement *n.* nabavka
prodigal *a.* rasipan
prodigality *n.* rasipnost
produce *v.t.* proizvoditi
produce *n.* proizvod
product *n.* produkt
production *n.* proizvodnja
productive *a.* produktivan
productivity *n.* produktivnost
profane *a.* svetovan
profane *v.t.* poštovati
profess *v.t.* ispovedati
profession *n.* profesija
professional *a.* profesionalan
professor *n.* profesor
proficiency *n.* veština
proficient *a.* vešt
profile *n.* profil
profile *v.t.* prikazati u profilu
profit *n.* profiter
profit *v.t.* profitirati
profitable *a.* profitabilan
profiteer *n.* profiter
profiteer *v.i.* nepošteno zarađivati
profligacy *n.* raskalašnost
profligate *a.* rasipan
profound *a.* dubok

profundity n. dubina
profuse a. obilan
profusion n. obilje
progeny n. potomstvo
programme n. program
programme v.t. programirati
progress n. napredak
progress v.i. napredovati
progressive a. progresivan
prohibit v.t. zabraniti
prohibition n. zabrana
prohibitive a. nedopušten
prohibitory a. zabranjujući
project n. projekat
project v.t. projektovati
projectile n. projektil
projectile a koji se može baciti
projection n. projekcija
projector n. projektor
proliferate v.i. razmnožiti se
proliferation n. razmnožavanje
prolific a. plodan
prologue n. prolog
prolong v.t. produžiti
prolongation n. produženje
prominence n. istaknutost
prominent a. istaknut
promise n obećanje
promise v.t obećati
promising a. obećavajući
promissory a. koji sadrži obećanje
promote v.t. promovisati
promotion n. promocija
prompt a. brz
prompt v.t. podstaći
prompter n. sufler
prone a. sklon
pronoun n. zamenica
pronounce v.t. izgovarati
pronunciation n. izgovor

proof n. dokaz
proof a otporan
prop n. podupirač
prop v.t. podupirati
propaganda n. propaganda
propagandist n. propagator
propagate v.t. propagirati
propagation n. širenje
propel v.t. pokrenuti
proper a. pravi
property n. imovina
prophecy n. proročanstvo
prophesy v.t. proreći
prophet n. prorok
prophetic a. proročki
proportion n. proporcija
proportion v.t. podesiti
proportional a. proporcionalan
proportionate a. srazmeran
proposal n. predlog
propose v.t. predložiti
proposition n. predlog
propound v.t. predložiti
proprietary a. vlasnički
proprietor n. vlasnik
propriety n. ispravnost
prorogue v.t. raspustiti
prosaic a. prozaičan
prose n. proza
prosecute v.t. goniti
prosecution n. sudski progon
prosecutor n. tužilac
prosody n. prozodija
prospect n. izgled
prospective a. potencijalan
prospectus n. prospekt
prosper v.i. napredovati
prosperity n. blagostanje
prosperous a. uspešan
prostitute n. prostitutka

prostitute v.t. prostituirati
prostitution n. prostitucija
prostrate a. iznuren
prostrate v.t. oboriti
prostration n. iznurenost
protagonist n. protagonista
protect v.t. zaštititi
protection n. zaštita
protective a. zaštitni
protector n. zaštitnik
protein n. protein
protest n. protest
protest v.i. protestovati
protestation n. protest
prototype n. prototip
proud a. ponosan
prove v.t. dokazati
proverb n. poslovica
proverbial a. poslovičan
provide v.i. obezbediti
providence n. proviđenje
provident a. oprezan
providential a. povoljan
province n. provincija
provincial a. provincijski
provincialism n. provincijalizam
provision n. odredba
provisional a. privremen
proviso n. uslov
provocation n. provokacija
provocative a. provokativan
provoke v.t. provocirati
prowess n. junaštvo
proximate a. neposredan
proximity n. blizina
proxy n. zastupnik
prude n. preterano čedna žena
prudence n. razboritost
prudent a. razborit
prudential a. promišljen

prune v.t. orezati
pry v.i. zavirivati
psalm n. psalm
pseudonym n. pseudonim
psyche n. psiha
psychiatrist n. psihijatar
psychiatry n. psihijatrija
psychic a. psihički
psychological a. psihološki
psychologist n. psiholog
psychology n. psihologija
psychopath n. psihopata
psychosis n. psihoza
psychotherapy n. psihoterapija
puberty n. pubertet
public a. javni
public n. javnost
publication n. izdanje
publicity n. publicitet
publicize v.t. dati publicitet
publish v.t. objaviti
publisher n. izdavač
pudding n. puding
puddle n. bara
puddle v.t. gacati
puerile a. detinjast
puff n. dašak
puff v.i. dahtati
pull v.t. povući
pull n. povlačenje
pulley n. kotur
pullover n. pulover
pulp n. pulpa
pulp v.t. pretvoriti u kašu
pulpit a. propovedaonica
pulpy a. mekan
pulsate v.i. kucati
pulsation n. pulsacija
pulse n. puls
pulse v.i. pulsirati

pulse *n.* puls
pump *n.* pumpa
pump *v.t.* pumpati
pumpkin *n.* bundeva
pun *n.* igra rečima
pun *v.i.* igrati se rečima
punch *n.* punč
punch *v.t.* udariti
punctual *a.* tačan
punctuality *n.* tačnost
punctuate *v.t.* naglasiti
punctuation *n.* interpunkcija
puncture *n.* rupa
puncture *v.t.* probušiti
pungency *n.* oporost
pungent *a.* opor
punish *v.t.* kazniti
punishment *n.* kazna
punitive *a.* kazneni
puny *a.* slabašan
pupil *n.* učenik
puppet *n.* marioneta
puppy *n.* štene
purblind *n.* poluslep
purchase *n.* kupovina
purchase *v.t.* kupiti
pure *a.* čist
purgation *n.* pročišćenje
purgative *n.* purgativ
purgative *a.* purgativan
purgatory *n.* čistilište
purge *v.t.* očistiti
purification *n.* prečišćavanje
purify *v.t.* očistiti
purist *n.* purista
puritan *n.* puritanac
puritanical *a.* puritanski
purity *n.* čistoća
purple *adj./n.* ljubičast, ljubičasta boja
purport *n.* značenje

purport *v.t.* značiti
purpose *n.* svrha
purpose *v.t.* nameravati
purposely *adv.* namerno
purr *n.* predenje
purr *v.i.* presti
purse *n.* novčanik
purse *v.t.* namrštiti
pursuance *n.* izvođenje
pursue *v.t.* progoniti
pursuit *n.* potera
purview *n.* vidokrug
pus *n.* gnoj
push *v.t.* gurnuti
push *n.* guranje
put *v.t.* staviti
puzzle *n.* slagalica
puzzle *v.t.* zbuniti
pygmy *n.* pigmejac
pyorrhoea *n.* gnojna upala
pyramid *n.* piramida
pyre *n.* lomača
python *n.* piton

Q

quack *v.i.* blebetati
quack *n.* šarlatan
quackery *n.* nadrilekarstvo
quadrangle *n.* četvorougaonik
quadrangular *a.* četvorougaoni
quadrilateral *a. & n.* četvorostran
quadruped *n.* četvoronožni
quadruple *a.* četvorostruk
quadruple *v.t.* učetvorostručiti
quail *n.* prepelica
quaint *a.* čudan
quake *v.i.* tresti se
quake *n.* potres

qualification *n.* kvalifikacija
qualify *v.i.* kvalifikovati se
qualitative *a.* kvalitativan
quality *n.* kvalitet
quandary *n.* dilema
quantitative *a.* kvantitativan
quantity *n.* količina
quantum *n.* kvant
quarrel *n.* svađa
quarrel *v.i.* svađati se
quarrelsome *a.* svadljiv
quarry *n.* kamenolom
quarry *v.i.* iskopavati
quarter *n.* četvrtina
quarter *v.t.* podeliti na četiri dela
quarterly *a.* tromesečni
queen *n.* kraljica
queer *a.* nastran
quell *v.t.* ugušiti
quench *v.t.* ugasiti
query *n.* pitanje
query *v.t* pitati
quest *n.* traganje
quest *v.t.* tragati
question *n.* pitanje
question *v.t.* pitati
questionable *a.* sumnjiv
questionnaire *n.* upitnik
queue *n.* red
quibble *n.* dosetka
quibble *v.i.* praviti dosetke
quick *a.* brz
quick *n* živac
quicksand *n.* živi pesak
quicksilver *n.* živa
quiet *a.* miran
quiet *n.* mir|
quiet *v.t.* umiriti
quilt *n.* jorgan
quinine *n.* kinin
quintessence *n.* suština
quit *v.t.* prestati
quite *adv.* sasvim
quiver *n.* tobolac
quiver *v.i.* drhtati
quixotic *a.* donkihotski
quiz *n.* kviz
quiz *v.t.* ispitivati
quorum *n.* kvorum
quota *n.* kvota
quotation *n.* citat
quote *v.t.* citirati
quotient *n.* količnik

R

rabbit *n.* zec
rabies *n.* besnilo
race *n.* trka
race *v.i* trkati se
racial *a.* rasni
racialism *n.* rasizam
rack *v.t.* mučiti
rack *n.* propast
racket *n.* reket
radiance *n.* sjaj
radiant *a.* sjajan
radiate *v.t.* zračiti
radiation *n.* zračenje
radical *a.* radikalan
radio *n.* radio
radio *v.t.* javiti putem radija
radish *n.* rotkvica
radium *n.* radijum
radius *n.* poluprečnik
rag *n.* krpa
rag *v.t.* zadirkivati
rage *n.* bes
rage *v.i.* besneti

raid n. racija
raid v.t. upasti
rail n. šina
rail v.t. ograditi
raling n. ograda
raillery n. zadirkivanje
railway n. železnica
rain v.i. padati
rain n kiša
rainy a. kišovit
raise v.t. dići
raisin n. suvo grožđe
rally v.t. skupljanje
rally n zbor
ram n. ovan
ram v.t. zakrčiti
ramble v.t. skitanje
ramble n skitati
rampage v.i. divljati
rampage n. divljanje
rampant a. osion
rampart n. bedem
rancour n. zloba
random a. slučajan
range v.t. postrojiti
range n. domet
ranger n. skitnica
rank n. rang
rank v.t. rangirati
rank a bujan
ransack v.t. pretresti
ransom n. otkup
ransom v.t. otkupiti
rape n. silovanje
rape v.t. silovati
rapid a. hitar
rapidity n. hitrina
rapier n. rapir
rapport n. prisnost
rapt a. ushićen

rapture n. zanesenost
rare a. redak
rascal n. nitkov
rash a. osip
rat n. pacov
rate v.t. proceniti
rate n. stopa
rather adv. radije
ratify v.t. ratifikovati
ratio n. odnos
ration n. obrok
rational a. racionalan
rationale n. obrazloženje
rationality n. racionalnost
rationalize v.t. racionalizovati
rattle v.i. zveckati
rattle n zvečka
ravage n. pustošenje
ravage v.t. pustošiti
rave v.i. buncati
raven n. gavran
ravine n. tesnac
raw a. sirov
ray n. zrak
raze v.t. razrušiti
razor n. brijač
reach v.t. dostići
react v.i. reagovati
reaction n. reakcija
reactionary a. reakcionaran
read v.t. čitati
reader n. čitalac
readily adv. spremno
readiness n. spremnost
ready a. spreman
real a. pravi
realism n. realizam
realist n. realista
realistic a. realističan
reality n. realnost

realization n. realizacija
realize v.t. realizovati
really adv. stvarno
realm a. carstvo
ream n. ris papira
reap v.t. žeti
reaper n. žetelac
rear n. pozadina
rear v.t. gajiti
reason n. razlog
reason v.i. misliti
reasonable a. razuman
reassure v.t. uveravati
rebate n. rabat
rebel v.i. buniti se
rebel n. buntovnik
rebellion n. pobuna
rebellious a. buntovan
rebirth n. preporod
rebound v.i. odbiti
rebound n. odbijanje
rebuff n. odbacivanje
rebuff v.t. odbaciti
rebuke v.t. koriti
rebuke n. ukor
recall v.t. opozvati
recall n. opoziv
recede v.i. uzmaći
receipt n. račun
receive v.t. dobiti
receiver n. prijemnik
recent a. nedavni
recently adv. nedavno
reception n. prijem
receptive a. prijemčiv
recess n. udubljenje
recession n. recesija
recipe n. recept
recipient n. primalac
reciprocal a. recipročan

reciprocate v.t. uzvraćati
recital n. recital
recitation n. recitacija
recite v.t. recitovati
reckless a. nemaran
reckon v.t. računati
reclaim v.t. vratiti
reclamation n reklamacija
recluse n. pustinjak
recognition n. prepoznavanje
recognize v.t. prepoznati
recoil v.i. ustuknuti
recoil adv. odbojno
recollect v.t. setiti se
recollection n. sećanje
recommend v.t. preporučiti
recommendation n. preporuka
recompense v.t. nadoknaditi
recompense n. naknada
reconcile v.t. pomiriti
reconciliation n. izmirenje
record v.t. zapisati
record n. zapisnik
recorder n. zapisničar
recount v.t. iznova brojati
recoup v.t. nadoknaditi
recourse n. regres
recover v.t. oporaviti se
recovery n. oporavak
recreation n. rekreacija
recruit n. regrut
recruit v.t. regrutovati
rectangle n. pravougaonik
rectangular a. pravougaoni
rectification n. ispravljanje
rectify v.i. ispraviti
rectum n. rektum
recur v.i. ponavljati se
recurrence n. vraćanje
recurrent a. povratni

red a. crven
red n. crvena boja
redden v.t. porumeneti
reddish a. crvenkast
redeem v.t. iskupiti se
redemption n. iskupljenje
redouble v.t. udvostručiti
redress v.t. popraviti
redress n obeštećenje
reduce v.t. smanjiti
reduction n. smanjenje
redundance n. obilje
redundant a. suvišan
reel n. kalem
reel v.i. namotati
refer v.t. uputiti
referee n. sudija
reference n. referenca
referendum n. referendum
refine v.t. preraditi
refinement n. prečišćavanje
refinery n. rafinerija
reflect v.t. odraziti
reflection n. odraz
reflective a. reflektujuće
reflector n. reflektor
reflex n. refleks
reflex a refleksan
reflexive a povratni
reform v.t. reformisati
reform n. reforma
reformation n. reformacija
reformatory n. popravni dom
reformatory a popravni
reformer n. reformator
refrain v.i. uzdržavati se
refrain n refren
refresh v.t. osvežiti
refreshment n. osveženje
refrigerate v.t. rashladiti

refrigeration n. hlađenje
refrigerator n. frižider
refuge n. utočište
refugee n. izbeglica
refulgence n. sjaj
refulgent a. sjajan
refund v.t. povratiti
refund n. povraćaj
refusal n. odbijanje
refuse v.t. odbiti
refuse n. smeće
refutation n. pobijanje
refute v.t. pobiti
regal a. kraljevski
regard v.t. ceniti
regard n. poštovanje
regenerate v.t. regenerisati
regeneration n. regeneracija
regicide n. kraljoubistvo
regime n. režim
regiment n. puk
regiment v.t. rasporediti
region n. region
regional a. regionalni
register n. registar
register v.t. registrovati
registrar n. matičar
registration n. registracija
registry n. registar
regret v.i. žaliti
regret n žaljenje
regular a. redovan
regularity n. pravilnost
regulate v.t. regulisati
regulation n. propis
regulator n. regulator
rehabilitate v.t. rehabilitovati
rehabilitation n. rehabilitacija
rehearsal n. proba
rehearse v.t. probati

reign v.i. vladati
reign n vladavina
reimburse v.t. nadoknaditi
rein n. uzda
rein v.t. zauzdati
reinforce v.t. pojačati
reinforcement n. pojačanje
reinstate v.t. ponovno postavljanje
reinstatement n. ponovo postaviti
reiterate v.t. neprestano ponavljati
reiteration n. neprestano ponavljanje
reject v.t. odbiti
rejection n. odbijanje
rejoice v.i. radovati se
rejoin v.t. ponovo pridružiti
rejoinder n. odgovor
rejuvenate v.t. podmladiti
rejuvenation n. podmlađivanje
relapse v.i. vratiti se
relapse n. povratak
relate v.t. odnositi se
relation n. odnos
relative a. relativan
relative n. rođak
relax v.t. opustiti
relaxation n. opuštanje
relay n. relej
relay v.t. prenositi
release v.t. pustiti
release n puštanje
relent v.i. popustiti
relentless a. nemilosrdan
relevance n. relevantnost
relevant a. relevantan
reliable a. pouzdan
reliance n. pouzdanje
relic n. relikvija
relief n. reljef
relieve v.t. olakšati
religion n. religija

religious a. verski
relinquish v.t. odreći se
relish v.t. uživati
relish n slast
reluctance n. opiranje
reluctant a. nerad
rely v.i. osloniti
remain v.i. ostati
remainder n. ostatak
remains n. ostaci
remand v.t. vratiti u pritvor
remand n vraćanje u pritvor
remark n. napomena
remark v.t. napomenuti
remarkable a. izvanredan
remedial a. popravni
remedy n. pravni lek
remedy v.t lek
remember v.t. zapamtiti
remembrance n. sećanje
remind v.t. podsetiti
reminder n. podsetnik
reminiscence n. uspomena
reminiscent a. koji podseća
remission n. opraštanje
remit v.t. oprostiti
remittance n. novčana pošiljka
remorse n. pokajanje
remote a. dalek
removable a. prenosiv
removal n. uklanjanje
remove v.t. ukloniti
remunerate v.t. nagraditi
remuneration n. plata
remunerative a. unosan
renaissance n. renesansa
render v.t. učiniti
rendezvous n. randevu
renew v.t. obnoviti
renewal n. obnova

renounce v.t. odreći se
renovate v.t. renovirati
renovation n. obnova
renown n. renome
renowned a. poznat
rent n. iznajmljivanje
rent v.t. iznajmljivati
renunciation n. odricanje
repair v.t. popraviti
repair n. popravka
repairable a. opravljiv
repartee n. duhovit odgovor
repatriate v.t. vratiti u domovinu
repatriate n povratnik
repatriation n. povratak u domovinu
repay v.t. isplatiti
repayment n. otplata
repeal v.t. opozvati
repeal n opozivanje
repeat v.t. ponoviti
repel v.t. odbiti
repellent a. odvratan
repellent n sredstvo protiv insekata
repent v.i. pokajati se
repentance n. pokajanje
repentant a. pokajnički
repercussion n. posledica
repetition n. ponavljanje
replace v.t. zameniti
replacement n. zamena
replenish v.t. napuniti
replete a. napunjen
replica n. replika
reply v.i. odgovoriti
reply n odgovor
report v.t. izvestiti
report n. izveštaj
reporter n. novinar
repose n. odmor
repose v.i. odmarati se

repository n. skladište
represent v.t. predstavljati
representation n. predstavljanje
representative n. predstavnik
representative a. reprezentativan
repress v.t. potisnuti
repression n. suzbijanje
reprimand n. ukor
reprimand v.t. ukoriti
reprint v.t. ponovo štampati
reprint n. preštampavanje
reproach v.t. prigovarati
reproach n. prekor
reproduce v.t. reprodukovati
reproduction n reprodukcija
reproductive a. reproduktivan
reproof n. ukor
reptile n. reptil
republic n. republika
republican a. republikanski
republican n republikanac
repudiate v.t. razvesti se
repudiation n. razvod
repugnance n. odvratnost
repugnant a. odvratan
repulse v.t. odbiti
repulse n. odbijanje
repulsion n. odbojnost
repulsive a. odbojan
reputation n. ugled
repute v.t. smatrati za
repute n. ugled
request v.t. zahtevati
request n zahtev
requiem n. rekvijem
require v.t. tražiti
requirement n. traženje
requisite a. potreban
requisite n potreba
requisition n. trebovanje

requisition v.t. trebovati
requite v.t. vratiti
rescue v.t. spasiti
rescue n spasavanje
research v.i. istraživati
research n istraživanje
resemblance n. sličnost
resemble v.t. ličiti
resent v.t. vređati
resentment n. ozlojeđenost
reservation n. rezervat
reserve v.t. rezervisati
reservoir n. rezervoar
reside v.i. boraviti
residence n. prebivalište
resident a. rezidentan
resident n stanovnik
residual a. preostali
residue n. ostatak
resign v.t. dati ostavku
resignation n. ostavka
resist v.t. odoleti
resistance n. otpor
resistant a. otporan
resolute a. odlučan
resolution n. rezolucija
resolve v.t. rešiti
resonance n. rezonanca
resonant a. rezonantan
resort v.i. pribeći
resort n pribežište
resound v.i. odjeknuti
resource n. resurs
resourceful a. snalažljiv
respect v.t. poštovati
respect n. poštovanje
respectful a. pun poštovanja
respective a. odnosan
respiration n. disanje
respire v.i. disati

resplendent a. sjajan
respond v.i. odgovoriti
respondent n. optuženik
response n. odgovor
responsibility n. odgovornost
responsible a. odgovoran
rest v.i. odmoriti se
rest n odmor
restaurant n. restoran
restive a. jogunast
restoration n. restauracija
restore v.t. obnoviti
restrain v.t. obuzdati
restrict v.t. ograničiti
restriction n. ograničenje
restrictive a. restriktivan
result v.i. proizlaziti
result n. rezultat
resume v.t. rezimirati
resume n. rezime
resumption n. nastavljanje
resurgence n. preporod
resurgent a. koji oživljava
retail v.t. prodavati robu na malo
retail n. maloprodaja
retail adv. maloprodajno
retail a maloprodajni
retailer n. trgovac na malo
retain v.t. zadržati
retaliate v.i. osvetiti se
retaliation n. odmazda
retard v.t. usporiti
retardation n. retardiranost
retention n. zadržavanje
retentive a. koji zadržava
reticence n. povučenost
reticent a. povučen
retina n. mrežnjača
retinue n. pratnja
retire v.i. penzionisati

retirement n. penzija
retort v.t. odgovoriti
retort n. odgovor
retouch v.t. retuširati
retrace v.t. vratiti se istim putem
retread v.t. protektirati gumu
retread n. protektirana guma
retreat v.i. povlačiti se
retrench v.t. smanjiti izdatke
retrenchment n. štednja
retrieve v.t. povratiti
retrospect n. retrospektiva
retrospection n. retrospekcija
retrospective a. retrospektivan
return v.i. vratiti se
return n. povratak
revel v.i. pijančiti
revel n. pijanka
revelation n. otkrovenje
reveller n. mangup
revelry n. terevenka
revenge v.t. osvetiti
revenge n. osveta
revengeful a. osvetoljubiv
revenue n. prihod
revere v.t. duboko poštovati
reverence n. poštovanje
reverend a. častan
reverent a. pun poštovanja
reverential a. pun poštovanja
reverie n. sanjarenje
reversal n. preokret
reverse a. suprotan
reverse n suprotnost
reverse v.t. obrnuti
reversible a. povratan
revert v.i. vratiti se
review v.t. pregledati
review n pregled
revise v.t. prepraviti

revision n. revizija
revival n. oživljavanje
revive v.i. oživeti
revocable a. opozivan
revocation n. opoziv
revoke v.t. opozvati
revolt v.i. pobuniti se
revolt n. pobuna
revolution n. revolucija
revolutionary a. revolucionaran
revolutionary n revolucionar
revolve v.i. obrtati se
revolver n. revolver
reward n. nagrada
reward v.t. nagraditi
rhetoric n. retorika
rhetorical a. retorički
rheumatic a. reumatski
rheumatism n. reumatizam
rhinoceros n. nosorog
rhyme n. rima
rhyme v.i. rimovati se
rhymester n. stihopisac
rhythm n. ritam
rhythmic a. ritmičan
rib n. rebro
ribbon n. traka
rice n. pirinač
rich a. bogat
riches n. izobilje
richness n. bogatstvo
rick n. plast
rickets n. rahitis
rickety a. rahitičan
rickshaw n. rikša
rid v.t. osloboditi
riddle n. zagonetka
riddle v.i. prosejati
ride v.t. voziti
ride n vožnja

rider *n.* jahač
ridge *n.* greben
ridicule *v.t.* ismejavati
ridicule *n.* ismejavanje
ridiculous *a.* smešan
rifle *v.t.* opljačkati
rifle *n* puška
rift *n.* pukotina
right *a.* pravi
right *adv* ispravno
right *n* pravo
right *v.t.* postaviti
righteous *a.* pravedan
rigid *a.* rigidan
rigorous *a.* rigorozan
rigour *n.* strogost
rim *n.* obod
ring *n.* prsten
ring *v.t.* okružiti
ringlet *n.* prstenčić
ringworm *n.* lišaj (oboljenje kože)
rinse *v.t.* ispirati
riot *n.* pobuna
riot *v.t.* besneti
rip *v.t.* cepati
ripe *a* zreo
ripen *v.i.* sazrevati
ripple *n.* talasanje
ripple *v.t.* talasati
rise *v.* dići se
rise *n.* dizanje
risk *v.t.* rizikovati
risk *n.* rizik
risky *a.* rizičan
rite *n.* obred
ritual *n.* ritual
ritual *a.* ritualni
rival *n.* protivnik
rival *v.t.* nadmetati se
rivalry *n.* rivalstvo

river *n.* reka
rivet *n.* zakovica
rivet *v.t.* zakovati
rivulet *n.* potočić
road *n.* put
roam *v.i.* lutati
roar *n.* rika
roar *v.i.* rikati
roast *v.t.* peći
roast *a* pečen
roast *n* pečenje
rob *v.t.* opljačkati
robber *n.* pljačkaš
robbery *n.* pljačka
robe *n.* haljina
robe *v.t.* odenuti
robot *n.* robot
robust *a.* kršan
rock *v.t.* ljuljati
rock *n.* stena
rocket *n.* raketa
rod *n.* štap
rodent *n.* glodar
roe *n.* srna
rogue *n.* bitanga
roguery *n.* nevaljalost
roguish *a.* lopovski
role *n.* uloga
roll *n.* rolna
roll *v.i.* kotrljati
roll-call *n.* prozivka
roller *n.* valjak
romance *n.* romantika
romantic *a.* romantičan
romp *v.i.* skakati
romp *n.* ludiranje
rood *n.* raspeće
roof *n.* krov
roof *v.t.* pokriti krovom
rook *n.* kula

rook v.t. varati
room n. soba
roomy a. prostran
roost n. kokošinjac
roost v.i. prenoćiti
root n. koren
root v.i. ukoreniti
rope n. uže
rope v.t. povezati
rosary n. ružičnjak, brojanice
rose n. ruža
roseate a. ružičast
rostrum n. govornica
rosy a. rumen
rot n. trulež
rot v.i. truliti
rotary a. rotacioni
rotate v.i. rotirati
rotation n. rotacija
rote n. učenje napamet
rouble n. rublja
rough a. grub
round a. okrugao
round adv. okolo
round n. okruglost
round v.t. zaobliti
rouse v.i. probuditi se
rout v.t. razbiti
rout n trupa
route n. put
routine n. rutina
routine a rutinski
rove v.i. lunjati
rover n. lutalica
row n. red
row v.t. veslati
row n veslanje
row n. svađa
rowdy a. larmadžija
royal a. kraljevski

royalist n. rojalistički
royalty n. kraljevstvo
rub v.t. trljati
rub n trljanje
rubber n. guma
rubbish n. đubre
rubble n. krš
ruby n. rubin
rude a. nepristojan
rudiment n. osnov
rudimentary a. osnovni
rue v.t. žaliti
rueful a. žalostan
ruffian n. siledžija
ruffle v.t. nabrati
rug n. ćilim
rugged a. neravan
ruin n. propast
ruin v.t. upropastiti
rule n. pravilo
rule v.t. vladati
ruler n. vladar
ruling n. upravljanje
rum n. rum
rum a čudan
rumble v.i. tutnjati
rumble n. tutnjava
ruminant a. koji preživa
ruminant n. preživar
ruminate v.i. preživati
rumination n. razmišljanje
rummage v.i. preživanje
rummage n preturanje
rummy n. remi
rumour n. glasina
rumour v.t. razglasiti
run v.i. trčati
run n. trčanje
rung n. pregača
runner n. trkač

rupee n. rupija
rupture n. raskid
rupture v.t. raskinuti
rural a. seoski
ruse n. prevara
rush n. žurba
rush v.t. žuriti
rush n nalet
rust n. rđa
rust v.i rđati
rustic a. seoski
rustic n seljak
rusticate v.t. živeti na selu
rustication n. slanje u selo
rusticity n. neotesanost
rusty a. zarđao
rut n. kolosek
ruthless a. nemilosrdan
rye n. raž

S

sabbath n. sabat
sabotage n. sabotaža
sabotage v.t. sabotirati
sabre n. sablja
sabre v.t. poseći sabljom
saccharin n. saharin
saccharine a. šećerni
sack n. vreća
sack v.t. opljačkati
sacrament n. sakrament
sacred a. sveti
sacrifice n. žrtvovanje
sacrifice v.t. žrtvovati
sacrificial a. žrtveni
sacrilege n. svetogrđe
sacrilegious a. svetogrdan
sacrosanct a. sveti

sad a. tužan
sadden v.t. rastužiti
saddle n. sedlo
saddle v.t. osedlati
sadism n. sadizam
sadist n. sadista
safe a. siguran
safe n. sigurnost
safeguard n. zaštita
safety n. bezbednost
saffron n. šafran
saffron a žut poput šafrana
sagacious a. mudar
sagacity n. mudrost
sage n. mudrac
sage a. razborit
sail n. jedro
sail v.i. jedriti
sailor n. mornar
saint n. svetac
saintly a. svetački
sake n. korist
salable a. koji se može prodati
salad n. salata
salary n. zarada
sale n. prodaja
salesman n. prodavac
salient a. istaknut
saline a. slan
salinity n. slanoća
saliva n. pljuvačka
sally n. ispad
sally v.i. ispasti
saloon n. krčma
salt n. so
salt v.t soliti
salty a. slan
salutary a. zdrav
salutation n. pozdrav
salute v.t. pozdraviti

salute n pozdrav
salvage n. spasavanje
salvage v.t. spasiti
salvation n. spasenje
same a. isti
sample n. uzorak
sample v.t. uzorkovati
sanatorium n. sanatorijum
sanctification n. posvećivanje
sanctify v.t. osvetiti
sanction n. sankcija
sanction v.t. sankcionisati
sanctity n. svetost
sanctuary n. svetilište
sand n. pesak
sandal n. sandala
sandalwood n. sandalovina
sandwich n. sendvič
sandwich v.t. umetnuti
sandy a. peskovit
sane a. razuman
sanguine a. sangviničan
sanitary a. sanitarni
sanity n. razum
sap n. rov
sap v.t. potkopavati
sapling n. mladica
sapphire n. safir
sarcasm n. sarkazam
sarcastic a. sarkastičan
sardonic a. zloban
satan n. sotona
satchel n. torba
satellite n. satelit
satiable a. zajažljiv
satiate v.t. zasititi
satiety n. sitost
satire n. satira
satirical a. satiričan
satirist n. satiričar

satirize v.t. satirizovati
satisfaction n. zadovoljstvo
satisfactory a. zadovoljavajući
satisfy v.t. zadovoljiti
saturate v.t. zasititi
saturation n. zasićenje
Saturday n. subota
sauce n. sos
saucer n. tanjirić
saunter v.t. tumarati
savage a. divlji
savage n divljak
savagery n. divljaštvo
save v.t. sačuvati
save prep izuzev
saviour n. spasitelj
savour n. miris
savour v.t. mirisati
saw n. testera
saw v.t. testerisati
say v.t. reč
say n. reći
scabbard n. korice
scabies n. šuga
scaffold n. skele
scale n. skala
scale v.t. vagati
scalp n skalp
scamper v.i pobeći
scamper n bežanje
scan v.t. skenirati
scandal n skandal
scandalize v.t. skandalizovati
scant a. oskudan
scanty a. oskudan
scapegoat n. žrtveni jarac
scar n ožiljak
scar v.t. zaderati
scarce a. redak
scarcely adv. jedva

scarcity n. oskudica
scare n. strah
scare v.t. uplašiti
scarf n. šal
scatter v.t. rasturiti
scavenger n. skupljač trofeja
scene n. scena
scenery n. pejzaž
scenic a. scenski
scent n. miris
scent v.t. mirisati
sceptic n. skeptik
sceptical a. skeptičan
scepticism n. skepticizam
sceptre n. skiptar
schedule n. raspored
schedule v.t. rasporediti
scheme n. šema
scheme v.i. spletkariti
schism n. raskol
scholar n. stipendista
scholarly a. naučni
scholarship n. stipendija
scholastic a. skolastičar
school n. škola
science n. nauka
scientific a. naučni
scientist n. naučnik
scintillate v.i. svetlucati
scintillation n. svetlucanje
scissors n. makaze
scoff n. ruganje
scoff v.i. rugati se
scold v.t. grditi
scooter n. skuter
scope n. obim
scorch v.t. oprljiti
score n. brazda
score v.t. urezati
scorer n. zapisničar

scorn n. prezir
scorn v.t. prezirati
scorpion n. škorpija
Scot n. Škot
scotch a. škotski
scotch n. urez
scot-free a. nekažnjen
scoundrel n. nitkov
scourge n. bič
scourge v.t. bičevati
scout n izviđač
scout v.i izviđati
scowl v.i. mrko gledati
scowl n. mrk pogled
scramble v.i. verati se
scramble n penjanje
scrap n. otpadak
scratch n. grebanje
scratch v.t. grebati
scrawl v.t. škrabati
scrawl n škrabotina
scream v.i. vrištati
scream n vrisak
screen n. ekran
screen v.t. zaklanjati
screw n. šraf
screw v.t. zašrafiti
scribble v.t. škrabati
scribble n. škrabanje
script n. skripte
scripture n. biblija
scroll n. svitak
scrutinize v.t. pregledati
scrutiny n. ispitivanje
scuffle n. kavga
scuffle v.i. tući se
sculptor n. vajar
sculptural a. vajarski
sculpture n. skulptura
scythe n. kosa

scythe v.t. pokositi
sea n. more
seal n. pečat
seal n. foka
seal v.t. zapečatiti
seam n. šav
seam v.t. šiti
seamy a. pun šavova
search n. pretraga
search v.t. tražiti
season n. sezona
season v.t. začiniti
seasonable a. pravovremen
seasonal a. sezonski
seat n. sedište
seat v.t. sesti
secede v.i. otcepiti se
secession n. otcepljenje
secessionist n. secesionista
seclude v.t. osamiti
secluded a. osamljen
seclusion n. osamljenost
second a. drugi
second n sekunda
second v.t. podupirati
secondary a. sekundaran
seconder n. podupirač
secrecy n. tajnost
secret a. tajni
secret n. tajna
secretariat (e) n. sekretarijat
secretary n. sekretar
secrete v.t. lučiti
secretion n. lučenje
secretive a. tajanstven
sect n. sekta
sectarian a. sektaški
section n. odeljak
sector n. sektor
secure a. siguran

secure v.t. osigurati
security n. bezbednosti
sedan n. nosiljka
sedate a. staložen
sedate v.t. uravnotežiti
sedative a. umirujući
sedative n sedativ
sedentary a. sedeći
sediment n. talog
sedition n. pobuna
seditious a. buntovan
seduce n. zavoditi
seduction n. zavođenje
seductive a zavodljiv
see v.t. videti
seed n. seme
seed v.t. posaditi
seek v.t. tražiti
seem v.i. činiti se
seemly a. prikladan
seep v.i. curiti
seer n. vidovnjak
seethe v.i. kipeti
segment n. segment
segment v.t. segmentirati
segregate v.t. odvojiti
segregation n. segregacija
seismic a. seizmički
seize v.t. zgrabiti
seizure n. napad
seldom adv. retko
select v.t. izabrati
select a izabran
selection n. izbor
selective a. selektivan
self n. svoja ličnost
selfish a. sebičan
selfless a. nesebičan
sell v.t. prodavati
seller n. prodavac

semblance *n.* sličnost
semen *n.* seme
semester *n.* semestar
seminal *a.* iskonski
seminar *n.* seminar
senate *n.* senat
senator *n.* senator
senatorial *a.* senatorski
senatorial *a* senatski
send *v.t.* poslati
senile *a.* senilan
senility *n.* senilnost
senior *a.* stariji
senior *n.* senior
seniority *n.* starešinstvo
sensation *n.* senzacija
sensational *a.* senzacionalan
sense *n.* osećaj
sense *v.t.* osetiti
senseless *a.* besmislen
sensibility *n.* osetljivost
sensible *a.* razuman
sensitive *a.* osetljiv
sensual *a.* senzualan
sensualist *n.* čulna osoba
sensuality *n.* čulnost
sensuous *a.* čulni
sentence *n.* rečenica
sentence *v.t.* osuditi
sentience *n.* osećaj
sentient *a.* osećajan
sentiment *n.* osećanje
sentimental *a.* sentimentalan
sentinel *n.* stražar
sentry *n.* straža
separable *a.* separabilan
separate *v.t.* odvojiv
separate *a.* odvojen
separation *n.* razdvajanje
sepsis *n.* sepsa

September *n.* septembar
septic *a.* septičan
sepulchre *n.* grobnica
sepulture *n.* sahrana
sequel *n.* nastavak
sequence *n.* sekvenca
sequester *v.t.* zapleniti
serene *a.* spokojan
serenity *n.* spokoj
serf *n.* kmet
serge *n.* serž
sergeant *n.* narednik
serial *a.* serijski
serial *n.* časopis
series *n.* serija
serious *a* ozbiljan
sermon *n.* propoved
sermonize *v.i.* propovedati
serpent *n.* zmija
serpentine *n.* serpentina
servant *n.* sluga
serve *v.t.* poslužiti
serve *n.* servis
service *n.* služba
service *v.t* servisirati
serviceable *a.* uslužan
servile *a.* servilan
servility *n.* servilnost
session *n.* sednica
set *v.t* postaviti
set *a* određen
set *n* zalazak
settle *v.i.* naseliti
settlement *n.* naselje
settler *n.* naseljenik
seven *n.* sedam
seven *a* sedmo-
seventeen *n., a* sedamnaest
seventeenth *a.* sedamnaesti
seventh *a.* sedmi

seventieth *a.* sedamdeseti
seventy *n.*, *a* sedamdeset
sever *v.t.* prekinuti
several *a* više
severance *n.* razdvajanje
severe *a.* oštar
severity *n.* ozbiljnost
sew *v.t.*, šiti
sewage *n.* odvodni sistem
sewer *n* odvodni kanal
sewerage *n.* kanalizacija
sex *n.* pol
sexual *a.* seksualan
sexuality *n.* seksualnost
sexy *n.* privlačan
shabby *a.* otrcan
shackle *n.* okovi
shackle *v.t.* okovati
shade *n.* hlad
shade *v.t.* zaseniti
shadow *n.* senka
shadow *v.t* potamneti
shadowy *a.* sanjalački
shaft *n.* vratilo
shake *v.i.* tresti
shake *n* potres
shaky *a.* drhtav
shallow *a.* plitak
sham *v.i.* pretvarati se
sham *n* varka
sham *a* lažan
shame *n.* sramota
shame *v.t.* sramotiti
shameful *a.* sraman
shameless *a.* besraman
shampoo *n.* šampon
shampoo *v.t.* šamponirati
shanty *a.* straćara
shape *n.* oblik
shape *v.t* oblikovati

shapely *a.* skladan
share *n.* udeo
share *v.t.* deliti
share *n* deonica
shark *n.* ajkula
sharp *a.* oštar
sharp *adv.* oštro
sharpen *v.t.* izoštriti
sharpener *n.* rezač
sharper *n.* varalica
shatter *v.t.* razbiti
shave *v.t.* brijati
shave *n* brijanje
shawl *n.* šal
she *pron.* ona
sheaf *n.* snop
shear *v.t.* ošišati
shears *n. pl.* makaze
shed *v.t.* ispuštati
shed *n* hangar
sheep *n.* ovca
sheepish *a.* glup
sheer *a.* potpun
sheet *n.* list
sheet *v.t.* umotati
shelf *n.* polica
shell *n.* školjka
shell *v.t.* ljuštiti
shelter *n.* sklonište
shelter *v.t.* štititi
shelve *v.t.* staviti na policu
shepherd *n.* pastir
shield *n.* štit
shield *v.t.* braniti
shift *v.t.* menjati
shift *n* smena
shifty *a.* snalažljiv
shilling *n.* šiling
shilly-shally *v.i.* kolebati se
shilly-shally *n.* kolebljiv

shin *n.* golenica
shine *v.i.* penjati se
shine *n* sjaj
shiny *a.* blistav
ship *n.* brod
ship *v.t.* ukrcati
shipment *n.* pošiljka
shire *n.* grofovija
shirk *v.t.* zabušavati
shirker *n.* zabušant
shirt *n.* košulja
shiver *v.i.* drhtati
shoal *n.* plićak
shoal *n* mnoštvo
shock *n.* šok
shock *v.t.* šokirati
shoe *n.* cipela
shoe *v.t.* obuti
shoot *v.t.* pucati
shoot *n* pucanje
shop *n.* prodavnica
shop *v.i.* kupovati
shore *n.* obala
short *a.* kratak
short *adv.* kratko
shortage *n.* manjak
shortcoming *n.* mana
shorten *v.t.* skratiti
shortly *adv.* uskoro
shorts *n. pl.* šorts
shot *n.* hitac
shoulder *n.* rame
shoulder *v.t.* preuzeti
shout *n.* povik
shout *v.i.* vikati
shove *v.t.* gurati
shove *n.* guranje
shovel *n.* lopata
shovel *v.t.* kopati
show *v.t.* prikazati

show *n.* prikazivanje
shower *n.* tuš
shower *v.t.* tuširati
shrew *n.* oštrokondža
shrewd *a.* lukav
shriek *n.* vrisak
shriek *v.i.* vrištati
shrill *a.* piskav
shrine *n.* svetinja
shrink *v.i* smanjiti se
shrinkage *n.* skupljanje
shroud *n.* pokrov
shroud *v.t.* pokriti plaštom
shrub *n.* žbun
shrug *v.t.* slegnuti ramenima
shrug *n* sleganje ramenima
shudder *v.i.* ježiti se
shudder *n* jeza
shuffle *v.i.* vući noge
shuffle *n.* težak hod
shun *v.t.* izbegavati
shunt *v.t.* skrenuti
shut *v.t.* zatvoriti
shutter *n.* zatvarač
shuttle *n.* čunak
shuttle *v.t.* ići tamo-ovamo
shuttlecock *n.* loptica za badminton
shy *n.* plašenje
shy *v.i.* plašiti se
sick *a.* bolestan
sickle *n.* srp
sickly *a.* bolesno
sickness *n.* bolest
side *n.* strana
side *v.i.* pristati uz jednu stranu
siege *n.* opsada
siesta *n.* popodnevni odmor
sieve *n.* sito
sieve *v.t.* prosejati
sift *v.t.* sejati

sigh *n.* uzdah
sigh *v.i.* uzdahnuti
sight *n.* pogled
sight *v.t.* ugledati
sightly *a.* naočit
sign *n.* znak
sign *v.t.* obeležiti
signal *n.* signal
signal *a.* znamenit
signal *v.t.* signalizirati
signatory *n.* potpisnik
signature *n.* potpis
significance *n.* značaj
significant *a.* značajan
signification *n.* značenje
signify *v.t.* označavati
silence *n.* tišina
silence *v.t.* utišati
silencer *n.* prigušivač
silent *a.* tih
silhouette *n.* silueta
silk *n.* svila
silken *a.* svilen
silky *a.* svilenkast
silly *a.* glup
silt *n.* mulj
silt *v.t.* zamuljiti
silver *n.* srebro
silver *a.* srebrn
silver *v.t.* posrebriti
similar *a.* slične
similarity *n.* sličnost
simile *n.* poređenje
similitude *n.* sličnost
simmer *v.i.* krčkati
simple *a.* jednostavan
simpleton *n.* glupak
simplicity *n.* jednostavnost
simplification *n.* uprošćavanje
simplify *v.t.* pojednostaviti

simultaneous *a.* istovremen
sin *n.* greh
sin *v.i.* počiniti greh
since *prep.* od
since *conj.* odkad
since *adv.* odonda
sincere *a.* iskren
sincerity *n.* iskrenost
sinful *a.* grešan
sing *v.i.* pevati
singe *v.t.* oprljiti
singe *n* opeklina
singer *n.* pevač
single *a.* jedini
single *n.* samac
single *v.t.* singlirati
singular *a.* pojedinačan
singularity *n.* pojedinačnost
singularly *adv.* pojedinačno
sinister *a.* zlokoban
sink *v.i.* potonuti
sink *n* sudopera
sinner *n.* grešnik
sinuous *a.* vijugav
sip *v.t.* gucnuti
sip *n.* gutljaj
sir *n.* gospodin
siren *n.* sirena
sister *n.* sestra
sisterhood *n.* sestrinstvo
sisterly *a.* sestrinski
sit *v.i.* sedeti
site *n.* gradilište
situation *n.* situacija
six *n.* šest
sixteen *n.* šesnaest
sixteenth *a.* šesnaesti
sixth *a.* šesti
sixtieth *a.* šezdeseti
sixty *n., a.* šezdeset

sizable a. povelik
size n. veličina
size v.t. sortirati
sizzle v.i. cvrčati
sizzle n. cvrčanje
skate n. klizaljka
skate v.t. klizati
skein n. jato divljih ptica
skeleton n. skelet
sketch n. skica
sketch v.t. skicirati
sketchy a. nedovršen
skid v.i. nepovoljnost
skid n kočnica
skilful a. vešt
skill n. veština
skin n. koža
skin v.t oderati
skip v.i. preskočiti
skip n preskakivanje
skipper n. kapetan
skirmish n. čarka
skirmish v.t. čarkati se
skirt n. suknja
skirt v.t. ići uzduž
skit n. skeč
skull n. lobanja
sky n. nebo
sky v.t. udariti da poleti visoko
slab n. ploča
slack a. nemaran
slacken v.t. olabaviti
slacks n. pantalone
slake v.t. utoliti
slam v.t. tresnuti
slam n tresak
slander n. kleveta
slander v.t. klevetati
slanderous a. klevetnički
slang n. sleng

slant v.t. nagnuti
slant n nagib
slap n. šamar
slap v.t. ošamariti
slash v.t. bičevati
slash n udarac bičem
slate n. škriljac
slattern n. aljkava žena
slatternly a. aljkav
slaughter n. pokolj
slaughter v.t. zaklati
slave n. rob
slave v.i. robovati
slavery n. ropstvo
slavish a. ropski
slay v.t. ubiti
sleek a. uglađen
sleep v.i. spavati
sleep n. san
sleeper n. spavač
sleepy a. pospan
sleeve n rukav
sleight n. majstorija
slender n. vitak
slice n. parče
slice v.t. seći
slick a klizav
slide v.i. kliziti
slide n slajd
slight a. blag
slight n. omalovažavanje
slight v.t. omalovažavati
slim a. vitak
slim v.i. postati vitak
slime n. mulj
slimy a. muljav
sling n. praćka
slip v.i. okliznuti se
slip n. okliznuće
slipper n. papuča

slippery *a.* klizav
slipshod *a.* nemaran
slit *n.* raspor
slit *v.t.* rasporiti
slogan *n.* parola
slope *n.* nagib
slope *v.i.* nagnuti
sloth *n.* lenjost
slothful *n.* lenj
slough *n.* močvara
slough *n.* košuljica zmije
slough *v.t.* svlačiti
slovenly *a.* aljkav
slow *a* spor
slow *v.i.* usporiti
slowly *adv.* polako
slowness *n.* sporost
sluggard *n.* lenjivac
sluggish *a.* lenj
sluice *n.* brana
slum *n.* sirotinjski kraj
slumber *v.i.* dremati
slumber *n.* dremež
slump *n.* kriza
slump *v.i.* pasti u krizu
slur *n.* uprljati
slush *n.* bljuzgavica
slushy *a.* bljuzgav
slut *n.* kurva
sly *a.* lukav
smack *n.* ukus
smack *v.i.* zveknuti
smack *n* šamar
smack *n.* cmok
smack *v.t.* cmoknuti
small *a.* mali
small *n* mali
smallness *adv.* sićušnost
smallpox *n.* velike boginje
smart *a.* pametan

smart *v.i* žacnuti
smart *n* oštar bol
smash *v.t.* razbiti
smash *n* razbijanje
smear *v.t.* zamazati
smear *n.* mrlja
smell *n.* miris
smell *v.t.* mirisati
smelt *v.t.* istopiti
smile *n.* osmeh
smile *v.i.* smešiti se
smith *n.* kovač
smock *n.* radno odelo
smog *n.* smog
smoke *n.* dim
smoke *v.i.* pušiti se
smoky *a.* zadimljen
smooth *a.* gladak
smooth *v.t.* glađiti
smother *v.t.* ugušiti
smoulder *v.i.* tinjati
smug *a.* samozadovoljan
smuggle *v.t.* prokrijumčariti
smuggler *n.* švercer
snack *n.* užina
snag *n.* čvrga
snail *n.* puž
snake *n.* zmija
snake *v.i.* izvijati se
snap *v.t.* ščepati
snap *n* prasak
snap *a* pras
snare *n.* zamka
snare *v.t.* uhvatiti *u* zamku
snarl *n.* režanje
snarl *v.i.* režati
snatch *v.t.* zgrabiti
snatch *n.* hvatanje
sneak *v.i.* šunjati se
sneak *n* doušnik

sneer *v.i* podrugivati se
sneer *n* podrugivanje
sneeze *v.i.* kinuti
sneeze *n* kijanje
sniff *v.i.* šmrkati
sniff *n* šmrkanje
snob *n.* snob
snobbery *n.* snobizam
snobbish *v* snobovski
snore *v.i.* hrkati
snore *n* hrkanje
snort *v.i.* frktati
snort *n.* frktanje
snout *n.* rilo
snow *n.* sneg
snow *v.i.* snežiti
snowy *a.* snežan
snub *v.t.* izgrditi
snub *n.* grdnja
snuff *n.* burmut
snug *n.* udoban
so *adv.* tako
so *conj.* pa
soak *v.t.* potopiti
soak *n.* kvašenje
soap *n.* sapun
soap *v.t.* nasapunjati
soapy *a.* sapunast
soar *v.i.* vinuti se
sob *v.i.* jecati
sob *n* jecaj
sober *a.* trezan
sobriety *n.* trezvenost
sociability *n.* društvenost
sociable *a.* društven
social *n.* skup
socialism *n* socijalizam
socialist *n,a* socijalistički
society *n.* društvo
sociology *n.* sociologija

sock *n.* čarapa
socket *n.* utičnica
sod *n.* busen
sodomite *n.* sodomit
sodomy *n.* sodomija
sofa *n.* sofa
soft *n.* zvekan
soften *v.t.* ublažiti
soil *n.* tlo
soil *v.t.* kaljati
sojourn *v.i.* boraviti
sojourn *n* boravak
solace *v.t.* utešiti
solace *n.* uteha
solar *a.* solarni
solder *n.* lemljenje
solder *v.t.* zalemiti
soldier *n.* vojnik
soldier *v.i.* služiti vojsku
sole *n.* đon
sole *v.t* pođoniti
sole *a* jedini
solemn *a.* svečan
solemnity *n.* svečanost
solemnize *v.t.* svetkovati
solicit *v.t.* izazvati
solicitation *n.* pobuđivanje
solicitor *n.* advokat
solicitous *a.* zabrinut
solicitude *n.* zabrinutost
solid *a.* čvrst
solid *n* čvrsto telo
solidarity *n.* solidarnost
soliloquy *n.* monolog
solitary *a.* usamljen
solitude *n.* usamljenost
solo *n* solo
solo *a.* sam
solo *adv.* solo
soloist *n.* solista

solubility *n.* rastvorljivost
soluble *a.* rastvorljiv
solution *n.* rešenje
solve *v.t.* rešiti
solvency *n.* solventnost
solvent *a.* solventan
solvent *n* rastvarač
sombre *a.* tmuran
some *a.* neki
some *pron.* nešto
somebody *pron.* neko
somebody *n.* neko
somehow *adv.* nekako
someone *pron.* neko
somersault *n.* salto
somersault *v.i.* napraviti salto
something *pron.* nešto
something *adv.* nešto
sometime *adv.* jednom
sometimes *adv.* ponekad
somewhat *adv.* nešto
somewhere *adv.* negde
somnambulism *n.* mesečarenje
somnambulist *n.* mesečar
somnolence *n.* pospanost
somnolent *n.* pospan
son *n.* sin
song *n.* pesma
songster *n.* pevač
sonic *a.* zvučni
sonnet *n.* sonet
sonority *n.* zvučnost
soon *adv.* uskoro
soot *n.* čađ
soot *v.t.* čađiti
soothe *v.t.* ublažiti
sophism *n.* sofizam
sophist *n.* sofista
sophisticate *v.t.* sofisticirati
sophisticated *a.* sofisticiran

sophistication *n.* prefinjenost
sorcerer *n.* čarobnjak
sorcery *n.* čarobnjaštvo
sordid *a.* prljav
sore *a.* ranjiv
sore *n* rana
sorrow *n.* tuga
sorrow *v.i.* žaliti
sorry *a.* žalostan
sort *n.* vrsta
sort *v.t* sortirati
soul *n.* duša
sound *a.* zdrav
sound *v.i.* zvučati
sound *n* zvuk
soup *n.* supa
sour *a.* kiseo
sour *v.t.* ukiseliti
source *n.* izvor
south *n.* jug
south *n.* južni krajevi
south *adv* južno
southerly *a.* južni
southern *a.* južni
souvenir *n.* suvenir
sovereign *n.* vladar
sovereign *a* suveren
sovereignty *n.* suverenost
sow *v.t.* sejati
sow *n.* krmača
space *n.* prostor
space *v.t.* ostaviti razmak
spacious *a.* prostran
spade *n.* lopata
spade *v.t.* kopati lopatom
span *n.* raspon
span *v.t.* premostiti
Spaniard *n.* Španac
spaniel *n.* španijel
Spanish *a.* španski

Spanish n. španski jezik, Španac
spanner n. izvijač
spare v.t. štedeti
spare a rezervni
spare n. rezervni deo
spark n. varnica
spark v.i. varničiti
spark n. veseljak
sparkle v.i. sjajiti
sparkle n. sjaj
sparrow n. vrabac
sparse a. oskudan
spasm n. grč
spasmodic a. grčevit
spate n. bujica
spatial a. prostorni
spawn n. mrest
spawn v.i. mrestiti se
speak v.i. govoriti
speaker n. zvučnik, govornik
spear n. koplje
spear v.t. probosti kopljem
spearhead n. vrh koplja
spearhead v.t. voditi napad
special a. poseban
specialist n. specijalista
speciality n. specijalitet
specialization n. specijalizacija
specialize v.i. specijalizovati se
species n. vrsta
specific a. specifičan
specification n. specifikacija
specify v.t. navesti
specimen n. primerak
speck n. čestica
spectacle n. spektakl
spectacular a. spektakularan
spectator n. gledalac
spectre n. avet
speculate v.i. spekulisati

speculation n. spekulacija
speech n. govor
speed n. brzina
speed v.i. ubrzati
speedily adv. brzo
speedy a. brz
spell n. čarolija
spell v.t. spelovati
spell n opčinjenost
spend v.t. provesti
spendthrift n. rasipnik
sperm n. sperma
sphere n. sfera
spherical a. sferni
spice n. začin
spice v.t. začiniti
spicy a. ljut
spider n. pauk
spike n. šiljak
spike v.t. zašiljiti
spill v.i. prosuti
spill n prolivanje
spin v.i. zavrteti
spin n. okretanje
spinach n. spanać
spinal a. kičmeni
spindle n. vreteno
spine n. kičma
spinner n. prelja
spinster n. usedelica
spiral n. spirala
spiral a. spiralni
spirit n. duh
spirited a. živahan
spiritual a. duhovni
spiritualism n. spiritualizam
spiritualist n. spiritista
spirituality n. duhovnost
spit v.i. pljunuti
spit n pljuvačka

spite *n.* inat
spittle *n* ispljuvak
spittoon *n.* pljuvaonica
splash *v.i.* poprskati
splash *n* prskanje
spleen *n.* slezina
splendid *a.* sjajan
splendour *n.* sjaj
splinter *n.* iverica
splinter *v.t.* rascepiti
split *v.i.* rascepiti
split *n* pukotina
spoil *v.t.* pokvariti
spoil *n* plen
spoke *n.* prečka
spokesman *n.* portparol
sponge *n.* sunđer
sponge *v.t.* obrisati sunđerom
sponsor *n.* sponzor
sponsor *v.t.* sponzorisati
spontaneity *n.* spontanost
spontaneous *a.* spontan
spoon *n.* kašika
spoon *v.t.* uzeti kašikom
spoonful *n.* puna kašika
sporadic *a.* sporadičan
sport *n.* sport
sport *v.i.* zabavljati se
sportive *a.* veseo
sportsman *n.* sportista
spot *n.* mesto
spot *v.t.* okaljati
spotless *a.* neokaljan
spousal *n.* svadba
spouse *n.* bračni drug
spout *n.* pisak posude
spout *v.i.* izbacivati
sprain *n.* uganuće
sprain *v.t.* uganuti
spray *n.* sprej

144

spray *n* grančica
spray *v.t.* prskati
spread *v.i.* širiti
spread *n.* širenje
spree *n.* pijanka
sprig *n.* grančica
sprightly *a.* živahan
spring *v.i.* skočiti
spring *n* proleće
sprinkle *v. t.* posipati
sprint *v.i.* sprintati
sprint *n* sprint
sprout *v.i.* nicati
sprout *n* mladica
spur *n.* mamuza
spur *v.t.* podbosti
spurious *a.* lažan
spurn *v.t.* gurnuti nogom
spurt *v.i.* špricati
spurt *n* mlaz
sputnik *n.* sputnik
sputum *n.* ispljuvak
spy *n.* špijun
spy *v.i.* špijunirati
squad *n.* vod
squadron *n.* eskadrila
squalid *a.* bedan
squalor *n.* beda
squander *v.t.* traćiti
square *n.* kvadrat
square *a* četvrtast
square *v.t.* načiniti četvorouglastim
squash *v.t.* cediti
squash *n* bundeva
squat *v.i.* čučati
squeak *v.i.* cičati
squeak *n* cika
squeeze *v.t.* iscediti
squint *v.i.* razrokost
squint *n* razrokost

squire n. vlastelin
squirrel n. veverica
stab v.t. ubosti
stab n. ubod
stability n. stabilnost
stabilization n. stabilizacija
stabilize v.t. stabilizovati
stable a. stabilan
stable n štala
stable v.t. držati u štali
stadium n. stadion
staff n. osoblje
staff v.t. snabdeti osobljem
stag n. jelen
stage n. pozornica
stage v.t. prirediti
stagger v.i. teturati se
stagger n. teturanje
stagnant a. nepokretan
stagnate v.i. stagnirati
stagnation n. stagnacija
staid a. staložen
stain n. mrlja
stain v.t. mrljati
stainless a. neumrljan
stair n. stepenik
stake n ulog
stake v.t. uložiti
stale a. ustajao
stale v.t. istrošiti
stalemate n. pat
stalk n. stabljika
stalk v.i. prikradati se
stalk n kočoperenje
stall n. štala
stall v.t. držati u štali
stallion n. pastuv
stalwart a. odlučan
stalwart n odlučan zagovornik
stamina n. izdržljivost

stammer v.i. mucati
stammer n mucanje
stamp n. pečat
stamp v.i. zapečatiti
stampede n. stampedo
stampede v.i bežati u panici
stand v.i. stajati
stand n. štand
standard n. standard
standard a standardan
standardization n. standardizacija
standardize v.t. standardizovati
standing n. stajanje
standpoint n. stanovište
standstill n. zastoj
stanza n. strofa
staple n. spajalica
staple a heftati
star n. zvezda
star v.t. ukrasiti zvezdama
starch n. skrob
starch v.t. štirkati
stare v.i. buljiti
stare n. buljenje
stark n. potpunost
stark adv. potpun
starry a. zvezdan
start v.t. početi
start n start
startle v.t. iznenaditi
starvation n. gladovanje
starve v.i. umirati od gladi
state n. stanje, država
state v.t navoditi
stateliness n. dostojanstvenost
stately a. veličanstven
statement n. izjava
statesman n. državnik
static n. statičnost
statics n. statika

station *n.* stanica
station *v.t.* stacionirati
stationary *a.* stacionaran
stationer *n.* trgovac pisaćim priborom
stationery *n.* kancelarijski pribor
statistical *a.* statistički
statistician *n.* statističar
statistics *n.* statistika
statue *n.* statua
stature *n.* stas
status *n.* statusa
statute *n.* statut
statutory *a.* statutarne
staunch *a.* odan
stay *v.i.* ostati
stay *n* boravak
steadfast *a.* postojan
steadiness *n.* postojanost
steady *a.* čvrst
steady *v.t.* učvrstiti
steal *v.i.* ukrasti
stealthily *adv.* krišom
steam *n* para
steam *v.i.* pariti
steamer *n.* parobrod
steed *n.* konj
steel *n.* čelik
steep *a.* strm
steep *v.t.* močiti
steeple *n.* zvonik
steer *v.t.* upravljati
stellar *a.* zvezdan
stem *n.* stabla
stem *v.i.* zaustaviti
stench *n.* smrad
stencil *n.* matrica
stencil *v.i.* umnožiti matricom
stenographer *n.* stenograf
stenography *n.* stenografija
step *n.* korak

step *v.i.* koračati
steppe *n.* stepa
stereotype *n.* stereotip
stereotype *v.t.* stereotipizirati
stereotyped *a.* ukalupljen
sterile *a.* sterilan
sterility *n.* sterilitet
sterilization *n.* sterilizacija
sterilize *v.t.* sterilisati
sterling *a.* prvoklasan
sterling *n.* sterling
stern *a.* ozbiljan
stern *n.* krma
stethoscope *n.* stetoskop
stew *n.* paprikaš
stew *v.t.* dinstati
steward *n.* stjuard
stick *n.* štap
stick *v.t.* zabosti
sticker *n.* nalepnica
stickler *n.* pristalica
sticky *n.* lepljiv
stiff *n.* krut
stiffen *v.t.* ukrutiti
stifle *v.t.* ugušiti
stigma *n.* stigma
still *a.* miran
still *adv.* još uvek
still *v.t.* umiriti
still *n.* mir
stillness *n.* tišina
stilt *n.* štula
stimulant *n.* stimulans
stimulate *v.t.* stimulisati
stimulus *n.* podsticaj
sting *v.t.* ubod
sting *n.* žaoka
stingy *a.* škrt
stink *v.i.* smrdeti
stink *n* smrad

stipend n. plata
stipulate v.t. ustanoviti
stipulation n. odredba
stir v.i. uskomešati se
stirrup n. uzengija
stitch n. šav
stitch v.t. krpiti
stock n. zaliha
stock v.t. opskrbiti
stock a. spreman
stocking n. čarapa
stoic n. stoik
stoke v.t. ložiti
stoker n. ložač
stomach n. stomak
stomach v.t. podnositi
stone n. kamen
stone v.t. kamenovati
stony a. kamenit
stool n. stolica
stoop v.i. pognuti se
stoop n pognutost
stop v.t. zaustaviti
stop n obustava
stoppage n zastoj
storage n. skladištenje
store n. prodavnica
store v.t. skladištiti
storey n. sprat
stork n. roda
storm n. oluja
storm v.i. jurišati
stormy a. olujni
story n. priča
stout a. krupan
stove n. peć
stow v.t. natovariti
straggle v.i. lutati
straggler n. lutalica
straight a. prav

straight adv. pravo
straighten v.t. ispraviti
straightforward a. iskren
straightway adv. smesta
strain v.t. naprezati
strain n naprezanje
strait n. moreuz
straiten v.t. suziti
strand v.i. nasukati
strand n obala
strange a. čudan
stranger n. stranac
strangle v.t. ugušiti
strangulation n. gušenje
strap n. pojas
strap v.t. opasati
strategem n. lukavstvo
strategic a. strateški
strategist n. strateg
strategy n. strategija
stratum n. naslaga
straw n. slama
strawberry n. jagoda
stray v.i. zalutati
stray a zalutao
stray n lutalice
stream n. potok
stream v.i. teći
streamer n. traka
streamlet n. potočić
street n. ulica
strength n. snaga
strengthen v.t. ojačati
strenuous a. naporan
stress n. stres
stress v.t naglašavati
stretch v.t. rastezati
stretch n rastezanje
stretcher n. nosila
strew v.t. posuti

strict *a.* strog
stricture *n.* zamerka
stride *v.i.* koračati
stride *n* korak
strident *a.* kreštav
strife *n.* sukob
strike *v.t.* udariti
strike *n* štrajk
striker *n.* štrajkač
string *n.* vrpca
string *v.t.* nategnuti
stringency *n.* oskudica
stringent *a.* strog
strip *n.* traka
strip *v.t.* svlačiti
stripe *n.* pruga
stripe *v.t.* isprugati
strive *v.i.* težiti
stroke *n.* udarac
stroke *v.t.* milovati
stroke *n* milovanje
stroll *v.i.* tumarati
stroll *n* tumaranje
strong *a.* jak
stronghold *n.* uporište
structural *a.* strukturni
structure *n.* struktura
struggle *v.i.* boriti se
struggle *n* borba
strumpet *n.* uličarka
strut *v.i.* razmetati se
strut *n* razmetanje
stub *n.* panj
stubble *n.* strnjika
stubborn *a.* tvrdoglav
stud *n.* ergela
stud *v.t.* odbiti
student *n.* student
studio *n.* studio
studious *a.* marljiv

study *v.i.* učiti
study *n.* radna soba
stuff *n.* materijal
stuff 2 *v.t.* napuniti, ispuniti
stuffy *a.* zagušljiv
stumble *v.i.* spotaći se
stumble *n.* spoticanje
stump *n.* panj
stump *v.t* tabati
stun *v.t.* ošamutiti
stunt *v.t.* praviti akrobacije
stunt *n* majstorija
stupefy *v.t.* omamiti
stupendous *a.* čudesan
stupid *a* glup
stupidity *n.* glupost
sturdy *a.* čvrst
sty *n.* svinjac
stye *n.* čmičak
style *n.* stil
subdue *v.t.* obuzdati
subject *n.* subjekat
subject *a* podložan
subject *v.t.* podvrgnuti
subjection *n.* potčinjenje
subjective *a.* subjektivan
subjugate *v.t.* potčiniti
subjugation *n.* pokoravanje
sublet *v.t.* dati u podzakup
sublimate *v.t.* sublimirati
sublime *a.* uzvišen
sublime *n* uzvišenost
sublimity *n.* otmenost
submarine *n.* podmornica
submarine *a* podmorski
submerge *v.i.* potopiti
submission *n.* pokornost
submissive *a.* pokoran
submit *v.t.* podneti
subordinate *a.* podređen

subordinate *n.* podređeni
subordinate *v.t.* potčiniti
subordination *n.* podređenost
subscribe *v.t.* potpisati
subscription *n.* pretplata
subsequent *a.* sledeći
subservience *n.* korist
subservient *a.* koristan
subside *v.i.* opasti
subsidiary *a.* podružnica
subsidize *v.t.* subvencionisati
subsidy *n.* subvencija
subsist *v.i.* opstajati
subsistence *n.* opstanak
substance *n.* supstanca
substantial *a.* znatan
substantially *adv.* bitno
substantiate *v.t.* potvrditi
substantiation *n.* potvrđivanje
substitute *n.* zamena
substitute *v.t.* zameniti
substitution *n.* zamena
subterranean *a.* podzemni
subtle *n.* suptilan
subtlety *n.* suptilnost
subtract *v.t.* oduzeti
subtraction *n.* oduzimanje
suburb *n.* predgrađe
suburban *a.* prigradski
subversion *n.* subverzija
subversive *a.* subverzivan
subvert *v.t.* podriti
succeed *v.i.* uspeti
success *n.* uspeh
successful *a* uspešan
succession *n.* nasledstvo
successive *a.* uzastopan
successor *n.* naslednik
succour *n.* pomoć
succour *v.t.* pomoći

149

succumb *v.i.* podleći
such *a.* ovakav
such *pron.* takav
suck *v.t.* sisati
suck *n.* sisanje
suckle *v.t.* dojiti
sudden *n.* iznenadnost
suddenly *adv.* iznenada
sue *v.t.* tužiti
suffer *v.t.* patiti
suffice *v.i.* zadovoljavati
sufficiency *n.* dovoljnost
sufficient *a.* dovoljan
suffix *n.* sufiks
suffix *v.t.* dodati
suffocate *v.t* ugušiti
suffocation *n.* gušenje
suffrage *n.* pravo glasa
sugar *n.* šećer
sugar *v.t.* zasladiti
suggest *v.t.* predložiti
suggestion *n.* predlog
suggestive *a.* sugestivan
suicidal *a.* samoubilački
suicide *n.* samoubistvo
suit *n.* odelo
suit *v.t.* odgovarati
suitability *n.* podobnost
suitable *a.* pogodan
suite *n.* apartman
suitor *n.* prosilac
sullen *a.* sumoran
sulphur *n.* sumpor
sulphuric *a.* sumporni
sultry *a.* sparan
sum *n.* suma
sum *v.t.* sumirati
summarily *adv.* ukratko
summarize *v.t.* rezimirati
summary *n.* rezime

summary a sažet
summer n. leto
summit n. vrh
summon v.t. pozvati
summons n. poziv
sumptuous a. raskošan
sun n. sunce
sun v.t. sunčati
Sunday n. nedelja
sunder v.t. rastaviti
sunny a. sunčan
sup v.i. gucnuti
superabundance n. preobilje
superabundant a. preobilan
superb a. izvanredan
superficial a. površan
superficiality n. površnost
superfine a. najfiniji
superfluity n. višak
superfluous a. suvišno
superhuman a. nadljudski
superintend v.t. rukovoditi
superintendence n. vrhovni nadzor
superintendent n. nadzornik
superior a. nadmoćan
superiority n. superiornost
superlative a. superlativan
superlative n. superlativ
superman n. nadčovek
supernatural a. natprirodan
supersede v.t. zameniti
supersonic a. supersoničan
superstition n. sujeverje
superstitious a. sujeveran
supertax n. poseban porez na dohodak
supervise v.t. nadgledati
supervision n. nadzor
supervisor n. nadzornik
supper n. večera
supple a. savitljiv

supplement n. dopuna
supplement v.t. dopuniti
supplementary a. dopunski
supplier n. dobavljač
supply v.t. snabdevati
supply n snabdevanje
support v.t. podržat
support n. podrška
suppose v.t. pretpostaviti
supposition n. pretpostavka
suppress v.t. suzbijati
suppression n. suzbijanje
supremacy n. prevlast
supreme a. vrhovni
surcharge n. preopterećenje
surcharge v.t. preopteretiti
sure a. siguran
surely adv. sigurno
surety n. izvesnost
surf n. surf
surface n. površina
surface v.i poravnati
surfeit n. prezasićenost
surge n. talas
surge v.i. talas
surgeon n. hirurg
surgery n. hirurgija
surmise n. pretpostavka
surmise v.t. pretpostaviti
surmount v.t. savladati
surname n. prezime
surpass v.t. nadmašiti
surplus n. višak
surprise n. iznenađenje
surprise v.t. iznenaditi
surrender v.t. predati se
surrender n predaja
surround v.t. okruživati
surroundings n. okruženje
surtax n. dopunski porez

surveillance *n.* nadzor
survey *n.* pregled
survey *v.t.* pregledati
survival *n.* opstanak
survive *v.i.* opstati
suspect *v.t.* osumnjičiti
suspect *a.* osumnjičen
suspect *n* osumnjičeni
suspend *v.t.* suspendovati
suspense *n.* neizvesnost
suspension *n.* obustava
suspicion *n.* sumnja
suspicious *a.* sumnjiv
sustain *v.t.* održati
sustenance *n.* izdržavanje
swagger *v.i.* šepuriti se
swagger *n* šepurenje
swallow *v.t.* progutati
swallow *n.* gutljaj
swallow *n.* lasta
swamp *n.* močvara
swamp *v.t.* poplaviti
swan *n.* labud
swarm *n.* roj
swarm *v.i.* rojiti se
swarthy *a.* crnpurast
sway *v.i.* njihati
sway *n* njihanje
swear *v.t.* psovati
sweat *n.* znoj
sweat *v.i.* kleti se
sweater *n.* džemper
sweep *v.i.* čistiti
sweep *n.* zamah
sweeper *n.* čistač
sweet *a.* sladak
sweet *n* slatkiš
sweeten *v.t.* zašećeriti
sweetmeat *n.* slatkiš
sweetness *n.* slatkoća

swell *v.i.* nabreknuti
swell *n* oteklina
swift *a.* brz
swim *v.i.* plivati
swim *n* plivanje
swimmer *n.* plivač
swindle *v.t.* prevariti
swindle *n.* prevara
swindler *n.* varalica
swine *n.* svinja
swing *v.i.* ljuljati
swing *n* ljuljaška
swiss *n.* švajcarska
swiss *a* švajcarski
switch *n.* prekidač
switch *v.t.* skrenuti
swoon *n.* nesvest
swoon *v.i* onesvestiti se
swoop *v.i.* kidisati
swoop *n* prepad
sword *n.* mač
sycamore *n.* javor
sycophancy *n.* ulizivanje
sycophant *n.* ulizica
syllabic *n.* slogovni
syllable *n.* slog
syllabus *n.* pregled
sylph *n.* vazdušni duh
sylvan *a.* pošumljen
symbol *n.* simbol
symbolic *a.* simboličan
symbolism *n.* simbolizam
symbolize *v.t.* simbolizovati
symmetrical *a.* simetričan
symmetry *n.* simetrija
sympathetic *a.* saosećajan
sympathize *v.i.* saosećati
sympathy *n.* simpatija
symphony *n.* simfonija
symposium *n.* simpozijum

symptom n. simptom
symptomatic a. simptomatičan
synonym n. sinonim
synonymous a. sinoniman
synopsis n. sinopsis
syntax n. sintaksa
synthesis n. sinteza
synthetic a. sintetički
synthetic n sintetika
syringe n. špric
syringe v.t. štrcnuti
syrup n. sirup
system n. sistem
systematic a. sistematičan
systematize v.t. sistematizovati

T

table n. sto
table v.t. izložiti
tablet n. tableta
taboo n. tabu
taboo a zabranjen
taboo v.t. zabraniti
tabular a. tabelarni
tabulate v.t. poređati
tabulation n. tabelisanje
tabulator n. tabulator
tacit a. prećutan
taciturn a. uzdržan
tackle n. pribor
tackle v.t. prionuti
tact n. takt
tactful a. taktičan
tactician n. taktičar
tactics n. taktika
tactile a. taktilni
tag n. oznaka
tag v.t. označiti

tail n. rep
tailor n. krojač
tailor v.t. krojiti
taint n. mrlja
taint v.t. uprljati
take v.t uzeti
tale n. priča
talent n. talenat
talisman n. talisman
talk v.i. pričati
talk n razgovor
talkative a. pričljiv
tall a. visok
tallow n. loj
tally n. evidencija
tally v.t. podudarati
tamarind n. indijska urma
tame a. pitom
tame v.t. pripitomiti
tamper v.i. pokvariti
tan v.i. preplanuti
tan n., a. preplanulost
tangent n. tangenta
tangible a. opipljiv
tangle n. zaplet
tangle v.t. zamrsiti
tank n. rezervoar
tanker n. tanker
tanner n. kožar
tannery n. kožara
tantalize v.t. mučiti
tantamount a. jednake vrednosti
tap n. slavina
tap v.t. tapkati
tape n. traka
tape v.t svezati trakom
taper v.i. zašiljiti
taper n tanka voštana sveća
tapestry n. tapiserija
tar n. katran

tar v.t. premazati katranom
target n. cilj
tariff n. tarifa
tarnish v.t. gubiti boju
task n. zadatak
task v.t. uposliti
taste n. ukus
taste v.t. okusiti
tasteful a. ukusan
tasty a. ukusan
tatter n. dronjak
tatter v.t pocepati u dronjke
tattoo n. tetoviranje
tattoo v.i. tetovirati
taunt v.t. podrugivati se
taunt n podrugivanje
tavern n. krčma
tax n. porez
tax v.t. oporezovati
taxable a. oporeziv
taxation n. oporezivanje
taxi n. taksi
taxi v.i. voziti se u taksiju
tea n čaj
teach v.t. učiti
teacher n. učitelj
teak n. tik
team n. tim
tear v.t. poderati
tear n. suza
tear n. poderotina
tearful a. suzan
tease v.t. zadirkivati
teat n. sisa
technical n. tehnički
technicality n. formalnost
technician n. tehničar
technique n. tehnika
technological a. tehnološki
technologist n. tehnolog

technology n. tehnologija
tedious a. dosadan
tedium n. dosada
teem v.i. vrveti
teenager n. tinejdžer
teens n. pl. omladina
teethe v.i. dobiti zube
teetotal a. trezvenjački
teetotaller n. trezvenjak
telecast n. prenos
telecast v.t. prenositi
telegram n. telegram
telegraph n. telegraf
telegraph v.t. telegrafisati
telegraphic a. telegrafski
telegraphist n. telegrafista
telegraphy n. telegrafija
telepathic a. telepatski
telepathist n. telepata
telepathy n. telepatija
telephone n. telefon
telephone v.t. telefonirati
telescope n. teleskop
telescopic a. teleskopski
televise v.t. emitovati preko televizije
television n. televizija
tell v.t. reći
teller n. blagajnik
temper n. temperament
temper v.t. mešati
temperament n. temperament
temperamental a. temperamentan
temperance n. umerenost
temperate a. umeren
temperature n. temperatura
tempest n. oluja
tempestuous a. buran
temple n. hram
temple n slepoočnica
temporal a. vremenski

temporary *a.* privremen
tempt *v.t.* dovesti u iskušenje
temptation *n.* iskušenje
tempter *n.* iskušavač
ten *n.*, *a* deset
tenable *a.* održiv
tenacious *a.* uporan
tenacity *n.* istrajnost
tenancy *n.* zakup
tenant *n.* stanar
tend *v.i.* biti sklon
tendency *n.* tendencija
tender *n* ponuda
tender *v.t.* ponuditi
tender *n* negovatelj
tender *a* nežan
tenet *n.* načelo
tennis *n.* tenis
tense *n.* glagolsko vreme
tense *a.* napet
tension *n.* tenzija
tent *n.* šator
tentative *a.* probni
tenure *n.* mandat
term *n.* rok
term *v.t.* nazvati
terminable *a.* ograničen
terminal *a.* konačni
terminal *n* terminal
terminate *v.t.* okončati
termination *n.* završetak
terminological *a.* terminološki
terminology *n.* terminologija
terminus *n.* kraj
terrace *n.* terasa
terrible *a.* užasan
terrier *n.* terijer
terrific *a.* strašan
terrify *v.t.* prestraviti
territorial *a.* teritorijalni

territory *n.* teritorija
terror *n.* teror
terrorism *n.* terotizam
terrorist *n.* terorista
terrorize *v.t.* terorisati
terse *a.* sažet
test *v.t.* testirati
test *n* test
testament *n.* testament
testicle *n.* testis
testify *v.i.* svedočiti
testimonial *n.* uverenje
testimony *n.* svedočanstvo
tete-a-tete *n.* sastanak u četiri oka
tether *n.* lanac
tether *v.t.* privezati
text *n.* tekst
textile *a.* tekstilni
textile *n* tekstil
textual *n.* tekstualni
texture *n.* sastav
thank *v.t.* zahvaliti
thanks *n.* zahvalnost
thankful *a.* zahvalan
thankless *a.* nezahvalan
that *a.* taj
that *dem. pron.* onaj
that *rel. pron.* koji
that *adv.* tako
that *conj.* da
thatch *n.* slama
thatch *v.t.* pokriti krov
thaw *v.i* topiti se
thaw *n* topljenje
theatre *n.* pozorište
theatrical *a.* pozorišni
theft *n.* krađa
their *a.* njihov
theirs *pron.* njihov
theism *n.* teizam

theist n. teista
them pron. njih
thematic a. tematski
theme n. tema
then adv. onda
then a tadašnji
thence adv. odande
theocracy n. teokratija
theologian n. teolog
theological a. teološki
theology n. teologija
theorem n. teorema
theoretical a. teorijski
theorist n. teoretičar
theorize v.i. teoretisati
theory n. teorija
therapy n. terapija
there adv. tamo
thereabouts adv. otprilike
thereafter adv. posle toga
thereby adv. time
therefore adv. dakle
thermal a. termalni
thermometer n. termometar
thermos (flask) n. termos (boca)
thesis n. teza
thick a. debeo
thick n. najgušći deo
thick adv. debelo
thicken v.i. zgusnuti
thicket n. gustiš
thief n. lopov
thigh n. bedro
thimble n. naprstak
thin a. tanak
thin v.t. tanjiti
thing n. stvar
think v.t. misliti
thinker n. mislilac
third a. treći

third n. trećina
thirdly adv. treće
thirst n. žeđ
thirst v.i. biti žedan
thirsty a. žedan
thirteen n. trinaest
thirteen a trinaest
thirteenth a. trinaesti
thirtieth a. trideseti
thirtieth n tridesetina
thirty n. trideset
thirty a trideset
thistle n. čičak
thither adv. tamo
thorn n. trn
thorny a. trnovit
thorough a temeljan
thoroughfare n. prolaz
though conj. premda
though adv. ipak
thought n misao
thoughtful a. pažljiv
thousand n. hiljada
thousand a hiljadu
thrall n. rob
thraldom n. ropstvo
thrash v.t. mlatiti
thread n. nit
thread v.t udenuti
threadbare a. otrcan
threat n. pretnja
threaten v.t. pretiti
three n. tri
three a tri
thresh v.t. vršati
thresher n. vršalica
threshold n. prag
thrice adv. triput
thrift n. štednja
thrifty a. štedljiv

thrill *n.* uzbuđenje	tickle *v.t.* golicati
thrill *v.t.* uzbuditi	ticklish *a.* golicljiv
thrive *v.i.* napredovati	tidal *a.* plimski
throat *n.* grlo	tide *n.* plima
throaty *a.* grlen	tidings *n. pl.* vesti
throb *v.i.* lupati	tidiness *n.* urednost
throb *n.* lupanje	tidy *a.* uredan
throe *n.* agonija	tidy *v.t.* počistiti
throne *n.* tron	tie *v.t.* vezati
throne *v.t.* posaditi na presto	tie *n* kravata
throng *n.* gomila	tier *n.* niz
throng *v.t.* gomilati se	tiger *n.* tigar
throttle *n.* dušnik	tight *a.* čvrst
throttle *v.t.* gušiti	tighten *v.t.* pritegnuti
through *prep.* kroz	tigress *n.* tigrica
through *adv.* skroz	tile *n.* crep
through *a* izravan	tile *v.t.* pokriti crepom
throughout *adv.* skroz	till *prep.* do
throughout *prep.* širom	till *n. conj.* dok
throw *v.t.* baciti	till *v.t.* obrađivati
throw *n.* bacanje	tilt *v.i.* nagnuti se
thrust *v.t.* gurati	tilt *n.* nagib
thrust *n* potisak	timber *n.* greda
thud *n.* tutnjava	time *n.* vreme
thud *v.i.* tutnjiti	time *v.t.* izabrati vreme
thug *n.* razbojnik	timely *a.* na vreme
thumb *n.* palac	timid *a.* stidljiv
thumb *v.t.* opipati palcem	timidity *n.* bojažljivost
thump *n. tup* udarac	timorous *a.* plašljiv
thump *v.t.* lupiti	tin *n.* konzerva
thunder *n.* grom	tin *v.t.* kalajisati
thunder *v.i.* grmeti	tincture *n.* boja
thunderous *a.* gromovit	tincture *v.t.* obojiti
Thursday *n.* četvrtak	tinge *n.* nijansa
thus *adv.* stoga	tinge *v.t.* nijansirati
thwart *v.t.* osujetiti	tinker *n.* kotlar
tiara *n.* tijara	tinsel *n.* šljokica
tick *n.* otkucaj	tint *n.* boja
tick *v.i.* kucati	tint *v.t.* obojiti
ticket *n.* karta	tiny *a.* sićušan

tip *n.* savet	**tomb** *n.* grob
tip *v.t.* savetovati	**tomboy** *n.* nestaško
tip *n.* vrh	**tomcat** *n.* mačak
tip *v.t.* prevrnuti	**tome** *n.* tom
tip *n.* kraj	**tomorrow** *n.* sutrašnji dan
tip *v.t.* okovati	**tomorrow** *adv.* sutra
tipsy *a.* pripit	**ton** *n.* tona
tirade *n.* tirada	**tone** *n.* zvuk
tire *v.t.* izmoriti	**tone** *v.t.* davati ton
tiresome *a.* zamoran	**tongs** *n. pl.* klešta
tissue *n.* tkivo	**tongue** *n.* jezik
titanic *a.* titanski	**tonic** *a.* toničan
tithe *n.* desetina	**tonic** *n.* tonik
title *n.* naslov	**to-night** *n.* ova noć
titular *a.* titularni	**tonight** *adv.* večeras
toad *n.* žaba krastača	**tonne** *n.* tona
toast *n.* zdravica	**tonsil** *n.* krajnik
toast *v.t.* nazdraviti	**tonsure** *n.* tonzura
tobacco *n.* duvan	**too** *adv.* suviše
today *adv.* danas	**tool** *n.* alatka
today *n.* današnjica	**tooth** *n.* zub
toe *n.* nožni prst	**toothache** *n.* zubobolja
toe *v.t.* dodirnuti nožnim prstima	**toothsome** *a.* ukusan
toffee *n.* karamela	**top** *n.* vrh
toga *n.* toga	**top** *v.t.* pokriti
together *adv.* zajedno	**top** *n.* čigra
toil *n.* rintanje	**topaz** *n.* topaz
toil *v.i.* rintati	**topic** *n.* tema
toilet *n.* toalet	**topical** *a.* tematski
toils *n. pl.* mreže	**topographer** *n.* topograf
token *n.* znak	**topographical** *a.* topografski
tolerable *a.* podnošljiv	**topography** *n.* topografija
tolerance *n.* tolerancija	**topple** *v.i.* srušiti se
tolerant *a.* tolerantan	**topsy** *turvy* *a.* pobrkan
tolerate *v.t.* tolerisati	**topsy** *turvy* *adv* pobrkano
toleration *n.* tolerancija	**torch** *n.* baklja
toll *n.* taksa	**torment** *n.* muka
toll *n* zvonjava	**torment** *v.t.* mučiti
toll *v.t.* zvoniti	**tornado** *n.* tornado
tomato *n.* paradajz	**torpedo** *n.* torpedo

torpedo v.t. torpedovati
torrent n. bujica
torrential a. bujan
torrid a. suv
tortoise n. kornjača
tortuous a. krivični
torture n. mučenje
torture v.t. mučiti
toss v.t. zbaciti
toss n zbacivanje
total a. ukupan
total n. celina
total v.t. zbrojiti
totality n. celokupnost
touch v.t. dodirnuti
touch n dodir
touchy a. osetljiv
tough a. težak
toughen v.t. očvrsnuti
tour n. tura
tour v.i. putovati
tourism n. turizam
tourist n. turista
tournament n. turnir
towards prep. ka
towel n. peškir
towel v.t. brisati peškirom
tower n. toranj
tower v.i. dizati se
town n. grad
township a. opštinski
toy n. igračka
toy v.i. igrati se
trace n. trag
trace v.t. tragati
traceable a. kome se može naći trag
track n. staza
track v.t. slediti
tract n. trakt
tract n traktat

traction n. vuča
tractor n. traktor
trade n. trgovina
trade v.i trgovati
trader n. trgovac
tradesman n. trgovac
tradition n. tradicija
traditional a. tradicionalan
traffic n. saobraćaj
traffic v.i. trgovati
tragedian n. tragičar
tragedy n. tragedija
tragic a. tragičan
trail n. trag
trail v.t. puzati
trailer n. prikolica
train n. voz
train v.t. trenirati
trainee n. pripravnik
training n. obuka
trait n. osobina
traitor n. izdajnik
tram n. tramvaj
trample v.t. pogaziti
trance n. trans
tranquil a. miran
tranquility n. mir
tranquillize v.t. stišati
transact v.t. obaviti
transaction n. transakcija
transcend v.t. prekoračiti
transcendent a. nenadmašan
transcribe v.t. prepisati
transcription n. transkripcija
transfer n. prenos
transfer v.t. prenositi
transferable a. prenosiv
transfiguration n. preobraženje
transfigure v.t. preobraziti
transform v. transformisati

transformation *n.* transformacija
transgress *v.t.* prekršiti
transgression *n.* prestup
transit *n.* tranzit
transition *n.* prelaz
transitive *n.* prelazni
transitory *n.* prolazan
translate *v.t.* prevoditi
translation *n.* prevođenje
transmigration *n.* seoba
transmission *n.* transmisija
transmit *v.t.* prenositi
transmitter *n.* odašiljač
transparent *a.* transparentan
transplant *v.t.* presađivati
transport *v.t.* prevoziti
transport *n.* prevoz
transportation *n.* transport
trap *n.* zamka
trap *v.t.* uhvatiti u zamku
trash *n.* smeće
travel *v.i.* putovati
travel *n* putovanje
traveller *n.* putnik
tray *n.* poslužavnik
treacherous *a.* izdajnički
treachery *n.* izdaja
tread *v.t.* koračati
tread *n* hod
treason *n.* izdaja
treasure *n.* blago
treasure *v.t.* čuvati
treasurer *n.* blagajnik
treasury *n.* državna blagajna
treat *v.t.* lečiti
treat *n* čašćenje
treatise *n.* rasprava
treatment *n.* tretman
treaty *n.* pregovor
tree *n.* drvo

trek *v.i.* seliti se
trek *n.* putovanje
tremble *v.i.* drhtati
tremendous *a.* ogroman
tremor *n.* drhtanje
trench *n.* rov
trench *v.t.* rezati
trend *n.* trend
trespass *v.i.* zgrešiti
trespass *n.* prestup
trial *n.* suđenje
triangle *n.* trougao
triangular *a.* trougaoni
tribal *a.* plemenski
tribe *n.* pleme
tribulation *n.* stradanje
tribunal *n.* sud
tributary *n.* pritoka
tributary *a.* dužan da daje danak
trick *n* trik
trick *v.t.* prevariti
trickery *n.* varanje
trickle *v.i.* kapati
trickster *n.* varalica
tricky *a.* lukav
tricolour *a.* trobojni
tricolour *n* trobojnica
tricycle *n.* tricikl
trifle *n.* sitnica
trifle *v.i* igrati se
trigger *n.* okidač
trim *a.* uredan
trim *n* red
trim *v.t.* urediti
trinity *n.* trojstvo
trio *n.* trio
trip *v.t.* poigravati
trip *n.* putovanje
tripartite *a.* trodelan
triple *a.* trostruk

triple *v.t.* utrostručiti
triplicate *a.* trokratan
triplicate *n* triplikat
triplicate *v.t.* utrostručiti
triplication *n.* utrostručenje
tripod *n.* tronožac
triumph *n.* trijumf
triumph *v.i.* trijumfovati
triumphal *a.* trijumfalan
triumphant *a.* pobednički
trivial *a.* trivijalan
troop *n.* četa
troop *v.i* skupljati se
trooper *n.* policajac
trophy *n.* trofej
tropic *n.* tropski pojas
tropical *a.* tropski
trot *v.i.* kasati
trot *n* kas
trouble *n.* nevolja
trouble *v.t.* uzburkati
troublesome *a.* mučan
troupe *n.* glumačka družina
trousers *n. pl* pantalone
trowel *n.* mistrija
truce *n.* primirje
truck *n.* kamion
true *a.* pravi
trump *n.* adut
trump *v.t.* nadmudriti
trumpet *n.* truba
trumpet *v.i.* trubiti
trunk *n.* stablo
trust *n.* poverenje
trust *v.t* verovati
trustee *n.* poverenik
trustful *a.* poverljiv
trustworthy *a.* pouzdan
trusty *n.* veran
truth *n.* istina

truthful *a.* istinoljubiv
try *v.i.* pokušati
try *n* pokušaj
trying *a.* težak
tryst *n.* sastanak
tub *n.* kada
tube *n.* cev
tuberculosis *n.* tuberkuloza
tubular *a.* cevasti
tug *v.t.* trzati
tuition *n.* školarina
tumble *v.i.* pasti
tumble *n.* pad
tumbler *n.* akrobata
tumour *n.* tumor
tumult *n.* metež
tumultuous *a.* bučan
tune *n.* melodija
tune *v.t.* ugađati
tunnel *n.* tunel
tunnel *v.i.* bušiti tunel
turban *n.* turban
turbine *n.* turbina
turbulence *n.* turbulencije
turbulent *a.* turbulentan
turf *n.* treset
turkey *n.* ćurka
turmeric *n.* kurkuma
turmoil *n.* nemir
turn *v.i.* okrenuti
turn *n* okret
turner *n.* strugar
turnip *n.* repa
turpentine *n.* terpentin
turtle *n.* kornjača
tusk *n.* kljova
tussle *n.* borba
tussle *v.i.* boriti se
tutor *n.* tutor
tutorial *a.* učiteljski

tutorial *n.* uputstvo
twelfth *a.* dvanaesti
twelfth *n.* dvanaestina
twelve *n.* dvanaestorica
twelve *n* dvanaest
twentieth *a.* dvadeseti
twentieth *n* dvadesetina
twenty *a.* dvadeset
twenty *n* dvadesetorica
twice *adv.* dvaput
twig *n.* grančica
twilight *n* suton
twin *n.* blizanac
twin *a* dvostruk
twinkle *v.i.* svetlucati
twinkle *n.* svetlucanje
twist *v.t.* uviti
twist *n.* obrt
twitter *n.* cvrkut
twitter *v.i.* cvrkutati
two *n.* dva
two *a.* dvoje
twofold *a.* dvostruk
type *n.* tip
type *v.t.* tipkati
typhoid *n.* tifozan
typhoon *n.* tajfun
typhus *n.* tifus
typical *a.* tipičan
typify *v.t.* predstaviti
typist *n.* daktilograf
tyranny *n.* tiranija
tyrant *n.* tiranin
tyre *n.* guma

U

udder *n.* vime
uglify *v.t.* poružnjavati

ugliness *n.* ružnoća
ugly *a.* ružan
ulcer *n.* čir
ulcerous *a.* gnojan
ulterior *a.* prikriven
ultimate *a.* krajnji
ultimately *adv.* na kraju
ultimatum *n.* ultimatum
umbrella *n.* kišobran
umpire *n.* sudija
umpire *v.t.,* osuditi
unable *a.* nemoćan
unanimity *n.* jednoglasnost
unanimous *a.* jednoglasan
unaware *a.* nesvestan
unawares *adv.* nehotice
unburden *v.t.* rasteretiti
uncanny *a.* neugodan
uncertain *a.* neizvestan
uncle *n.* stric, teča, ujak
uncouth *a.* nepoznat
under *prep.* ispod
under *adv* niže
under *a* niži
undercurrent *n.* podvodna struja
underdog *n* gubitnik
undergo *v.t.* pretrpeti
undergraduate *n.* student
underhand *a.* nepošten
underline *v.t.* podvući
undermine *v.t.* podriti
underneath *adv.* ispod
underneath *prep.* pod
understand *v.t.* razumeti
undertake *v.t.* preduzeti
undertone *n.* prigušen glas
underwear *n.* donje rublje
underworld *n.* podzemlje
undo *v.t.* poništi
undue *a.* neprikladan

undulate v.i. talasati se
undulation n. lelujanje
unearth v.t. iskopati
uneasy a. nelagodan
unfair a nepravedan
unfold v.t. otvoriti
unfortunate a. nesrećan
ungainly a. nezgrapan
unhappy a. nesrećan
unification n. ujedinjenje
union n. unija
unionist n. unionista
unique a. jedinstven
unison n. jednoglasje
unit n. jedinica
unite v.t. ujediniti
unity n. jedinstvo
universal a. univerzalan
universality n. univerzalnost
universe n. svemir
university n. univerzitet
unjust a. nepravedan
unless conj. sem ako
unlike a nejednak
unlike prep za razliku od
unlikely a. neverovatan
unmanned a. bez posade
unmannerly a nevaspitan
unprincipled a. neprincipijelan
unreliable a. nepouzdan
unrest n nemir
unruly a. jogunast
unsettle v.t. uznemiriti
unsheathe v.t. izvaditi iz korica
until prep. do
until conj dok
untoward a. uporan
unwell a. bolestan
unwittingly adv. nenamerno
up adv. gore

up prep. prema gore
upbraid v.t kuditi
upheaval n. preokret
uphold v.t podržati
upkeep n održavanje
uplift v.t. podići
uplift n uzdignuće
upon prep na
upper a. gornji
upright a. čestit
uprising n. ustanak
uproar n. metež
uproarious a. bučan
uproot v.t. iskoreniti
upset v.t. uznemiriti
upshot n. ishod
upstart n. skorojević
up-to-date a. savremen
upward a. okrenut uvis
upwards adv. nagore
urban a. urbani
urbane a. učtiv
urbanity n. učtivost
urchin n. derište
urge v.t nagnati
urge n nagon
urgency n. hitnost
urgent a. hitan
urinal n. pisoar
urinary a. urinarni
urinate v.i. urinirati
urination n. mokrenje
urine n. urin
urn n urna
usage n. primena
use n. upotreba
use v.t. upotrebiti
useful a. koristan
usher n. vratar
usher v.t. uvesti

usual *a.* uobičajen
usually *adv.* obično
usurer *n.* zelenaš
usurp *v.t.* uzurpirati
usurpation *n.* uzurpacija
usury *n.* zelenaštvo
utensil *n.* pribor
uterus *n.* materica
utilitarian *a.* utilitaristički
utility *n.* korisnost
utilization *n.* korišćenje
utilize *v.t.* iskoristiti
utmost *a.* krajnji
utmost *n* krajnost
utopia *n.* utopija
utopian *a.* utopijski
utter *v.t.* izustiti
utter *a* potpun
utterance *n.* iskaz
utterly *adv.* potpuno

V

vacancy *n.* upražnjeno mesto
vacant *a.* prazan
vacate *v.t.* napustiti
vacation *n.* odmor
vaccinate *v.t.* vakcinisati
vaccination *n.* vakcinacija
vaccinator *n.* lekar koji vakciniše
vaccine *n.* vakcina
vacillate *v.i.* kolebati se
vacuum *n.* vakuum
vagabond *n.* skitnica
vagabond *a* skitalački
vagary *n.* lutanje
vagina *n.* vagina
vague *a.* nejasan
vagueness *n.* neodređenost

vain *a.* uzaludan
vainglorious *a.* hvalisav
vainglory *n.* hvalisavost
vainly *adv.* uzalud
vale *n.* dolina
valiant *a.* hrabar
valid *a.* validan
validate *v.t.* potvrditi
validity *n.* punovažnost
valley *n.* dolina
valour *n.* junaštvo
valuable *a.* vredan
valuation *n.* procena
value *n.* vrednost
value *v.t.* ceniti
valve *n.* ventil
van *n.* kombi
vanish *v.i.* iščeznuti
vanity *n.* sujeta
vanquish *v.t.* pobediti
vaporize *v.t.* isparavati
vaporous *a.* parni
vapour *n.* para
variable *a.* varijabla
variance *n.* promena
variation *n.* varijacija
varied *a.* raznolik
variety *n.* raznovrsnost
various *a.* različit
varnish *n.* lak
varnish *v.t.* lakirati
vary *v.t.* varirati
vasectomy *n.* vazektomija
vaseline *n.* vazelin
vast *a.* ogroman
vault *n.* svod
vault *n.* skok
vault *v.i.* nadsvoditi
vegetable *n.* povrće
vegetable *a.* povrtni

vegetarian n. vegetarijanac
vegetarian a. vegetarijanski
vegetation n. vegetacija
vehemence n. žestina
vehement a. žestok
vehicle n. vozilo
vehicular a. automobilski
veil n. veo
veil v.t. prekriti
vein n. vena
velocity n. brzina
velvet n. somot
velvety a. baršunast
venal a. podmitljiv
venality n. podmitljivost
vendor n. prodavac
venerable a. prečasni
venerate v.t. poštovati
veneration n. strahopoštovanje
vengeance n. osveta
venial a. oprostiv
venom n. otrov
venomous a. otrovan
vent n. odušak
ventilate v.t. ventilirati
ventilation n. ventilacija
ventilator n. ventilator
venture n. poduhvat
venture v.t. usuditi se
venturesome a. riskantan
venturous a. opasan
venue n. delokrug
veracity n. istinitost
verendah n. veranda
verb n. glagol
verbal a. verbalni
verbally adv. usmeno
verbatim a. doslovan
verbatim adv. doslovno
verbose a. preopširan

verbosity n. preopširnost
verdant a. zelen
verdict n. presuda
verge n. rub
verification n. verifikacija
verify v.t. verifikovati
verisimilitude n. verovatnost
veritable a. pravi
vermillion n. cinober
vermillion a. boje cinobera
vernacular n. domaći
vernacular a. narodni
vernal a. prolećni
versatile a. svestran
versatility n. svestranos
verse n. stih
versed a. okretan
versification n. stihotvorstvo
versify v.t. pretvoriti u stihove
version n. verzija
versus prep. protiv
vertical a. vertikalan
verve n. elan
very a. veoma
vessel n. brod
vest n. prsluk
vest v.t. obući
vestige n. trag
vestment n. odežda
veteran n. veteran
veteran a. veteranski
veterinary a. veterinarski
veto n. veto
veto v.t. staviti veto
vex v.t. nasekirati
vexation n sekiracija
via prep. preko
viable a. održiv
vial n. bočica
vibrate v.i. vibrirati

vibration n. vibracija	virgin n. devac
vicar n. vikar	virgin n devica
vicarious a. namesnički	virginity n. nevinost
vice n. porok	virile a. muški
viceroy n. potkralj	virility n. muževnost
vice-versa adv. obrnuto	virtual a virtuelan
vicinity n. blizina	virtue n. vrlina
vicious a. opak	virtuous a. vrli
vicissitude n. nestalnost	virulence n. pakost
victim n. žrtva	virulent a. pakostan
victimize v.t. žrtvovati	virus n. virus
victor n. pobednik	visage n. lice
victorious a. pobedonosan	visibility n. vidljivost
victory n. pobeda	visible a. vidljiv
victuals n. pl hrana	vision n. vizija
vie v.i. nadmetati se	visionary a. vizionarski
view n. pogled	visionary n. vizionar
view v.t. razgledati	visit n. poseta
vigil n. bdenje	visit v.t. posetiti
vigilance n. budnost	visitor n. posetilac
vigilant a. oprezan	vista n. vidik
vigorous a. energičan	visual a. vizuelni
vile a. loš	visualize v.t. vizualizovati
vilify v.t. sramotiti	vital a. vitalan
villa n. vila	vitality n. vitalnost
village n. selo	vitalize v.t. oživljavati
villager n. seljak	vitamin n. vitamin
villain n. zlikovac	vitiate v.t. pokvariti
vindicate v.t. opravdati	vivacious a. čio
vindication n. opravdanje	vivacity n. živahnost
vine n. vinova loza	viva-voce adv. usmeno
vinegar n. sirće	viva-voce a usmen
vintage n. berba	viva-voce n usmeni ispit
violate v.t. povrediti	vivid a. živ
violation n. kršenje	vixen n. lisica
violence n. nasilje	vocabulary n. rečnik
violent a. nasilan	vocal a. vokalni
violet n. ljubičica	vocalist n. pevač
violin n. violina	vocation n. zanimanje
violinist n. violinista	vogue n. moda

voice *n.* glas
voice *v.t.* izgovoriti
void *a.* prazan
void *v.t.* poništiti
void *n.* praznina
volcanic *a.* vulkanski
volcano *n.* vulkan
volition *n.* volja
volley *n.* volej
volley *v.t* skresati
volt *n.* volt
voltage *n.* napon
volume *n.* zapremina
voluminous *a.* obiman
voluntarily *adv.* dobrovoljno
voluntary *a.* dobrovoljan
volunteer *n.* volonter
volunteer *v.t.* volontirati
voluptuary *n.* pohotljivac
voluptuous *a.* pohotan
vomit *v.t.* povraćati
vomit *n* povraćanje
voracious *a.* proždrljiv
votary *n.* kaluđer
vote *n.* glasanje
vote *v.i.* glasati
voter *n.* glasač
vouch *v.i.* jamčiti
voucher *n.* vaučer
vouchsafe *v.t.* odobriti
vow *n.* zavet
vow *v.t.* zavetovati
vowel *n.* samoglasnik
voyage *n.* putovanje
voyage *v.i.* putovati
voyager *n.* putnik
vulgar *a.* vulgaran
vulgarity *n.* vulgarnost
vulnerable *a.* ranjiv
vulture *n.* lešinar

W

wade *v.i.* gaziti
waddle *v.i.* geganje
waft *v.t.* lebdeti
waft *n* dah
wag *v.i.* mahati
wag *n* mahanje
wage *v.t.* voditi
wage *n.* plata
wager *n.* ulog
wager *v.i.* kladiti se
wagon *n.* vagon
wail *v.i.* jadikovati
wail *n* jadikovanje
wain *n.* kola
waist *n.* struk
waistband *n.* opasač
waistcoat *n.* prsluk
wait *v.i.* čekati
wait *n.* čekanje
waiter *n.* konobar
waitress *n.* konobarica
waive *v.t.* odustati
wake *v.t.* probuditi
wake *n* bdenje
wake *n* daća
wakeful *a.* budan
walk *v.i.* šetati
walk *n* šetnja
wall *n.* zid
wall *v.t.* opasati zidom
wallet *n.* novčanik
wallop *v.t.* istući
wallow *v.i.* valjati se
walnut *n.* orah
walrus *n.* morž
wan *a.* bled

wand *n.* štapić
wander *v.i.* lutati
wane *v.i.* opadati
wane *n* opadanje
want *v.t.* želeti
want *n* potreba
wanton *a.* raskalašn
war *n.* rat
war *v.i.* ratovati
warble *v.i.* treperiti
warble *n* treperenje
warbler *n.* ptica pevačica
ward *n.* štićenik
ward *v.t.* čuvati
warden *n.* upravnik zatvora
warder *n.* čuvar
wardrobe *n.* garderoba
wardship *n.* starateljstvo
ware *n.* roba
warehouse *v.t* magacin
warfare *n.* ratovanje
warlike *a.* ratoboran
warm1 *a.* vruć
warm *v.t.* topao
warmth *n.* toplota
warn *v.t.* upozoriti
warning *n.* upozorenje
warrant *n.* nalog
warrant *v.t.* garantovati
warrantee *n.* opunomoćenik
warrantor *n.* jemac
warranty *n.* garancija
warren *n.* odgajivačnica zečeva
warrior *n.* ratnik
wart *n.* bradavica
wary *a.* oprezan
wash *v.t.* prati
wash *n* pranje
washable *a.* koji se može prati
washer *n.* perač

wasp *n.* osa
waspish *a.* naprasit
wassail *n.* pijanka
wastage *n.* rasipanje
waste *a.* pust
waste *n.* otpad
waste *v.t.* pustošiti
wasteful *a.* rasipan
watch *v.t.* gledati
watch *n.* sat
watchful *a.* budan
watchword *n.* lozinka
water *n.* vode
water *v.t.* zalivati
waterfall *n.* vodopad
water-melon *n.* lubenica
waterproof *a.* vodootporan
waterproof *n* vodootpornost
waterproof *v.t.* učiniti nepromočivim
watertight *a.* nepromočiv
watery *a.* vodeni
watt *n.* vat
wave *n.* talas
wave *v.t.* talas
waver *v.i.* mahati
wax *n.* vosak
wax *v.t.* rasti
way *n.* način
wayfarer *n.* putnik
waylay *v.t.* napasti iz zasede
wayward *a.* svojevoljan
weak *a.* slab
weaken *v.t. & i* oslabiti
weakling *n.* slabić
weakness *n.* slabost
weal *n.* masnica
wealth *n.* bogatstvo
wealthy *a.* bogat
wean *v.t.* odučiti
weapon *n.* oružje

wear v.t. pohabati
weary a. umoran
weary v.t. & i umoriti
weary a. dosadan
weary v.t. dosađivati
weather n vreme
weather v.t. odoleti
weave v.t. tkati
weaver n. tkač
web n. mreža
webby a. koji je kao tkivo
wed v.t. venčati
wedding n. venčanje
wedge n. klin
wedge v.t. pričvrstiti klinom
wedlock n. brak
Wednesday n. sreda
weed n. korov
weed v.t. pleviti
week n. nedelja
weekly a. nedeljni
weekly adv. nedeljno
weekly n. nedeljnik
weep v.i. plakati
weevil n. žižak
weigh v.t. vagati
weight n. težina
weighage n. pristojba za vaganje
weighty a. važan
weir n. brana
weird a. čudan
welcome a. dobrodošao
welcome n dobrodošlica
welcome v.t pozdraviti
weld v.t. zavarivati
weld n zavarak
welfare n. blagostanje
well a. dobar
well adv. dobro
well n. bunar

well v.i. izvirti
wellignton n. velignton
well-known a. poznat
well-read a. načitan
well-timed a. blagovremen
well-to-do a. imućan
welt n. porub
welter n. zbrka
wen n. izraslina
wench n. devojka
west n. zapad
west a. zapadni
west adv. zapadno
westerly a. zapadno
westerly adv. zapadni
western a. vestern
wet a. mokar
wet v.t. pokvasiti
wetness n. vlažnost
whack v.t. udariti
whale n. kit
wharfage n. taksa za vezivanje broda
what a. kakav
what pron. šta
what interj. šta
whatever pron. štagod
wheat n. pšenica
wheedle v.t. iskamčiti
wheel a. točak
wheel v.t. kotrljati
whelm v.t. poplaviti
whelp n. štene
when adv. kada
when conj. kad
whence adv. odakle
whenever adv. conj kad god
where adv. gde
where conj. gde
whereabout adv. negde
whereas conj. pošto

whereat *conj.* gde
wherein *adv.* u kome
whereupon *conj.* posle čega
wherever *adv.* gde god
whet *v.t.* brusiti
whether *conj.* bilo da
which *pron.* koji
which *a* koji
whichever *pron* koji god
whiff *n.* dašak
while *n.* vremenski period
while *conj.* dok
while *v.t.* provesti
whim *n.* kapric
whimper *v.i.* cviljenje
whimsical *a.* kapriciozan
whine *v.i.* prenemagati se
whine *n* prenemaganje
whip *v.t.* bičevati
whip *n.* bič
whipcord *n.* uzica biča
whir *n.* zujanje
whirl *n.i.* kovitlac
whirl *n* vrtlog
whirligig *n.* zvrk
whirlpool *n.* vrtlog
whirlwind *n.* vihor
whisk *v.t.* mahati
whisk *n* zamah
whisker *n.* dlaka
whisky *n.* viski
whisper *v.t.* šaputati
whisper *n* šapat
whistle *v.i.* zviždati
whistle *n* zvižduk
white *a.* beli
white *n* bela boja
whiten *v.t.* beleti
whitewash *n.* belilo
whitewash *v.t.* obeleti

whither *adv.* kuda
whitish *a.* beličast
whittle *v.t.* strugati
whiz *v.i.* zujanje
who *pron.* ko
whoever *pron.* ma ko
whole *a.* ceo
whole *n* celina
whole-hearted *a.* odan
wholesale *n.* veleprodaja
wholesale *a* veleprodajni
wholesale *adv.* veleprodajno
wholesaler *n.* trgovac na veliko
wholesome *a.* zdrav
wholly *adv.* u potpunosti
whom *pron.* koga
whore *n.* prostitutka
whose *pron.* čiji
why *adv.* zašto
wick *n.* fitilj
wicked *a.* zao
wicker *n.* ispleten od pruća
wicket *n.* vratnice
wide *a.* širok
wide *adv.* široko
widen *v.t.* proširiti
widespread *a.* rasprostranjen
widow *n.* udovica
widow *v.t.* učiniti udovicom
widower *n.* udovac
width *n.* širina
wield *v.t.* rukovati
wife *n.* supruga
wig *n.* perika
wight *n.* stvor
wigwam *n.* vigvam
wild *a.* divlji
wilderness *n.* divljina
wile *n.* lukavstvo
will *n.* volja

will v.t. hteti
willing a. voljan
willingness n. spremnost
willow n. vrba
wily a. lukav
wimble n. ručna burgija
wimple n. kaluđerički veo
win v.t. pobediti
win n pobeda
wince v.i. trzati se
winch n. čekrk
wind n. vetar
wind v.t. navijati
wind v.t. namotati
windbag n. blebetalo
winder n. motač
windlass v.t. motovilo
windmill n. vetrenjača
window n. prozor
windy a. vetrovit
wine n. vino
wing n. krilo
wink v.i. namigivati
wink n mig
winner n. pobednik
winnow v.t. razbacati
winsome a. dopadljiv
winter n. zima
winter v.i zimovati
wintry a. zimski
wipe v.t. brisati
wipe n. brisanje
wire n. žica
wire v.t. svezati žicom
wireless a. bežični
wireless n radio
wiring n. spajanje žicom
wisdom n. mudrost
wisdom-tooth n. mudrost
wise a. mudar

wish n. želja
wish v.t. želeti
wishful a. željan
wisp n. čuperak
wistful a. zamišljen
wit n. duhovitost
witch n. veštica
witchcraft n. vračanje
witchery n. čarolija
with prep. sa
withal adv. sem toga
withdraw v.t. povući
withdrawal n. povlačenje
withe n. prut
wither v.i. uvenuti
withhold v.t. zadržati
within prep. u
within adv. u okviru
within n. unutrašnjost
without prep. bez
without adv. izvan
without n bez
withstand v.t. izdržati
witless a. bezuman
witness n. svedok
witness v.i. svedočiti
witticism n. dosetka
witty a. duhovit
wizard n. čarobnjak
wobble v.i klimati
woe n. jad
woebegone a. nesrećan
woeful n. tužan
wolf n. vuk
woman n. žena
womanhood n. ženstvenost
womanish n. ženski
womanize v.t. trčati za ženama
womb n. materica
wonder n čudo

wonder v.i. čuditi se
wonderful a. predivan
wondrous a. čudesan
wont a. naviknut
wont n navika
wonted a. uobičajen
woo v.t. udvarati se
wood n. drvo
woods n. šuma
wooden a. drveni
woodland n. šumovit kraj
woof n. potka
wool n. vuna
woollen a. vuneni
woollen n vunena tkanina
word n. reč
word v.t reći
wordy a. izraziti
work n. rad
work v.t. raditi
workable a. obradiv
workaday a. svakidašnji
worker n. radnik
workman n. radnik
workmanship n. izrada
workshop n. radionica
world n. svet
worldling n. svetski čovek
worldly a. svetovni
worm n. crv
wormwood n. pelen
worn a. iznošen
worry n. briga
worry v.i. brinuti
worsen v.t. pogoršati
worship n. obožavanje
worship v.t. obožavati
worshipper n. obožavalac
worst n. ono što je najgore
worst a najgori

worst v.t. pobediti
worsted n. češljana vuna
worth n. vrednost
worth a vredan
worthless a. bezvredan
worthy a. dostojan
would-be a. tobožnji
wound n. rana
wound v.t. raniti
wrack n. olupina
wraith n. utvara
wrangle v.i. prepirati se
wrangle n. prepirka
wrap v.t. zamotati
wrap n pokrivač
wrapper n. omotač
wrath n. gnev
wreath n. venac
wreathe v.t. uplesti
wreck n. olupina
wreck v.t. uništiti
wreckage n. olupina
wrecker n. brod za spasavanje
wren n. carić
wrench n. iščašenje
wrench v.t. iščašiti
wrest v.t. istrgnuti
wrestle v.i. rvati se
wrestler n. rvač
wretch n. bednik
wretched a. bedan
wrick n iščašenje
wriggle v.i. vijugati
wriggle n vijuganje
wring v.t stiskati
wrinkle n. bora
wrinkle v.t. izborati
wrist n. ručni zglob
writ n. spis
write v.t. napisati

writer n. pisac
writhe v.i. grčiti se
wrong a. pogrešan
wrong adv. pogrešno
wrong v.t. naneti štetu
wrongful a. nezakonit
wry a. iskrivljen

X

xerox n. način fotokopiranja
xerox v.t. fotokopirati
Xmas n. Božić
x-ray n. rendgen
x-ray a. rendgenski
x-ray v.t. izložiti rendgenskim zracima
xylophagous a. koji se hrani drvetom
xylophilous a. koji živi na drvetu
xylophone n. ksilofon

Y

yacht n. jahta
yacht v.i. voziti se na jahti
yak n. jak
yap v.i. lajati
yap n. lajanje
yard n. dvorište
yarn n. predivo
yawn v.i. zevati
yawn n. zevanje
year n. godina
yearly a. godišnji
yearly adv. godišnje
yearn v.i. žudeti
yearning n. žudnja
yeast n. kvasac
yell v.i. vikati

yell n vikanje
yellow a. žut
yellow n žuta boja
yellow v.t. požuteti
yellowish a. žućkast
Yen n. jen
yeoman n. slobodnjak
yes adv. da
yesterday n. jučerašnji dan
yesterday adv. juče
yet adv. još
yet conj. ipak
yield v.t. doneti
yield n prinos
yoke n. jaram
yoke v.t. ujarmiti
yolk n. žumance
yonder a. tamošnji
yonder adv. tamo
young a. mlad
young n mladi
youngster n. mladić
youth n. mladih
youthful a. mladalački

Z

zany a. smešan
zeal n. revnost
zealot n. fanatik
zealous a. revnostan
zebra n. zebra
zenith n. zenit
zephyr n. zefir
zero n. nula
zest n. polet
zigzag n. cik-cak
zigzag a. vijugav
zigzag v.i. vijugati se

zinc *n.* cink
zip *n.* aktivnost
zip *v.t.* oživeti
zodiac *n* zodijak
zonal *a.* zonski
zone *n.* zona
zoo *n.* zoološki vrt
zoological *a.* zoološki
zoologist *n.* zoolog
zoology *n.* zoologija
zoom *n.* zum
zoom *v.i.* zumirati

SERBIAN-ENGLISH

A

abecedno *a.* alphabetical
abonos *n* ebony
adekvatan *a.* adequate
adekvatnost *n.* adequacy
adhezija *n.* adhesion
administrator *n.* administrator
admiral *n.* admiral
adresa *n.* address
adut *n.* trump
advokat *n* advocate
advokat *n.* lawyer
advokat *n.* solicitor
advokat *n.* barrister
advokatura *n.* advocacy
aerodrom *n* aerodrome
aeronautika *n.pl.* aeronautics
afera *n.* affair
aforizam *n* aphorism
agencija *n.* agency
agent *n* agent
agilan *a.* agile
agilnost *n.* agility
agonija *n.* throe
agonija *n.* agony
agrarni *a.* agrarian
agresija *n* aggression
agresivan *a.* aggressive
agresor *n.* aggressor
agronomija *n.* agronomy
ajkula *n.* shark
akademija *n* academy
akademski *a* academic
akcija *n.* action
akciza *n* excise
ako *conj.* if
akord *n.* chord
akrobata *n.* tumbler
akrobata *n.* acrobat
akt *a.* nude
aktivan *a.* active
aktivirati *v.t.* activate
aktivnost *n.* zip
akumulacija *n* accumulation
akumulirati *v.t.* accumulate
akustično *a* acoustic
akustika *n.* acoustics
akvadukt *n.* aqueduct
akvarijum *n.* aquarium
akvizicija *n.* acquisition
alatka *n.* tool
albion *n* albion
album *n.* album
alegorija *n.* allegory
alegorijski *a.* allegorical
alergija *n.* allergy
alfa *n.* alpha
algebra *n.* algebra
alhemija *n.* alchemy
ali *prep* but
alibi *n.* alibi
aligator *n* alligator
alimentacija *n.* alimony
aliteracija *n.* alliteration
aljkav *a.* slatternly
aljkav *a.* slovenly
aljkava žena *n.* slattern
alkohol *n* alcohol
alkoholno piće *n.* liquor
almanah *n.* almanac
alpinista *n.* alpinist
alt *n* alto
alternativa *n.* alternative
alternativan *a.* alternative
aludirati *v.i.* allude
aluminijum *n.* aluminium
am *n.* harness

amajlija n. amulet
amandman n. amendment
amater n. amateur
ambar n. granary
ambar n. barn
ambasada n embassy
ambasador n. ambassador
ambicija n. ambition
ambiciozan a. ambitious
ambijent n. milieu
ambijent adj. ambient
amblem n emblem
ambulanta n dispensary
ambulanta kola n. ambulance
amenoreja n amenorrhoea
amfibijski adj amphibious
amfiteatar n amphitheatre
amin interj. amen
amnestija n. amnesty
amnezija n amnesia
amper n ampere
anabaptizam n anabaptism
anakronizam n anachronism
analitičar n analyst
analitički a analytical
analiza n. analysis
analizirati v.t. analyse
analni adj. anal
analogan a. analogous
analogija n. analogy
anamneza n anamnesis
anamorfan adj anamorphous
ananas n. pineapple
anarhija n anarchy
anarhista n anarchist
anarhizam n. anarchism
anatema n ban
anatomija n. anatomy
anđeo n angel
anegdota n. anecdote

anemometar n anemometer
anestetik n. anaesthetic
anestezija n anaesthesia
angažovanje n. engagement
angažovati v. t engage
angina n angina
animacija n animation
anisovo seme n aniseed
anketa n. poll
anonimnost n. anonymity
antacid adj. antacid
antarktički a. antarctic
antena n. aerial
antene n. antennae
anti pref. anti
antifonija n. antiphony
antika n. antiquity
antikvar n antiquarian
antilopa n. antelope
antipatija n dislike
antipatija n. antipathy
antipodi n. antipodes
antiseptički a. antiseptic
antiseptik n. antiseptic
antiteza n. antithesis
antologija n. anthology
antonim n. antonym
aparat n. apparatus
apartman n. suite
apatija n. apathy
apelant n. appellant
apetit n. appetite
aplaudirati v.t. applaud
aplauz n. applause
apostol n. apostle
apostrofiranje n. apostrophe
apoteka n. pharrnacy
apotekar n druggist
apsces n abscess
apstrakcija n. abstraction

apstraktan *a* abstract
apsurd *n* absurdity
apsurdan *a* absurd
arbiter *n.* arbitrator
arbitraža *n.* arbitration
arena *n* arena
arhanđeo *n* archangel
arhiepiskop *n.* archbishop
arhitekta *n.* architect
arhitektura *n.* architecture
arhiv *n* chancery
arhiva *n* file
arhive *n.pl.* archives
arhivirati *v.t* file
aristofanski *adj.* aristophanic
aristokrata *n.* aristocrat
aritmetički *a.* arithmetical
aritmetika *n.* arithmetic
Arktik *n* Arctic
armada *n.* armada
armatura *n.* armature
arsen *n* arsenic
arsenal *n.* arsenal
arterija *n.* artery
artičoka *n.* artichoke
artiljerija *n.* artillery
artritis *n* arthritis
as *n* ace
asibilant *v.* assibilate
asistent *n.* assistant
asket *n.* ascetic
asketski *a.* ascetic
aspekt *n* facet
aspekt ponašanja *n.* conation
aspekt *n.* aspect
astma *n.* asthma
astrolog *n.* astrologer
astrologija *n.* astrology
astronaut *n.* astronaut
astronom *n.* astronomer

astronomija *n.* astronomy
ataše *n.* attache
ateist *n* antitheist
ateista *n* atheist
ateizam *n* atheism
atentat *n* assassination
atentator *n.* assassin
atlas *n.* atlas
atletika *n.* athletics
atletski *a.* athletic
atmosfera *n.* atmosphere
atom *n.* atom
atomski *a.* atomic
autentičan *a.* authentic
autobiografija *n.* autobiography
autobus *n* bus
autogram *n.* autograph
autokrata *n* autocrat
autokratija *n* autocracy
autokratski *a* autocratic
automatski *a.* automatic
automobil *n.* automobile
automobil *n.* car
automobilski *a.* vehicular
autonoman *a* autonomous
autoput *n.* highway
autor *n.* author
autsajder *n.* outsider
avaj *interj.* alas
avantura *n* adventure
avenija *n.* avenue
averzija *n.* aversion
avet *n.* spectre
avet *n* bogle
Avgust *n.* August
avgust *n* august
avijacija *n.* aviation
avijatičar *n.* aviator
avion *n.* aeroplane
azbest *n.* asbestos

B

azil *n.* asylum
azot *n.* nitrogen

babica *n.* midwife
bacanje *n.* cast
bacanje *n* casting
bacanje *n.* throw
baciti *v. t* down
baciti *v.t* fling
baciti *v.t.* hurl
baciti *v.t.* throw
baciti se *v.i* lunge
baciti *v. t.* cast
bačva *n.* barrel
badem *n.* almond
badminton *n.* badminton
bajati *v.i.* conjure
bajonet *n* bayonet
bakalin *n.* grocer
bakalnica *n.* grocery
bakar *n* copper
baklja *n.* torch
bakterija *n.* bacteria
bala *n.* bale
balada *n.* ballad
balaviti *v. t* beslaver
baldahin *n.* canopy
balet *n.* ballet
balkon *n.* balcony
balon *n.* balloon
balsamovati *v. t* embalm
balzam *n.* balsam
bambus *n.* bamboo
banalan *a.* banal
banana *n.* banana
banda *n.* gang
banka, nasip *n.* bank

bankar *n.* banker
banket *n.* banquet
bankrot *n.* bankrupt
bara *n.* puddle
baraka *n.* barrack
bard *n.* bard
barijera *n.* barrier
barikada *n.* barricade
barka *n.* barge
barometar *n* barometer
baršunast *a.* velvety
bas *n.* bass
basna *n* apologue
basna *n.* fable
bašta *n.* garden
baštovan *n.* gardener
bataljon *n* battalion
baterija *n* battery
baza *n.* alkali
baza *n.* base
bazen *n.* basin
bdenje *n.* vigil
bdenje *n* wake
beba *n.* baby
beda *n.* misery
beda *n.* squalor
bedan *a.* abject
bedan *a.* piteous
bedan *a.* squalid
bedan *a.* wretched
bedem *n.* rampart
bedem *n* bulwark
bednik *n.* wretch
bedro *n.* thigh
begunac *n.* fugitive
bekhend *n.* backhand
bekstvo *n* escape
bela *boja n* white
belančevina *n* albumen
beleti *v.t.* whiten

beležnik *n.* notary
beli *a.* white
beli *luk n.* garlic
beličast *a.* whitish
belilo *n.* whitewash
bendžo *n.* banjo
benzin *n.* petrol
berba *n.* vintage
berberin *n.* barber
bes *n.* fury
bes *n.* rage
bes *n.* anger
besan *a.* furious
beskonačan *a.* infinite
beskonačnost *n.* infinity
beskrajan *a.* interminable
beskrajnost *n.* immensity
besmislen *a.* nonsensical
besmislen *a.* senseless
besmislica *n.* nonsense
besmislica *v. i* blether
besmrtan *a.* immortal
besmrtnost *n.* immortality
besneti *v.i.* rage
besneti *v.t.* riot
besnilo *n.* rabies
besomučno *adv.* amuck
besplatno *adv.* gratis
bespomoćan *a.* helpless
besposlen *a.* idle
besposlica *n.* idleness
besposličar *n.* idler
besraman *a.* shameless
bešika *n* bladder
betel *n* betel
beton *n* concrete
betonirati *v. t* concrete
bez *prep.* without
bez *n* without
bez novca *a.* penniless

bez obzira na *a.* irrespective
bez posade *a.* unmanned
bez premca *a.* matchless
bez premca *a.* peerless
bezakonje *n.* misrule
bezbednost *n.* safety
bezbednosti *n.* security
bezbojan *adj* achromatic
bezbračnos *n.* celibacy
bezbroj *n.* myriad
bezbrojan *a.* countless
bezbrojan *a.* innumerable
bezbrojan *a* myriad
bezbrojan *a.* numberless
bezdan *n* abyss
bezdušnost *n.* obduracy
bezglav *adj.* acephalous
bezglavi fetus *n.* acephalus
bezimenost *n.* anonymity
bezličan *a.* impersonal
beznačajan *a.* insignificant
beznačajan *a.* meaningless
beznačajan *a.* minuscule
beznačajnost *n.* insignificance
beznadežan *a.* hopeless
bezobrazluk *n.* insolence
bezsredišnji *adj* acentric
bezuman *a.* witless
bezvredan *a.* worthless
bežanje *n* scamper
bežati u panici *v.i* stampede
bežični *a.* wireless
beživotan *a.* lifeless
biber *n.* pepper
biberiti *v.t.* pepper
biblija *n.* scripture
biblija *n* bible
bibliograf *n* bibliographer
bibliografija *n* bibliography
biblioteka *n.* library

bibliotekar n. librarian
biceps n biceps
bicikl n. bicycle
biciklista n cyclist
bič n. scourge
bič n. whip
bičevan a. lash
bičevati v.t. scourge
bičevati v.t. slash
bičevati v.t. whip
bigamija n bigamy
bik n bull
biliteralan adj biliteral
biljka n. herb
biljka n. plant
biljni lepak n. mucilage
bilo da conj. whether
bilten n bulletin
binarni adj binary
biograf n biographer
biografija n biography
biolog n biologist
biologija n biology
bioskop n. cinema
bioskop n. movies
birač n. constituent
biračko telo n electorate
biro n. bureau
birokrata n bureaucrat
birokratija n. Bureacuracy
biseksualan adj. bisexual
biser n. pearl
biskup n bishop
bistar a. lucid
bitanga n. rogue
biti neposlušan v. t disobey
biti nepoverljiv v.t. mistrust
biti neprosvetljen v. t benight
biti odsutan v.t absent
biti sklon v.i. tend

biti snužden v.i. mope
biti zavidan v envy
biti zavistan v.t. addict
biti žedan v.i. thirst
biti v.t. be
biti pref. be
bitka n battle
bitno adv. substantially
bivši pron former
bizaran adj bizarre
biznismen n businessman
bizon n bison
bizon n. buffalo
blag adj benign
blag a. mild
blag a. slight
blag vetar n fan
blag adj. bland
blagajnik n. teller
blagajnik n. treasurer
blagajnik n. cashier
blago n. treasure
blagodat n boon
blagonaklon a benevolent
blagonaklonost n benevolence
blagoslov n benison
blagosloviti v. t bless
blagostanje n. prosperity
blagostanje n. welfare
blagovremen a. well-timed
blanširati v. t. & i. blanch
blatiti v.t. mire
blato n. mire
blato n. muck
blato n. mud
blaženstvo n felicity
blaženstvo n bliss
blebetalo n. windbag
blebetati v.i. gabble
blebetati v.t. jabber

blebetati *v.i.* quack
bled *a* pale
bled *a.* wan
blefirati *v. t* bluff
blejanje *n* bleat
blejati *v. i* bleat
blesak *n* dazzle
blesak *n* flare
bleštanje *n.* glare
bleštati *v.i* glare
blic *n* flash
blisko *adv.* nigh
blistav *a* brilliant
blistav *a.* shiny
blistavost *n* brilliance
blistavost *n.* glamour
blizak *a.* near
blizanac *n.* twin
blizina *n.* proximity
blizina *n.* vicinity
blizu *adv.* anigh
blizu *adv* by
blizu *prep.* near
blizu *v.i.* near
blizu *prep.* nigh
bljutav *a.* insipid
bljutavost *n.* insipidity
bljuzgav *a.* slushy
bljuzgavica *n.* slush
blok *n* bloc
blokada *n* blockade
blokirati *v.t* block
bluza *n* blouse
boca *n* bottle
bočica *n.* phial
bočica *n.* vial
bodar *a.* keen
bodež *n.* dagger
bodlja *n.* barb
bodljikav *a.* barbed

bodrenje *n.* cheer
bodriti *v. t.* cheer
bodrost *n.* keenness
Bog *n.* god
bogalj *n* cripple
bogat *a.* affluent
bogat *a.* opulent
bogat *a.* rich
bogat *a.* wealthy
bogatstvo *n.* opulence
bogatstvo *n.* richness
bogatstvo *n.* wealth
bogatstvo *n.* affluence
boginja *n.* goddess
boja *n* colour
boja *n* dye
boja *n.* paint
boja *n.* tincture
boja *n.* tint
bojažljivost *n.* timidity
boje cinobera *a.* vermillion
bojiti *v. t* colour
bojiti *v. t* dye
bojiti *v.t.* paint
bojkot *n* boycott
bojkotovati *v. t.* boycott
bojler *n* boiler
boks *n* boxing
bokvice *n.* plantain
bol *n* distress
bol *n.* pain
bol *n.* ache
bol *n.* anguish
bolan *a.* painful
bolesno *a.* sickly
bolest *n* disease
bolest *n.* illness
bolest *n.* malady
bolest *n.* sickness
bolestan *a.* ill

bolestan *a.* sick
bolestan *a.* unwell
boleti *v.t.* pain
boleti *v.i.* ache
bolje *adv.* better
bolji *a* better
bolnica *n.* hospital
bolovati *v.t.* ail
bomba *n* bomb
bombarder *n* bomber
bombardovanje *n* bombardment
bombardovati *v. t* bomb
bombardovati *v. t* bombard
bonus *n* bonus
bor *n.* pine
bora *n.* wrinkle
borac *n* combatant
boravak *n* sojourn
boravak *n* stay
boraviti *v.i.* reside
boraviti *v.i.* sojourn
borba *n* combat
borba *n* fight
borba *n* struggle
borba *n.* tussle
borbena tehnika *n.* ordnance
bordel *n* brothel
borilište *n.* lists
boriti se *v. i.* battle
boriti se *v. t.* combat
boriti se *v. i* contend
boriti se *v. i* duel
boriti se *v.t* fight
boriti se *v.i.* struggle
boriti se *v.i.* tussle
bosiljak *n.* basil
botanika *n* botany
bova *n* buoy
božanski *a* divine
božanstvenost *n* divinity

božanstvo *n.* deity
božanstvo *n.* godhead
Božić *n* Christmas
Božić *n.* Xmas
božji *a.* godly
bračni *a* conjugal
bračni *a.* marital
bračni *a.* matrimonial
bračni drug *n.* consort
bračni drug *n* mate
bračni drug *n.* spouse
brada *n.* chin
brada *n* beard
bradavica *n.* nipple
bradavica *n.* wart
brajeva azbuka *n* braille
brak *n.* marriage
brak *n.* matrimony
brak *n.* wedlock
brana *n* dam
brana *n.* sluice
brana *n.* weir
brana *n.* barrage
branik *n.* bumper
branilac *n.* pleader
braniti *v. t.* champion
braniti *v. t* defend
braniti *v.t.* shield
braniti se *v.t* fend
braon *a* brown
braon boja *n* brown
brašnjav *a.* mealy
brašno *n* flour
brat *n* brother
bratoubica *n* cain
bratoubistvo *n.* fratricide
bratski *a.* fraternal
bratstvo *n.* confraternity
bratstvo *n.* fraternity
bratstvo *n* brotherhood

brava *n.* lock	**brod** *n* boat
brazda *n* crease	**broj** *n.* number
brazda *n.* furrow	**brojač** *n.* numerator
brazda *n.* score	**brojati** *v.t.* number
brbljanje *n.* babble	**brojčani** *a.* numeral
brbljanje *n.* prattle	**brojčanik** *n.* dial
brbljati *v.i.* babble	**brojilac** *n.* counter
brbljati *v.i.* prattle	**brojni** *a.* numerous
brbrljati *v. t.* chatter	**brokat** *n* brocade
brdo *n.* hill	**broker** *n* broker
brdo *n* mount	**brokoli** *n.* broccoli
breg *n.* hillock	**bronza** *n. & adj* bronze
brektanje *n.* pant	**brošura** *n* booklet
brektati *v.i.* pant	**brošura** *n* brochure
breskva *n.* peach	**bršljan** *n* ivy
breza *n.* birch	**brusiti** *v.t.* whet
briga *n* concern	**brutalan** *a* brutal
briga *n.* worry	**bruto** *n.* gross
briga *n.* care	**brz** *a* fast
brigada *n.* brigade	**brz** *a.* prompt
brigadir *n* brigadier	**brz** *a.* quick
brijač *n.* razor	**brz** *a.* speedy
brijanje *n* shave	**brz** *a.* swift
brijati *v.t.* shave	**brzina** *n.* speed
brinuti *v. t* concern	**brzina** *n.* velocity
brinuti *v.i.* worry	**brzo** *adv* fast
brinuti *v. i.* care	**brzo** *adv.* speedily
brisanje *n.* obliteration	**buba** *n* beetle
brisanje *n.* wipe	**buba** *n.* bug
brisati *v. t* erase	**bubanj** *n* drum
brisati *v.t.* mop	**bubašvaba** *n* cockroach
brisati *v.t.* wipe	**bubreg** *n.* kidney
brisati peškirom *v.t.* towel	**bubuljica** *n.* pimple
britanski *adj* british	**bubuljice** *n* acne
brkovi *n.* moustache	**bučan** *a.* noisy
brkovi *n.* mustache	**bučan** *a.* tumultuous
brod *n.* nave	**bučan** *a.* uproarious
brod *n.* ship	**buđ** *n.* mildew
brod *n.* vessel	**budala** *n* fool
brod za spasavanje *n.* wrecker	**budala** *n.* sap

budalast *a* foolish
budan *a.* wakeful
budan *a.* watchful
budan *a* awake
buđav *a.* musty
budnost *n.* vigilance
budući *a.* future
budućnost *n* future
budžet *n* budget
bujan *a.* lush
bujan *a* rank
bujan *a.* torrential
bujica *n.* spate
bujica *n.* torrent
buka *n.* ado
buka *n* din
buka *n.* noise
buket *n* bouquet
buknuti *v. i* erupt
bukva *n.* beech
bukvar *n.* primer
buldog *n* bulldog
buljenje *n.* stare
buljiti *v.i.* stare
bunar *n.* well
buncati *v.i.* rave
bundeva *n.* pumpkin
bundeva *n* squash
bungalov *n* bungalow
buniti se *v.i.* rebel
bunker *n* blindage
bunker *n* bunker
buntovan *a.* mutinous
buntovan *a.* rebellious
buntovan *a.* seditious
buntovnički *a.* insurgent
buntovnik *n.* insurgent
buntovnik *n.* rebel
buran *a.* tempestuous
bure *n* cask

burgija *n.* auger
burmut *n.* snuff
busen *n.* sod
bušenje *v. t.* drill
bušilica *n* drill
bušiti *v. t* bore
bušiti tunel *v.i.* tunnel
bušotina *n* bore
buva *n.* flea

C

carić *n.* wren
carica *n* empress
carski *a.* imperial
carstvo *n* empire
carstvo *a.* realm
cediti *v.t.* squash
celibat *n.* celibacy
celina *n.* total
celina *n* whole
celokupnost *n.* totality
cement *n.* cement
cementirati *v. t.* cement
cena *n.* cost
cena *n.* price
ceniti *v.t.* price
ceniti *v.t.* prize
ceniti *v.t.* regard
ceniti *v.t.* value
ceniti *v.t.* appreciate
cenkanje *n.* bargain
cenkati se *v.t.* bargain
cent *n* cent
centar *n* center
centar *n* centre
centar pažnje *n.* limelight
centralni *a.* central
centrifugalni *adj.* centrifugal

cenzor *n.* censor
cenzura *n.* censorship
cenzurisati *v. t.* censor
cenzus *n.* census
ceo *n.* all
ceo *a.* whole
cepati *v.t.* rip
cepidlačiti *v. t* cavil
ceremonija *n.* ceremony
cev *n.* tube
cev, lula *n.* pipe
cevasti *a.* tubular
cicijaški *a.* miserly
čiča *n* squeak
čičati *v.i.* squeak
cifra *n.* cipher, cipher
cifra *n* cypher
cifra *n* digit
cigara *n.* cigar
cigareta *n.* cigarette
cigla *n* brick
cik-cak *n.* zigzag
ciklon *n.* cyclone
ciklostil *n* cyclostyle
ćilim *n.* rug
cilindar *n* cylinder
cilindričan *adj.* cubiform
cilj *n.* goal
cilj *n.* objective
cilj *n.* target
cilj *n.* aim
ciljati *v.i.* aim
cimet *n* cinnamon
cinik *n* cynic
cink *n.* zinc
cinober *n* cinnabar
cinober *n.* vermillion
cipela *n.* shoe
cirkulacija *n* circulation
cirkular *n.* circular

cirkulisati *v. i.* circulate
cirkus *n.* circus
citat *n.* quotation
citirati *v. t* cite
citirati *v.t.* quote
civil *n* civilian
civilizacija *n.* civilization
civilizovati *v. t* civilize
civilni *a* civil
cmok *n.* smack
cmoknuti *v.t.* smack
crep *n.* tile
crevni *a.* intestinal
crevo *n.* hose
crevo *n.* intestine
crevo *n.* bowel
crkva *n.* church
crnac *n.* negro
crnac *n.* nigger
crnkinja *n.* negress
crno *a* black
crnpurast *a.* swarthy
crpsti *v.t.* ladle
crtač *a* draftsman
crtani film *n.* cartoon
crtanje *n* drawing
crv *n* mite
crv *n.* worm
crven *a.* red
crvena boja *n.* red
crvenkast *a.* reddish
curenje *n.* leak
curenje *n.* leakage
curiti *v.i.* leak
curiti *v.i.* ooze
curiti *v.i.* seep
cvećar *n* florist
cvet *n* flower
cvet *n* bloom
cvetati *v.i.* bloom

cvetati *v.i* flourish
cvetni *a* flowery
cviljenje *v.i.* whimper
cvrčak *n* cricket
cvrčanje *n.* sizzle
cvrčati *v.i.* sizzle
cvrkut *n* chirp
cvrkut *n.* twitter
cvrkutati *v.i.* chirp
cvrkutati *v.i.* twitter

Č

čađ *n.* soot
čađiti *v.t.* soot
čaj *n* tea
čajnik *n.* kettle
čak *adv* even
čak *adv.* nay
čarapa *n.* sock
čarapa *n.* stocking
čarape *n.* hosiery
čarka *n.* skirmish
čarkati *se v.t.* skirmish
čarobnjak *n.* sorcerer
čarobnjak *n.* wizard
čarobnjaštvo *n.* sorcery
čarolija *n.* spell
čarolija *n.* witchery
časkom *adv.* awhile
časopis *n.* journal
časopis *n.* periodical
časopis *n.* serial
čast *n.* honour
častan *a.* honourable
častan *a.* reverend
čašćenje *n* treat
čaurast *adj* capsular
čavrljanje *n.* chat

čavrljati *v. i.* chat
čedan *a* maiden
čedomorstvo *n.* infanticide
ček *n.* cheque
čekanje *n.* wait
čekati *v.i.* wait
čekati *v.t.* await
čekati *v. t* bide
čekić *n.* hammer
čekićati *v.t* hammer
čekinja *n* bristle
čekrk *n.* lathe
čekrk *n.* winch
čelik *n.* steel
čelo *n* forehead
čempres *n.* cypress
čerpić *n.* adobe
čestica *n.* speck
čestit *a.* upright
čestitanje *n* congratulation
čestitati *v. t* congratulate
čestitati *v.t* felicitate
često *adv.* oft
često *adv.* often
češalj *n* comb
češanj *n* clove
češljana vuna *n.* worsted
četa *n.* troop
četiri *n.* four
četka *n* brush
četrdeset *n.* forty
četrnaest *n.* fourteen
četvoronožni *n.* quadruped
četvorostran *a. & n.* quadrilateral
četvorostruk *a.* quadruple
četvorougaoni *a.* quadrangular
četvorougaonik *n.* quadrangle
četvrtak *n.* Thursday
četvrtast *a* square
četvrtina *n.* quarter

čeznuti v.i. languish
čeznuti v.i long
čeznuti v.i. pine
čežnja n. longing
čičak n. thistle
čigra n. top
čiji pron. whose
čili n. chilli
čin kapetana n. captaincy
činija n bowl
činiti v. t do
činiti se v.i. seem
činjenica n fact
čio a. hale
čio a. vivacious
čioda n. pin
čipka n. lace
čipkast a. lacy
čir n. ulcer
čist adj. clean
čist a pure
čistač n. sweeper
čistilište n. purgatory
čistiti v. t clean
čistiti v.t filter
čistiti v.t fine
čistiti v.i. sweep
čistoća n cleanliness
čistoća n. purity
čišćenje n clearance
čitalac n. reader
čitati v.t. read
čitav a entire
čitko adv. legibly
čitljiv a. legible
čizma n boot
član n. member
članak n. ankle
članak n. joint
članak n article

članstvo n. membership
čmar n. anus
čmičak n. stye
čokolada n chocolate
čovečanstvo n. humanity
čovečanstvo n. mankind
čovek a. human
čovek n. man
čovekolik adj. anthropoid
čučati v.i. squat
čučnuti v. i. crouch
čudan a. peculiar
čudan a. quaint
čudan a rum
čudan a. strange
čudan a. weird
čuđenje n. astonishment
čudesan a. miraculous
čudesan a. stupendous
čudesan a. wondrous
čuditi se v.i marvel
čuditi se v.i. wonder
čudnovat a. outlandish
čudo n. marvel
čudo n. miracle
čudo n wonder
čudovište n. monster
čulna osoba n. sensualist
čulni a. sensuous
čulnost n. sensuality
čunak n. shuttle
čuperak n. wisp
čuti v.t. hear
čuvanje n. preservation
čuvar n. guardian
čuvar n. keeper
čuvar n. warder
čuvar slonova n. mahout
čuvati v.i. guard
čuvati v.t. treasure

čuvati *v.t.* ward	dalek *a* far
čuvati se *v.i.* beware	dalek *a.* remote
čvor *n.* hub	daleko *adv.* aloof
čvor *n.* knot	daleko *adv.* far
čvor *n.* node	daleko *adv.* away
čvrga *n.* snag	dalje *adv.* beyond
čvrst *a* firm	dalje *adv.* further
čvrst *a.* solid	dalje *adv.* on
čvrst *a.* steady	dalji *a* further
čvrst *a.* sturdy	daljina *n* far
čvrst *a.* tight	dama *n.* dame
čvrsto telo *n* solid	dama *n.* lady
	dan *n* day

Ć

danas *adv.* today
današnjica *n.* today
danguba *n.* loafer
ćerka *n* daughter
dangubiti *v.i.* dawdle
ćelav *a.* bald
dangubiti *v.i.* laze
ćelija *n.* cell
dangubiti *v.i.* loaf
ćelijski *adj* cellular
danju *adv.* adays
ćilim *n.* rug
dar *n* benefice
ćorsokak *n.* impasse
darežljiv *a* bountiful
ćorsokak *n* deadlock
darežljiv *a.* munificent
ćudljiv *a.* moody
darežljivost *n* bounty
ćušnuti *v. t* cuff
darežljivost *n.* largesse

daska *n.* plank

D

dašak *n.* puff
dašak *n.* whiff
da *conj.* that
dati *v.t.* give
da *adv.* yes
dati kompliment *v. t* compliment
da ne bi *conj.* lest
dati nadimak *v.t.* nickname
dabar *n* beaver
dati ostavku *v.t.* resign
daća *n* wake
dati pravo glasa *v.t.* enfranchise
dah *n* waft
dati publicitet *v.t.* publicize
dah *n* breath
dati u podzakup *v.t.* sublet
dahtanje *n.* gasp
dati znak *v. t* beckon
dahtati *v.i* gasp
datirati *v. t* date
dahtati *v.i.* puff
datum *n* date
dakle *adv.* therefore
davalac *n* donor
daktilograf *n.* typist
davati ton *v.t.* tone

debata n. debate
debatovati v. t. debate
debelo adv. thick
debelo crevo n colon
debeo a. thick
decembar n december
decenija n decade
decimal a decimal
dečak n boy
dečaštvo n boyhood
dečija kolica n. perambulator
deficit n deficit
definicija n definition
definisati v. t define
deflacija n. deflation
degradirati v. t degrade
deist n. deist
dekadentan a decadent
dekan n. dean
deklaracija n declaration
dekoracija n decoration
dekret n decree
delatnost n. activity
delegacija n delegation
delegat v. t delegate
delikatan a delicate
delimičan a. partial
deliti v.t. part
deliti v.t. portion
deliti v.t. share
delo n deed
delo n. act
delokrug n. venue
delotvornost n efficacy
delovanje n. acting
delovanje v. t effect
delta n delta
demokratija n democracy
demokratski a democratic
demolirati v. t. demolish

demon n. demon
demonetizirati v.t. demonetize
demoralisati v. t. demoralize
denga n. dengue
deo n. part
deo n portion
koren u medicini n. asafoetida
deonica n share
deportovati v.t. deport
depozit n. deposit
depresija n depression
derište n. urchin
deset n., a ten
desetina n. tithe
desetkovati v.t. decimate
desetogodišnjica n. decennary
desiti v.t. happen
desiti se v.i. occur
despot n despot
destilerija n distillery
destilovati v. t distil
destinacija n destination
detalj n detail
detaljisati v. t detail
dete n. babe
dete n child
dete n. kid
dete n. bantling
detektiv n. detective
detektivski a detective
detelina n. lucerne
detinjast a. childish
detinjast a. puerile
detinjstvo n. childhood
devac n. virgin
devedeset n. ninety
devedeseti a. ninetieth
devet n. nine
deveti a. ninth
devetnaest n. nineteen

devetnaesti *a.* nineteenth
devica *n* virgin
devojački *a.* girlish
devojka *n.* girl
devojka *n.* maiden
devojka *n.* wench
dići *v.t.* raise
dići se *v.* rise
didaktički *a* didactic
digitron *n* calculator
dignuti *v.i.* heave
dijabetes *n* diabetes
dijafragma *n.* midriff
dijagnoza *n* diagnosis
dijagram *n* diagram
dijalekt *n* dialect
dijalog *n* dialogue
dijamant *n* diamond
dijareja *n* diarrhoea
dijeta *n* diet
dikcija *n* diction
diktator *n* dictator
diktiranje *n* dictation
diktirati *v. t* dictate
dilema *n* dilemma
dilema *n.* quandary
dim *n.* smoke
dimenzija *n* dimension
dimnjak *n.* chimney
dinamičan *a* dynamic
dinamika *n.* dynamics
dinamit *n* dynamite
dinastija *n* dynasty
dinja *n.* melon
dinstati *v.t.* stew
diploma *n* diploma
diplomata *n* diplomat
diplomatija *n* diplomacy
diplomatski *a* diplomatic
diplomirani đak *n* graduate

diplomirati *v.i.* graduate
direktan *a* direct
direktor *n.* director
direktorijum *n* directory
disajne smetnje *n* apnoea
disanje *n.* respiration
disati *v.i.* respire
disati *v. i.* breathe
disciplina *n* discipline
disk *n.* disc
diskrecija *n* discretion
diskriminacija *n* discrimination
diskurs *n* discourse
diskutovati *v. t.* discuss
diskvalifikacija *n* disqualification
diskvalifikovati *v. t.* disqualify
distribucija *n* distribution
distribuirati *v. t* distribute
divan *a.* gorgeous
divan *a.* lovely
diviti se *v.t.* admire
divljački *a.* barbarian
divljak *n* savage
divljak *n.* barbarian
divljanje *n.* rampage
divljaštvo *n.* savagery
divljaštvo *n.* barbarism
divljati *v.i.* rampage
divljenje *n.* admiration
divlji *a.* savage
divlji *a.* wild
divljina *n.* wilderness
dizajn *n.* design
dizajnirati *v. t.* design
dizalica *n* crane
dizanje *n.* rise
dizati *v.t.* hoist
dizati se *v.i.* tower
dizenterija *n* dysentery
dlaka *n.* whisker

dlan *n.* palm
dleto *n* chisel
dnevni *a* daily
dnevni red *n.* agenda
dnevnik *n.* daily
dnevnik *n* diary
dnevno *adv.* daily
dno *n* bottom
do *prep.* till
do *prep.* until
do sada *adv.* hitherto
doba *n.* age
doba *n* era
dobar *a* fine
dobar *a.* good
dobar *a.* well
dobavljač *n.* supplier
dobit *n* gain
dobitak *n.* pelf
dobiti *v.t.* gain
dobiti *v.t.* get
dobiti *v.t.* obtain
dobiti *v.t.* receive
dobiti zube *v.i.* teethe
dobra volja *n.* goodwill
dobro *adv.* well
dobročinstvo *n.* benefaction
dobroćudno *adv* benignly
dobrodošao *a.* welcome
dobrodošlica *n* welcome
dobronamerno *adv* bonafide
dobrota *n.* goodness
dobrotvorno *a.* charitable
dobrovoljan *a.* voluntary
dobrovoljno *adv.* voluntarily
doći *v. i.* come
doći *v.i.* arrive
dodatak *n.* appendage
dodatak *n.* appendix
dodatak *n.* addition

dodatak *n.* adjunct
dodati *v.t.* suffix
dodati prefiks *v.t.* prefix
dodati *v.t.* add
dodati *v.t.* annex
dodati *v.t.* append
dodatni *a* extra
dodatni *a.* plus
dodatni *a.* additional
dodeliti *v. i* confer
dodeliti *v.t.* allocate
dodeliti *v.t.* assign
dodeliti *v.t.* attribute
dodeljivanje *n.* allotment
dodir *n* touch
dodirivati *v.t* finger
dodirnuti *v.t.* palm
dodirnuti *v.t.* touch
dotaći nožnim prstima *v.t.* toe
događaj *n* event
događaj *n.* happening
događaj *n.* occurrence
dogma *n* dogma
dogmatski *a* dogmatic
dogovor *n* deal
dogovoriti se *v. t* concert
dogovoriti se *v. i* deal
dohodak *n.* proceeds
dojiti *v.i.* lactate
dojiti *v.t.* suckle
dok *n. conj.* till
dok *conj* until
dok *conj.* while
dokaz *n* evidence
dokaz *n.* proof
dokazati *v.t.* prove
doktorat *n* doctorate
doktrina *n* doctrine
dokument *n* document
dolar *n* dollar

dolazak n. arrival
dole adv below
dole adv down
dole adv downwards
dolina n. dale
dolina n. vale
dolina n. valley
dom n. home
domaći a domestic
domaćin n. host
domaći n. vernacular
domen n domain
domet n. range
dominacija n domination
dominantan a dominant
dominirati v. t dominate
donacija n. donation
doneti v.t fetch
doneti v.t. yield
doneti v. t bring
donje rublje n. underwear
donkihotski a. quixotic
donositi zakon v.i. legislate
donošenje zakona n. legislation
dopadanje n. liking
dopadljiv a. winsome
dopisnik n. correspondent
doprineti v. t contribute
doprinos n contribution
dopuna n complement
dopuna n. supplement
dopuniti v.t. supplement
dopunski adj adscititious
dopunski a complementary
dopunski a. supplementary
dopunski porez n. surtax
dopustiti v.t. adhibit
dopustiti v.t. allow
dopustiv a. permissible
dopuštenje n. leave

dopuštenje n. permission
dorasti v. i cope
doručak n breakfast
dosada n. tedium
dosadan a. tedious
dosadan a. weary
dosađivanje n botheration
dosađivanje n. annoyance
dosađivati v.t. annoy
dosađivati v. t bother
dosađivati v.t. weary
dosetka n. quibble
dosetka n. witticism
dosije n file
dosledan a coherent
dosledan a consequent
dosledan a consistent
doslednost n. consistence,-cy
doslovan a. literal
doslovan a. verbatim
doslovno adv. verbatim
dostaviti v. t deliver
dostići v.t. reach
dostignuće n. accomplishment
dostignuće n. attainment
dostojan a. worthy
dostojan prezira a despicable
dostojanstvenost n. stateliness
dostojanstvo n dignity
dosuditi v.t. adjudge
doušnik n sneak
dovesti u iskušenje v.t. tempt
dovoljan a enough
dovoljan a. sufficient
dovoljno adv enough
dovoljnost n. sufficiency
doza n dose
dozvola n. allowance
dozvola n. licence
dozvola n. permit

dozvoliti v.t. let
dozvoliti v.t. license
dozvoliti v.t. permit
doživotni a. lifelong
drag a beloved
drag a darling
drag a dear
draga n. lass
dragi n beloved
dragi n darling
dragocen a. precious
dragulj n gem
dragulj n. jewel
drama n drama
dramatičan a dramatic
dramaturg n dramatist
drastičan a drastic
dražiti v.t. irritate
dremanje n. doze
dremati v. i doze
dremati v.i. nap
dremati v.i. slumber
dremež n. nap
dremež n. slumber
drenaža n drainage
dres n. jersey
drevan a. archaic
drevni a. ancient
drhtanje n. tremor
drhtati v.i. quiver
drhtati v.i. shiver
drhtati v.i. tremble
drhtav a. shaky
drmati v.t. jolt
drmusanje n. jolt
dronjak n. tatter
drskost n. impertinence
drug n. comrade
drug n. pal
drugi a else

drugi a. other
drugi pron. other
drugi a. second
drugi a another
drugo adv else
društven a. sociable
društvenost n. sociability
društvo n. society
druželjubiv adj. convivial
drveni a. wooden
drveni konjić n. hobby-horse
drveni stub n. mullion
drvo n. tree
drvo n. wood
drzak a. impertinent
drzak a. insolent
držanje n. hold
držati v.t hold
držati v.t. keep
držati se v.i. adhere
držati u štali v.t. stable
držati u štali v.t. stall
državljanstvo n citizenship
državljanstvo n. nationality
državna blagajna n. treasury
državnik n. statesman
državno uređenje n. polity
dubina n depth
dubina n. profundity
dubok a. profound
duboko a. deep
duboko poštovati v.t. revere
dud n. mulberry
dug n debt
dug n due
dug a. long
dugme n button
dugo adv long
dugovati v.t owe
dugovečnost n. longevity

dugovi n.pl. arrears
duguljast a. oblong
duguljasta figura n. oblong
duh n. ghost
duh n. spirit
duhovit a. witty
duhovit odgovor n. repartee
duhovitost n. wit
duhovni a. spiritual
duhovnost n. spirituality
duplikat n. counterpart
duplikat n duplicate
duplja n. cavity
duša n. soul
duše pokojnika n. manes
dušek n. mattress
dušnik n. throttle
duvan n. tobacco
duvanje n blow
duvati v.i. blow
duž prep. along
dužan a due
dužan dati danak a. tributary
dužina n. length
dužina n. longitude
dužnik n debtor
dužnost n duty
dva n. two
dvadeset a. twenty
dvadeseti a. twentieth
dvadesetina n twentieth
dvadesetorica n twenty
dvanaest n twelve
dvanaesti a. twelfth
dvanaestina n. twelfth
dvanaestorica n. twelve
dvaput adv. twice
dve nedelje n. fort-night
dvestogodišnji adj bicentenary
dvoboj n duel

dvogled n. binocular
dvogodišnji adj biennial
dvoje a. two
dvojezični a bilingual
dvoličnost n duplicity
dvomesečni adj. bimonthly
dvonedeljni adj bi-weekly
dvonožac n biped
dvoosni adj biaxial
dvorac n. castle
dvoranin n. courtier
dvorište n. courtyard
dvorište n. yard
dvosmislen a equivocal
dvosmislen a. ambiguous
dvosmislenost n. ambiguity
dvostruk a dual
dvostruk a duplicate
dvostruk a twin
dvostruk a. twofold
dvostruko a double
dvostrukost n double
dvotačka n colon
dvougli adj. biangular

DŽ

džamija n. mosque
džem n. jam
džemper n. sweater
džep n. pocket
džin n. giant
džogirati v.t. jog
džoker n. joker
džungla n. jungle

Đ

đakon n. deacon
đavo n devil
đavo n fiend
đon n. sole
đubre n dung
đubre n. junk
đubre n. rubbish
đubriti v.t. manure
đubrivo n compost
đubrivo n fertilizer
đubrivo n. manure
đumbir n. ginger

E

efekat n effect
efikasan a effective
efikasan a efficient
efikasnost n efficiency
ego n ego
egoizam n egotism
egzotična biljka n. curcuma
ekonomičan a economical
ekonomija n. economics
ekonomija n economy
ekonomski a economic
ekpres n express
ekran n. screen
ekselencija n excellency
ekser n. nail
ekskluzivan a. exclusive
ekskurzija n. excursion
ekspedicija n expedition
eksperiment n experiment
eksplicitan a. explicit

eksploatacija n exploit
eksploatisati v. t exploit
eksplodirati v. t. explode
eksplozija n. explosion
eksplozija n blast
eksploziv n. explosive
eksplozivan a explosive
eksponat n. exhibit
ekstra adv extra
ekstrakt n extract
ekstravagancija n extravagance
ekstravagantan a extravagant
ekstrem n extreme
ekstreman a extreme
ekstremista n extremist
ekvator n equator
ekvivalent a equivalent
elan n. verve
elastičan a elastic
elegancija n elegance
elegantan adj elegant
elegija n elegy
elektricitet n electricity
električni a electric
element n element
elementarni a elementary
eliminacija n elimination
eliminisati v. t eliminate
emajl n enamel
emancipacija n. emancipation
embrion n embryo
eminencija n eminence
eminentni a eminent
emisija n broadcast
emitovati v. t broadcast
emitovati v. t emit
emitovan adj. emited
emocija n emotion
emotivan a emotional
enciklopedija n. encyclopaedia

energičan a. arduous
energičan a energetic
energičan a. vigorous
energija n. energy
engleski jezik, Englez n English
enigma n enigma
entitet n entity
entomologija n. entomology
entuzijazam n enthusiasm
ep n epic
epidemija n epidemic
epigram n epigram
epilepsija n epilepsy
epilog n epilogue
epitaf n epitaph
epizoda n episode
epoha n epoch
erekcija n erection
ergela n. stud
erodirati v. t erode
erotski a erotic
erozija n erosion
erupcija n eruption
esej n. essay
esejista n essayist
eskadrila n. squadron
esnaf n. guild
estetika n.pl. aesthetics
estetski a. aesthetic
etar n ether
- etički a ethical
etika n. ethics
etiketa n etiquette
etiketa n. label
etiketirati v.t. label
etimologija n. etymology
evakuacija n evacuation
evakuisati v. t evacuate
evergrin n evergreen
evidencija n. tally

evnuh n eunuch
evocirati v. t evoke
evolucija n evolution
evoluirati v.t evolve

F

fabrika n factory
faksimil n facsimile
faktor n factor
faktura n. invoice
fakultet n faculty
falsifikat n forgery
falsifikator n. counterfeiter
falsifikovan a. counterfeit
falsifikovati v.t. adulterate
falsifikovati v.t forge
fanatičan a fanatic
fanatik n fanatic
fanatik n. zealot
fantastičan a fantastic
fantom n. phantom
farma n farm
farsa n farce
fasada n facade
fascikla n file
fascinacija n. fascination
fascinirati v.t fascinate
fatalan a fatal
fatamorgana n. mirage
fauna n fauna
favorit n favourite
faza n. phase
februar n February
federacija n federation
federalni a federal
fenjer n. lantern
fenomen n. phenomenon
fenomenalan a. phenomenal

fermentacija *n* fermentation
festival *n* festival
feudalni *a* feudal
figura *n* figure
figurativan *a* figurative
fijaker *n.* barouche
fijasko *n* fiasco
fikcija *n* fiction
fiktivan *a* fictitious
fil *n* custard
filantrop *n.* philanthropist
filantropija *n.* philanthropy
filantropski *a.* philanthropic
film *n* film
filolog *n.* philologist
filologija *n.* philology
filološki *a.* philological
filozof *n.* Philosopher
filozofija *n.* philosophy
filozofski *a.* philosophical
filter *n* filter
finansije *n* finance
finansijer *n* financier
finansijski *a* financial
finansirati *v.t* finance
fioka *n* drawer
firma *n.* firm
fiskalni *a* fiscal
fistula *n* fistula
fitilj *n.* wick
fizičar *n.* physicist
fizički *a.* physical
fizika *n.* physics
fizionomija *n.* physiognomy
flanel *n* flannel
flaster *n.* plaster
flauta *n* flute
fleksibilan *a* flexible
flertovanje *n* flirt
flertovati *v.i* flirt

199

flora *n* flora
flota *n* fleet
foka *n.* seal
fokus *n* focus
folija *v.t* foil
fond *n.* fund
fonetika *n.* phonetics
fonetski *a.* phonetic
fontana *n.* fountain
forma *n* form
formacija *n* formation
formalan *a* formal
formalnost *n.* technicality
format *n* format
formirati *v.t.* form
formula *n* formula
formulisati *v.t* formulate
forum *n.* forum
fosfat *n.* phosphate
fosfor *n.* phosphorus
fosil *n.* fossil
fotograf *n.* photographer
fotografija *n* photo
fotografija *n* photograph
fotografija *n.* photography
fotografisati *v.t.* photograph
fotografski *a.* photographic
fotokopirati *v.t.* xerox
fragment *n.* fragment
frakcija *n* faction
frakcija *n.* fraction
francuski *a.* French
francuski jezik *n* French
franšiza *n.* frachise
fraza *n.* phrase
frazeologija *n.* phraseology
frekvencija *n.* frequency
frigidan *a.* frigid
frižider *n.* fridge
frižider *n.* refrigerator

frktanje *n.* snort
frktati *v.i.* snort
front *n.* front
frustracija *n.* frustration
frustrirati *v.t.* frustrate
fuj *interj* fie
funkcija *n.* function
funkcioner *n.* functionary
funkcionisati *v.i* function
funta *n.* pound
fuzija *n.* fusion

G

gacati *v.t.* puddle
gadan *a.* nasty
gajde *n.* bagpipe
gajiti *v.t.* rear
galaksija *n.* galaxy
galama *n* clamour
galamiti *v. i.* clamour
galantan *a.* gallant
galeb *n.* gull
galeb *n.* mew
galerija *n.* gallery
galon *n.* gallon
galop *n.* gallop
galopirati *v.t.* gallop
gangster *n.* gangster
garancija *n.* guarantee
garancija *n.* warranty
garantovati *v.t* guarantee
garantovati *v.t.* warrant
garaža *n.* garage
garderoba *n.* wardrobe
gas *n.* gas
gasni *a.* gassy
gavran *n.* raven
gaziti *v.t.* conculcate

gaziti *v.i.* wade
gde *adv.* where
gde *conj.* where
gde *conj.* whereat
gde god *adv.* wherever
geg, čep *v.t.* gag
geganje *v.i.* waddle
generacija *n.* generation
generator *n* dynamo
generator *n.* generator
generisati *v.t.* generate
genije *n.* genius
geograf *n.* geographer
geografija *n.* geography
geografski *a.* geographical
geolog *n.* geologist
geologija *n.* geology
geološki *a.* geological
geometrija *n.* geometry
geometrijski *a.* geometrical
gerila *n.* guerilla
germicid *n.* germicide
gerund *n.* gerund
gest *n.* gesture
gibon *n.* gibbon
gigantski *a.* gigantic
giht *n.* gout
gimnastičar *n.* gymnast
gimnastički *a.* gymnastic
gimnastika *n.* gymnastics
gimnazija *n.* gymnasium
gitara *n.* guitar
glačati *v.t.* glaze
glad *n* famine
glad *n* hunger
gladak *a.* smooth
gladan *a.* hungry
gladiti *v.t.* smooth
gladovanje *n.* starvation
glagol *n.* verb

glagolsko vreme *n.* tense
glas *n.* voice
glasač *n.* voter
glasački listić *n* ballot
glasan *a* audible
glasanje *n.* vote
glasati *v.i.* ballot
glasati *v.i.* vote
glasina *n* bruit
glasina *n.* rumour
glasnik *n.* herald
glasnik *n* post
glasno *a.* loud
glaukom *n.* glaucoma
glava *n.* head
glavna knjiga *n.* ledger
glavna potpora *n.* mainstay
glavni *a.* chief
glavni *a* main
glavni *a.* major
glavni *a.* prime
glavni *a* principal
glavni *a.* capital
glavobolja *n.* headache
glazura *n* glaze
glečer *n.* glacier
gledalac *n.* spectator
gledalište *n.* auditorium
gledati *v.t* front
gledati *v.i* look
gledati *v.t.* watch
gledište *n.* outlook
glib *n.* ooze
glicerin *n.* glycerine
glina *n* clay
glina *n* argil
gljiva *n.* fungus
gljiva *n.* mushroom
globalni *a.* global
glodar *n.* rodent

glog *n.* hawthorn
glomazan *a* bulky
glosar *n.* glossary
glukoza *n.* glucose
glumac *n.* actor
glumačka družina *n.* troupe
glumica *n.* actress
glup *a* dumb
glup *a.* sheepish
glup *a.* silly
glup *a* stupid
glupak *n.* simpleton
glupan *n* blockhead
glupan *n.* coot
glupan *n* dunce
glupan *n.* gander
glupan *n* gull
glupost *n* folly
glupost *n.* stupidity
gluv *a* deaf
gnev *n.* wrath
gnezdo *n.* nest
gnijezditi *se v.i.* nestle
gnječiti *v. t* crush
gnječiti *v.t* mash
gnoj *n.* pus
gnojan *a.* ulcerous
gnojna upala *n.* pyorrhoea
gnusan *a* abominable
gnusan *a.* heinous
gnusan *a.* loathsome
gnušanje *n.* abhorrence
gnušati se *v.t.* abhor
godina *n.* year
godišnje *adv.* yearly
godišnji *a.* annual
godišnji *a.* yearly
godišnjica *n.* anniversary
gojazan *a* fat
gojaznost *n.* obesity

golem kamen *n.* megalith
golenica *n.* shin
golf, zaliv *n.* golf
golicati *v.t.* tickle
golicljiv *a.* ticklish
golotinja *n.* nudity
golub *n* dove
golub *n.* pigeon
goluždravac *n.* nestling
gomila *n* crowd
gomila *n.* heap
gomila *n.* mob
gomila *n.* pile
gomila *n.* throng
gomilati *v.i* flock
gomilati *v.t* heap
gomilati *v.i* mass
gomilati *v.t.* pile
gomilati se *v.t.* throng
gong *n.* gong
goniti *v.t.* prosecute
gorak *a* bitter
gore *adv.* badly
gore *adv.* up
goreti *v.i* blaze
goreti *v. t* burn
gorila *n.* gorilla
gorivo *n.* fuel
gornja vilica *n.* maxilla
gornji *prep.* above
gornji *a.* upper
goruće *adv.* ablaze
gospoda *n.* Messrs
gospođa, supruga *n.* missis
gospodar *n.* lord
gospodar *n.* master
gospodarica *n.* mistress
gospođica *n.* damsel
gospodin *n.* gentleman
gospodin *n.* mister

gospodin *n.* sir
gospodstvo *n.* lordship
gost *n.* guest
gostiti se *v.i* feast
gostoprimljiv *a.* hospitable
gostoprimstvo *n.* hospitality
gotovina *n.* cash
govedina *n* beef
govor *n.* oration
govor *n.* speech
govoriti *v.i.* speak
govornica *n.* rostrum
govornički *a.* oratorical
govornik *n.* orator
gozba *n* feast
grad *n* city
grad *n.* hail
grad *n.* town
građa *n* build
gradacija *n.* gradation
građanin *n* citizen
građanski *a* civic
građansko pravo *n* civics
građevina *n.* edifice
gradilište *n* lot
gradilište *n.* site
graditi *v. t* build
gradonačelnik *n.* mayor
grafički *a.* graphic
grafikon *n.* chart
grafikon *n.* graph
graja *n.* hubbub
graktanje *n.* caw
graktanje *n.* croak
graktati *v. i.* caw
graktati *v. i* crow
gram *n.* gramme
gramatičar *n.* grammarian
gramatika *n.* grammar
gramofon *n.* gramophone

grana *n* bough
grana *n* branch
granata *n.* grenade
grančica *n* spray
grančica *n.* sprig
grančica *n.* twig
granica *n.* frontier
granica *n.* limit
granica *n* border
granica *n.* bound
graničiti *se v.t.* adjoin
graničiti *v.t* border
grašak *n.* bean
grašak *n.* pea
gravitacija *n.* gravitation
grb *n* crest
grč *n.* spasm
grčevit *a* fitful
grčevit *a.* jerky
grčevit *a.* spasmodic
grčiti *se v.i.* writhe
grčki *a Greek*
grčki jezik, Grk *n.* Greek
grditi *v.t.* scold
grdnja *n.* invective
grdnja *n.* snub
grebanje *n.* scratch
grebati *v.t.* scratch
greben *n.* mull
greben *n.* ridge
greda *n.* timber
greh *n.* sin
grešan *a.* sinful
greška *n* error
greška *n* fault
greška *n.* mistake
grešnik *n.* sinner
grgeč *n.* perch
grickanje *n* nibble
grickati *v.t.* nibble

grip *n.* influenza
griva *n.* mane
griža savesti *n.* compunction
grlen *a.* guttural
grlen *a.* throaty
grlo *n.* throat
grm *n* bush
grmeti *v.i.* thunder
grnčar *n.* potter
grnčarija *n.* pottery
grob *n.* grave
grob *n.* tomb
groblje *n.* necropolis
groblje *n.* cemetery
groblje *n.* churchyard
grobnica *n.* sepulchre
grofica *n.* countess
grofovija *n.* shire
grom *n.* thunder
gromovit *a.* thunderous
groteskan *a.* grotesque
groznica *n* fever
grožđe *n.* grape
grub *a* coarse
grub *a.* harsh
grub *a.* rough
grubijan *n* churl
gruda *n.* clod
gruda *n.* lump
grudi *n* chest
grudi *n* bosom
grudi *n* breast
grudva *n.* nugget
grupa *n.* group
grupa *n.* band
grupisati *v.t.* group
gubav *a.* leprous
gubavac *n.* leper
gubitak *n* forfeit
gubitak *n.* loss

gubitak prava *n* forfeiture
gubiti boju *v.t.* tarnish
gubitnik *n* underdog
gucnuti *v.t.* delibate
gucnuti *v.t.* sip
gucnuti *v.i.* sup
guditi *v.i* fiddle
gukanje *n* coo
gukati *v. i* coo
guma *n.* gum
guma *n.* rubber
guma *n.* tyre
gunđati *v.t.* grudge
guranje *n.* push
guranje *n.* shove
gurati *v.t.* poke
gurati *v.t.* shove
gurati *v.t.* thrust
gurkati *v.t.* nudge
gurnuti *v.t.* push
gurnuti nogom *v.t.* spurn
gusar *n.* pirate
gusenica *n* caterpillar
guska *n.* goose
gust *a* dense
gustina *n* density
gustiš *n.* thicket
guša *n.* craw
gušenje *n.* strangulation
gušenje *n.* suffocation
gušiti *v.t.* throttle
gušiti se *v. t.* choke
gušter *n.* lizard
gutljaj *n* dram
gutljaj *n.* gulp
gutljaj *n.* sip
gutljaj *n.* swallow
guvernanta *n.* governess
guverner *n.* governor
gvožđe *n.* iron

H

haljina *n* dress
haljina *n.* frock
haljina *n.* gown
haljina *n.* robe
hangar *n* shed
haos *n.* chaos
haotičan *adv.* chaotic
hapšenje *n.* arrest
harfa *n.* harp
haringa *n.* herring
harmoničan *a.* harmonious
harmonija *n.* harmony
harmonijum *n.* harmonium
hauba *n.* hood
heftati *a* staple
hemičar *n.* chemist
hemija *n.* chemistry
hemijski *a.* chemical
hemikalija *n.* chemical
hemisfera *n.* hemisphere
hemoroidi *n.* piles
hendikep *n* handicap
hendikepirati *v.t.* handicap
herkulski *a.* herculean
hernija *n.* hernia
heroina *n.* heroine
heroj *n.* hero
herojski *a.* heroic
hibernacija *n.* hibernation
hibrid *n* hybrid
hibridan *a.* hybrid
higijena *n.* hygiene
higijenski *a.* hygienic
hijena *n.* hyaena, hyena
hijerarhija *n.* hierarchy
hiljada *n.* chiliad

hiljada *n.* thousand
hiljadu *a* thousand
himna *n.* hymn
himna *n.* anthem
hiperbola *n.* hyperbole
hipnotisati *v.t.* hypnotize
hipnotisati *v.t.* mesmerize
hipnotizam *n.* hypnotism
hipnotizam *n.* mesmerism
hipoteka *n.* mortgage
hipotetički *a.* hypothetical
hipoteza *n.* hypothesis
hir *n* fad
hir *n.* caprice
hiromant *n.* palmist
hiromantija *n.* palmistry
hirurg *n.* surgeon
hirurgija *n.* surgery
histeričan *a.* hysterical
histerija *n.* hysteria
hitac *n.* shot
hitan *a.* urgent
hitan slučaj *n* emergency
hitar *a.* rapid
hitna *pomoć n.* ambulance
hitnost *n.* urgency
hitrina *n.* rapidity
hitro *adv.* apace
hlad *n.* shade
hladan *a* cold
hladan *a* cool
hlađenje *n.* refrigeration
hladiti *v. i.* cool
hladnjak *n* cooler
hladnoća *n* cold
hladnokrvan *a.* nerveless
hleb *n* bread
hlor *n.* chlorine
hloroform *n* chloroform
hobi *n.* hobby

hod *n.* gait
hod *n* tread
hodočasnik *n.* pilgrim
hodočašće *n.* pilgrimage
hokej *n.* hockey
hol *n.* hall
holokaust *n.* holocaust
homeopata *n.* homoeopath
homeopatija *n.* homeopathy
homogen *a.* homogeneous
honorar *n* fee
honorar *n.* honorarium
hor *n* choir
horda *n.* horde
horizont *n.* horizon
hortikultura *n.* horticulture
hostel *n.* hostel
hotel *n.* hotel
hrabar *a.* courageous
hrabar *a.* manful
hrabar *a.* valiant
hrabar *a.* bold
hrabar *a* brave
hrabrost *n.* courage
hrabrost *n.* fortitude
hrabrost *n.* gallantry
hrabrost *n.* hardihood
hrabrost *n* boldness
hrabrost *n* bravery
hram *n.* temple
hrana *n* food
hrana *n. pl* victuals
hraniti *v.t* feed
hraniti *v.t.* nourish
hranjenje *n* feed
hranljiv *a.* nutritious
hrapav *a.* husky
hrast *n.* oak
hrist *n.* Christ
hrišćanin *n* Christian

hrišćanski *a.* Christian
hrišćanstvo *n.* Christendom
hrišćanstvo *n.* Christianity
hrkanje *n* snore
hrkati *v.i.* snore
hrom *n* chrome
hrom *a.* lame
hroničan *a.* chronic
hronograf *n* chronograph
hronologija *n.* chronology
hrpa *n* bulk
hrpa *n* bunch
hrskav *a* crisp
hrskav *adj.* crump
hrt *n.* greyhound
hteti *v.t.* will
huligan *n.* hooligan
human *a.* humane
humanitarno *a* humanitarian
humka *n.* mound
humor *n.* humour
humorista *n.* humorist
humorističan *a.* humorous
humus *n* mould
huškati *v.t.* incite
hvalisanje *n* boast
hvalisanje *n* brag
hvalisati se *v.i* brag
hvalisav *a.* vainglorious
hvalisavost *n.* vainglory
hvaliti *v.t.* praise
hvaliti se *v.i* boast
hvat *n* fathom
hvatanje *n.* snatch
hvatanje *n.* capture
hvatati mrežom *v.t.* net

I

i *conj.* and
i tako dalje etcetera
iako *conj.* albeit
iako *conj.* although
ići *v.i.* go
ići na izlet *v.i.* picnic
ići tamo-ovamo *v.t.* shuttle
ići uzduž *v.t.* skirt
ideal *n* ideal
idealan *a.* ideal
idealista *n.* idealist
idealistički *a.* idealistic
idealizam *n.* idealism
idealizovati *v.t.* idealize
ideja *n.* idea
identičan *a.* identical
identifikacija *n.* indentification
identifikovati *v.t.* identify
identitet *n.* identity
idiom *n.* idiom
idiomatski *a.* idiomatic
idiot *n.* idiot
idiotizam *n.* ideocy
idiotski *a.* idiotic
idol *n.* idol
igla *n.* needle
ignorisati *v.t.* ignore
igra *n.* game
igra *n.* play
igra rečima *n.* pun
igra stihovima *n.* crambo
igrač *n.* player
igrač udarač palicom *n.* batsman
igračka *n.* toy
igrati *v.i* game
igrati se *v.i.* play

igrati se v.i. toy
igrati se v.i trifle
igrati se rečima v.i. pun
iguman n prior
igumanija n. prioress
ikad adv ever
ikra n fry
ilustracija n. illustration
ilustrovati v.t. illustrate
iluzija n. illusion
imanje n estate
imati v.t. have
imati korist v. t. benefit
imbecil n. moron
ime n. name
imela n. mistletoe
imenica n. noun
imenjak n. namesake
imenovanje n. nomination
imenovanje n. appointment
imenovati v.t. name
imenovati v.t. appoint
imigracija n. immigration
imigrant n. immigrant
imigrirati v.i. immigrate
imitacija n. imitation
imitator n. imitator
imitirati v.t. imitate
imitirati a. mimic
imitirati v.t mimic
imovina n. asset
imovina n. property
imperativ a. imperative
imperator n emperor
imperijalizam n. imperialism
implementacija n. implement
implementirati v.t. implement
implikacija n. implication
impotencija n. impotence
impotentan a. impotent

impozantan a. imposing
impresionirati v.t. impress
impresivan a. impressive
impuls n. impulse
impuls n. momentum
impulsivan a. impulsive
imućan a. well-to-do
imun a. immune
imunitet n. immunity
inače adv. otherwise
inače conj. otherwise
inat n. spite
inauguracija n. inauguration
incident n. incident
inč n. inch
indeks n. index
indicija n clue
indigo n. indigo
indijska smokva n. banyan
indijska urma n. tamarind
indijski a. Indian
indikacija n. indication
indikativan a. indicative
indikator n. indicator
indirektan a. implicit
indirektan a. indirect
indiskrecija n. indiscretion
indiskretan a. indiscreet
individualizam n. individualism
individualnost n. individuality
industrija n. industry
industrijski a. industrial
inercija n. inertia
inertan a. inert
infantilan a. infantile
infekcija n. infection
inferioran a. inferior
inferiornost n. inferiority
inficirati v.t. infect
inflacija n. inflation

informacija n. information
informativan a. informative
infuzija n. infusion
inherentan a. inherent
inhibicija n. inhibition
inhibirati v.t. inhibit
inicijal n. initial
inicijativa n. initiative
inkvizicija n. inquisition
inovacija n. innovation
inovator n. innovator
inovirati v.t. innovate
insekt n. insect
insekticid n. insecticide
insinuacija n. insinuation
insinuirati v.t. insinuate
insistiranje n. insistence
insistirati v.t. insist
insolventan a. insolvent
insolventnost n. insolvency
inspekcija n. inspection
inspektor n. inspector
inspiracija n. inspiration
inspirisati v.t. inspire
instalacija n. installation
instalirati v.t. install
instinkt n. instinct
instinktivan a. instinctive
institucija n. institution
institut n. institute
instrukcija n. instruction
instruktor n. instructor
instrument n. instrument
instrumentalista n. instrumentalist
instrumentalni a. instrumental
integralan a. integral
integritet n. integrity
intelekt n. intellect
intelektualac n. intellectual
intelektualni a. intellectual

inteligencija n. intelligence
inteligencija n. intelligentsia
inteligentan a. intelligent
intenzitet n. intensity
intenzivan a. intensive
interes n. interest
interludijum n. interlude
internacionalni a. international
interni a. internal
interpunkcija n. punctuation
interval n. interval
intervencija n. intervention
intervenisati v.i. intervene
intervju n. interview
intervjuisati v.t. interview
intiman a. intimate
intimnost n. intimacy
intoksikacija n. intoxication
intriga n intrigue
intrigirati v.t. intrigue
intuicija n. intuition
intuitivan a. intuitive
invalid n invalid
invazija n. invasion
investicija n. investment
investirati v.t. invest
inženjer n engineer
ipak conj however
ipak conj. nevertheless
ipak adv. notwithstanding
ipak adv. though
ipak conj. yet
iracionalan a. irrational
iritacija n. irritation
iritiranje n. irritant
ironičan a. ironical
ironija n. irony
Irski a. Irish
irski jezik, Irac n. Irish
iscediti v.t. squeeze

iscrtati v.t. line
iseckati v.i. haggle
ishod n. outcome
ishod n. upshot
ishrana n. nourishment
ishrana n. nutrition
iskamčiti v.t. wheedle
iskaz n. utterance
isključenje n. expulsion
isključiti v. t disconnect
isključiti v. t exclude
isključiti v. t. expel
isključiv a exclusive
iskonski a. seminal
iskopati v.t. unearth
iskopavanje n. excavation
iskopavati v. t. excavate
iskopavati v.i. quarry
iskoreniti v. t eradicate
iskoreniti v.t. uproot
iskoristiti v.t. advantage
iskoristiti v.t. utilize
iskrcati v.i. land
iskren a. frank
iskren a. sincere
iskren a. straightforward
iskren a. candid
iskrenost n. sincerity
iskrenost n. candour
iskrivljen a. wry
iskupiti se v.t. redeem
iskupljenje n. redemption
iskusiti v. t. experience
iskustvo n experience
iskušavač n. tempter
iskušenje n. ordeal
iskušenje n. temptation
ismejavanje n. ridicule
ismejavati v.t. ridicule
ismevanje adj mock

ismevati v.i. mock
ispad n. sally
isparavati v.t. aerify
isparavati v.t. vaporize
ispariti v. i evaporate
ispasti v.i. sally
ispeći v.t. bake
ispirati v.t. rinse
ispirati grlo v.i. gargle
ispitanik n examinee
ispitati v. t examine
ispitivač n examiner
ispitivanje n. examination
ispitivanje n. inquiry
ispitivanje n. scrutiny
ispitivati v.t. quiz
isplatiti v.t. repay
ispleten od pruća n. wicker
ispljuvak n spittle
ispljuvak n. sputum
ispod prep. under
ispod adv. underneath
ispod prep below
ispod prep beneath
isporuka n delivery
ispovedati v.t. profess
ispraviti v. t correct
ispraviti v.i. rectify
ispraviti v.t. straighten
ispravljanje n. rectification
ispravno adv right
ispravnost n. propriety
ispred adv. ahead
isprugati v.t. stripe
ispuniti v.t. fulfil
ispunjen a. fraught
ispunjenje n. fulfilment
ispuštati v.t. shed
istačkati v. t dot
istaknut a. prominent

istaknut a. salient
istaknutost n. prominence
isteći v.i. expire
istek n expiry
isti a. same
istina n. truth
istinitost n. veracity
istinoljubiv a. truthful
istisnuti v.t. oust
isto n. ditto
istočni a east
istočni a eastern
istočnjak n oriental
istočno adv east
istok n east
istopiti v.t. smelt
istoričar n. historian
istorija n. history
istorijski a. historic
istorijski a. historical
istovremen a. instantaneous
istovremen a. simultaneous
istraga n. inquest
istraga n. investigation
istrajati v.i. persevere
istrajnost n. perseverance
istrajnost n. tenacity
istražiti v.t explore
istražiti v.t. investigate
istraživanje n exploration
istraživanje n research
istraživati v.t. probe
istraživati v.i. research
istrgnuti v.t. wrest
istrošiti v.t. stale
istući v.t. wallop
iščašenje n. wrench
iščašenje n wrick
iščašiti v.t. wrench
iščeznuti v.i. vanish

išta n. aught
Italijanski a. Italian
italijanski jezik, Italijan n. Italian
iverica n. splinter
ivica n edge
ivičnjak n curb
iza adv behind
iza prep behind
izabran a select
izabrati v. t. choose
izabrati v. t elect
izabrati v.t. pick
izabrati v.t. select
izabrati vreme v.t. time
izadati v.i. issue
izaslanik n emissary
izazivati v.t foment
izazov n. challenge
izazvati v. t. challenge
izazvati v.t. solicit
izazvati žuticu v.t. jaundice
izbaciti v. t. eject
izbaciti iz koloseka v. t. derail
izbacivač n bouncer
izbacivati v.i. spout
izbalansirati v.t. poise
izbeći v. t evade
izbegavanje n elusion
izbegavanje n evasion
izbegavanje n. avoidance
izbegavati v. t elude
izbegavati v.t. shun
izbegavati v.t. avoid
izbeglica n. refugee
izbeleti v. t bleach
izbijanje n. outbreak
izbledeti v.i fade
izbor n. choice
izbor n election
izbor n. pick

izbor n. selection
izborati v.t. wrinkle
izborna jedinica n constituency
izbosti v.t. pierce
izbrbljati v. t. & i blab
izbrbljati v. t blurt
izbrisati v. t delete
izbrisati v. t efface
izdaja n. treachery
izdaja n. treason
izdaja n betrayal
izdajnički a. treacherous
izdajnik n. traitor
izdaleka adv. afar
izdanak n offset
izdanje n edition
izdanje n. publication
izdati v.t. betray
izdavač n. publisher
izdavati v.t pirate
izdržati v.t. endure
izdržati v.i. persist
izdržati v.t. withstand
izdržavanje n. aliment
izdržavanje n. livelihood
izdržavanje n. sustenance
izdržljiv n cast-iron
izdržljiv a durable
izdržljiv a endurable
izdržljiv adj. hardy
izdržljivost n. endurance
izdržljivost n last
izdržljivost n. persistence
izdržljivost n. stamina
izdupsti v.t hollow
izduvati v. t. exhaust
izdvojiti v. t extract
izgled n. guise
izgled n. prospect
izgled n appearance

izgledi n. odds
izgnan a outcast
izgnanik n. outcast
izgovarati v.t. pronounce
izgovor n excuse
izgovor n pretext
izgovor n. pronunciation
izgovoriti v.t. voice
izgrditi v.t. lambaste
izgrditi v.t. snub
izgubiti v.t forfeit
izgubiti v.t. lose
izjava n. statement
izjaviti saučešće v. i. condole
izjaviti v.t. allege
izjednačavanje n assimilation
izjednačen a level
izjednačiti v. t equal
izjednačiti v. t. equalize
izjednačiti v.t. level
izjednačiti v.t. offset
izjednačiti v. assimilate
izlaz n. exit
izlaz n. output
izleći v.i. incubate
izlečiv a curable
izlet n. outing
izliv n. outburst
izliven a. molten
izložba n. exhibition
izložiti v. t exhibit
izložiti v. t expose
izložiti v.t. table
izložiti rendg. zracima v.t. x-ray
izludeti v.t dement
izlupati v. t belabour
izmaglica n drizzle
izmaglica n. haze
izmaglica n. mist
između prep. amongst

između prep between
izmena n alteration
izmeniti v.t. alter
izmicanje n dodge
izmicati v. t dodge
izmirenje n. reconciliation
izmisliti v. t concoct
izmisliti v. t devise
izmišljen a. imaginary
izmišljotina n. concoction
izmišljotina n figment
izmlatiti v.t maul
izmoriti v.t. tire
izmrviti v. t crumble
iznajmiti pašnjak v.t. agist
iznajmljivanje n. rent
iznajmljivati v.t. rent
iznenada adv. suddenly
iznenađenje n. surprise
iznenaditi v.t. startle
iznenaditi v.t. surprise
iznenadnost n. sudden
iznos n amount
iznos v. amount
iznositi v.i amount
iznošen a. worn
iznova brojati v.t. recount
iznova adv. anew
iznuren a. prostrate
iznurenost n debility
iznurenost n. prostration
izobara n. isobar
izobilje n. riches
izobličiti v. t distort
izolacija n. insulation
izolacija n. isolation
izolator n. insulator
izolovati v.t. insulate
izolovati v.t. isolate
izopačenost n. perversity

izostaviti v.t. omit
izostavljanje n. omission
izoštriti v.t focus
izoštriti v.t. sharpen
izračunati v. t. calculate
izrada n. workmanship
izraslina n. wen
izravan a outright
izravan a through
izravnati v. t even
izravnati v.t. plane
izravno adv. outright
izraz n. expression
izraz n. locution
izraz lica n. countenance
izrazit a emphatic
izraziti v. t. express
izraziti v.t. phrase
izraziti a. wordy
izraziti mimikom v.i mime
izražajan a. expressive
izreka n byword
izreka n dictum
izručiti v.t. consign
izrugivanje n. mockery
izrugivati se v.t. lampoon
izumeti v.t. invent
izumro a extinct
izustiti v.t. mouth
izustiti v.t. utter
izuzetak n exception
izuzeti v. t except
izuzev prep save
izvaditi iz korica v.t. unsheathe
izvan prep outside
izvan adv. without
izvan prep. beyond
izvanredan a. extraordinary
izvanredan a. outstanding
izvanredan a. remarkable

izvanredan *a.* superb
izvediv *a.* manageable
izvesnost *n.* certainty
izvesnost *n.* surety
izvesti *v. t.* derive
izvesti *v.t.* perform
izvestilac *n.* informer
izvestiti *v.t.* account
izvestiti *v.t.* report
izveštaj *n.* report
izviđač *n* scout
izviđati *v.i* scout
izvijač *n.* spanner
izvijati se *v.i.* snake
izviniti se *v.i.* apologize
izvinjenje *n.* apology
izvirti *v.i.* well
izvlačenje *n* draw
izvod *n.* precis
izvođač *n.* performer
izvođač radova *n* contractor
izvođenje *n.* performance
izvođenje *n.* pursuance
izvodljiv *a* feasible
izvodljiv *a.* practicable
izvodljivost *n.* practicability
izvor *n.* source
izvoz *n* export
izvoziti *v. t.* export
izvrsnost *n.* excellence
izvršenje *n* execution
izvršilac *n.* executioner
izvršiti *v. t* execute

J

ja *pron.* I
jabuka *n.* apple
jad *n.* woe

jadan *a* deplorable
jadan *a.* pitiable
jadan *a.* poor
jadikovanje *n* wail
jadikovati *v.i.* wail
jagnje *n* agnus
jagnje *n.* lamb
jagnješce *n.* lambkin
jagoda *n.* strawberry
jahač *n.* rider
jahta *n.* yacht
jaje *n* egg
jajnik *n.* ovary
jak *a.* strong
jak *n.* yak
jaka pamučna tkanina *n.* jean
jaka tačka *n.* forte
jakna *n.* jacket
jalovo *adj.* acarpous
jama *n.* pit
jamčiti *v.i.* vouch
jarac *n* Capricorn
jarak *n* ditch
jaram *n.* yoke
jarbol *n.* mast
jasle *n.* manger
jaslice *n.* nursery
jasmin *n.* jasmine, jessamine
jasno *a* clear
jasnoća *n* clarity
jastog *n.* lobster
jastreb *n* hawk
jastuk *n* cushion
jastuk *n.* pad
jastuk *n* pillow
jato divljih ptica *n.* skein
javiti putem radija *v.t.* radio
javni *a.* public
javnost *n.* public
javor *n.* sycamore

jazavac n. badger
jazbina n. burrow
jazbina n den
jazbina n. lair
jecaj n sob
jecati v.i. sob
ječam n. barley
jedan a. one
jedan slog n. monosyllable
jedanaest n eleven
jedini a. only
jedini a. *single*
jedini a sole
jedinica n. *unit*
jedinstven a. inimitable
jedinstven a. unique
jedinstvo n. oneness
jedinstvo n. unity
jednačina n equation
jednake vrednosti a. tantamount
jednako a equal
jednako adv. alike
jednakost n equality
jednakost n. par
jednakostranični a equilateral
jednoglasan a. unanimous
jednoglasje n. unison
jednoglasnost n. unanimity
jednoličan a. humdrum
jednom adv. once
jednom adv. sometime
jednook a. monocular
jednosložan a. monosyllabic
jednostavan a. plain
jednostavan a. simple
jednostavnost n ease
jednostavnost n. simplicity
jednostran a ex-parte
jednostrano adv e x-parte
jedrilica n. glider

jedriti v.i. sail
jedro n. sail
jedva adv. hardly
jedva adv. scarcely
jedva adv. barely
jeftin a cheap
jeftin a. inexpensive
jela n fir
jelen n deer
jelen n. stag
jelo n dish
jelovnik n. menu
jemac n. warrantor
jemčiti v. t. bail
jemstvo n. bail
jen n. Yen
jer conj. for
jer conj. because
jesen n fall
jesen n. autumn
jesti v. t eat
jestiv a eatable
jestivo a edible
jestivost n. eatable
jetra n. liver
jevanđelje n. gospel
Jevrejin n. Jew
jeza n. chill
jeza n shudder
jezero n. lake
jezgro n. core
jezgro n. nucleus
jezički a. linguistic
jezični a. lingual
jezik n. language
jezik n. tongue
jeziv a. ghastly
ježiti se v.i. shudder
jogunast a. restive
jogunast a. unruly

jorgan *n.* quilt
jorgovan *n.* lilac
još *a.* more
još *adv.* yet
još uvek *adv.* still
jubilej *n.* jubilee
juče *adv.* yesterday
jučerašnji dan *n.* yesterday
jug *n.* south
junaštvo *n.* heroism
junaštvo *n.* prowess
junaštvo *n.* valour
june *n* bullock
junior *n.* junior
jupiter *n.* jupiter
jurisprudencija *n.* jurisprudence
juriš *n.* onslaught
jurišati *v.i.* storm
juriti *v. t.* chase
jurnuti *v. i.* dash
juta *n.* jute
jutro *n.* morning
jutro *n.* morrow
jutro (površina) *n.* acre
juvelir *n.* jeweller
južni *a.* southerly
južni *a.* southern
južni krajevi *n.* south
južno *adv* south

K

ka *prep.* towards
kabare *n.* cabaret
kabel *n.* cable
kabina *n* booth
kabinet *n.* cabinet
kabl *n* cord
kaciga *n.* helmet

kad *conj.* when
kad god *adv. conj* whenever
kada *n.* tub
kada *adv.* when
kadet *n.* cadet
kadionica *n* censer
kaditi tamjanom *v.t.* incense
kaditi *v. t* cense
kadmijum *n* cadmium
kafa *n* coffee
kafić *n.* cafe
kajsija *n.* apricot
kakav *a.* what
kako *adv.* how
kaktus *n.* cactus
kalajisati *v.t.* tin
kalcijum *n* calcium
kalem *n.* graft
kalem *n.* reel
kalemiti *v.t* graft
kalemiti *v.t.* inoculate
kalemljenje *n.* inoculation
kalendar *n.* calendar
kaligrafija *n* calligraphy
kalijum *n.* potassium
kaljati *v.t.* soil
kalorija *n.* calorie
kaluđer *n.* votary
kaluđerica *n.* nun
kaluđerički veo *n.* wimple
kalup *n.* mould
kamelot *n* camlet
kamen *n.* stone
kamenit *a.* stony
kamenolom *n.* quarry
kamenovati *v.t.* stone
kamera *n.* camera
kamfor *n.* camphor
kamila *n.* camel
kamion *n.* lorry

kamion *n.* truck
kamp *n.* camp
kampanja *n.* campaign
kampovati *v. i.* camp
kanadska kuna *n.* mink
kanal *n* channel
kanal *n.* canal
kanalizacija *n.* sewerage
kancelar *n.* chancellor
kancelarija *n.* office
kancelarijski pribor *n.* stationery
kandidat *n.* applicant
kandidat *n* nominee
kandidat *n.* candidate
kandža *n* claw
kanister *n.* canister
kanon *n* canon
kanonada *n. v. & t* cannonade
kanta *n.* pail
kanta *n* bucket
kantina *n.* canteen
kanton *n* canton
kao što *v.t.* like
kao *conj.* as
kap *n* drop
kapa *n* bonnet
kapa *n* coif
kapa *n.* cap
kapacitet *n.* capacity
kapanje *n* drip
kapati *v. i* drip
kapati *v. i* drop
kapati *v.i.* trickle
kapela *n.* chapel
kapetan *n.* skipper
kapetan *n.* captain
kapija *n.* gate
kapital *n.* capital
kapitalista *n.* capitalist
kapitulirati *v. t* capitulate

kapljica *n.* minim
kapric *n.* whim
kapriciozan *a.* whimsical
kapriciozan *a.* capricious
kaput *n* coat
kaput *n.* overcoat
karakter *n.* character
karakteristika *n.* attribute
karamela *n.* toffee
karanfil, ružičasta boja *n.* pink
karat *n.* carat
karavan *n.* caravan
karbid *n.* carbide
kardinal *n.* cardinal
kardinalan *a.* cardinal
karfiol *n.* cauliflower
karijera *n.* career
karika *n* fetter
karikatura *n.* caricature
karneval *n* carnival
karta *n* fare
karta *n.* ticket
kartica *n.* card
karton *n.* cardboard
karton *n* carton
kas *n* trot
kasati *v.i.* trot
kaseta *n.* cassette
kaskada *n.* cascade
kasnije *adv.* afterwards
kasniji *a.* latter
kasno *a.* late
kasta *n* caste
kastrirati *v.t.* geld
kaša *n.* mash
kaša *n.* mush
kaša *n.* porridge
kašalj *n.* cough
kašika *n.* spoon
kašljati *v. i.* cough

katalog *n.* catalogue
katarakt *n.* cataract
katastrofa *n* disaster
katastrofalan *a* disastrous
katedrala *n.* minster
katedrala *n.* cathedral
kategoričan *a.* categorical
kategorija *n.* category
katolički *a.* catholic
katran *n.* tar
kauč *n.* couch
kavaljer *n* gallant
kavez za ptice *n.* aviary
kavez *n.* cage
kavga *n* affray
kavga *n.* scuffle
kazna *n* fine
kazna *n.* penalty
kazna *n.* punishment
kazneni *a.* penal
kazneni *a.* punitive
kazniti *v.t* find
kazniti *v.t.* penalize
kazniti *v.t.* punish
kazniti *v. t.* castigate
kažiprst *n* forefinger
kecelja *n.* apron
kečap *n.* ketchup
kedar *n.* cedar
keks *n* biscuit
keramika *n* ceramics
kerozin *n.* kerosene
kesten *n.* chestnut
kestenjast *a* maroon
kestenjasta boja *n.* maroon
kicoš *n* dandy
kičma *n.* spine
kičmeni *a.* spinal
kidisati *v.i.* swoop
kidnapovati *v.t.* kidnap

kijanje *n* sneeze
kikotati se *v.i.* giggle
Kina *n.* china
kinin *n.* quinine
kinuti *v.i.* sneeze
kipeti *v.i.* seethe
kiselina *n* acid
kiselost *n.* acidity
kiseo *a* acid
kiseo *a.* sour
kiseonik *n.* oxygen
kiša *n* rain
kišobran *n.* umbrella
kišovit *a.* rainy
kit *n.* whale
kita cveća *n.* nosegay
kitnjast *a.* gaudy
kitova kost *n.* baleen
kladiti se *v.i* bet
kladiti se *v.i.* wager
klasa *n* class
klasičan *a* classic
klasičan *a* classical
klasifikacija *n* classification
klasik *n* classic
klati *v. t* butcher
klatiti *v. t* dangle
klatno *n.* pendulum
klauzula *n* clause
klavir *n.* piano
klečati *v.i.* kneel
klesati *v. t.* chisel
klešta *n. pl.* tongs
kleti se *v.i.* sweat
kletva *n* curse
kleveta *n* defamation
kleveta *n.* libel
kleveta *n.* slander
klevetati *v. t.* defame
klevetati *v.t.* malign

klevetati *v.t.* slander
klevetati *v. t.* calumniate
klevetnički *a.* slanderous
klica *n.* chit
klica *n.* germ
klicanje *n* acclamation
klijanje *n.* germination
klijati *v.i.* germinate
klijent *n..* client
klima *n.* climate
klimati *v.i* wobble
klimati glavom *v.i.* nod
klin *n.* peg
klin *n.* wedge
klinika *n.* clinic
klip *n.* piston
klizaljka *n.* skate
klizati *v.t.* skate
klizav *a* slick
klizav *a.* slippery
kliziti *v.t.* glide
'kliziti *v.i.* slide
kljova *n.* tusk
kljucanje *n.* peck
kljucati *v.i.* peck
ključ *n.* key
ključanje *n* boil
ključati *v.i.* boil
ključati *v.t* ferment
kljun *n* beak
klopotati *n. & v. i* clack
klovn *n* clown
klub *n* club
klupa *n* bench
klupko *n.* clew
kmet *n.* serf
kneževski *a.* princely
knjiga *n* book
knjigovođa *n* book-keeper
knjiški moljac *n* book-worm

knjiški *n.* bookish
književni *a.* literary
književnost *n.* literature
ko *pron.* who
koalicija *n* coalition
kobalt *n* cobalt
kobila *n.* mare
kobra *n* cobra
kocka *n* cube
kockanje *n* gamble
kockar *n.* gambler
kockast *a* cubical
kockati se *v. i.* dice
kockati se *v.i.* gamble
kocke *n.* dice
kočija *n.* carriage
kočija *n* chariot
kočija, trener *n* coach
kočijaš *n* coachman
kočiti *v. t* brake
kočnica *n* skid
kočnica *n* brake
kočoperenje *n* stalk
kod *prep* by
kod *n* code
koedukacija *n.* co-education
koeficijent *n.* coefficient
koegzistencija *n* co-existence
koegzistirati *v. i* co-exist
koga *pron.* whom
koji *pron.* as
koji *rel. pron.* that
koji *pron.* which
koji *a* which
koji draži *a.* irritant
koji god *pron* whichever
koji izgleda *a* look
koji je kao tkivo *a.* webby
koji je obavezan *n.* incumbent
koji nije plemenit *a.* ignoble

koji opominje *a.* monitory
koji oživljava *a.* resurgent
koji podseća *a.* reminiscent
koji preživa *a.* ruminant
koji sadrži obećanje *a.* promissory
koji jede drvo *a.* xylophagous
koji se može baciti *a* projectile
koji se može dobiti *a.* obtainable
koji se može prati *a.* washable
koji se može prodati *a.* marketable
koji se može prodati *a.* salable
koji je monogaman *a.* monogynous
koji se rađa *a.* nascent
koji se sastavlja *adj.* confluent
koji se tiče zapešća *adj* carpal
koji zadržava *a.* retentive
koji živi na drvetu *a.* xylophilous
kokain *n* cocaine
kokodakati *v. i* cackle
kokos *n* coconut
kokosovo vlakno *n* coir
kokoš *n.* chicken
kokošinjac *n.* roost
kokoška *n.* bantam
kokoška *n.* hen
kokpit *n.* cock-pit
koks *v. t* coke
kola *n.* wain
kolabirati *v. i* collapse
kolac *n.* pale
kolac *n.* picket
kolebati se *v.i.* shilly-shally
kolebati se *v.i.* vacillate
kolebljiv *n.* shilly-shally
koledž *n* college
kolega *n* colleague
kolega *n* fellow
kolekcija *n* collection
kolekcionar *n* collector
kolektivno *a* collective

koleno *n.* knee
kolera *n.* cholera
kolevka *n* cradle
koliba *n.* cabin
koliba *n* cottage
koliba *n.* hut
kolica *n.* cart
količina *n.* quantity
količnik *n.* quotient
kolona *n* column
kolonija *n* colony
kolonijalan *a* colonial
kolosek *n.* gauge
kolosek *n.* rut
koma *n.* coma
komad *n.* piece
komadati *v.* tear
komadić *n* bit
komandant *n* commander
komarac *n.* mosquito
kombi *n.* van
kombinacija *n* combination
kombinovati *v. t* combine
kombinovan *a.* combined
komedija *n.* comedy
komemoracija *n.* commemoration
komemoracija *n.* memorial
komemorativan *a* memorial
komentar *n* comment
komentar *n* commentary
komentarisati *v. i* comment
komentator *n* commentator
komešanje *n.* fuss
kometa *n* comet
komičan *a* comic
komičar *n.* comedian
komičar *n* comic
komonvelt *n.* commonwealth
komora *n.* chamber
kompaktan *a.* compact

kompanija n. company
komparativno a comparative
kompas n compass
kompenzacija n compensation
kompleks n complex
kompletan a complete
kompletirati v. t complete
komplikacija n. complication
komplikovati v. t complicate
kompliment n. compliment
kompozitor compositor
komšija n. neighbour
komšiluk n. neighbourhood
komuna v. t commune
komunalan a communal
komunicirati v. t communicate
komunikacija n. communication
komunizam n communism
konačan a final
konačan a finite
konačište n. lodging
konačni a. terminal
konačno adv. eventually
koncepcija n conception
koncept n concept
koncert n. concert
koncizan a concise
kondenzovati v. t condense
kondukter n conductor
konferencija n conference
konfiskacija n confiscation
konfiskovati v. t confiscate
konflikt n. conflict
kongres n congress
konj n. horse
konj n. steed
konjanik n chevalier
konjica n. cavalry
konjukcija n. conjuncture
konkretan a concrete

konkubina n concubine
konkubinat n. concubinage
konkurentan a competitive
konobar n. waiter
konobarica n. waitress
konoplja n. hemp
konsenzus n. consensus
konsolidacija n consolidation
konsolidovati v. t. consolidate
konstruisati v. t. construct
konstrukcija n construction
konsultacije n consultation
konsultovati v. t consult
kontakt n. contact
kontaktirati v. t contact
kontaminirati v.t. contaminate
kontekst n context
kontinent n continent
kontinentalni a continental
kontinuitet n continuity
kontracepcija n. contraception
kontradikcija n. antinomy
kontradikcija n contradiction
kontrast n contrast
kontrola n control
kontrolisati v. t control
kontrolor n. controller
kontura n contour
kontuzovati v.t. contuse
konvencija n. convention
konverzija n conversion
konzerva n. tin
konzervativan a conservative
konzervativanost n conservative
konzervirati v. t. can
konzola n ancon
konzola v. t console
konzumacija n consumption
koordinacija n co-ordination
kopač n. pitman

kopanje *n* dig
kopati *v.t.* dig
kopati *v.t.* shovel
kopati lopatom *v.t.* spade
kopča *n* clasp
kopča *n* buckle
kopija *n* copy
kopile *n.* bastard
kopirati *v. t* copy
kopito *n.* hoof
kopljanik *n.* lancer
koplje *n.* javelin
koplje *n.* lance
koplje *n.* spear
kopriva *n.* nettle
koprologija *n.* coprology
kora *n.* crust
kora *n.* peel
kora *n.* bark
koračati *v.i.* pace
koračati *v.i.* step
koračati *v.i.* stride
koračati *v.t.* tread
korak *n* pace
korak *n.* step
korak *n* stride
koral *n* coral
koralno ostrvo *n.* atoll
korekcija *n* correction
korelacija *n.* correlation
koren *n.* root
korice *n.* scabbard
koridor *n.* corridor
korijander *n.* coriander
Korint *n.* Corinth
korisnost *n.* utility
korist *n.* sake
korist *n.* subservience
korist *n* behalf
korist *n* benefit

koristan *a* beneficial
koristan *a.* helpful
koristan *a.* subservient
koristan *a.* useful
koristiti aliteraciju *v.* alliterate
korišćenje *n.* utilization
koriti *v.t.* rebuke
kormilo *n.* helm
kormoran *n.* cormorant
kornet *n.* cornet
kornjača *n.* tortoise
kornjača *n.* turtle
korov *n.* weed
korozivan *adj.* corrosive
korpa *n.* basket
korporacija *n* corporation
korpus *n* corps
korumpiran *a.* corrupt
korumpirati *v. t.* corrupt
korupcija *n.* corruption
korupcija *n.* jobbery
kosa *n* hair
kosa *n.* scythe
kosina *n* bias
kositi *v.t.* mow
kosmički *adj.* cosmic
kost *n.* bone
kostim *n.* costume
košnica *n.* hive
košnica *n.* beehive
koštati *v.t.* cost
koštica *n.* kernel
košulja *n.* shirt
košuljica zmije *n.* slough
kotlar *n.* tinker
kotrljati *v.i.* roll
kotrljati *v.t.* wheel
kotur *n.* pulley
kovač *n.* smith
kovač *n* blacksmith

kovačnica *n* forge
kovanica *n* coinage
kovati *v.t.* mint
kovati zaveru *v. i.* conspire
kovčeg *n.* ark
kovčeg *n* casket
koverat *n* envelope
kovitlac *n.i.* whirl
kovnica *n* mint
koza *n.* goat
kozmetički *a.* cosmetic
kozmetika *n.* cosmetic
koža *n.* cutis
koža *n.* leather
koža *n.* skin
kožar *n.* tanner
kožara *n.* tannery
kožuh *n.* jerkin
kraba *n* crab
krađa *n.* theft
krađa stoke *n* abaction
kradljivac stoke *n* abactor
kraj *n.* the end
kraj *n.* terminus
kraj *n.* tip
krajnik *n.* tonsil
krajnji *a.* ultimate
krajnji *a.* utmost
krajnost *n* utmost
kralj *n.* king
kraljevina *n.* kingdom
kraljevski *a.* regal
kraljevski *a.* royal
kraljevstvo *n.* royalty
kraljica *n.* queen
kraljoubistvo *n.* regicide
krastavac *n* cucumber
krasuljak *n* daisy
kratak *a.* short
kratak *a.* brief

kratko *adv.* short
kratkoća *n* brevity
kratkovid *a.* myopic
kratkovidost *n.* myopia
krava *n.* cow
kravata *n* tie
krčag *n.* jug
krčag *n.* pitcher
krčkati *v.i.* simmer
krčma *n.* inn
krčma *n.* saloon
krčma *n.* tavern
krćiti *v.t.* pioneer
kreativan *adj.* creative
kreč *n.* lime
kredit *n* credit
kredo *n* creed
kreirati *v. t* create
kreker *n* cracker
krema *n* cream
kremiranje *n* cremation
kremirati *v. t* cremate
kresta *n.* aigrette
kreštav *a.* strident
kretanje *n.* motion
kretati se *v.t* ambulate
krevet *n* bed
krevetac *n.* cot
krevetac *n.* crib
krez *n.* croesus
krhak *a.* fragile
krigla *n.* mug
krilat *adj.* aliferous
krilo *n.* wing
kriminal *n* criminal
kripta *n* cist
kriptografija *n.* cryptography
kristal *n* crystal
krišom *adv.* stealthily
kriterijum *n* criterion

kritičan *adj* censorious
kritičan *a* critical
kritičar *n* critic
kritika *n.* censure
kritika *n* criticism
kritikovati *v. t.* censure
kritikovati *v. t* criticize
kriv *a* culpable
kriv *a.* guilty
kriva *v. t* curve
krivac *n* culprit
krivica *n.* guilt
krivični *a.* tortuous
krivično *a* criminal
krivina *n* curve
kriviti *v. t* blame
krivokletstvo *n.* perjury
krivudav *adj* anfractuous
kriza *n* crisis
kriza *n.* slump
krma *n.* stern
krmača *n.* sow
krojač *n.* tailor
krojiti *v.t.* tailor
krokodil *n* crocodile
krompir *n.* potato
krotak *a.* meek
krov *n.* roof
kroz *prep.* through
krpa *n.* rag
krpiti *v.t.* stitch
krst *n* cross
krstarica *n* cruiser
krstariti *v.i.* cruise
krstaški pohod *n* crusade
krstiti *v.t.* baptize
krš *n.* rubble
kršan *a.* robust
kršenje *n.* violation
krštenje *n.* baptism

krt *a.* brittle
krtica *n.* mole
krug *n.* circle
krug *n* cycle
kruna *n* crown
krunisanje *n* coronation
krunisati *v. t* crown
krupan *a.* massy
krupan *a.* stout
kruška *n.* pear
krut *n.* stiff
kruženje *n.* circuit
kružni *a* circular
kružni *a* cyclic
krv *n* blood
krvariti *v. i* bleed
krvav *a* bloody
krvni srodnik *adj* cognate
krvoproliće *n* bloodshed
krzno *n.* fur
ksilofon *n.* xylophone
kucati *v.t.* knock
kucati *v.i.* pulsate
kucati *v.i.* tick
kuća *n* house
kućica *n.* lodge
kućište *n.* casing
kuda *adv.* whither
kuditi *v.t* upbraid
kuga *n.* pestilence
kuga *a.* plague
kuglati se *v.i* bowl
kuhinja *n.* cuisine
kuhinja *n.* kitchen
kuja *n* bitch
kuk *n* hip
kuka *n.* crotchet
kuka *n.* hook
kukavica *n.* coward
kukavica *n* cuckoo

kukavičluk *n.* cowardice
kukolj *v. i* cockle
kukuruz *n* corn
kukuruz *n.* maize
kula *n.* rook
kulminirati *v.i.* culminate
kult *n* cult
kultura *n* culture
kulturni *a* cultural
kuna *n.* marten
kupac *n* customer
kupac *n.* buyer
kupanje *n* bath
kupati *se v. t* bathe
kupidon *n* Cupid
kupiti *v.t.* purchase
kupiti *v. t.* buy
kuplet *n.* couplet
kupola *n* dome
kupon *n.* coupon
kupovati *v.i.* shop
kupovina *n.* purchase
kupus *n.* cabbage
kurir *n.* courier
kurir *n.* messenger
kurkuma *n.* turmeric
kurs *n.* course
kurtizana *n.* courtesan
kurva *n.* slut
kurziv *n.* italics
kurzivan *a.* italic
kutak *n.* nook
kutija *n* box
kutlača *n.* ladle
kutnjak *n.* molar
kuvar *n* cook
kuvati *v. t* cook
kvačilo *n* clutch
kvadrat *n.* square
kvaka *n.* latch

kvalifikacija *n.* qualification
kvalifikovati *se v.i.* qualify
kvalitativan *a.* qualitative
kvalitet *n.* quality
kvant *n.* quantum
kvantitativan *a.* quantitative
kvarenje *n.* adulteration
kvarljiv *a.* perishable
kvasac *n* ferment
kvasac *n.* yeast
kvašenje *n.* soak
kviz *n.* quiz
kvorum *n.* quorum
kvota *n.* quota

L

labav *a.* lax
labav *a.* loose
labavost *n.* laxity
labijalni *a.* labial
laboratorija *n.* laboratory
laboratorijska posuda *n.* cuvette
labud *n.* swan
lagan dodir *n* graze
lagano *adv.* leisurely
lagati *v.i.* lie
laguna *n.* lagoon
laik *n.* layman
lajanje *n* yap
lajati *v.t.* bark
lajati *v.i.* yap
lak *a* facile
lak *n* lac, lakh
lak *n.* varnish
lakat *n* elbow
lakej *n.* lackey
laki galop *n* canter
lakirati *v.t.* varnish

lako *a* easy	lažan *a.* spurious
lako *a i*	lažljiv *a.* mendacious
lakomislenost *n* flippancy	lažna vest *n* canard
lakomislenost *n.* levity	lažno se zakleti *v.i.* perjure
lakomo *adv* avidly	lažov *n.* liar
lakonski *a.* laconic	lebdeti *v.t.* waft
lakovernost *adj.* credulity	lečiti *v. t.* cure
lakrdijaš *n* antic	lečiti *v.i.* heal
lakrdijaš *n.* pantaloon	lečiti *v.t.* physic
lakrdijaš *n* buffoon	lečiti *v.t.* treat
laksativ *n.* laxative	led *n.* ice
laktoza *n.* lactose	leden *a.* icy
lama *n.* lama	ledenica *n.* icicle
lampa *n.* lamp	ledina *n.* lea
lanac *n* chain	legalizovati *v.t.* legalize
lanac *n.* tether	legenda *n.* legend
lanceta *a.* lancet	legendaran *a.* legendary
laneno seme *n.* linseed	legija *n.* legion
lansiranje *n.* launch	legionar *n.* legionary
lansirati *v.t.* launch	legitiman *a.* legitimate
lapor *n.* marl	legitimitet *n.* legitimacy
larmadžija *a.* rowdy	leglo *n* brood
lascivan *a.* lascivious	legura *žive n* amalgam
laskanje *n* flattery	legura *n.* alloy
laskati *v.t* flatter	lek *n* cure
lasta *n.* swallow	lek *n* drug
latica *n.* petal	lek *n.* medicament
laureat *n* laureate	lek *v.t* remedy
lauta *n.* lute	lekar *n* doctor
lav *n.* Leo	lekar *n.* physician
lav *n* lion	lekar koji vakciniše *n.* vaccinator
lava *n.* lava	lekcija *n.* lesson
lavanda *n.* lavender	lekovit *a* curative
lavica *n.* lioness	leksikografija *n.* lexicography
lavirint *n.* labyrinth	leksikon *n.* lexicon
lavirint *n.* maze	lelujanje *n.* undulation
lavovski *a* leonine	lemljenje *n.* solder
laž *n* lie	lenj *a.* indolent
lažan *a* false	lenj *n.* lazy
lažan *a* sham	lenj *n.* slothful

lenj a. sluggish	ležaj n bearing
lenjivac n. sluggard	ležaj n bunk
lenjost n. laziness	ležati v.i lie
lenjost n. sloth	ležeran a. casual
leopard n. leopard	ležerno a. leisurely
lep a fair	liberalan a. liberal
lep a. nice	liberalizam n. liberalism
lep a pretty	lice n face
lep a beautiful	lice n. visage
lepak n. glue	licemer n. hypocrite
lepak za ptice n birdlime	licemeran a. hypocritical
lepiti v.t. paste	licemerje n. hypocrisy
lepljiv n. sticky	licitacija n auction
lepljiva materija n. adhesive	licitirati v.t. auction
lepljiva materija a. adhesive	ličiti v.t. resemble
lepota n. prettiness	lični a facial
lepota n beauty	lični a. personal
lepotica n belle	ličnost n. personality
lepra n. leprosy	liga n. league
lepršanje n flutter	lignit n. lignite
lepršati v.t flutter	likovati v. i exult
leptir n butterfly	likvidacija n. liquidation
leš n corpse	likvidirati v.t. liquidate
lešinar n. vulture	limenka n. can
let n flight	limeta n. lime
letak n. leaflet	limun n. lemon
letargičan a. lethargic	limunada n. lemonade
letargija n. lethargy	limunski adj. citric
letelica n. aircraft	linč v.t. lynch
leteti v.i fly	lingvista n. linguist
letimičan pogled n. glimpse	lingvistika n. linguistics
letnji adj aestival	linija n. line
leto n. summer	lira n. lyre
letopis n. chronicle	liričar n. lyricist
letopisac n. annalist	lirika n. lyric
letopisi n.pl. annals	lirski a. lyric
letva n. lath	lirski a. lyrical
levica n. left	lisica n. fox
levičar n leftist	lisica n. vixen
levo a. left	lisice n. handcuff

liskun *n.* mica	**lopta** *n.* ball
lisnat *a.* leafy	**loptica za badminton** *n.* shuttlecock
list *n.* leaf	**losion** *n.* lotion
list *n.* sheet	**loš** *a.* vile
lišaj (oboljenje kože) *n.* ringworm	**loša procena** *n.* miscalculation
lišće *n* foliage	**loše** *adv.* ill
lišen *a* devoid	**loše poslovanje** *n.* maladministration
lišiti *v. t* deprive	**loše pristajati** *n.* misfit
litar *n.* litre	**loše proceniti** *v.t.* miscalculate
literatura *n.* litterateur	**loše spojiti** *v.t.* mismatch
litica *n.* cliff	**loše upravljanje** *n.* mismanagement
liturgijski *a.* liturgical	**loše varenje** *n.* indigestion
livada *n.* meadow	**loše vladanje** *n.* misconduct
livnica *n.* foundry	**loše** *adv.* amiss
livreja *n.* livery	**loše** *a.* bad
lizalica *n.* lollipop	**lotos** *n.* lotus
lizanje *n* lick	**lov** *n* hunt
lizati *v.t.* lick	**lovac** *n.* hunter
lobanja *n.* skull	**lovac** *n.* huntsman
locirati *v.t.* locate	**lovački pas** *n.* hound
logaritam *n.* logarithim	**loviti** *v.t.* hunt
logičan *a.* logical	**lovor** *n.* laurel
logičar *n.* logician	**loza** *n.* lineage
logika *n.* logic	**lozinka** *v. t.* countersign
loj *n.* tallow	**lozinka** *n.* watchword
lojalan *a.* loyal	**ložač** *n.* stoker
lojalnost *n.* loyalty	**ložiti** *v.t.* stoke
lokacija *n.* location	**lubenica** *n.* water-melon
lokalizovati *v.t.* localize	**lucidnost** *n.* lucidity
lokalni propis *n* bylaw, bye-law	**lučenje** *n.* secretion
lokalno *a.* local	**lučiti** *v.t.* secrete
lokomotiva *n.* locomotive	**lud** *a* crazy
lom *n* breakage	**lud** *adj.* daft
lomača *n.* pyre	**lud** *a.* insane
lomača *n* bonfire	**lud** *a.* lunatic
lonac *n.* pot	**ludak** *n.* lunatic
lopata *n.* shovel	**ludilo** *n.* insanity
lopata *n.* spade	**ludilo** *n.* lunacy
lopov *n.* thief	**ludiranje** *n.* romp
lopovski *a.* roguish	**luk** *n.* onion

luk n. arc
luk n bow
luka n. harbour
luka n. haven
luka n. port
lukav a crafty
lukav a cunning
lukav a. politic
lukav a. shrewd
lukav a. sly
lukav a. tricky
lukav a. wily
lukav a. artful
lukavost n cunning
lukavstvo n. guile
lukavstvo n. strategem
lukavstvo n. wile
luksuz n. luxury
luksuzan a. luxurious
lunjati v.i. rove
lupanje n. throb
lupati v.i. throb
lupiti v.t. bang
lupiti v.t. thump
lutalica n. rover
lutalica n. straggler
lutalice n stray
lutanje n. vagary
lutati v.t maroon
lutati v.i. roam
lutati v.i. straggle
lutati v.i. wander
lutka n doll
lutrija n. lottery

LJ

ljiljan n. lily
ljubav n love

ljubavna afera n amour
ljubavni adj amatory
ljubavnik n. lover
ljubavnik n. paramour
ljubazan a. affable
ljubazan a. amiable
ljubazno adv. kindly
ljubaznost n. amiability
ljubičast, ljubičasta adj./n. purple
ljubičica n. violet
ljubimac n. minion
ljubimac n. pet
ljubomora n. jealousy
ljubomoran a. jealous
ljudožderi n. androphagi
ljuljaška n swing
ljuljati v.t. rock
ljuljati v.i. swing
ljuljati v.t. dandle
ljuska n. husk
ljuštiti v.t. shell
ljut a. spicy
ljut a. angry
ljutina n. acrimony
ljutnja n. ire

M

ma kako adv. however
ma ko pron. whoever
ma koji adv. any
mač n. sword
mačak n. tomcat
mače n. kitten
mačka n. cat
mađioničar n. magician
magacin v.t warehouse
magarac n donkey
magarac n. ass

magijski *a.* magical
magistrat *n.* magistracy
magla *n* fog
maglina *n.* nebula
maglovit *a.* hazy
maglovit *a.* misty
magnat *n.* magnate
magnet *n.* loadstone
magnet *n.* magnet
magnetizam *n.* magnetism
magnetni *a.* magnetic
mahagoni *n.* mahogany
mahanje *n* wag
mahati *v.i.* wag
mahati *v.i.* waver
mahati *v.t.* whisk
mahovina *n.* moss
mahuna *n.* pod
maj *n.* May
majčinski *a.* motherlike
majka *n* mother
majmun *n.* monkey
majmun *n* ape
majmunski *a.* apish
major *n* major
majstorija *n.* sleight
majstorija *n* stunt
majstorski *a.* masterly
majstorstvo *n.* mastery
makaze *n.* scissors
makaze *n. pl.* shears
maksima *n.* maxim
maksimalan *a.* maximum
maksimalno povećati *v.t.* maximize
maksimum *n* maximum
malarična groznica *n.* ague
malarija *n.* malaria
male boginje *n* measles
malen *a.* little
malenkost *n.* modicum

mali *a.* small
mali *n* small
mali deo *n.* pittance
malignitet *n.* malignity
malj *n.* maul
malo *a* few
malo *adv.* little
malobrojnost *n.* paucity
malokrvnost *n* anaemia
maloletnik *a.* juvenile
maloletnik *n* minor
maloprodaja *n.* retail
maloprodajni *a* retail
maloprodajno *adv.* retail
malter *v.t.* mortar
maltertirati *v.t.* manhandle
maltretirati *v.t.* mistreat
malvazija *n.* malmsey
mama *n* mum
mamac *n.* lure
mamac *n* bait
mamica *n* mummy
mamon *n.* mammon
mamut *n.* mammoth
mamuza *n.* spur
mana *n* blemish
mana *n i*
mana *n.* manna
mana *n.* shortcoming
manastir *n.* abbey
manastir *n.* monastery
mandat *n.* mandate
mandat *n.* tenure
maneken *n.* mannequin
manevar *n.* manoeuvre
manevrisati *v.i.* manoeuvre
mangan *n.* manganese
mango *n* mango
mangup *n.* reveller
manifest *n.* manifesto

manifestacija n. manifestation
manifestovati v.t. manifest
manija n mania
manijak n. maniac
manikir n. manicure
manipulacija n. manipulation
manipulisati v.t. manipulate
manirizam n. mannerism
manjak n. shortage
manje adv. less
manje prep. less
manje prep. minus
manji a. less
manji a. lesser
manji a. minor
manjina n. minority
manžetna n cuff
mapa n map
marama n. kerchief
maramica n. handkerchief
maraton n. marathon
margarin n. margarine
margina n. margin
marginalni a. marginal
marioneta n. marionette
marioneta n. puppet
mariti v.i. matter
mariti v.t. mind
marka n brand
marker n. marker
marljiv a diligent
marljiv a. studious
marljivost n diligence
marmelada n. marmalade
mars n Mars
marš n. march
maršal n marshal
marširati v.i march
mart n march
masa n. mass

masakr n. massacre
masakrirati v.t. massacre
masaža n. massage
maser n. masseur
masirati v.t. massage
masivan a. massive
masivan a molar
maska n. mask
maskarada n. masquerade
maskirati v.t. mask
maskirati se v. t bemask
maskota n. mascot
maslačak n. dandelion
maslina n. olive
masnica n. weal
mast n fat
mast n grease
mast n. ointment
mastan a. greasy
mastan a. oily
mastilo n. ink
masturbirati v.i. masturbate
mašinski a. mechanical
mašta n fancy
mašta n. imagination
maštovit a. imaginative
mat n checkmate
matador n . matador
matematičar n. mathematician
matematički a. mathematical
matematika n mathematics
materica n. uterus
materica n. womb
materijal n material
materijal n. stuff
materijalan a. material
materijalizam n. materialism
materijalizovati v.t. materialize
materinski a. maternal
materinski a. motherly

materinstvo n. maternity
materinstvo n. motherhood
maternji a. native
materoubilački a. matricidal
materoubistvo n. matricide
matičar n. registrar
matine n. matinee
matirati v.t. mate
matrica n matrix
matrica n. stencil
matrijarh n. matriarch
matrona n. matron
matura n. matriculation
mauzolej n. mausoleum
mazarija n. daub
mazati v.t. anoint
mazga n. mule
maziti v. t cocker
mazivo n. lubricant
meander v.i. meander
meč n. match
mećava n blizzard
med n. honey
međa n boundary
medalja n. medal
medaljon n. locket
medeni mesec n. honeymoon
medicina n. medicine
medicina n. physic
medicinska sestra n. nurse
medicinski a. medical
medicinski a. medicinal
medijum n medium
meditirati v.t. meditate
medovina n. mead
među prep. amid
među prep. among
međuvreme n. interim
međuzavisan a. interdependent
međuzavisnost n. interdependence

medved n bear
megafon n. megaphone
megalitski a. megalithic
meh n. bellows
mehaničar n. mechanic
mehanički a mechanic
mehanika n. mechanics
mehanizam n. mechanism
mehurić n bubble
mekan a. pulpy
melanholičan a. melancholic
melanholija n. melancholia
melasa n molasses
melem n. balm
melez a mongrel
melodičan a. melodious
melodija n. melody
melodija n. tune
melodrama n. melodrama
melodramatičan a. melodramatic
membrana n. membrane
memoari n. memoir
memorandum n memorandum
memorija n. memory
menadžer n. manager
menadžerski a. managerial
mene pron. me
meningitis n. meningitis
menjati v.t. shift
menopauza n. menopause
menstruacija n. menstruation
menstrualni a. menstrual
mentalitet n. mentality
mentalni a. mental
mentor n. mentor
menzis n. menses
mera n. measure
mera n. measurement
mercerizirati v.t. mercerise
merdevine n. ladder

meridijan a. meridian
meriti v.t measure
merkur n. mercury
merljiv a. measurable
mermer n. marble
merodavan a. magisterial
mesar n butcher
mesec n. month
mesec n. moon
mesečar n. somnambulist
mesečarenje n. somnambulism
mesečev a. lunar
mesečni a. monthly
mesečnik n monthly
mesečno adv monthly
mesija n. messiah
mesing n. brass
meso n flesh
meso n. meat
mesto n. locus
mesto n. place
mesto n. position
mesto n. spot
mešanje n amalgamation
mešati n blend
mešati v.t. mingle
mešati v.i mix
mešati v.t. temper
mešati sa živom v.t. amalgamate
mešati se v.i. meddle
mešavina n compound
mešavina n. mixture
mešovit a. miscellaneous
mešovit žargon n. lingua franca
meta n bull's eye
metabolizam n. metabolism
metafizički a. metaphysical
metafizika n. metaphysics
metafora n. metaphor
metak n bullet

metal n. metal
metalni a. metallic
metalurgija n. metallurgy
metamorfoza n. metamorphosis
metar n. meter
metar n. metre
metarski a. metrical
meteor n. meteor
meteorolog n. meteorologist
meteorologija n. meteorology
meteorski a. meteoric
metež n babel
metež n commotion
metež n. tumult
metež n. uproar
metla n. mop
metla n broom
metod n. method
metodičan a. methodical
metrički a. metric
metropola n. metropolis
metropolit n. metropolitan
metropolitski a. metropolitan
metvica n. mint
mezalijansa n. misalliance
mezanin n. mezzanine
mig n. beck
mig n wink
migracija n. migration
migrant n. migrant
migrena n. migraine
migrirati v.i. migrate
mijalgija n. myalgia
mijoza n. myosis
mikrofilm n. microfilm
mikrofon n. microphone
mikrologija n. micrology
mikrometar n. micrometer
mikroskop n. microscope
mikroskopski a. microscopic

mikrotalasna peć *n.* microwave	**mir** *n.* calm
milenijum *n.* millennium	**mir** *n.* peace
milicija *n.* militia	**mir** *n.* quiet
milijarda *n* billion	**mir** *n.* still
milion *n.* million	**mir** *n.* tranquility
milioner *n.* millionaire	**miran** *a.* mum
militant *n* militant	**miran** *a.* peaceful
milja *n.* mile	**miran** *a.* placid
miljaža *n.* mileage	**miran** *a.* quiet
milosrđe *n.* charity	**miran** *a.* still
milost *n.* grace	**miran** *a.* tranquil
milost *n.* mercy	**miraz** *n* dowry
milostinja *n.* alms	**miris** *n.* fragrance
milostiv *a.* gracious	**miris** *n.* odour
milostiv *a.* merciful	**miris** *n.* savour
milovanje *n* stroke	**miris** *n.* scent
milovati *v.t* fondle	**miris** *n.* smell
milovati *v.t.* pet	**mirisan** *a.* fragrant
milovati *v.t.* stroke	**mirisati** *v.t.* savour
milovati *v. t.* caress	**mirisati** *v.t.* scent
mimičar *n* mimic	**mirisati** *v.t.* smell
mimika *n.* mime	**mirisna smola** *n.* myrrh
mimikrija *n.* mimesis	**miroljubiv** *a.* pacific
mimikrija *n* mimicry	**miroljubiv** *a.* peaceable
minaret *n.* minaret	**mirta** *n.* myrtle
mineral *n.* mineral	**misao** *n* thought
mineralni *a* mineral	**misija** *n.* mission
mineralog *n.* mineralogist	**misionar** *n.* missionary
mineralogija *n.* mineralogy	**mislilac** *n.* thinker
minijatura *a.* miniature	**misliti** *v.t.* opine
minijaturan *n.* miniature	**misliti** *v.i.* reason
minimalan *a.* minimal	**misliti** *v.t.* think
minimalan *a* minimum	**misterija** *n.* mystery
minimum *n.* minimum	**misteriozan** *a.* mysterious
ministar *n.* minister	**misticizam** *n.* mysticism
ministarstvo *n.* ministry	**mističan** *a.* mystic
ministrant *a.* ministrant	**mistifikovati** *v.t.* mystify
minus *n* minus	**mistik** *n* mystic
minut *a.* minute	**mistrija** *n.* trowel
miomirisan *a.* odorous	**miš** *n.* mouse

mišić n. muscle
mišićav a. muscular
mišljenje n. opinion
mit n. myth
mitariti se v.i. moult
mito n bribe
mitologija n. mythology
mitološki a. mythological
mitra n. mitre
mitski a. mythical
mizantrop n. misanthrope
mjaukati v.i. mew
mlad a. adolescent
mlad a. young
mladalački a. youthful
mladi n young
mlađi a. junior
mladić n. youngster
mladica n. offshoot
mladica n. sapling
mladica n sprout
mladih n. youth
mladost n. adolescence
mladoženja n. groom
mladoženja n. bridegroom
mladunče n cub
mlak a. lukewarm
mlatiti v.t. thrash
mlaz n spurt
mlaznica n. nozzle
mlaznjak n. jet
mlečan a. milky
mlečni a. mammary
mlečni a. milch
mlekara n dairy
mleko n. milk
mlekomer n. lactometer
mleti v.i. grind
mleti v.t. mill
mlin n. grinder

mlin n. mill
mlinar n. miller
mlitav a flabby
mnogo a. many
mnogo a much
mnogo n. plenty
mnogonog n. multiped
mnogostruk a. manifold
mnogostruk a. multiple
mnogostrukost n. multiplicity
mnoštvo n. lot
mnoštvo n. multitude
mnoštvo n shoal
množenik n. multiplicand
množenje n. multiplication
množina a. plural
mobilisati v.t. mobilize
moć n. leverage
moćan adj. mighty
moćan a. powerful
močiti v.t. steep
močvara n. marsh
močvara n. slough
močvara n. swamp
močvara n bog
močvaran a. marshy
moć n. might
moći v may
moći v. can
moda n fashion
moda n. vogue
modalitet n. modality
model n. model
moderan a fashionable
moderan a. modern
modernizovati v.t. modernize
modernost n. modernity
modifikacija n. modification
modifikovati v.t. modify
modiskinja n. milliner

modist *n.* milliner
modrica *n* bruise
modulirati *v.t.* modulate
moguć *a.* possible
mogućnost *n.* possibility
moguć *a* able
moguć *a.* potential
mogućnost *n.* potential
moj *pron.* mine
moj *a.* my
mokar *a.* wet
mokrenje *n.* urination
molba *n.* plea
molekul *n.* molecule
molekularni *a.* molecular
molilac *n.* petitioner
moliti *v. t.* beg
moliti *v.t.* petition
moliti *v.i.* pray
molitva *n.* prayer
molitvenik *n.* breviary
moljac *n.* moth
momak *n* carl
momak *n.* lad
monah *n.* monk
monarh *n.* monarch
monarhija *n.* monarchy
monaštvo *n* monasticism
monetarni *a.* monetary
monitor *n.* monitor
monodija *n.* monody
monogamija *n.* monogamy
monografija *n.* monograph
monogram *n.* monogram
monohromatski *a.* monochromatic
monokl *n.* monocle
monolit *n.* monolith
monolog *n.* monologue
monolog *n.* soliloquy
monopol *n.* monopoly

monopolist *n.* monopolist
monopolizovati *v.t.* monopolize
monoteist *n.* monotheist
monoteizam *n.* monotheism
monoton *a.* monotonous
monotonija *n* monotony
monstrum *n.* monstrous
monstruozan *a.* monstrous
monsun *n.* monsoon
monter *n* fitter
monumentalan *a.* monumental
moral *n.* morale
moralan *a.* moral
moralisati *v.t.* moralize
moralist *n.* moralist
moralnost *n.* morality
morati *v.* must
morbidan *a.* morbid
morbidnost *n* morbidity
more *n.* sea
moreuz *n.* strait
morfijum *n.* morphia
morganski *a.* morganatic
mornar *n.* mariner
mornar *n.* sailor
mornarica *n.* navy
morski *a.* marine
mortalitet *n.* mortality
morž *n.* walrus
moskovljanin *n.* muscovite
most *n* bridge
mošt *n* must
mošus *n.* musk
motač *n.* winder
motel *n.* motel
motiv *n.* motif
motiv *n.* motive
motivacija *n.* motivation
motivisati *v* motivate
motka *n* bat

moto n. motto
motor n. engine
motor n. motor
motovilo v.t. windlass
mozaik n. mosaic
mozak n. brain
možda adv. perhaps
moždani adj. cerebral
mrak n. dark
mrav n. ant
mraz n. frost
mrdnuti v.i. & n. budge
mrest n. spawn
mrestiti se v.i. spawn
mreža n. mesh
mreža n. web
mreža n. net
mreža n. network
mreže n. pl. toils
mrežnjača n. retina
mrk pogled n. scowl
mrko gledati v.i. scowl
mrlja n. smear
mrlja n. stain
mrlja n. taint
mrlja n. blot
mrlja n. blur
mrljati v.t. stain
mrmljati v.i. mumble
mrmljati v.t. murmur
mrskost n. odium
mršav a. lank
mršavo n. lean
mrštenje n. frown
mrštiti se v.i. frown
mrtav a. dead
mrtvačka nosila n. bier
mrtvački sanduk n. coffin
mrtvačnica n. morgue
mrtvačnica n. mortuary

mrvica n. crumb
mrzak a. odious
mrzeti v.t. hate
mrzovoljan a. morose
mrzovoljan a. petulant
mržnja n. hate
mucanje n. stammer
mucati v.i. stammer
mučan a. laborious
mučan a. troublesome
mučenik n. martyr
mučeništvo n. martyrdom
mučenje n. torture
mučiti v.t. rack
mučiti v.t. tantalize
mučiti v.t. torment
mučiti v.t. torture
mučiti se v.i. moil
mučiti v.t. agonize
mučnina n. nausea
mućkalica v. t. & i. churn
mućkati n. churn
mudar a. sagacious
mudar a. wise
mudrac n. sage
mudrost n. sagacity
mudrost n. wisdom
mudrost n. wisdom-tooth
muka n. torment
mukanje v.i moo
mukati v.i. Moo
mula n. mullah
mulat n. mulatto
mulj n. silt
mulj n. slime
muljav a. slimy
multilateralan a. multilateral
multiparan a. multiparous
mumija n. mummy
mungos n. mongoose

municija *n.* munitions
municija *n.* ammunition
munja *n.* lightening
mural *n.* mural
musketa *n.* musket
musketar *n.* musketeer
muslin *n.* muslin
mustang *n.* mustang
musti *v.t.* milk
muški *a.* male
muški *a.* manly
muški *a.* masculine
muški *a.* virile
muški *rod n* male
muškost *n.* manhood
muškost *n* manliness
mutacija *n.* mutation
mutan *a.* lacklustre
mutativan *a.* mutative
muva *n* fly
muza *n* muse
muzej *n.* museum
muzičar *n.* musician
muzički *a.* musical
muzika *n.* music
muž *n* husband
muževan *a.* manlike
muževnost *n.* virility

N

na *prep.* on
na *prep* upon
na drugoj strani *adv.* overleaf
na kraju *adv.* lastly
na kraju *adv.* ultimately
na obali *adv.* ashore
na prvi pogled *adv.* prima facie
na umoru *a.* moribund

na vreme *a.* timely
na, po *prep.* per
nabaviti *v.t.* procure
nabavka *n.* procurement
nabob *n.* nabob
nabor *n i*
nabor *n.* frill
nabor *n* ply
naborati *v.t.* crimple
nabrajati *v. t.* enumerate
nabrati *v.t.* ruffle
nabreknuti *v.i.* swell
nacija *n.* nation
nacionalista *n.* nationalist
nacionalizacija *n.* nationalization
nacionalizam *n.* nationalism
nacionalizovati *v.t.* nationalize
nacionalni *a.* national
nacrt *n* draught
načelo *n.* tenet
način *n.* manner
način *n.* mode
način *n.* way
način fotokopiranja *n.* xerox
način govora *n.* parlance
načiniti četvorouglastim *v.t.* square
načiniti paralelnim *v.t.* parallel
načitan *a.* well-read
načuti *v.t.* overhear
naći srednju vrednost *v.t.* average
nada *n* hope
nadalje *adv.* onwards
nadaren *a.* gifted
nadati se *v.t.* hope
nadčovek *n.* superman
nadglasati *v.t.* overrule
nadgledanje *n.* invigilation
nadgledati *v.t.* oversee
nadgledati *v.t.* supervise
nadimak *n.* nickname

nadir n. nadir
nadiranje n. onrush
nadjačati v.t. overpower
nadležan a. amenable
nadležnost n. jurisdiction
nadljudski a. superhuman
nadmašiti v.i excel
nadmašiti v.t. outdo
nadmašiti v.t. surpass
nadmašiti u brojnosti v.t. outnumber
nadmašiti u trčanju v.t. outrun
nadmetati se v.t. rival
nadmetati se v.i. vie
nadmoćan a. pre-eminent
nadmoćnost n. pre-eminence
nadmoćan a. predominant
nadmoćan a. superior
nadmudriti v.t gull
nadmudriti v.t. outwit
nadmudriti v.t. trump
nadničar n. jobber
nadničar n. peon
nadoknaditi v.t compensate
nadoknaditi v.t. recompense
nadoknaditi v.t. recoup
nadoknaditi v.t. reimburse
nadole adv downward
nadrilek n. nostrum
nadrilekarstvo n. quackery
nadsijati v.t. outshine
nadsvoditi v.i. vault
nadvoje adv. asunder
nadvratink n. lintel
nadzirati v.t. invigilate
nadzor n. oversight
nadzor n. supervision
nadzor n. surveillance
nadzornik n foreman
nadzornik n. invigilator
nadzornik n. overseer

nadzornik n. superintendent
nadzornik n. supervisor
nadživeti v.i. outlive
naelektrisati v. t electrify
nafta n. petroleum
nag a. bare
nag a. naked
nagao a. impetuous
nagib n slant
nagib n. slope
nagib n. tilt
naginjati ukoso v. t bias
naglas adv. aloud
naglasak n accent
naglasak n emphasis
naglasiti v.t accent
naglasiti v. t emphasize
naglasiti v.t. punctuate
naglašavati v.t stress
naglo a abrupt
nagnati v.t urge
nagnut a downward
nagnuti v.t. slant
nagnuti v.i. slope
nagnuti se v.i. incline
nagnuti se v.i. tilt
nagodba n compromise
nagoditi se v. t compromise
nagomilati v.t. aggregate
nagomilati v.t. amass
nagomilati v.t. bank
nagomilati v. i. cluster
nagomilati v.t. lump
nagomilati se v.i. accrue
nagon n. appetite
nagon n urge
nagore adv. upwards
nagost n nude
nagovaranje n. abetment
nagovestiti v.i hint

nagovestiti v.t. intimate
nagovestiti v.t. portend
nagoveštaj n allusion
nagoveštaj n. hint
nagoveštaj n. inkling
nagoveštaj n. intimation
nagovoriti v.t. abet
nagrada n. prize
nagrada n. reward
nagrada n. award
nagraditi v.t. award
nagraditi v.t. remunerate
nagraditi v.t. reward
naime adv. namely
naivan a. naive
naivnost n. naivete
naivnost n. naivety
naizmenično a. alternate
najam n. hire
najamnik n. hireling
najaviti v.t herald
najfiniji a. superfine
najgori a worst
najgušći deo n. thick
najlon n. nylon
najmanje adv. least
najmanji a. least
najniža plima a. neap
najskriveniji a. inmost
najviše adv. most
najzad adv. last
nakit n. jewellery
naklon n bow
naklon n. obeisance
naklonjen a fond
naklonjenost n. affection
naklonost n favour
naklonost n. like
naknada n. recompense
naknadni izbori n by-election

nakon prep. after
nakon adv after
nakovanj n. anvil
nalepnica n. sticker
nalet n. gust
nalet n rush
nalik a. alike
nalog n. warrant
namamiti v.t. bait
namamiti v. t. entice
namamiti v.t. lure
namazati v.t lime
namazati puterom v. t butter
namera n. intention
nameran a deliberate
nameran a. intentional
nameravati v.t. intend
nameravati v.t. purpose
namerni a. intent
namerno adv. purposely
namesnički a. vicarious
nameštaj n. furniture
nametanje n. imposition
nametanje n. levy
nametati v.t. impose
nametnuti v.t. levy
namigivati v.i. wink
namignuti v.t. beckon
namiguša n. minx
namirisati v.t. perfume
namotati v.t. convolve
namotati v.i. reel
namotati v.t. wind
namrštiti v.t. purse
naneti v.t. inflict
naneti štetu v.t. wrong
naočit a. sightly
naoružanje n. armament
naoružati v.t. arm
napad n fit

napad *n* offensive
napad *n.* seizure
napad *n.* assault
napad *n.* attack
napadački *a.* offensive
napasti *v.t.* invade
napasti iz zasede *v.t.* waylay
napasti *v.t.* assault
napasti *v.t.* attack
napet *n.* intent
napet *a.* tense
napisati *v.t.* write
napitak *n* beverage
napojnica *n.* gratuity
napolje *adv* outwards
napolju *a.* outdoor
napolju *adv* outside
napolju *adv.* outwardly
napolju *adv.* afield
napomena *n.* note
napomena *n.* remark
napomenuti *v.t.* remark
napon *n.* voltage
napor *n* effort
naporan *a.* laboured
naporan *a.* strenuous
naprasit *a.* waspish
naprašiti *v.t.* powder
napraviti *v.t.* make
napraviti od hleba *v. t. & i* breaden
napraviti salto *v.i.* somersault
napred *adv.* forth
napred *adv* forward
napred *a.* onward
napredak *n.* progress
napredovanje *n.* advancement
napredovati *v.i.* progress
napredovati *v.i.* prosper
napredovati *v.i.* thrive
napregnut *a.* intense

naprezanje *n* strain
naprezati *v.t.* strain
naprstak *n.* thimble
napuniti *v.t.* replenish
napuniti, ispuniti *2 v.t.* stuff
napunjen *a.* replete
napustiti *v.t.* abandon
napustiti *v. t.* desert
napustiti *v.t.* forsake
napustiti *v.t.* vacate
napustiti logor *v. i* decamp
naracija *n.* narration
naramak pruća *n* faggot
narandžast *a* orange
narcis *n* narcissus
narcisizam *n.* narcissism
naredba *n* command
narediti *v. t* command
narediti *v. i* decree
narediti *v.t.* instruct
narednik *n.* sergeant
naricanje *n.* lamentation
narkotik *n.* narcotic
narkoza *n.* narcosis
narod *n.* people
narodni *a.* vernacular
naručiti *v.t* order
narukvica *a.* armlet
narukvica *n.* bangle
narukvica *n* bracelet
narušiti *v.t.* infringe
narušivanje *n.* infringement
nasapunjati *v.t.* soap
nasekirati *v.t.* vex
naseliti *v.t.* people
naseliti *v.t.* populate
naseliti *v.i.* settle
naselje *n.* settlement
naselje od baraka *n.* cantonment
naseljen *a.* populous

naseljenik *n.* settler
nasilan *a.* violent
nasilje *n.* outrage
nasilje *n.* violence
nasilno odvajanje *n.* avulsion
nasip *n* causeway
nasip *n* embankment
naslaga *n.* stratum
naslanjati se *v.* abutted
nasledan *a.* heritable
nasleđe *n.* heritage
nasleđe *n.* inheritance
nasleđe *n.* legacy
nasleđen *a.* ancestral
nasleđenost *n.* hereditary
naslediti *v.t.* inherit
naslednik *n.* heir
naslednik *n.* successor
naslednost *n.* heredity
nasledstvo *n.* succession
naslikati *v.t.* picture
nasloniti *v.i.* lean
naslov *n.* heading
naslov *n.* title
naslov *n.* caption
nasrnuti *v.* assail
nasrnuti *v.t.* mob
nastaniti *v.t.* inhabit
nastavak *n.* sequel
nastaviti *v. i.* continue
nastaviti *v.i.* proceed
nastavljanje *n.* continuation
nastavljanje *n.* resumption
nastavni plan *n* curriculum
nastojanje *n* endeavour
nastojati *v.i* endeavour
nastran *a.* queer
nastranost *n.* oddity
nastup *n* bout
nasukati *v.i.* strand

nasuprot *prep.* against
naš *pron.* our
nateći *v. i.* bag
nategnuti *v.t.* string
natovariti *v. t* burden
natovariti *v.t.* lade
natovariti *v.t.* load
natovariti *v.t.* stow
natovariti *v.t.* incur
natpis *n.* inscription
natprirodan *a.* supernatural
natrpati *v. t* cram
naučiti *v.i.* learn
naučni *a.* scholarly
naučni *a.* scientific
naučnik *n.* scientist
nauka *n.* science
nautički *a.* nautic(al)
navala *n* dash
navesti *v. t* coax
navesti *v.t.* induce
navesti *v.t.* specify
navesti *v.t.* adduce
navigacija *n.* navigation
navigator *n.* navigator
navijati *v.t.* wind
navika *n.* habit
navika *n* wont
naviknut *a.* accustomed
naviknut *a.* wont
naviknuti *v. t.* habituate
navlažiti *v.t.* leach
navod *n.* allegation
navođenje *n.* inducement
navoditi *v.t* state
navodnjavanje *n.* irrigation
navodnjavati *v.t.* irrigate
nazad *n.* back
nazal *n* nasal
nazalni *a.* nasal

nazdraviti v.t. toast
nazirati se v.i. loom
nazvati v.t. term
ne n no
ne adv. not
ne slagati se v. i disagree
ne sviđati se v. t displease
ne uspeti v.i fail
ne voleti v. t dislike
ne zadovoljiti v. t. dissatisfy
neaktivan a. inactive
neaktivnost n. inaction
nebeski a. heavenly
nebeski adj celestial
nebesko telo n. orb
nebitan a. irrelevant
nebo n. heaven
nebo n. sky
nećak n. nephew
nečist a. impure
nečistoća n dirt
nečistoća n filth
nečistoća n. impurity
nečitak a. illegible
nečitkost n. illegibility
nečovek n brute
nečujan a. inaudible
nećaka n. niece
nedavni a. recent
nedavno adv. late
nedavno adv. recently
nedelja n. Sunday
nedelja n. week
nedeljiv a. indivisible
nedeljni a. weekly
nedeljnik n. weekly
nedeljno adv. weekly
nedelo n. misdeed
nedelotvoran a. inoperative
nedisciplina n. indiscipline

nedolično ponašanje n. misbehaviour
nedolično se ponašati v.i. misbehave
nedopustiv a. inadmissible
nedopušten a. prohibitive
nedostajati v.t. lack
nedostatak n defect
nedostatak n demerit
nedostatak n disadvantage
nedostatak n. lack
nedostižan a elusive
nedovoljan adj. deficient
nedovoljan a. insufficient
nedovoljno razviti v.t. depauperate
nedovršen a. sketchy
neefikasan a. ineffective
nefleksibilan a. inflexible
neformalan a. informal
negacija n. negation
negativ n. negative
negativan a minus
negativan a. negative
negde adv. somewhere
negde adv. whereabout
negodovanje a. outcry
negostoljubiv a. inhospitable
negovatelj n tender
negovati v. t. cherish
negovati v.t nurse
negovati v.t. nurture
nehotice adv. unawares
nehuman a. inhuman
neiskren a. insincere
neiskrenost n. insincerity
neiskustvo n. inexperience
neispravan a faulty
neizbežan a. inevitable
neizlečiv a. incurable
neizmeran a. measureless
neizračunljiv a. incalculable
neizvesnost n. abeyance

neizvesnost *n.* suspense
neizvestan *a.* uncertain
neizvodljivost *n.* impracticability
neizvršiv *a.* impracticable
nejasan *a* dim
nejasan *a.* indistinct
nejasan *a.* obscure
nejasan *a.* vague
nejasnost *n.* obscurity
nejednak *a* unlike
nejednakost *n* disparity
nekako *adv.* somehow
nekažnjen *a.* scot-free
nekažnjivost *n.* impunity
neki *a.* some
neko *pron.* one
neko *pron.* somebody
neko *n.* somebody
neko *pron.* someone
nekritički *a.* indiscriminate
nektar *n.* nectar
nelagodan *a.* uneasy
nelagodnost *n* discomfort
neljubazan *a.* impolite
nelogičan *a.* illogical
nelojalan *a* disloyal
nem *a.* mute
nema osoba *n.* mute
nemar *n.* negligence
nemaran *a.* negligent
nemaran *a.* reckless
nemaran *a.* slack
nemaran *a.* slipshod
nematerijalni *a.* immaterial
nemerljiv *a.* immeasurable
nemilosrdan *adj.* merciless
nemilosrdan *a.* pitiless
nemilosrdan *a.* relentless
nemilosrdan *a.* ruthless
nemir *n.* turmoil

nemir *n* unrest
nemoć *n.* infirmity
nemoćan *a.* unable
nemoguć *a.* impossible
nemogućnost *n.* impossibility
nemoralan *a.* immoral
nemoralan *a.* amoral
nemoralnost *n.* immorality
nenadmašan *a.* transcendent
nenamerno *adv.* unwittingly
nenormalan *a* abnormal
nenormalnost *n.* aberrance
neobavezan *a.* optional
neobjašnjiv *a.* inexplicable
neobrazovan *a.* ignorant
neočekivana sreća *n.* godsend
neodbranjiv *a.* indefensible
neodgovoran *a.* irresponsible
neodlučan *a.* hesitant
neodlučnost *n.* indecision
neodobravanje *n* disapproval
neodobravati *v. t* disapprove
neodoljiv *a.* adorable
neodređen *a.* indefinite
neodređen *a* pending
neodređeni *član art* an
neodređenost *n.* vagueness
neodvojiv *a.* inseparable
neograničen *a.* limitless
neokaljan *a.* spotless
neolitski *a.* neolithic
neon *n.* neon
neophodan *a.* indispensable
neopipljiv *a.* intangible
neopisiv *a.* indescribable
neopisiv *a.* nefandous
neoprezan *a.* careless
neosetljiv *a.* insensible
neosetljivost *n.* insensibility
neosnovan *a.* baseless

neosporan *a.* indisputable
neotesanost *n.* rusticity
neozbiljan *a.* frivolous
neparan *a.* odd
nepažljiv *a.* inattentive
nepce *n.* palate
nepčan *a.* palatal
nepismen *a.* illiterate
nepismenost *n.* illiteracy
neplodnost *n* barren
nepobediv *a.* invincible
nepobitan *a.* irrefutable
nepodmitljiv *a.* incorruptible
nepodnošljiv *a.* intolerable
nepodnošljivost *n.* intolerance
nepogrešiv *a.* infallible
nepokretan *a.* immovable
nepokretan *a.* motionless
nepokretan *a.* stagnant
nepomirljiv *a.* irreconcilable
nepopravljiv *a.* incorrigible
nepopustljiv *a.* adamant
neposlušan *a.* insubordinate
neposlušnost *n.* insubordination
neposredan *a* immediate
neposredan *a.* proximate
nepostojanje *n.* nonentity
nepošten *a* dishonest
nepošten *a.* fraudulent
nepošten *a.* underhand
nepoštenje *n.* dishonesty
nepošteno zarađivati *v.i.* profiteer
nepoštovanje *n* disrespect
nepotizam *n.* nepotism
nepotpun *a .* incomplete
nepotreban *a.* needless
nepouzdan *a.* unreliable
nepoverenje *n* distrust
nepoverenje *n.* mistrust
nepovezan *a.* incoherent

nepovoljnost *v.i.* skid
nepovrativ *a.* irrecoverable
nepoznat *a.* anonymous
nepoznat *a.* uncouth
nepravda *n.* injustice
nepravedan *a* unfair
nepravedan *a.* unjust
nepravilan *a* anomalous
nepravilan *a.* irregular
nepravilnost *n* anomaly
nepravilnost *n.* irregularity
neprekidan *a* continuous
neprelazni *a.* intransitive
nepremostiv *a.* insurmountable
neprestan *a.* ceaseless
neprestan *adj.* continual
neprestano ponavljanje *n.* reiteration
neprestano ponavljati *v.t.* reiterate
neprijatan *a.* disagreeable
neprijatelj *n* enemy
neprijatelj *n* foe
neprijateljski *a.* hostile
neprijateljski *a.* inimical
neprijateljstvo *n* enmity
neprijateljstvo *n.* hostility
neprijateljstvo *n* animosity
neprikladan *a.* improper
neprikladan *a.* inconvenient
neprikladan *a.* undue
neprikladnost *n.* impropriety
neprikosnoven *a.* inviolable
neprilagodljivost *n.* maladjustment
neprilika *n* fix
neprilika *n.* nuisance
neprilika *n.* predicament
neprimenljiv *a.* inapplicable
neprincipijelan *a.* unprincipled
nepristojan *a.* indecent
nepristojan *a.* rude
nepristojnost *n.* indecency

nepristrasan a. impartial
nepristrasnost n. impartiality
neprobojan a. impenetrable
neprocenjiv a. invaluable
neprohodan a. impassable
neprolazan a. imperishable
nepromišljen a. imprudent
nepromišljen a. inconsiderate
nepromišljen a. mindless
nepromočiv a. watertight
neproziran a. opaque
neprozirnost n. opacity
neptun n. Neptune
nerad a. reluctant
neraspoložen a. indisposed
nerastvoriv n. insoluble
neravan a. rugged
neravan adj bumpy
nerazborit a. injudicious
nered n. mess
nervozan a. nervous
nesavladiv a. indomitable
nesavršen a. imperfect
nesavršenost n. imperfection
nesebičan a. selfless
nesiguran a. insecure
nesigurnost n. insecurity
neskladan adj absonant
nesklon a. loath
neskroman a. immodest
neskromnost n. immodesty
nesloga n discord
nesmotrenost n. imprudence
nesnosan a. insupportable
nesporazum n. disagreement
nesporazum n misapprehension
nesporazum n. misunderstanding
nesposoban a disabled
nesposoban a. incapable
nesposoban a. incompetent

nesposobnost n disability
nesposobnost n. inability
nesposobnost n. incapacity
nespretan a clumsy
nespretan a. maladroit
nesreća n. misfortune
nesrećan a. unfortunate
nesrećan a. unhappy
nesrećan slučaj n. mischance
nesrećan slučaj n. mishap
nesreća n accident
nesreća n. adversity
nesreća n. calamity
nesrećan a. luckless
nesrećan a. miserable
nesrećan a. woebegone
nestabilan adj. astatic
nestabilnost n. instability
nestajati v. t dwindle
nestalnost n. vicissitude
nestanak n disappearance
nestašica n dearth
nestaško n. tomboy
nestašluk n mischief
nestašluk n. prank
nestašnost n. petulance
nestati v. i disappear
nestrpljenje n. impatience
nestrpljiv a. impatient
nestrpljiv adj. agog
nestručan a. lay
nesvarljiv a. indigestible
nesvest n. swoon
nesvestan a. oblivious
nesvestan a. unaware
nesvrstanost n. non-alignment
nešto pron. some
nešto pron. something
nešto adv. something
nešto adv. somewhat

netačan *a.* inaccurate
netačan *a.* incorrect
netačan *a.* inexact
netaknut *a.* intact
neto *a* net
netolerantan *a.* intolerant
neučtiv *a* discourteous
neugodan *a.* uncanny
neuhranjenost *n.* malnutrition
neumetnički *a.* artless
neumoljiv *a.* inexorable
neumrljan *a.* stainless
neuporediv *a.* incomparable
neuporediv *a.* nonpareil
neurolog *n.* neurologist
neurologija *n.* neurology
neuroza *n.* neurosis
neuspeh *n* failure
neuspeo *adv* abortive
neustrašiv *a* dauntless
neustrašiv *a.* interpid
neustrašivost *n.* intrepidity
neutralan *a.* neutral
neutralisati *v.t.* neutralize
neutron *n.* neutron
nevaljalost *n.* roguery
nevaljao *a.* naughty
nevaspitan *a* unmannerly
nevažeći *a.* invalid
neven *n.* marigold
neverovatan *a* fabulous
neverovatan *a.* incredible
neverovatan *a.* unlikely
neveseo *a* cheerless
nevesta *n* bride
nevidljiv *a.* invisible
nevin *a.* chaste
nevin *a.* innocent
nevinost *n.* chastity
nevinost *n.* innocence

nevinost *n.* virginity
nevolja *n* ill
nevolja *n.* need
nevolja *n.* trouble
nezaboravan *a.* memorable
nezadovoljan *a.* malcontent
nezadovoljstvo *n* discontent
nezadovoljstvo *n* displeasure
nezadovoljstvo *n* dissatisfaction
nezadovoljstvo *n* malcontent
nezahvalan *a.* thankless
nezahvalnost *n.* ingratitude
nezakonit *a.* illegal
nezakonit *a.* illegitimate
nezakonit *a.* lawless
nezakonit *a.* wrongful
nezasit *a.* insatiable
nezavisan *a.* independent
nezavisnost *n.* independence
nezgoda *n.* misadventure
nezgodan *a.* awkward
nezgrapan *a.* ungainly
neznanje *n.* ignorance
neznanje *n.* nescience
nezrelost *n.* immaturity
nezreo *a.* immature
nezreo *adj* callow
nežan *a.* dainty
nežan *a* tender
nežan *a.* affectionate
neženja *n* agamist
neženja *n.* bachelor
neživ *a.* inanimate
nežno *a.* gentle
nežnost *n.* endearment
ni *conj.* neither
ni jedan *a.* no
nicati *v.i.* sprout
nigde *adv.* nowhere
nihilizam *n.* nihilism

nijansa n. nuance
nijansa n. tinge
nijansirati v.t. tinge
nikada adv. never
nikako adv. no
nikako adv. none
nikl n. nickel
niko pron. nobody
niko pron. none
nikotin n. nicotine
nimfa n. nymph
nisko adv. low
niša n. niche
ništa n. nothing
ništa adv. nothing
ništa n. nought
nit n. thread
niti adv. either
niti conj nor
nitkov n cad
nitkov n. miscreant
nitkov n. rascal
nitkov n. scoundrel
nivo n. level
niz prep down
niz n. tier
nizak a. low
nizak položaj n. low
nizati v.i. file
niže adv beneath
niže v.t. lower
niže adv under
niže plemstvo n. gentry
niži a. nether
niži a under
noć n. night
noćna mora n. nightmare
noćni a. nocturnal
noću adv. nightly
noćni a overnight

noga n. leg
noj n. ostrich
nomad n. nomad
nomadski a. nomadic
nomenklatura n. nomenclature
nominalan a. nominal
nominovati v.t. nominate
nonparel n. nonpareil
nonšalantan a. nonchalant
nonšalantnost n. nonchalance
norma n. norm
normalan a. normal
normalizovati v.t. normalize
normalnost n. normalcy
nos n. nose
nosač n. carrier
nosač n coolie
nosač n. girder
nosat a. nosey
nosila n. stretcher
nosilac medalje n. medallist
nosiljka n. sedan
nositi v.t bear
nositi v. t. carry
nosorog n. rhinoceros
nostalgija n. nostalgia
nošen adj. borne
nošenje n. portage
notacija n. notation
nov a. new
nov a. novel
novac n. lucre
novac n. money
novčan a. pecuniary
novčana pošiljka n. remittance
novčanik n. purse
novčanik n. wallet
novčić n coin
novčić n. mite
novela n. novelette

novembar *n.* november
novinar *n.* journalist
novinar *n.* reporter
novinarstvo *n.* journalism
novine *n.* gazette
novost *n.* novelty
nozdrva *n.* nostril
nož *n.* knife
nož pluga *n* colter
nožni prst *n.* toe
nuklearna *a.* nuclear
nula *n.* nil
nula *a.* null
nula *n.* zero
numerički *a.* numerical
nusproizvod *n* by-product
nutritivan *a.* nutritive
nužda *n.* necessity
nužnik *n.* latrine

NJ

njakanje *n* bray
njakati *v. i* bray
njega *pron.* him
njegov *pron.* his
njen *a* her
njih *pron.* them
njihanje *n* sway
njihati *v.i.* sway
njihov *a.* their
njihov *pron.* theirs
njoj *pron.* her
njušiti *v.t* nose
njuška *n.* muzzle
njuškalo *a.* nosy
njuškati *v.* nuzzle

O

o *prep* about
oaza *n.* oasis
oba *a.*, either
oba *a* both
oba *pron* both
oba *conj* both
obad *n.* gadfly
obala *n* coast
obala *n.* shore
obala *n* strand
obasipati *v.t.* lavish
obavestiti *v.t.* apprise
obavestiti *v.t.* inform
obavestiti *v.t.* notify
obaveštenje *n.* notification
obaveza *n.* must
obaveza *n.* obligation
obavezan *a* compulsory
obavezan *a* incumbent
obavezan *a.* mandatory
obavezan *a.* obligatory
obavezati *v.t.* oblige
obavezati se *v. t.* commit
obavezujuć *a* binding
obaviti *v.t.* transact
obazriv *adj.* circumspect
obazriv *a.* precautionary
obdanište *n.* kindergarten
obdariti *v. t* endow
obdukcija *n.* post-mortem
obdukcioni *a.* post-mortem
obećanje *n* promise
obećati *v.t* promise
obećavajući *a.* promising
obeleti *v.t.* whitewash
obeleženo mesto *n.* book-mark

obeležiti v.t. sign
obeležiti inicijalima v.t initial
obeshrabriti v.i. dehort
obeshrabriti v. t. discourage
obeshrabriti v. t dishearten
obesiti v.t. hang
obesmrtiti v.t. immortalize
obeštećenje n redress
obezbediti v. t ensure
obezbediti v.i. provide
obezvrediti v.t.i. depreciate
običaj n. custom
obično adv. usually
obilan a abundant
obilan a. profuse
obilje n abundance
obilje n. profusion
obilje n. redundance
obilovati v.i. abound
obim n. extent
obim n. scope
obiman a. voluminous
objasniti v. t elucidate
objasniti v. t. explain
objašnjenje n explanation
objava n. announcement
objaviti v.t. announce
objaviti v.t. post
objaviti v.t. publish
objekat n. object
objektiv n. lens
objektivan a. objective
oblačan a. overcast
oblačenje n dressing
oblačiti v. t dress
oblačno a cloudy
oblaganje n coating
oblagati v.t. panel
oblak n. cloud
oblik n. shape

oblikovati v.t. model
oblikovati v.t. mould
oblikovati v.t shape
obložiti v.t. pad
obložiti daskama v.t. plank
obložiti jastucima v. t cushion
obmana n. delusion
obmanjivati v.t. misguide
obmanuti v. t beguile
obmanuti v. t deceive
obmanuti n.t. delude
obnova n. renewal
obnova n. renovation
obnoviti v.t. renew
obnoviti v.t. restore
obod n. rim
obod n brim
obogatiti v. t enrich
obojiti v.t. tincture
obojiti v.t. tint
oboljenje n. ailment
oboriti v.t. prostrate
obožavalac n. idolater
obožavalac n. worshipper
obožavanje n. apotheosis
obožavanje n. worship
obožavanje n. adoration
obožavati v.t. worship
obožavati v.t. adore
obraćati se v.i. plead
obradiv a. workable
obradiv adj. arable
obrađivati v. t cultivate
obrađivati v.t. till
obradovati v.t. gladden
obratiti se v.t. address
obraz n cheek
obrazac n. norm
obrazac n. pattern
obrazloženje n. rationale

obrazovanje *n* education	očekivati *v. t* expect
obrazovati *v. t* educate	očevidan *a.* manifest
obred *n.* ordinance	očevina *n.* patrimony
obred *n.* rite	očigledan *a.* evident
obredni *a.* ceremonious	očigledan *a.* obvious
obrezivanje *n.* lop	očigledno *adv* clearly
obrisati sunđerom *v.t.* sponge	očijukanje *n* ogle
obrnuti *v.t.* invert	očijukati *v.t.* ogle
obrnuti *v.t.* reverse	očinski *a.* paternal
obrnuto *adv.* vice-versa	očistiti *v. t* cleanse
obrok *n.* meal	očistiti *v.t.* purge
obrok *n.* ration	očistiti *v.t.* purify
obrt *n.* twist	očna jabučica *n* eyeball
obrtati se *v.i.* revolve	očni *a.* ocular
obrubiti *v.t* fringe	očuvati *v. t* conserve
obrubiti *v.t.* list	očvrsnuti *v.t.* toughen
obrva *n* brow	od *prep.* from
obućar *n* cobbler	od *prep.* since
obući *v.t.* apparel	od sada *adv.* henceforth
obući *v.t.* attire	od sada *adv.* hereafter
obući *v. t* clothe	oda *n.* ode
obući *v.t* garb	odakle *adv.* whence
obući *v.t.* vest	odan *a.* staunch
obuhvatanje *n* comprehension	odan *a.* whole-hearted
obuhvatati *v.t.* implicate	odande *adv.* thence
obuhvatiti *v. t* comprehend	odašiljač *n.* transmitter
obuka *n.* training	odbaciti *v. t* discard
obustava *n* stop	odbaciti *v. t.* dismiss
obustava *n.* suspension	odbaciti *v.t.* rebuff
obuti *v.t.* shoe	odbacivanje *n.* rebuff
obuzdati *v.t.* restrain	odbegao *a.* fugitive
obuzdati *v.t.* subdue	odbijanje *n.* rebound
obuzdatu *v. t* curb	odbijanje *n.* refusal
oceniti *v. t* evaluate	odbijanje *n.* rejection
oceniti *v.t* grade	odbijanje *n.* repulse
oceubistvo *n.* patricide	odbijanje dojenčeta *n* ablactation
očajan *a* desperate	odbiti *v.t.* deduct
očajanje *n* despair	odbiti *v.t.* negative
očajavati *v. i* despair	odbiti *v.i.* rebound
očekivanje *n.* expectation	odbiti *v.t.* refuse

odbiti v.t. reject
odbiti v.t. repel
odbiti v.t. repulse
odbiti v.t. stud
odbiti dojenče v. t ablactate
odbojan a. repulsive
odbojno adv. recoil
odbojnost n. repulsion
odbor n committee
odbor n board
odbornik n. councillor
odbrambeno adv. defensive
odbrana n defence
odeća n. clothes
odeća n clothing
odeća n. garb
odeća n. garment
odeća n. apparel
odeća n. attire
odeljak n. section
odeljenje n. compartment
odeljenje n department
odelo n. suit
odenuti v.t. robe
oderati v.t skin
odežda n. vestment
odgajati v.t. foster
odgajati v.t. mother
odgajivačnica zečeva n. warren
odgoditi v.t. adjourn
odgoj n. nurture
odgovarati v. i correspond
odgovarati v.i. match
odgovarati v.t. suit
odgovor n. rejoinder
odgovor n reply
odgovor n. response
odgovor n. retort
odgovor n answer
odgovoran a. liable

odgovoran a. responsible
odgovoran a accountable
odgovoriti v.i. reply
odgovoriti v.i. respond
odgovoriti v.t. retort
odgovoriti v.t answer
odgovorljiv a. answerable
odgovornost n blame
odgovornost n. liability
odgovornost n. responsibility
odjek n echo
odjekivati v. t echo
odjeknuti v.i. resound
odkad conj. since
odlaganje n. postponement
odlaganje n. adjournment
odlazak n departure
odličan a. excellent
odlika n feature
odložiti v.t. & i. delay
odložiti v.t. postpone
odlučan a. resolute
odlučan a. stalwart
odlučan zagovornik n stalwart
odlučiti v. t decide
odlučiti se v.i. opt
odlučnost n. determination
odlučujući a decisive
odluka n decision
odmah adv. forthwith
odmah adv. instantly
odmah adv. anon
odmarati se v.i. repose
odmazda n. retaliation
odmeriti v.t mete
odmetnik n. outlaw
odmor n. holiday
odmor n. repose
odmor n rest
odmor n. vacation

odmor n break
odmoriti se v.i. rest
odnos n. intercourse
odnos n. ratio
odnos n. relation
odnosan a. respective
odnositi se v.i. pertain
odnositi se v.t. relate
odobravanje n acclaim
odobrenje n grant
odobrenje n. approbation
odobrenje n. approval
odobriti v.t acclaim
odobriti v. t. endorse
odobriti v.t. grant
odobriti v.t. vouchsafe
odobriti v.t approbate
odobriti v.t. approve
odojče n. infant
odoleti v.t. resist
odoleti v.t. weather
odomaćiti v.t. naturalize
odonda adv. since
odrasla osoba n. adult
odrastao a adult
odraz n. reflection
odraziti v.t. reflect
odražavati v.t. mirror
odreći se v.t forgo
odreći se v.t. relinquish
odreći se v.t, abdicate
odreći se v.t. renounce
odredba n. provision
odredba n. stipulation
određen a definite
određen a express
određen a set
određeni a certain
odrediti v.t. allot
odrediti v. t determine

odrešiti v.t. loose
odricanje n abdication
odricanje n. renunciation
odrubiti glavu v. t. behead
održati v.t. sustain
održavanje n. maintenance
održavanje n upkeep
održavati v.t. maintain
održiv a. tenable
održiv a. viable
odsečan a curt
odsto adv. per cent
odstupanje n deviation
odstupati v. i deviate
odsutan a absent
odsutnost n absence
odšteta n. indemnity
odšteta n.pl. amends
odučiti v.t. wean
odugovlačenje n. procrastination
odugovlačiti v.i. linger
odugovlačiti v.i. procrastinate
odustati v.t. waive
odušak n. vent
oduševljen a enthusiastic
oduzeti v.t. subtract
oduzimanje n. subtraction
odvajanje n detachment
odvažan a. mettlesome
odvod n drain
odvoditi v. t drain
odvodni kanal n. culvert
odvodni kanal n sewer
odvodni sistem n. sewage
odvojen a. separate
odvojeno adv. apart
odvojiti v. t detach
odvojiti v.t. segregate
odvojiv v.t. separate
odvratan a. hideous

odvratan a. obnoxious
odvratan a. repellent
odvratan a. repugnant
odvratiti v.t. & i. deflect
odvratiti v. t dissuade
odvratnost n. repugnance
oficir n. officer
oglas n. handbill
oglas n advertisement
oglasiti v. t denounce
oglašavati v.t. advertise
ogledalo n mirror
ognjište n. hearth
ogoliti v.t. denude
ogovaranje n. gossip
ogovaranje v.t. backbite
ograda n. close
ograda n fence
ograda n. hurdle1
ograda n. raling
ograditi v.t fence
ograditi v.t hedge
ograditi v.t hurdle2
ograditi v.t. rail
ograditi kolcima v.t. picket
ograničen a. limited
ograničen a. terminable
ograničenje n. confinement
ograničenje n. limitation
ograničenje n. restriction
ograničenost n. insularity
ograničiti v. t confine
ograničiti v.t. limit
ograničiti v.t. restrict
ogrlica n. necklace
ogroman a enormous
ogroman a. huge
ogroman a. immense
ogroman a mammoth
ogroman a. tremendous

ogroman a. vast
ogrozd n. gooseberry
ogrtač n. cloak
ogrtač n. overall
ohol a. arrogant
ohol a. haughty
oholo a. lordly
oholost n. arrogance
ohrabriti v. t. embolden
ohrabriti v. t encourage
ojačati v.t. strengthen
okaljati v.t. spot
okean n. ocean
okeanski a. oceanic
okidač n. trigger
oklevanje n demur
oklevanje n. hesitation
oklevati v. t demur
oklevati v. t. halt
oklevati v.i. hesitate
oklevetati v.t. libel
okliznuće n. slip
okliznuti se v.i. slip
oklop n mail
oklop n. armour
oklopiti v.t. plate
oklopna rukavica n. gauntlet
okno n. pane
oko n eye
oko prep. around
okolnost n circumstance
okolo adv. round
okolo adv. around
okončati v.t. terminate
okoreo a. callous
okoštati v.t. ossify
okovati v.t. iron
okovati v.t. shackle
okovati v.t. tip
okovi n. shackle

okovratnik *n* collar	olakšati *v.i.* lighten
okrečiti *v.t.* plaster	olakšati *v.t.* relieve
okrenut *uvis a.* upward	olakšica *n* concession
okrenuti *v.i.* turn	oličavati *v.t.* impersonate
okret *n* turn	oličavati *v.t.* personify
okretan *a.* nimble	oligarhija *n.* oligarchy
okretan *a.* versed	olimpijada *n.* olympiad
okretanje *n.* spin	oljuštiti *v.t.* peel
okretati se *v.t.* pivot	olovka *n.* pencil
okriviti *v.t.* impeach	olovni *a.* leaden
okriviti *v.t.* incriminate	olovo *n.* lead
okrug *n.* county	oltar *n.* altar
okrug *n* district	oluja *n.* gale
okrugao *a.* round	oluja *n.* storm
okruglost *n.* round	oluja *n.* tempest
okrutan *a.* atrocious	olujni *a.* stormy
okrutan *a* cruel	oluk *n.* gutter
okrutnost *n* cruelty	olupina *n.* wrack
okruženje *n.* environment	olupina *n.* wreck
okruženje *n.* surroundings	olupina *n.* wreckage
okružiti *v. t.* encircle	omalovažavanje *n.* slight
okružiti *v.t.* ring	omalovažavati *v.t.* slight
okruživati *v.t.* surround	omamiti *v.t.* stupefy
oksidisati *v.* acetify	omašiti *v.i* blunder
oktava *n.* octave	omaška *n* blunder
oktobar *n.* October	omaž *n.* homage
okular *n.* oculist	omča *n* bight
okultan *a.* occult	omega *n.* omega
okupator *n.* occupier	ometati *v.t.* hinder
okupiti *v.t.* gather	ometati *v.t.* impede
okusiti *v.t.* taste	ometati *v.t.* obstruct
okutnost *n* atrocity	omiljen *a* favourite
okvir *n* frame	omladina *n. pl.* teens
okvir kamina *n.* mantel	omogućiti *v. t* enable
olabaviti *v.t.* loosen	omotač *n* mantle
olabaviti *v.t.* slacken	omotač *n.* wrapper
olako *adv.* lightly	omplet *n.* omelette
olakšanje *n.* alleviation	on *pron.* he
olakšati *v.t.* alleviate	ona *pron.* she
olakšati *v.t* facilitate	onaj *dem. pron.* that

onaj koji ima licencu *n.* licensee	opčinjenost *n* spell
onda *adv.* then	opeći koprivom *v.t.* nettle
oneraspoložiti *v. t* deject	opeklina *n* singe
onesposobiti *v. t* disable	opekotina *n.* burn
onesposobljen *a.* invalid	opera *n.* opera
onesvestiti se *v.i* faint	operacija *n.* operation
onesvestiti se *v.i* swoon	operativan *a.* operative
ono što je glavno *n.* paramount	operator *n.* operator
ono što je malo *n.* little	opet *adv.* again
ono što je manje *n* less	opijum *n.* opium
ono što je najgore *n.* worst	opipati palcem *v.t.* thumb
onomatopeja *n.* onomatopoeia	opipljiv *a.* palpable
opadanje *n.* decrement	opipljiv *a.* tangible
opadanje *n* wane	opiranje *n.* reluctance
opadati *v. i* ebb	opis *n* description
opadati *v.i.* wane	opisati *v. t* describe
opak *n.* arrant	opisni *a* descriptive
opak *a.* vicious	opklada *n* bet
opakost *n.* malignancy	opkoliti *v. t* encompass
opal *n.* opal	oplakivanje *n* lament
opasač *n.* waistband	oplakivanje *n.* mourning
opasan *a* dangerous	oplakivati *v.i.* lament
opasan *a.* perilous	oplemeniti *v. t.* ennoble
opasan *a.* venturous	opljačkati *v.t.* depredate
opasan *n* breakneck	opljačkati *v.t.* rifle
opasati *v.t.* gird	opljačkati *v.t.* rob
opasati *v.t.* strap	opljačkati *v.t.* sack
opasati šancem *v.t.* moat	oploditi *v.t* fertilize
opasati zidom *v.t.* wall	opojno sredstvo *n.* intoxicant
opasati *v.t.* begird	oponašati *v.t.* ape
opasivati *v.t* girdle	opor *a.* pungent
opasnost *n.* danger	oporavak *n.* recovery
opasnost *n.* jeopardy	oporaviti se *v.t.* recover
opasnost *n.* peril	oporeziv *a.* taxable
opasti *v.i.* subside	oporezivanje *n.* taxation
opaziti *v. t* behold	oporezovati *v.t.* tax
opaziti *v.t.* perceive	oporost *n.* pungency
opcija *n.* option	oportunizam *n.* opportunism
opčiniti *v. t* bedevil	opovrgnuti *v.t.* confute
opčiniti *v. t* enchant	opovrgnuti *v. t* disprove

opozicija n. opposition
opoziv n. recall
opoziv n. revocation
opozivan a. revocable
opozivanje n repeal
opozvati v.t. countermand
opozvati v.t. recall
opozvati v.t. repeal
opozvati v.t. revoke
opraštanje n. remission
oprati v.t. launder
opravdan a. justifiable
opravdanje n. justification
opravdanje n. vindication
opravdati v.t excuse
opravdati v.t. justify
opravdati v.t. vindicate
opravljiv a. repairable
oprema n equipment
oprema n. gear
oprema n. kit
oprema n. outfit
opremiti v. t equip
opremiti v.t. furnish
oprez n. caution
oprezan a. provident
oprezan a. vigilant
oprezan a. wary
oprezan a. alert
oprezan a careful
oprezan a. cautious
opreznost n. alertness
oprljiti v.t. scorch
oprljiti v.t. singe
oprostiti v.t. assoil
oprostiti v.t forgive
oprostiti v.t. pardon
oprostiti v.t. remit
oprostiv a. pardonable
oprostiv a. venial

oproštaj n farewell
oproštenje n. condonation
oproštenje n. pardon
opsada n. siege
opscen a. obscene
opsedati v. t besiege
opsednuti v.t. obsess
opseg n. circumference
opservatorija n. observatory
opsesija n. obsession
opsežan a. ample
opskrbiti v.t. stock
opstajati v.i. subsist
opstanak n. subsistence
opstanak n. survival
opstati v.i. survive
opstrukcija n. obstruction
opstruktivan a. obstructive
opšta tuča n. melee
opšti a. general
opština n. municipality
opštinski a. municipal
opštinski a. township
opteretiti v. t. encumber
optičar n. optician
optički a. optic
optimalan a optimum
optimista n. optimist
optimistički a. optimistic
optimizam n. optimism
optimum n. optimum
optužba n. impeachment
optužba n accusation
optuženi n defendant
optuženik n. respondent
optuženik n. accused
optužiti v. arraign
optužiti v.t. indict
optužiti v.t. accuse
optužnica n. indictment

opunomoćenik *n.* warrantee
opunomoćiti *v.t.* accredit
opustiti *v.t.* relax
opuštanje *n.* relaxation
orač *n.* ploughman
orah *n* nut
orah *n.* walnut
orao *n* eagle
orati *v.i* plough
oratorijum *n.* oratory
orbita *n.* orbit
oreol *n.* nimbus
orezati *v.t.* prune
organ *n.* organ
organizacija *n.* organization
organizam *n.* organism
organizovati *v.t.* organize
organski *a.* organic
original *n* original
originalan *a.* original
originalnost *n.* originality
Orijent *n.* orient
orijentalan *a.* oriental
orijentisati *v.t.* orient
orijentisati *v.t.* orientate
orkestar *n.* orchestra
orkestarski *a.* orchestral
orman *n* cupboard
ormar *n.* ambry
ormar *n.* locker
ornament *n.* ornament
ornamentni *nož n.* baslard
oružarnica *n.* armoury
oružje *n.* weapon
osa *n.* wasp
osakatiti *v.t.* lame
osam *n* eight
osamdeset *n* eighty
osamdesetogodišnje *a* octogenarian
osamdesetogodišnji *a.* octogenarian

osamiti *v.t.* seclude
osamljen *a.* secluded
osamljenost *n.* seclusion
osamnaest *a* eighteen
oscilacija *n.* oscillation
oscilovati *v.i.* oscillate
osećaj *n* feeling
osećaj *n.* sentience
osećanje *n.* sentiment
osećati *v.t* feel
osećaj *n.* sense
osećajan *a.* sentient
osedlati *v.t.* saddle
oseka *n* ebb
osetiti *v.t.* sense
osetljiv *a.* sensitive
osetljiv *a.* touchy
osetljivost *n.* sensibility
osigurač *n* fuse
osiguranje *n.* insurance
osigurati *v.t.* insure
osigurati *v.t.* secure
osim *prep* except
osim *da conj.* but
osion *a.* rampant
osip *a.* rash
osiromašiti *v.t.* impoverish
oskudan *a.* meagre
oskudan *a.* scant
oskudan *a.* scanty
oskudan *a.* sparse
oskudica *n.* privation
oskudica *n.* scarcity
oskudica *n.* stringency
oslabiti *v. t.* enfeeble
oslabiti *v.t. & i* weaken
oslikati *v.t.* portray
oslobađajuća presuda *n.* acquittal
oslobađanje roba *n.* manumission
oslobođen *adj.* exempt

oslobođenje n. liberation
oslobodilac n. liberator
osloboditi v.t absolve
osloboditi v. t. exempt
osloboditi v.t free
osloboditi v.t. liberate
osloboditi v.t. rid
osloboditi ropstva v.t. manumit
osloboditi v.t. acquit
oslonac n. backbone
osloniti v.i. rely
osmatrač n. on-looker
osmeh n. smile
osmina milje n. furlong
osmougao n. octagon
osmougli a. octangular
osnivač n. founder
osnivanje n establishment
osnov n. rudiment
osnova n. basis
osnovni a. fundamental
osnovni a. primary
osnovni a. rudimentary
osnovni adj. basal
osnovni a. base
osnovni a. basic
osoba n. person
osobina n. trait
osoblje n. personnel
osoblje n. staff
osokoliti v.t. man
osovina n. axis
osovina n. axle
osposobiti v. t empower
osramotiti v.t. attaint
osramotiti v. t. debase
osramotiti v. t dishonour
osrednji a. mediocre
osrednji a. middling
osrednjost n. mediocrity

ostaci n. remains
ostareo a. aged
ostatak n. remainder
ostatak n. residue
ostati v.i. remain
ostati v.i. stay
ostava n. pantry
ostaviti v.t. leave
ostaviti v.t. pot
ostaviti razmak v.t. space
ostavka n. resignation
ostriga n. oyster
ostrvo n. island
ostrvo n. isle
ostrvski a. insular
ostvaren a accomplished
ostvariti v.t. accomplish
osuda n condemnation
osuda n conviction
osuđenik n convict
osuditi v. t. condemn
osuditi v. t. convict
osuditi v. t. doom
osuditi v.t. sentence
osuditi v.t., umpire
osujetiti v.t. thwart
osumnjičen a. suspect
osumnjičeni n suspect
osumnjičiti v.t. suspect
osušiti v. i. dry
osvajanje n conquest
osveta n. revenge
osveta n. vengeance
osvetiti v.t. revenge
osvetiti v.t. sanctify
osvetiti se v.i. retaliate
osvetliti v.t. illuminate
osvetliti v.t. light
osvetljen v.i. alight
osvetljenje n. illumination

osvetnik *n.* nemesis
osvetoljubiv *a.* revengeful
osveženje *n.* refreshment
osvežiti *v.t.* refresh
osvojiti *v. t* conquer
ošamariti *v.t.* slap
ošamutiti *v.t.* stun
ošišati *v.t* fleece
ošišati *v.t.* shear
oštar *a.* acute
oštar *a.* caustic
oštar *a.* poignant
oštar *a.* severe
oštar *a.* sharp
oštar bol *n* smart
oštetiti *v. t.* damage
oštetiti *v.t* harm
oštrica *n.* blade
oštrina *n.* poignancy
oštro *adv.* sharp
oštrokondža *n.* shrew
oštrouman *adj.* argute
otac *n* father
otcepiti se *v.i.* secede
otcepljenje *n.* secession
oteklina *n* swell
otelotvoriti *v. t.* embody
otelovljenje *n* embodiment
oteti *v.t.* abduct
otići *v. i.* depart
otirač *n.* mat
otisak *n.* imprint
otisak *n* print
otkazati *v. t.* cancel
otkazivanje *n* cancellation
otkriće *n.* discovery
otkriti *v. t* detect
otkriti *v. t* disclose
otkriti *v. t* discover
otkriti *v. t* divulge

otkrovenje *n.* revelation
otkucaj *n.* tick
otkup *n.* ransom
otkupiti *v.t.* ransom
otmenost *n.* sublimity
otmica *n* abduction
otoman *n.* ottoman
otpaci stakla *n.* cullet
otpad *n.* waste
otpadak *n.* scrap
otplata *n.* instalment
otplata *n.* repayment
otpor *n.* resistance
otporan *a* proof
otporan *a.* resistant
otpremiti *v.t* outfit
otprilike *adv* about
otprilike *adv.* thereabouts
otpust *n.* conge
otpuštanje *n* dismissal
otrcan *a.* shabby
otrcan *a.* threadbare
otrgnuti *v.t.* pluck
otrov *n.* poison
otrov *n.* venom
otrovan *a.* poisonous
otrovan *a.* venomous
otrovati *v.t.* intoxicate
otrovati *v.t.* poison
otud *adv.* hence
otuđiti *v.t.* alienate
otvaranje *n.* opening
otvor *n.* aperture
otvoren *a.* open
otvoren *a.* outspoken
otvoren *a.* overt
otvoreno *adv.* openly
otvoriti *v.t.* open
otvoriti *v.t.* unfold
ova noć *n.* to-night

ovacija n. ovation
ovakav a. such
oval n oval
ovalan a. oval
ovamo adv. hither
ovan n. ram
ovan n. aries
ovaploćenje n. incarnation
ovaplotiti v.t. incarnate
ovca n ewe
ovca n. sheep
ovčetina n. mutton
ovde adv. here
ovde u okolini adv. hereabouts
ovekovečiti v.t. perpetuate
ovenčan lovorom a. laureate
ovenčati v.t. garland
ovlastiti v. t depute
ovlastiti v. t. entitle
ovlastiti v.t. authorize
ovlašćenje n deputation
ozakoniti v. t enact
ozbiljan a earnest
ozbiljan a. grave
ozbiljan a serious
ozbiljan a. stern
ozbiljnost n. gravity
ozbiljnost n. severity
ozloglašen a. infamous
ozloglašen a. notorious
ozloglašenost n disrepute
ozloglašenost n. notoriety
ozlojeđen a. indignant
ozlojeđenost n. indignation
ozlojeđenost n. resentment
označavati v. i denote
označavati v.t. signify
označiti v.t mark
označiti v.t. tag
oznaka n. tag

ozračiti v.i. irradiate
ožalostiti v. t distress
ožalostiti v.t. afflict
ožalostiti v.t. aggrieve
ožalošćeni n. mourner
ožiljak n scar
oživeti v.t. animate
oživeti v. t. enliven
oživeti v.i. revive
oživeti v.t. zip
oživljavanje n. revival
oživljavati v.t. vitalize

P

pa conj. so
pacijent n patient
pacov n. rat
pad n. tumble
padati v.i hail
padati v.i. rain
padobran n. parachute
padobranac n. parachutist
pagoda n. pagoda
pajalica n duster
pakao a. hell
paket n. pack
paket n. package
paklen a. infernal
pakost n. meanness
pakost n. virulence
pakostan a. virulent
pakovanje n. packing
pakovati u bale v.t. bale
pakt n. pact
palac n. thumb
palankin n. palanquin
palata n. mansion
palata n. palace

paleta *n.* palette
palica *n* baton
palma *n.* palm
paluba *n* deck
pametan *a.* clever
pametan *a.* smart
pamflet *n.* pamphlet
pamfletista *n.* pamphleteer
pamuk *n.* cotton
panaceja *n.* panacea
panegirik *n.* panegyric
panika *n.* panic
panj *n.* stub
panj *n.* stump
panj *n* block
panorama *n.* panorama
pantalone *n.* breeches
pantalone *n.* slacks
pantalone *n. pl* trousers
panteista *n.* pantheist
panteizam *n.* pantheism
panter *n.* panther
pantomima *n.* pantomime
pantomimičar *n.* mummer
papa *n.* pope
papagaj *n.* parrot
papazjanija *n.* hotchpotch
papir *n.* paper
paprika *n* capsicum
paprikaš *n.* stew
papski *a.* papal
papstvo *n.* papacy
papuča *n.* slipper
papučar *a.* henpecked
par *n* couple
par *n.* pair
para *n* steam
para *n.* vapour
parabola *n.* parable
parada *n.* pageant

parada *n.* parade
paradajz *n.* tomato
paradirati *v.t.* parade
paradoks *n.* paradox
paradoksalan *a.* paradoxical
parafin *n.* paraffin
parafraza *n.* paraphrase
parafrazirati *v.t.* paraphrase
paragraf *n.* paragraph
paralelan *a.* parallel
paralelizam *n.* parallelism
paralelogram *n.* parallelogram
paralitički *a.* paralytic
paraliza *n.* palsy
paraliza *n.* paralysis
paralizovati *v.t.* paralyse
parazit *n.* parasite
parcela *n.* parcel
parče *n.* slice
parfem *n.* perfume
pariranje *n.* parry
parirati *v.t.* parry
paritet *n.* parity
pariti *v.t.* mate
pariti *v.i.* steam
pariti se *v.i.* copulate
park *n.* park
parkirati *v.t.* park
parlament *n.* parliament
parlamentarac *n.* parliamentarian
parlamentaran *a.* parliamentary
parni *a.* vaporous
parničar *n.* litigant
parničenje *n.* litigation
parničiti *v.t.* litigate
parobrod *n.* steamer
parodija *n.* parody
parodirati *v.t.* parody
paroh *n.* parson
parohija *n.* parish

parola *n.* slogan
partiotizam *n.* partiotism
partizan *n.* partisan
partizanski *a.* partisan
partner *n* co-partner
partner *n.* partner
partnerstvo *n.* partnership
pas *n* dog
pasit u krizu *v.i.* slump
pasivan *a.* passive
pasmina *n* breed
pasoš *n.* passport
pasta *n.* paste
pastel *n.* pastel
pasti *v.i.* fall
pasti *v.t* fell
pasti *v.i.* graze
pasti *v.t.* pasture
pasti *v.i.* tumble
pastir *n.* herdsman
pastir *n.* shepherd
pastirski *a.* pastoral
pastuv *n.* stallion
pasus *n.* passage
pašnjak *n.* pasture
pat *n.* stalemate
patent *n* patent
patentan *a.* patent
patentni *v.t.* patent
patetičan *a.* pathetic
patiti *v.t.* suffer
patka *n.* duck
patos *n.* pathos
patriota *n.* patriot
patriotski *a.* patriotic
patrola *n* patrol
patrolirati *v.i.* patrol
patrona *n.* cartridge
patuljak *n* dwarf
patuljak *n* elf

patuljak *n.* midget
paučina *n* cobweb
pauk *n.* spider
paun *n.* peacock
paunica *n.* peahen
pauza *n.* pause
pavijan *n.* baboon
paviljon *n.* pavilion
paziti *v.t.* heed
pažljiv *a.* mindful
pažljiv *a.* thoughtful
pažljiv *a.* attentive
pažnja *n.* attention
pažnja *n* heed
pčela *n.* bee
pčelarstvo *n.* apiculture
pčelinjak *n.* apiary
peć *n.* furnace
peć *n.* oven
peć *n.* stove
pecati *v.i.* dap
pecati *v.i* fish
pečat *n.* seal
pečat *n.* stamp
pečat *n* cachet
pečen *a* roast
pečenje *n* roast
peći *v.t.* roast
pećina *n.* cave
pećina *n.* cavern
pedagog *n.* pedagogue
pedagogija *n.* pedagogy
pedala *n.* pedal
pedant *n.* pedant
pedantan *n.* pedantic
pedanterija *n.* pedantry
pedeset *n.* fifty
pedigre *n.* pedigree
pehar *n.* goblet
pehar *n* beaker

pejzaž n. landscape
pejzaž n. scenery
pekar n. baker
pekara n bakery
pelen n. wormwood
pena n foam
pena n. lather
penetracija n. penetration
peni n. penny
penis n. penis
peniti se v.t foam
penjanje n. climb1
penjanje n scramble
penjati se v.i climb
penjati se v.i. shine
pentagon n. pentagon
pentrati se v. i clamber
penzija n. pension
penzija n. retirement
penzioner n. pensioner
penzionisati v.t. pension
penzionisati v.i. retire
pepeo n. ash
perač n. washer
peraje n fin
percepcija n. perception
perceptivan a. perceptive
periferija n.pl. outskirts
periferija n. periphery
perika n. wig
period n. period
periodičan a. periodical
perla n bead
permutacija n. permutation
pero n feather
pero n. nib
pero n. pen
personifikacija n. personification
perspektiva n. perspective
perut n dandruff

perverzan a. perverse
perverzija n. perversion
pesak n. sand
pesimista n. pessimist
pesimističan a. pessimistic
pesimizam n. pessimism
peskovit a. sandy
pesma n. poem
pesma n. song
pesma n carol
pesma n chant
pesnica n fist
pesnik n. poet
pesnikinja n. poetess
pesticid n. pesticide
pešadija n. infantry
pešak n. pedestrian
pešice adv. afoot
peškir n. towel
pet n five
peta n. heel
petak n. Friday
petao n cock
peticija n. petition
petlja n. loop
petljanje n bungle
petnaest n fifteen
pevač n. singer
pevač n. songster
pevač n. vocalist
pevati v.i. sing
piće n drink
pigmej n. pigmy
pigmejac n. pygmy
pijaca n. mart
pijanac n bibber
pijančenje n debauch
pijančiti v. t. debauch
pijančiti v.i. revel
pijančiti v. i booze

pijanica *n* drunkard	pivara *n* brewery
pijanista *n.* pianist	pivo *n* ale
pijanka *n.* revel	pivo *n* beer
pijanka *n.* spree	plaćanje *n.* payment
pijanka *n.* wassail	plačljiv *a.* lachrymose
pijavica *n.* leech	plaćenički *a.* mercenary
pijuk *v.t.* hack	plafon *n.* ceiling
pijuk *n.* mattock	plahovitost *n.* impetuosity
pijukati *v. i* cheep	plakar *n.* closet
pikantan *a.* piquant	plakat *n.* placard
piknik *n.* picnic	plakat *n.* poster
pilot *n.* pilot	plakati *v.i.* weep
pilotirati *v.t.* pilot	plamen *n* blaze
pilula *n.* pill	plamen *n* flame
pionir *n.* pioneer	plamteti *v.i* flame
pipati *v.t.* grope	plana *n.* plan
piramida *n.* pyramid	planeta *n.* planet
piratstvo *n.* piracy	planetarni *a.* planetary
pirinač *n.* paddy	planina *n.* mountain
pirinač *n.* rice	planinar *n.* mountaineer
pisac *n.* writer	planinski *a.* mountainous
pisak posude *n.* spout	planinski vrh *n.* alp
pisati *v.t.* pen	planirati *v.t.* plan
piskav *a.* shrill	plantaža *n.* plantation
pismen *a.* literate	planuti *v.i* flare
pismena izjava *n* affidavit	plast *n.* rick
pismenost *n.* literacy	plašenje *n.* shy
pismo *n* letter	plašiti se *v.i* fear
pisoar *n.* urinal	plašiti se *v.i.* shy
pištolj *n.* pistol	plašljiv *a.* timorous
pitalica *n.* conundrum	plata *n* pay
pitanje *n.* issue	plata *n.* remuneration
pitanje *n.* query	plata *n.* stipend
pitanje *n.* question	plata *n.* wage
pitati *v.t* query	platan *n* plane
pitati *v.t.* question	platforma *n.* platform
pitati *v.t.* ask	platiti *v.t.* pay
piti *v. t* drink	plativ *a.* payable
pitom *a.* tame	platno *n.* linen
piton *n.* python	platno *n.* canvas

plato n. plateau
platonski a. platonic
plav a. blue
plava boja n. blue
plaža n beach
plebiscit n. plebiscite
pleme n. tribe
plemenit a. noble
plemenit n. noble
plemenski a. tribal
plemić n. nobleman
plemić n. peer
plemstvo n. nobility
plemstvo n. aristocracy
plen n. prey
plen n spoil
plen n booty
ples n dance
plesan n mould
plesati v. t. dance
plesti v.t. knit
pleviti v.t. weed
plićak n. shoal
plik n blain
plik n bleb
plima n. tide
plimski a. tidal
plitak a. shallow
plivač n. swimmer
plivajući a. natant
plivanje n swim
plivati v.i. swim
pljačka n. loot
pljačka n. robbery
pljačkanje v.t. plunder
pljačkaš n. marauder
pljačkaš n. robber
pljačkati v.i. loot
pljačkati v.i. maraud
pljačkati n plunder

pljeskanje n clap
pljeskati v. i. clap
pljoska n flask
pljunuti v.i. spit
pljusak n downpour
pljuvačka n. saliva
pljuvačka n spit
pljuvaonica n. spittoon
ploča n. plate
ploča n. slab
pločnik n. pavement
plodan a fertile
plodan a. fruitful
plodan a. prolific
plodnost n fertility
plombirati v.t. lead
plovan a. navigable
ploveći adv. afloat
ploviti v.i boat
ploviti v.i float
pluća n lung
plug n. plough
pluralitet n. plurality
plus n plus
pluta n. cork
po strani adv. aside
pobaciti v.i. miscarry
pobačaj n abortion
pobačaj n. miscarriage
pobeći v. i elope
pobeći v.i flee
pobeći v.i escape
pobeći v.i scamper
pobeći od zakona v.i abscond
pobeda n. victory
pobeda n win
pobediti v.t. vanquish
pobediti v.t. win
pobediti v.t. worst
pobednički a. triumphant

pobednik *n.* victor
pobednik *n.* winner
pobedonosan *a.* victorious
pobijanje *n.* refutation
pobiti *v.t.* refute
pobledeti *v.i.* pale
poboljšanje *n.* improvement
poboljšanje *n.* amelioration
poboljšanje *n* betterment
poboljšati *v. t* better
poboljšati *v.t.* improve
poboljšati *v.t.* meliorate
poboljšati *v.t.* ameliorate
pobornik *n* bigot
pobornik *a.* combatant
pobožan *a.* pious
pobožnost *n.* piety
pobratim *n* chum
pobrkan *a.* topsy turvy
pobrkano *adv* topsy turvy
pobrkati *v.i* mess
pobrkati *v. t* bungle
pobuditi *v.t.* arouse
pobuđivanje *n.* solicitation
pobuna *n.* insurrection
pobuna *n.* mutiny
pobuna *n.* rebellion
pobuna *n.* revolt
pobuna *n.* riot
pobuna *n.* sedition
pobuniti *se v. i* mutiny
pobuniti *se v.i.* revolt
pocepati u dronjke *v.t* tatter
pocrvenelo *adv* ablush
počasni *a.* honorary
početak *n* commencement
početak *n.* inception
početak *n.* onset
početak *n.* prime
početak *n.* beginning

početi *v. t* commence
početi *v.t.* start
početi *n* begin
početni *a.* initial
početnik *n.* novice
početi greh *v.i.* sin
početi nasilje *v.t.* outrage
počistiti *v.t.* tidy
počovečiti *v.t.* humanize
pod *n* floor
pod *prep.* underneath
podbosti *v.t.* spur
podela *n* division
podela *n.* partition
podeliti *v. t* divide
podeliti *v.t.* partition
podeliti na četiri dela *v.t.* quarter
poderati *v.t.* tear
poderotina *n.* tear
podesiti *v.t* fit
podesiti *v.t.* proportion
podići *v. t* elevate
podići *v.t.* uplift
podijum *n.* dais
podizanje *n* boost
podizanje *n.* lift
podizati *v.t.* lift
podlac *n.* knave
podlaktica *n* forearm
podleći *v.i.* succumb
podlost *n.* knavery
podložan *a.* subject
podmazati *v.t* grease
podmazati *v.t.* lubricate
podmazivanje *n.* lubrication
podmetanje požara *n* arson
podmiti *v. t.* bribe
podmitljiv *a.* venal
podmitljivost *n.* venality
podmladiti *v.t.* rejuvenate

podmlađivanje n. rejuvenation	podstrekivanje n. instigation
podmornica n. submarine	podsuknja n. petticoat
podmorski a submarine	podudarati v. i coincide
podmuklost n. perfidy	podudarati v.t. tally
podne n. midday	podugačak a. lengthy
podne n. noon	poduhvat n. venture
podneti v.t. submit	podupirač n. corbel
podnositi v.t. stomach	podupirač n. prop
podnošljiv a. tolerable	podupirač n. seconder
podobnost n. suitability	podupirati v.t. prop
pođoniti v.t sole	podupirati v.t. second
podrazumevati v.t. imply	podvala n. hoax
podređen a. subordinate	podvala n. imposture
podređeni n subordinate	podvaliti v.t hoax
podređenost n. subordination	podvezica n. garter
podrhtavati v.i. palpitate	podvig n feat
podrigivanje v. t belch	podvodačica n. bawd
podrignuti n belch	podvodna struja n. undercurrent
podriti v.t. subvert	podvrgnuti v.t. subject
podriti v.t. undermine	podvući v.t. underline
podrška n. support	podzemlje n. underworld
područje n area	podzemni a. subterranean
podrugivanje n sneer	poetika n. poetics
podrugivanje n taunt	poetski a. poetic
podrugivati se v.i sneer	poezija n. poesy
podrugivati se v.t. taunt	poezija n. poetry
podrum n. basement	pogaziti v.t. trample
podrum n cellar	poginuti v.i. perish
podružnica a. subsidiary	poglavica n. chieftain
podržat v.t. support	poglavlje n. chapter
podržati v.t uphold	pogled n. glance
podsetiti v.t. remind	pogled n. sight
podsetnik n. reminder	pogled n. view
podstaći v.t. galvanize	pogledati v.i. glance
podstaći v.t. instigate	pognuti se v.i. stoop
podstaći v.t. prompt	pognutost n stoop
podsticaj n. goad	pogodak n hit
podsticaj n. incentive	pogodan a convenient
podsticaj n. stimulus	pogodan a. handy
podsticati v.t goad	pogodan a. suitable

pogodan za stanovanje a. habitable
pogodan za stanovanje a. inhabitable
pogoditi v.t. hit
pogodnost n. convenience
pogoršati v.t. worsen
pogoršati v.t. aggravate
pogoršavanje n. aggravation
pogrešan a erroneous
pogrešan a. wrong
pogrešan naziv n. misnomer
pogrešiti v. i err
pogrešiti v.t. mistake
pogrešno adv. wrong
pogrešno lečenje n. malpractice
pogrešno nazvati v.t. miscall
pogrešno odštampati v.t. misprint
pogrešno predstaviti v.t. misrepresent
pogrešno proceniti v.t. misjudge
pogrešno razumeti v.t. misapprehend
pogrešno razumeti v.t. misconceive
pogrešno razumeti v.t. misconstrue
pogrešno razumeti v.t. misunderstand
pogrešno shvatanje n. misconception
pogrešno upućivanje n. misdirection
pogrešno uputiti v.t. misdirect
pogrešno verovanje n. misbelief
pogrešno voditi v.t. mislead
poguban a malign
pohabati v.t. wear
pohađanje n. attendance
pohlepa n cupidity
pohlepa n. greed
pohlepan adj. avid
pohlepan a. greedy
pohlepno adv. avidity
pohotan a. lustful
pohotan a. voluptuous
pohotljivac n. voluptuary
pohvala n commendation
pohvala n laud

pohvala n. praise
pohvalan a. laudable
pohvalan a. praiseworthy
pohvaliti v. t commend
pohvaliti v.t. laud
poigravati v.t. trip
pojačalo n amplifier
pojačanje n. reinforcement
pojačanje n amplification
pojačati v.t. intensify
pojačati v.t. reinforce
pojačati v.t. amplify
pojačati v. t boost
pojam n. notion
pojas n. girdle
pojas n. strap
pojas n belt
pojava n. advent
pojaviti se v.i. appear
pojaviti se v. i emerge
pojedinačan a. singular
pojedinačni a. individual
pojedinačno adv. singularly
pojedinačnost n. singularity
pojedinost n. particular
pojednostaviti v. t ease
pojednostaviti v.t. simplify
pojeftiniti v. t. cheapen
pojmovni a. notional
pokajanje n. remorse
pokajanje n. repentance
pokajanje n. atonement
pokajati se v.i. repent
pokajnički a. repentant
pokazati v. t demonstrate
pokazati v. t display
pokazivanje n. demonstration
pokazivanje n display
poklapati se v.t. correlate
poklon n. gift

poklon *n.* present
pokloniti *v. t* donate
pokloniti se *v. t* bow
poklopac *n.* cover
poklopac *n.* lid
poklopiti *v. t.* cap
pokolj *n.* slaughter
pokolj *n* carnage
pokop *n* burial
pokoran *a.* submissive
pokoravanje *n.* subjugation
pokoravati se *v.t.* obey
pokornost *n.* submission
pokositi *v.t.* scythe
pokrenuti *v.t.* propel
pokret *n.* movement
pokretač *n.* mover
pokretan *a.* mobile
pokretan *a.* movable
pokretan *a.* portable
pokretna imovina *n.* movables
pokretnost *n.* mobility
pokriti *v. t.* cover
pokriti *v.t* mantle
pokriti *v.t.* top
pokriti crepom *v.t.* tile
pokriti krov *v.t.* thatch
pokriti krovom *v.t.* roof
pokriti plaštom *v.t.* shroud
pokriti slamom *v.t.* litter
pokrivač *n* blanket
pokrivač *n* wrap
pokrov *n.* shroud
pokrovitelj *n.* patron
pokroviteljstvo *n.* patronage
pokušaj *n* try
pokušaj *n.* attempt
pokušati *v.t.* attempt
pokušati *v.i.* try
pokvarenjak *v.t.* pervert

pokvareno *adj.* addle
pokvariti *v.t.* mar
pokvariti *v.t.* spoil
pokvariti *v.i.* tamper
pokvariti *v.t.* vitiate
pokvasiti *v. t* drench
pokvasiti *v.t.* wet
pol *n.* gender
pol *n.* pole
pol *n.* sex
pola *a* half
polako *adv.* slowly
polarni *n.* polar
polazak *n.* outset
polemika *n* controversy
polen *n.* pollen
polet *n.* zest
polica *n.* shelf
policajac *n* constable
policajac *n.* policeman
policajac *n.* trooper
policija *n.* police
policijski čas *n* curfew
poligamija *n.* polygamy
poligamski *a.* polygamous
poliglota *n.* polyglot1
poliglotski *a.* polyglot2
polirati *v.t.* polish
politehnički *a.* polytechnic
politehnika *n.* polytechnic
politeista *n.* polytheist
politeistički *a.* polytheistic
politeizam *n.* polytheism
političar *n.* politician
politički *a.* political
politika *n.* policy
politika *n.* politics
polje *n* field
poljoprivreda *n.* agriculture
poljoprivredni *a.* agricultural

poljoprivrednik *n* farmer
poljoprivrednik *n.* agriculturist
poljski klozet *n.* outhouse
poljubac *n.* kiss
poljubiti *v.t.* kiss
polo *n.* polo
polomiti *v.t* fracture
polovina *n.* half
položaj *n.* locality
položiti *v.t.* lay
položiti *v.t.* pillow
poluga *n.* lever
poluprečnik *n.* radius
poluslep *n.* purblind
pomagati *v.t* aid
pomagati *v.t* favour
pomagati *v.i.* minister
pomama *n* craze
pomama *n.* frenzy
pomaman *a.* frantic
pomen *v. t.* commemorate
pomeriti *v. t* displace
pomeriti *v.t.* move
pomešati *v.t.* intermingle
pomirenje *n.* acquiescence
pomiriti *v.t.* reconcile
pomiriti se *v.t.* conciliate
pomoć *n* help
pomoć *n.* succour
pomoći *v.t.* help
pomoći *v.t.* succour
pomoćnik *n.* helpmate
pomoć *n.* aid
pomoć *n.* assistance
pomoći *v.t.* assist
pomoći *v.t.* avail
pomoćni *a.* auxiliary
pomoćnik *n.* auxiliary
pomorandža *n.* orange
pomorski *a.* maritime

pomorski *a.* naval
pompezan *a.* pompous
pompeznost *n.* pomposity
pomračenje *n* eclipse
ponašanje *n* behaviour
ponašati se *v. i.* behave
ponavljanje *n.* repetition
ponavljati se *v.i.* recur
ponedeljak *n.* Monday
ponekad *adv.* sometimes
poni *n.* pony
poništenje *n.* nullification
poništi *v.t.* undo
poništiti *v. t.* abrogate
poništiti *v.t.* invalidate
poništiti *v.t.* nullify
poništiti *v.t.* void
poništiti *v.t.* annul
ponizan *a.* lowly
poniziti *v.t.* abase
poniziti *v.t.* humiliate
poniziti *v.t.* mortify
poniznost *n.* humility
ponižavanje *n.* humiliation
poniženje *n* abasement
ponoć *n.* midnight
ponos *n.* pride
ponosan *a.* proud
ponositi se *v.t.* pride
ponoviti *v.t.* repeat
ponovno postavljanje *v.t.* reinstate
ponovo *adv.* afresh
ponovo postaviti *n.* reinstatement
ponovo pridružiti *v.t.* rejoin
ponovo štampati *v.t.* reprint
ponovo zapasti u grieh *v.i.* backslide
ponuda *n* offer
ponuda *n* tender
ponuda *n* bid
ponuđač *n* bidder

ponuditi *v.t* bid
ponuditi *v.t.* offer
ponuditi *v.t.* tender
poplava *n* flood
poplaviti *v.t* flood
poplaviti *v.t.* swamp
poplaviti *v.t.* whelm
popločati *v.t* floor
popločati *v.t.* pave
popodnevni odmor *n.* siesta
popraviti *v.t.* amend
popraviti *v.i.* atone
popraviti *v.t* fix
popraviti *v.t.* mend
popraviti *v.t.* redress
popraviti *v.t.* repair
popravka *n.* repair
popravni *a* reformatory
popravni *a.* remedial
popravni dom *n.* reformatory
popreko *prep.* athwart
poprište *n.* locale
poprskati *v.i.* splash
popularan *a.* popular
popularizovati *v.t.* popularize
popularnost *n.* popularity
popuniti *v.t* fill
popust *n* discount
popustiti *v.i.* relent
popustljiv *adj.* compliant
popustljiv *a.* indulgent
popustljiv *a.* lenient
popustljivost *n.* connivance
popustljivost *n.* lenience, leniency
poput *prep* like
poput čestice *a.* particle
pora *n.* pore
porast *n* increase
porasti *v.t.* increase
poravnanje *n.* alignment

poravnati *v.t.* align
poravnati *v.i* surface
poraz *n* defeat
poraziti *v. t.* defeat
porcelan *n* bisque
porcelan *n.* porcelain
pored toga *adv.* nonetheless
pored *prep.* beside
poređati *v.t.* line
poređati *v.t.* tabulate
poređenje *n* comparison
poređenje *n.* simile
porediti *v.t.* liken
poreklo *n.* ancestry
poreklo *n.* origin
poremećaj *n* disorder
poremetiti *v.t.* perturb
porez *n.* tax
porez na uvezenu robu *n.* octroi
poricanje *n* abnegation
poricanje *n* denial
poricati *v. t* abnegate
poricati *v. t.* deny
poricati *v.t.* gainsay
porodica *n* family
porok *n.* vice
porota *n.* jury
porotnik *n.* juror
porotnik *n.* juryman
portal *n.* portal
portfolio *n.* portfolio
portparol *n.* spokesman
portret *n.* portrait
portret *n.* portrayal
portretisanje *n.* portraiture
porub *n.* welt
poručnik *n.* lieutenant
poruka *n.* message
porumeneti *v.i* blush
porumeneti *v.t.* redden

poružnjavati v.t. uglify
posada n. crew
posaditi v.t. seed
posaditi na presto v.t. throne
posao n business
posao n. job
poseban a distinct
poseban a especial
poseban a. particular
poseban a. special
poseban porez na platu n. supertax
poseći sabljom v.t. sabre
posedovanje n. possession
posedovati v.t. own
posedovati v.t. possess
poseta n. visit
posetilac n. visitor
posetiti v.t. visit
posipati v. t. sprinkle
poslanica n. missive
poslastica n. comfit
poslastica n. dainty
poslastičar n confectioner
poslastičarnica n confectionery
poslati v.t forward
poslati v.t. send
poslati poštom v.t. mail
posle prep. past
posle adv. post
posle čega conj. whereupon
posle toga adv. thereafter
posledica n consequence
posledica n. repercussion
poslednji a after
poslednji a. last1
poslodavac n employer
poslovanje n. dealing
poslovica n. proverb
poslovica n. adage
poslovičan a. proverbial

posluga n domestic
poslušan a docile
poslušan a. obedient
poslušnost n. obedience
poslužavnik n. tray
poslužitelj n. beadle
poslužiti v.t. serve
posmatrački a. observant
posmatranje n. observation
posmatrati v.t. observe
posmrtni a. obituary
posmrtni a. posthumous
pospan a. sleepy
pospan n. somnolent
pospanost n. somnolence
posramiti v. t embarrass
posramljen a. ashamed
posrebriti v.t. silver
posredan a. oblique
posrednik n. intermediary
posrednik n. mediator
posrednik n. middleman
posredovanje n. mediation
posredovanje n. mediation
posredovati v.i. mediate
posrnuti v.i falter
post n fast
post skriptum n. postscript
postati vitak v.i. slim
postati v. i become
postava n lining
postaviti v.t. mount
postaviti v.t. post
postaviti v.t. right
postaviti v.t set
postaviti dijagnozu v. t diagnose
posteljina n. bedding
postepen a. gradual
postići v.t. achieve
postići v.t. attain

postideti v.t. abash	**poštovati** v.t. profane
postiti v.i fast	**poštovati** v.t. respect
postizanje n. acquirement	**poštovati** v.t. venerate
postojan a. steadfast	**pošumiti** v.t. afforest
postojanje n existence	**pošumljen** a. sylvan
postojanost n. steadiness	**potamneti** v. t dim
postojati v.i exist	**potamneti** v.t. obscure
postojeći n being	**potamneti** v.t shadow
postolje n. mount	**potamneti** v. t. blacken
postolje n. pedestal	**potapanje** n. immersion
postrojenje n facility	**potaša** n. potash
postrojiti v.t marshal	**potcenjivanje** n disregard
postrojiti v.t. range	**potcenjivati** v. t disregard
postupak n. proceeding	**potčiniti** v.t. subjugate
postupati v.i. act	**potčiniti** v.t. subordinate
posuti v.t. strew	**potčinjenje** n. subjection
posvećivanje n. sanctification	**potencijal** n. pontentiality
posveta n dedication	**potencijalan** a. prospective
posvetiti v.t. consecrate	**potentan** a. potent
posvetiti v. t. dedicate	**potentnost** n. potency
posvetiti v. t devote	**potera** n. chase2
posvetiti v.t. hallow	**potera** n. pursuit
pošiljka n. consignment	**potez** n. move
pošiljka n. shipment	**potiljak** n. nape
pošta n. mail	**potisak** n thrust
pošta n. post-office	**potisak** n buoyancy
poštanski a. postal	**potisnuti** v.t. repress
poštar n. postman	**potka** n. woof
poštarina n. postage	**potkazivanje** n. denunciation
pošten a. honest	**potkopavati** v.t. sap
poštenje n. honesty	**potkralj** n. viceroy
pošteno adv. fairly	**potkrepiti** v.t. corroborate
pošto conj. after	**potkrovlje** n. loft
pošto conj. whereas	**potočić** n. rivulet
poštovanje n esteem	**potočić** n. streamlet
poštovanje n. regard	**potok** n. creek
poštovanje n. respect	**potok** n. stream
poštovanje n. reverence	**potok** n. brook
poštovati v. t esteem	**potom** adv. next
poštovati v. t honour	**potomak** n descendant

potomak n. offspring
potomstvo n. posterity
potomstvo n. progeny
potonuti v.i. sink
potopiti v.t. soak
potopiti v.i. submerge
potpaliti v.t. kindle
potpis n. signature
potpisati v.t. subscribe
potpisnik n. signatory
potpun a absolute
potpun adj. crass
potpun a downright
potpun a. sheer
potpun adv. stark
potpun a utter
potpuno adv absolutely
potpuno adv downright
potpuno adv entirely
potpuno adv. fully
potpuno adv. utterly
potpunost n. stark
potraživanje n claim
potreba n. necessary
potreba n requisite
potreba n want
potreban a necessary
potreban a. needful
potreban a. requisite
potres n quake
potres n shake
potrostručiti v.t. triplicate
potrošiti v. t expend
potrošnja n consumption
potvrda n affirmation
potvrda n confirmation
potvrdan a affirmative
potvrditi v. t. certify
potvrditi v. t confirm
potvrditi v.t. substantiate

potvrditi v.t. validate
potvrditi v.t. affirm
potvrditi v.t. attest
potvrđivanje n. substantiation
pouka n. moral
pouzdan a. reliable
pouzdan a. trustworthy
pouzdanje n. reliance
povećanje n. augmentation
povećati v.t. augment
povelik a. sizable
povelja n charter
povelja n. muniment
poverenik n. commissioner
poverenik n confidant
poverenik n. trustee
poverenje n confidence
poverenje n. trust
poverilac n creditor
poveriti v. i confide
poveriti v. t. consign
poveriti v. t entrust
poverljiv a. confidential
poverljiv a. trustful
povetarac n breeze
povezati v. t. connect
povezati v.t. rope
povik n. shout
povisiti v.t. heighten
povlačenje n drag
povlačenje n. pull
povlačenje n. withdrawal
povlačiti v. t drag
povlačiti se v.i. retreat
povlašćen a. preferential
povoljan a favourable
povoljan a. providential
povoljan a. advantageous
povoljan a. auspicious
povorka n. procession

povraćaj *n.* refund
povraćanje *n* vomit
povraćati *v.t.* vomit
povratak *n.* relapse
povratak *n.* return
povratak u domovinu *n.* repatriation
povratan *a.* reversible
povratiti *v.t.* refund
povratiti *v.t.* retrieve
povratni *a.* recurrent
povratni *a* reflexive
povratnik *n* repatriate
povrće *n.* vegetable
povreda *n* hurt
povreda *n.* injury
povrediti *v.t.* hurt
povrediti *v.t.* injure
povrediti *v.t.* violate
povremen *a.* occasional
povremeno *adv.* occasionally
povrh *adv* above
površan *a* cursory
površan *a.* superficial
površina *n.* surface
površina u jutrima *n.* acreage
površnost *n.* superficiality
povrtni *a.* vegetable
povući *v.t.* pull
povući *v.t.* withdraw
povučen *a.* reticent
povučenost *n.* reticence
poza *n.* pose
pozadina *n.* rear
pozadina *n.* background
pozajmiti *v.t.* lend
pozajmiti *v.t.* loan
pozajmiti *v. t* borrow
pozdrav *n.* salutation
pozdrav *n* salute
pozdraviti *v.t.* greet

pozdraviti *v.t* hail
pozdraviti *v.t.* salute
pozdraviti *v.t* welcome
pozdraviti se *n.* adieu
pozicija u kriketu *n.* mid-off
pozicija u kriketu *n.* mid-on
pozirati *v.i.* pose
pozitivan *a.* positive
poziv *n.* calling
poziv *v.* invitation
poziv *n.* summons
poziv *n.* call
pozivač *n* caller
pozlata *a.* gilt
pozlatiti *v.t.* gild
poznanici *n.* kith
poznanstvo *n.* acquaintance
poznat *a* familiar
poznat *a* famous
poznat *a.* renowned
poznat *a.* well-known
pozorišni *a.* theatrical
pozorište *n.* theatre
pozornica *n.* stage
pozvati *v.t.* invite
pozvati *v.t.* summon
pozvati *v. t.* call
poželjan *a* desirable
poželjan *a* eligible
požuda *n.* appetence
požuda *n.* lust
požuriti *v. t.* expedite
požuteti *v.t.* yellow
praćka *n.* sling
prag *n.* threshold
pragmatičan *a.* pragmatic
pragmatizam *n.* pragmatism
prah *n.* powder
praistorijski *a.* prehistoric
praksa *n.* practice

praktičan *a.* practical
praktičar *n.* practitioner
pralja *n.* laundress
pranje *n* ablution
pranje *n* wash
praotac *n* forefather
pras *a* snap
prasak *n* crack
prasak *n* pop
prasak *n* snap
prasak *n.* bang
prasak *n* burst
prasnuti *v. i.* burst
prastar *a.* primeval
prastari *a.* immemorial
prašina *n* dust
prati *v.t.* wash
pratilac *n.* attendant
pratiti *v.t.* accompany
pratiti *v. t* dog
pratiti *v. t* escort
pratiti *v.t* follow
pratnja *n* accompaniment
pratnja *n* escort
pratnja *n.* retinue
prav *a.* straight
pravac *n* direction
pravda *n.* justice
pravedan *a* equitable
pravedan *a.* just
pravedan *a.* righteous
pravedno *adv.* aright
pravedno *adv.* justly
pravi *a.* genuine
pravi *a.* proper
pravi *a.* real
pravi *a.* right
pravi *a.* true
pravi *a.* veritable
pravilno *adv* aright

pravilnost *n.* regularity
pravilo *n.* precept
pravilo *n.* rule
praviti akrobacije *v.t.* stunt
praviti dosetke *v.i.* quibble
pravni *a.* legal
pravni lek *n.* remedy
pravnik *n.* jurist
pravo *n* right
pravo *adv.* straight
pravo glasa *n.* suffrage
pravo zaloge *n.* lien
pravoslavan *a.* orthodox
pravoslavlje *n.* orthodoxy
pravosuđe *n.* judicature
pravougaoni *a.* rectangular
pravougaonik *n.* rectangle
pravovremen *a.* seasonable
prazan *a* empty
prazan *a.* vacant
prazan *a.* void
prazan *a* blank
praziluk *n.* leek
praznina *n* blank
praznina *n.* lacuna
praznina *n.* void
prazniti *v. t* discharge
prazniti *v* empty
pražnjenje *n.* discharge
pre *prep* before
pre nego *conj* before
pre podne *n* forenoon
pre *prep.* afore
pre *adv.* ago
prebivalište *n* abode
prebivalište *n* domicile
prebivalište *n* dwelling
prebivalište *n.* residence
preceniti *v.t.* overrate
preciznost *n.* precise

preciznost *n.* precision
prećutan *a.* tacit
prečasni *a.* venerable
prečišćavanje *n.* purification
prečišćavanje *n.* refinement
prečka *n.* spoke
prečnik *n* diameter
prećutna saglasnost *v.i.* acquiesce
predaja *n* surrender
predak *n.* ancestor
predati se *v.t.* surrender
predavač *n.* lecturer
predavanje *n.* lecture
predavati *v* lecture
predbračni *a.* premarital
predbračni *adj.* antenuptial
predenje *n.* purr
predgovor *n* foreword
predgovor *n.* preamble
predgovor *n.* preface
predgrađe *n.* suburb
predikat *n.* predicate
predivan *a.* wonderful
predivo *n.* yarn
predjelo *n* appetizer
predlog *n.* preposition
predlog *n.* proposal
predlog *n.* proposition
predlog *n.* suggestion
predložiti *v.t.* propose
predložiti *v.t.* propound
predložiti *v.t.* suggest
prednja noga *n* foreleg
prednjak *n* limber
prednji *a* foremost
prednji *a.* forward
prednji *a* front
prednost *n.* precedence
prednost *n.* advantage
predodređenje *n.* predestination

predodrediti *v.t.* predetermine
predosećanje *n.* premonition
predosećanje *n.* prescience
predostrožnost *n.* precaution
predozirati *v.t.* overdose
predrasuda *n.* prejudice
predsedavati *v.i.* preside
predsednički *a.* presidential
predsednik *n* chairman
predsednik *n.* president
predsoblje *n.* lobby
predstaviti *v.t.* present
predstaviti *v.t.* typify
predstavljanje *n.* impersonation
predstavljanje *n.* representation
predstavljati *v.t.* represent
predstavnik *n.* representative
predstojeći *a.* forthcoming
predstojeći *a.* imminent
predstraža *n.* outpost
preduhitriti *v.t* forestall
predujam *n.* advance
predumišljaj *n.* premeditation
preduslov *n* prerequisite
preduslovan *a.* prerequisite
preduzeća *adj.* corporate
preduzeće *n* enterprise
preduzeti *v.t.* undertake
predviđanje *n.* anticipation
predviđanje *n* forecast
predviđanje *n.* foreknowledge
predviđanje *n* foresight
predviđanje *n.* prediction
predviđati *v.t* forecast
predvideti *v.t* foresee
predvideti *v.t.* predict
predvideti *v.t.* anticipate
predvorje *n.* lounge
prefekt *n.* prefect
prefiks *n.* prefix

prefinjenost n. sophistication
pregača n. rung
pregled n. conspectus
pregled n. digest
pregled n. overhaul
pregled n. perusal
pregled n review
pregled n. survey
pregled n. syllabus
pregledanje n browse
pregledati v.t. inspect
pregledati v.t. overhaul
pregledati v.t. peruse
pregledati v.t. review
pregledati v.t. scrutinize
pregledati v.t. survey
pregovarač n. negotiator
pregovaranje n. negotiation
pregovaranje n. parley
pregovarati v.t. negotiate
pregovarati v.i parley
pregovor n. treaty
pregršt n. handful
pregrupisati v.t. deploy
preispitivati se v.i. introspect
prekid n abruption
prekid n. interruption
prekidač n. switch
prekinuti v.i abort
prekinuti v. t break
prekinuti v. t discontinue
prekinuti v. t disrupt
prekinuti v.t. interrupt
prekinuti v.t. sever
preklapanje n overlap
preklapati v.t. overlap
preklinjanje n. entreaty
preklinjanje n adjuration
preklinjati v. t. entreat
preklinjati v.t. implore

preko prep. over
preko prep. via
preko noći adv. overnight
preko palube adv. overboard
preko adv. across
preko puta prep. across
prekomeran rad n. overwork
prekor n. reproach
prekoračenje n. demurrage
prekoračenje računa n. overdraft
prekoračiti v.t exceed
prekoračiti v.t. transcend
prekoračiti račun v.t. overdraw
prekovremeni rad n overtime
prekovremeno adv. overtime
prekretnica n. milestone
prekriti v.t. veil
prekrivač n. coverlet
prekrstiti v. t cross
prekršaj n. default
prekršaj a. foul
prekršaj n. misdemeanour
prekršiti v.t. transgress
prekršiti zakletvu v.t. forswear
prelat n. prelate
prelaz n. crossing
prelaz n. transition
prelazni n. transitive
preliminaran a. preliminary
prelja n. spinner
preljuba n. adultery
prelom n. fracture
prelomiti v.t. page
prema gore prep. up
prema tome adv. accordingly
premašivati v.i. preponderate
premazait katranom v.t. tar
premda conj. notwithstanding
premda conj. though
premija n. premium

premijer a. premier
premijer n premier
premijera n. premiere
preminuti v. i decease
premostiti v.t. span
premostiv a. negotiable
prenatalni adj. antenatal
prenemaganje n whine
prenemaganje n affectation
prenemagati se v.i. whine
prenoćiti v.i. roost
prenos n conveyance
prenos n. telecast
prenos n. transfer
prenositi v. t. convey
prenositi v.t. relay
prenositi v.t. telecast
prenositi v.t. transfer
prenositi v.t. transmit
prenosiv a. removable
prenosiv a. transferable
preobilan a. superabundant
preobilje n. superabundance
preobraćenik n convert
preobraziti v.t. transfigure
preobraženje n. transfiguration
preokret n. reversal
preokret n. upheaval
preokupacija n. preoccupation
preopširan a. verbose
preopširnost n. verbosity
preopterećenje n overload
preopterećenje n. surcharge
preopterećenje n overcharge
preopteretiti v.t. overburden
preopteretiti v.t. overcharge
preopteretiti v.t. overload
preopteretiti v.t. surcharge
preopteretiti radom v.i. overwork
preosetljiv a maudlin

preostali a. residual
preovlađivati v.i. predominate
preovlađivati v.i. prevail
preovlađujući a. prevalent
prepad n swoop
prepelica n. quail
prepirati se v. i dispute
prepirati se v.i. wrangle
prepirati se v. t bicker
prepirka n. altercation
prepirka v. t brangle
prepirka n. wrangle
prepisati v.t. transcribe
prepiska n. correspondence
preplanulost n., a. tan
preplanuti v.i. tan
preplašiti v.t. overawe
prepoloviti v.t. halve
prepoloviti v. t bisect
preporod n. rebirth
preporod n. resurgence
preporučiti v.t. recommend
preporučiv a. advisable
preporučivost n advisability
preporuka n. recommendation
prepoznati v.t. recognize
prepoznavanje n. recognition
prepraviti v.t. revise
prepreden a arch
prepreka n. hindrance
prepreka n. impediment
prepreka n. obstacle
preraditi v.t. refine
prerasti v.t. outgrow
prerušen n disguise
prerušiti se v. t disguise
presađivati v.t. transplant
presedan n. precedent
preskakivanje n skip
preskočiti v.i. skip

presrećan a overjoyed
presresti v.t. intercept
presretanje n. interception
prestati v.t. quit
prestati v. i. cease
presti v.i. purr
prestići v.t. overtake
prestiž n. prestige
prestižan a. prestigious
prestraviti v.t. terrify
prestravljen a. aghast
prestup n. transgression
prestup n. trespass
prestupnik n. offender
presuda n. judgement
presuda n. verdict
presudan adj. crucial
presuditi v.t. arbitrate
preštampavanje n. reprint
pretegnuti v.t. outweigh
pretenciozan a. pretentious
pretendent n. aspirant
pretenzija n. pretension
preterano čedna žena n. prude
preterano laskanje n adulation
preterano uslužan a. officious
preterati v.t. overdo
preterivati v.t. overact
prethoditi v. precede
prethoditi v.t. antecede
prethodni a. antecedent
prethodni a former
prethodni a. previous
prethodnik n forerunner
prethodnik n. precursor
prethodnik n. predecessor
pretiti v.t menace
pretiti v.t. threaten
pretnja n menace
pretnja n. threat

pretplata n. subscription
pretpostaviti v.i guess
pretpostaviti v.t. presume
pretpostaviti v.t. presuppose
pretpostaviti v.t. suppose
pretpostaviti v.t. surmise
pretpostaviti v.t. assume
pretpostavka n conjecture
pretpostavka n. guess
pretpostavka n. presumption
pretpostavka n. supposition
pretpostavka n. surmise
pretpostavka n. assumption
pretpostavljanje n. presupposition
pretpostavljati v. t conjecture
pretraga n. search
pretrčati v.t overrun
pretresti v.t. ransack
pretrpeti v.t. undergo
preturanje n rummage
preturati v.i. fumble
pretvaranje n. pretence
pretvarati se v.t feign
pretvarati se v.t. pretend
pretvarati se v.i. sham
pretvoriti v. t convert
pretvoriti u kašu v.t. pulp
pretvoriti u stihove v.t. versify
preuveličavanje n. exaggeration
preuveličavati v. t. exaggerate
preuzeti v.t. shoulder
prevaga n. preponderance
prevagnuti v.t. out-balance
prevara n deceit
prevara n deception
prevara n eyewash
prevara n. fraud
prevara n. ruse
prevara n. swindle
prevara n. bam

prevarantski *a* crook
prevariti *v.t.* hoodwink
prevariti *v.t.* swindle
prevariti *v.t.* trick
prevariti *v. t.* bilk
prevazići *v.t.* overcome
prevelik *a.* outsize
prevelika doza *n.* overdose
prevencija *n.* prevention
preventivan *a.* preventive
predvideti *v.t.* overlook
prevlast *n.* predominance
prevlast *n.* prevalence
prevlast *n.* supremacy
prevođenje *n.* translation
prevodilac *n.* interpreter
prevoditi *v.t.* translate
prevoz *n.* transport
prevoziti *v.t* ferry
prevoziti *v.t.* transport
prevremen *a.* premature
prevrnuti *v.t.* tip
prevrnuti *v. i.* capsize
prezasićenost *n* glut
prezasićenost *n.* surfeit
prezasititi *v.t.* glut
prezentacija *n.* presentation
prezervativ *n.* preservative
prezime *n.* surname
prezir *n* contempt
prezir *n* disdain
prezir *n.* scorn
prezirati *v. t* despise
prezirati *v. t.* disdain
prezirati *v.t.* loathe
prezirati *v.t.* scorn
prezriv *a* contemptuous
preživanje *v.i.* rummage
preživar *n.* ruminant
preživati *v.i.* ruminate

pribeći *v.i.* resort
pribežište *n* resort
približan *a.* approximate
pribor *n* accessory
pribor *n. pl* paraphernalia
pribor *n.* tackle
pribor *n.* utensil
pribosti *v.t.* pin
pribranost *n.* composure
priča *n.* story
priča *n.* tale
pričati *v.i.* talk
pričljiv *a.* talkative
pričvrstiti *v.t* fasten
pričvrstiti *v.t* key
pričvrstiti *v.t.* limber
pričvrstiti klinom *v.t.* wedge
pričvrstiti *v.t.* affix
pričvrstiti *v.t.* attach
pridev *n.* adjective
pridruženje *n.* affiliation
pridružiti *v.t.* join
pridržavanje *n.* observance
prigodan *a.* pertinent
prigovarati *v.t.* reproach
prigovor *n.* objection
prigovoriti *v.t.* object
prigradski *a.* suburban
prigrušeno se smejati *v. i* chuckle
prigušen glas *n.* undertone
prigušiti *v.t.* muffle
prigušivač *n.* muffler
prigušivač *n.* silencer
prihod *n* emolument
prihod *n.* income
prihod *n.* revenue
prihvatanje *n* acceptance
prihvatiti *&* accept
prihvatljiv *a* acceptable
prihvatljiv *a.* admissible

prijatan a kind
prijatan a. pleasant
prijatelj n. friend
prijatelj n. mate
prijateljski adj. amicable
prijateljstvo n. amity
prijem n. reception
prijemčiv a. receptive
prijemnik n. receiver
prikazati v.t. show
prikazati u profilu v.t. profile
prikazivanje n. show
prikazivati v. t. depict
prikladan a expedient
prikladan fit
prikladan a. opportune
prikladan a. seemly
prikladan adj apposite
prikladan a. appropriate
prikladno adv appositely
priklanjanje n deference
priključenje n. incorporation
priključiti v.t. incorporate
prikolica n. trailer
prikovati v.t. peg
prikradati se v.i. stalk
prikriti v. t. conceal
prikriven a. latent
prikriven a. ulterior
prikupiti v. t collect
prikupiti v.t. muster
prilagođavanje n. adaptation
prilagođavanje n. adjustment
prilagoditi se v.t acclimatise
prilagoditi v.t. adapt
prilagoditi v.t. adjust
prilagodljiv a. malleable
prilepiti se v. i. cling
prilično adv. pretty
prilika n. occasion

prilika n. opportunity
priliv n. influx
priljubljen adj cohesive
prilog n. attachment
prilog n. enclosure
prilog n. adverb
priloški a. adverbial
priložiti v. t enclose
primalac n. payee
primalac n. recipient
primalac n. addressee
primećen a. notice
primena n. usage
primena n. application
primeniti v. t. enforce
primeniti v.t. apply
primeniti v.t. appropriate
primenljiv a. applicable
primer n example
primer n. instance
primerak n. specimen
primeran a. apposite
primetan adj perceptible
primetan a. appreciable
primetiti v.t. notice
primirje n. truce
primirje n. armistice
primitivan a. primitive
primorski a. littoral
princ n. prince
princeza n. princess
princip n. principle
prinos n yield
prinuda n compulsion
prionuti v.t. tackle
prioritet n. priority
pripadanje n appurtenance
pripadati v. i belong
pripajanje n annexation
pripisati v.t. impute

pripisati *v.t.* ascribe
pripit *a.* mellow
pripit *a.* tipsy
pripitomiti *v.t.* tame
pripovedač *n.* narrator
pripovedački *a.* narrative
pripovedati *v.t.* narrate
pripovest *n.* narrative
pripravnik *n.* probationer
pripravnik *n.* trainee
priprema *n* preliminary
priprema *n.* preparation
pripremiti *v.t.* prepare
pripremni *a.* preparatory
priraštaj *n.* increment
prirediti *v.t.* stage
priroda *n.* nature
prirodni *a.* natural
prirodnjak *n.* naturalist
prirodno *adv.* naturally
priručnik *n.* handbook
priručnik *n* manual
prisilan *a* forcible
prisiliti *v. t* compel
prisnost *n.* rapport
pristajanje *n.* landing
pristalica *n.* stickler
pristanak *n.* consent
pristanak *n.* assent
pristanište *n.* dock
pristati *v.i.* assent
pristati *v. i* consent
pristati uz jednu stranu *v.i.* side
pristojan *a* becoming
pristojan *a* decent
pristojba za vaganje *n.* weighage
pristojnost *n* decency
pristojnost *n* decorum
pristrasnost *n.* partiality
pristup *n* access

pristup *n.* admission
pristup *n.* approach
pristupanje *n* accession
pristupanje *n.* admittance
pristupiti *v.t.* accede
pristupiti *v.t.* approach
prisustvo *n.* presence
prisustvovati *v.t.* attend
prisutan *a.* present
prisvajanje *n.* appropriation
pritegnuti *v.t.* tighten
pritisak *n.* pressure
pritisnite *v.t.* press
pritisnuti *v. t* depress
pritoka *n.* tributary
pritvoren *adv.* ajar
priuštiti *v.t.* afford
privatni *a.* private
privatnost *n.* privacy
privezati *v.t.* tether
privići se *v.t.* accustom
prividan *a.* apparent
prividan *a* bogus
privilegija *n.* prerogative
privilegija *n.* privilege
privlačan *a.* attractive
privlačan *n.* sexy
privlačiti *v.t.* allure
privlačnost *n* allurement
privlačnost *n.* attraction
privoleti *v.t.* consent3
privremen *a.* provisional
privremen *a.* temporary
privrženik *n* devotee
privrženik *n.* loyalist
privrženost *n.* adherence
privrženost *n* devotion
privući *v.t.* attract
prizivač duhova *n.* necromancer
prizivanje *n.* invocation

prizivati v.t. conjure
prizivati v.t. invoke
priznanica n bill
priznanje n. acknowledgement
priznanje n confession
priznati v. t. confess
priznati v. acknowledge
priznati v.t. admit
priznati v.t. avow
prkos n defiance
prljav a dirty
prljav a filthy
prljav a. sordid
proba n. probation
proba n. rehearsal
probati v.t. rehearse
problem n. problem
problematičan a. problematic
probni a. tentative
probosti v.t. jab
probosti kopljem v.t. spear
probuditi v.t. awake
probuditi v.t. wake
probuditi se v.i. rouse
probušiti v.t hole
probušiti v.t. perforate
probušiti v.t. puncture
procedura n. procedure
procena n. estimate
procena n estimation
procena n. valuation
procena n. assessment
procenat n. percentage
proceniti v. t estimate
proceniti v.t. rate
proceniti v.t. appraise
proceniti v.t. assess
proces n. process
proći v.i. pass
procvat n blossom

procvetati v.i blossom
pročišćenje n. purgation
pročišćavajući a laxative
prodaja n. sale
prodavac n. monger
prodavac n. salesman
prodavac n. seller
prodavac n. vendor
prodavac knjiga n book-seller
prodavati v.t. sell
prodavati robu na malo v.t. retail
prodavnica n. shop
prodavnica n. store
prodor n breach
prodreti v.t. penetrate
produkt n. product
produktivan a. productive
produktivnost n. productivity
produženje n. prolongation
produžiti v.t. lengthen
produžiti v.t. prolong
profesija n. profession
profesionalan a. professional
profesor n. professor
profil n. profile
profitabilan a. profitable
profiter n. profit
profiter n. profiteer
profitirati v.t. profit
proganjanje n. persecution
proglas n. proclamation
proglasiti v. t. declare
proglasiti v.t. proclaim
prognati v. t exile
prognati v.t. ostracize
progoniti v.t. haunt
progoniti v.t. persecute
progoniti v.t. pursue
progonstvo n. exile
program n. programme

programirati v.t. programme
progresivan a. progressive
progutati v.t engulf
progutati v.t. swallow
prohladno a chilly
proizilaziti v.i ensue
proizlaziti v.i. result
proizvod n. produce
proizvođač n manufacturer
proizvoditi v.t fabricate
proizvoditi v.t. manufacture
proizvoditi v.t. produce
proizvodnja n fabrication
proizvodnja n manufacture
proizvodnja n. production
proizvoljno a. arbitrary
projekat n. project
projekcija n. projection
projektil n. missile
projektil n. projectile
projektor n. projector
projektovati v.t. project
proklet a. accursed
prokleti v. t curse
prokleti v. t. damn
prokletstvo n. damnation
prokletstvo n. malediction
prokrijumčariti v.t. smuggle
prokurator n. proctor
prolaz n pass
prolaz n. thoroughfare
prolazan n. transitory
prolaziti v. t elapse
proleće n spring
prolećni a. vernal
prolivanje n spill
prolog n. prologue
promašaj n. miss
promašiti v.t. miss
promena n. change

promena n. variance
promeniti v. t. change
promenljiv a fickle
promišljen a. considerate
promišljen a. prudential
promišljenost n forethought
promocija n. promotion
promovisati v.t. promote
promrmljati v.i. mutter
promukao a. hoarse
pronalazač n. inventor
pronalazački a. inventive
pronalazak n. invention
pronevera n. misappropriation
proneveriti v.t. misappropriate
pronicljiv a. apprehensive
proniknuti v.t fathom
propadanje n decline
propadati v. t. decline
propaganda n. propaganda
propagator n. propagandist
propagirati v.t. propagate
propast n doom
propast n. rack
propast n. ruin
propis n. regulation
propisati v.t. prescribe
propisno adv duly
proporcija n. proportion
proporcionalan a. proportional
propoved n. sermon
propovedaonica a. pulpit
propovedati v.i. preach
propovedati v.i. sermonize
propovednik n. preacher
propust n lapse
propustiti v.i. lapse
proračun n. calculation
proreći v.t. prophesy
proreći v.t foretell

proricanje n. auspice
proricati v.t. auspicate
proročanski a. oracular
proročanstvo n. oracle
proročanstvo n. prophecy
proročki a. prophetic
prorok n. prophet
prosečan a. average
prosejati v.i. riddle
prosejati v.t. sieve
prosek n. average
prosilac n. suitor
prositi v. i cadge
prosjak n beggar
proso n. millet
prospekt n brochure
prospekt n. prospectus
prost čovek n. commoner
prostitucija n. prostitution
prostituirati v.t. prostitute
prostitutka n. prostitute
prostitutka n. whore
prostor n. space
prostorni a. spatial
prostran a. roomy
prostran a. spacious
prostran a. capacious
prosuti v.i. spill
prosvetitelj n. luminary
prosvetliti v. t. enlighten
proširenje n. expansion
proširiti v.t. expand
proširiti v. t extend
proširiti v.t. widen
prošli a. past
prošlost n. antecedent
prošlost n. past
protagonista n. protagonist
protein n. protein
protektirana guma n. retread

protektirati gumu v.t. retread
proterati v. t evict
proterati v.t. banish
proterivanje n. banishment
proterivanje n eviction
protest n. protest
protest n. protestation
protestovati v.i. protest
protiv pref. contra
protiv prep. versus
protivan a. averse
protivavionski a. anti-aircraft
protiviti se v.t. antagonize
protivljenje n. antagonism
protivnik n. antagonist
protivnik n. opponent
protivnik n. rival
protivnik n. adversary
protivotrov n. mithridate
protivotrov n. antidote
protivrečiti v. t contradict
protivtužba n. countercharge
protivzakonit a. illicit
protok n flow
prototip n. prototype
protumačiti v.t. interpret
prouzrokovati v.t occasion
provala n. irruption
provala n burglary
provalnik n burglar
provera n check
proveriti v. t. check
provesti v.t. spend
provesti v.t. while
proviđenje n. providence
provincija n. province
provincijalizam n. provincialism
provincijski a. provincial
provizija n. commission
provocirati v.t. provoke

provokacija n. provocation
provokativan a. provocative
proza n. prose
prozaičan a. prosaic
prozivka n. roll-call
prozodija n. prosody
prozor n. window
proždirati v. t devour
proždrljiv a. voracious
proždrljivac n. glutton
proždrljivost n. gluttony
prožimati v.t. pervade
prskanje n splash
prskati v.t. spray
prsluk n. vest
prsluk n. waistcoat
prsluk n bodice
prst n finger
prsten n. ring
prstenčić n. ringlet
prstenčić n annulet
prtljag n. luggage
prtljag n. baggage
pruga n. stripe
prut n. withe
pružanje n. offering
pružiti utočište v.t harbour
prvenstveno adv. primarily
prvi a first
prvi n first
prvo adv first
prvoklasan a. sterling
pržiti v.t. fry
psalm n. psalm
pseudonim n. pseudonym
pseudonim n. alias
psiha n. psyche
psihički a. psychic
psihijatar n. psychiatrist
psihijatrija n. psychiatry

psiholog n. psychologist
psihologija n. psychology
psihološki a. psychological
psihopata n. psychopath
psihoterapija n. psychotherapy
psihoza n. psychosis
psovati v. t. chide
psovati v.t. swear
pšenica n. wheat
ptica pevačica n. warbler
ptica n bird
ptičar n. fowler
pubertet n. puberty
publicitet n. publicity
publika n. audience
pucanje n shoot
pucati v.i. pop
pucati v.t. shoot
pucketati v. t brustle
pucketati v. i crack
pucketati v.t. crackle
pučina n. offing
puding n. pudding
puk n. regiment
puki a. mere
pukotina n fissure
pukotina n gap
pukotina n. rift
pukotina n split
pukovnik n. colonel
pulover n. pullover
pulpa n. pulp
puls n. pulse
puls n pulse
pulsacija n. pulsation
pulsirati v.i. pulse
pumpa n. pump
pumpati v.t. pump
pun a. full
pun nade a. hopeful

pun poštovanja a. respectful
pun poštovanja a. reverent
pun poštovanja a. reverential
pun šavova a. seamy
puna kašika n. spoonful
punč n. punch
punilac flaša n bottler
puniti v. t. charge
punjenje n. charge
punjenje n. padding
puno adv. full
punoća n. fullness
punomoćnik n. assignee
punovažnost n. validity
puplin n. poplin
pupoljak n bud
purgativ n. purgative
purgativan a purgative
purista n. purist
puritanac n. puritan
puritanski a. puritanical
pust a. waste
pustinja n desert
pustinjačka ćelija n. hermitage
pustinjak n. hermit
pustinjak n. recluse
pustiti v.t. release
pustolovan a. adventurous
pustoš n. havoc
pustošenje n. ravage
pustošiti v.t. ravage
pustošiti v.t. waste
pušiti se v.i. smoke
puška n rifle
puškarnica n. loop-hole
puštanje n release
put n. path
put n. road
put n. route
putarina n. cartage

puter n butter
putnik n. passenger
putnik n. traveller
putnik n. voyager
putnik n. wayfarer
putovanje n. journey
putovanje n travel
putovanje n. trek
putovanje n. trip
putovanje n. voyage
putovati v.i. journey
putovati v.i. tour
putovati v.i. travel
putovati v.i. voyage
putujući adj ambulant
puzanje n crawl
puzati v. i creep
puzati v. i. cringe
puzati v.t. trail
puzavac n creeper
puziti v. t crawl
puž n. snail

R

rabat n. rebate
racija n. raid
racionalan a. rational
racionalizovati v.t. rationalize
racionalnost n. rationality
račun n. count
račun n. receipt
račun n. account
računanje n. computation
računati v.t. compute
računati v. t. count
računati v.t. reckon
računovođa n. accountant
računovodstvo n. accountancy

rad *n.* labour
rad *n.* work
radan *a.* painstaking
rađanje *n.* nativity
radije *adv.* rather
radijum *n.* radium
radikalan *a.* radical
radio *n.* radio
radio *n* wireless
radionica *n.* workshop
raditi *v.i.* labour
raditi *v.t.* operate
raditi *v.t.* work
radna *soba n.* study
radni *sto n* desk
radnik *n.* labourer
radnik *n.* worker
radnik *n.* workman
radnja modistkinje *n.* millinery
radno odelo *n.* smock
radost *n.* glee
radost *n.* joy
radostan *a.* glad
radostan *a.* jolly
radostan *n.* joyful, joyous
radovati *se v.i.* rejoice
radoznalost *n* curiosity
radoznao *a* curious
radoznao *a.* inquisitive
rafinerija *n.* refinery
rahitičan *a.* rickety
rahitis *n.* rickets
raj *n.* paradise
rak *n.* cancer
raketa *n.* rocket
rame *n.* shoulder
ran *adv* early
rana *n* sore
rana *n.* wound
randevu *n.* rendezvous

rang *n.* rank
rangirati *v.t.* rank
ranije *adv.* before
ranije *adv* formerly
raniji *a.* prior
raniji datum *n.* antedate
raniti *v.t.* wound
ranjiv *a.* sore
ranjiv *a.* vulnerable
rano *a* early
rano detinjstvo *n.* infancy
rapir *n.* rapier
rascep *n* cleft
rascepiti *v.t.* splinter
rascepiti *v.i.* split
rashladiti *v.t.* refrigerate
rashod *n* expenditure
rasipan *a.* prodigal
rasipan *a.* profligate
rasipan *a.* wasteful
rasipanje *n.* wastage
rasipnik *n.* spendthrift
rasipnost *n.* prodigality
rasizam *n.* racialism
raskalašn *a.* wanton
raskalašnost *n.* profligacy
raskid *n.* rupture
raskinuti *v.t.* rupture
raskol *n.* schism
raskoš *n.* luxuriance
raskoš *n.* pomp
raskošan *a.* lavish
raskošan *a.* luxuriant
raskošan *a.* sumptuous
raskrsnica *n.* intersection
raskrsnica *n.* junction
rasni *a.* racial
rasol *n* brine
raspadanje decay
raspadati *v. i* decay

raspaliti *v.t.* inflame
raspaljiv *a.* inflammatory
raspeće *n.* rood
raspitati se *v.t.* inquire
raspodela *n.* allocation
raspodeliti *v.t.* apportion
raspojasan *a.* licentious
raspolaganje *n* disposal
raspolagati *v. t* dispose
raspoloženje *n.* mood
raspoloživ *a* available
raspon *n.* span
raspor *n.* slit
raspored *n.* schedule
rasporediti *v.t.* array
rasporediti *v. t* co-ordinate
rasporediti *v.t.* regiment
rasporediti *v.t.* schedule
rasporiti *v.t.* slit
rasprava *n.* argument
rasprava *n.* treatise
raspraviti *v. t.* canvass
raspravljati *v.t.* argue
rasprostranjen *a.* widespread
raspustiti *v.t.* prorogue
rast *n.* growth
rastaviti *v.t.* sunder
rastavljanje *n.* decomposition
rasteretiti *v.t.* unburden
rastezanje *n* stretch
rastezati *v.t.* stretch
rasti *v.t.* grow
rasti *v.t.* wax
rastojanje *n* distance
rastopiti *v.t.* fuse
rastopiti *v.t.* liquefy
rastopiti *v.i.* melt
rastrgnuti *v.t.* lacerate
rasturiti *v.t.* scatter
rastužiti *v.t.* sadden

rastvarač *n* solvent
rastvoriti *v.t* dissolve
rastvorljiv *a.* soluble
rastvorljivost *n.* solubility
rasuti *v. t* disperse
raščlanjen *a.* articulate
rat *n.* war
ratarstvo *n.* husbandry
ratifikovati *v.t.* ratify
ratnik *n.* warrior
ratno stanje *n* belligerency
ratoboran *a.* militant
ratoboran *a.* warlike
ratoboran *a* bellicose
ratoboran *a* belligerent
ratovanje *n.* warfare
ratovati *v.i.* militate
ratovati *v.i.* war
ravan *a* even
ravan *a* flat
ravan *n.* plain
ravan *a.* plane
ravnica *n.* plane
ravnina *n* flat
ravnodušan *a.* indifferent
ravnodušnost *n.* indifference
ravnopravnost *n* equal
ravnoteža *n* poise
ravnoteža *n.* balance
razaranje *n* destruction
razbacati *v.t.* winnow
razbesneti *v. t* enrage
razbesneti *v.t.* infuriate
razbijanje *n* smash
razbiti *v.t.* rout
razbiti *v.t.* shatter
razbiti *v.t.* smash
razboj *n* loom
razbojnik *n.* bandit
razbojnik *n.* dacoit

razbojnik *n.* thug
razbojništvo *n.* dacoity
razborit *a.* judicious
razborit *a.* prudent
razborit *a.* sage
razboritost *n.* prudence
razdeliti *v.t.* parcel
razdoblje *n.* innings
razdragan *a.* mirthful
razdraganost *n.* mirth
razdražljiv *a.* irritable
razdvajanje *n.* separation
razdvajanje *n.* severance
razglasiti *v.t.* rumour
razgledati *v.t.* view
razgolititi *v.t.* bare
razgovarati *v.t.* converse
razgovor *n* conversation
razgovor *n* talk
razgraničenje *n.* demarcation
razjasniti *v. t* clarify
razjasniti *v. t* clear
razjašnjenje *n* clarification
različit *a* different
različit *a* dissimilar
različit *a* diverse
različit *a.* various
razlika *n* difference
razlika *n* distinction
razlikovati *v. t.* discriminate
razlikovati *v. i* distinguish
razlikovati se *v. i* differ
razlog *n.* reason
razložiti *v. t.* decompose
razmatranje *n* consideration
razmatranje *n* deliberation
razmatrati *v. i* deliberate
razmaziti *v.t.* pamper
razmena *n* exchange
razmena *n.* interchange

razmeniti *v. t* exchange
razmeniti *v.* interchange
razmetanje *n* strut
razmetati se *v.i.* strut
razmišljanje *n* contemplation
razmišljanje *n.* rumination
razmišljati *v. t* contemplate
razmišljati *v.i.* muse
razmišljati *v.t.* ponder
razmnožavanje *n.* proliferation
razmnožiti se *v.i.* proliferate
razmotriti *v. t* consider
raznolik *a.* multifarious
raznolik *n.* multiform
raznolik *a.* varied
raznovrsnost *n.* variety
razočarati *v. t.* disappoint
razonoda *n.* pastime
razoriti *v.i* blast
razoružanje *n.* disarmament
razoružati *v. t* disarm
razrađen *a* elaborate
razraditi *v. t.* elaborate
razred *n.* grade
razrokost *v.i.* squint
razrokost *n* squint
razrušiti *v.t.* raze
razum *n.* sanity
razuman *a.* reasonable
razuman *a.* sane
razuman *a.* sensible
razumeti *v.t.* understand
razumevanje *n.* apprehension
razvedriti *v. t* brighten
razvesti *v. t* divorce
razvesti se *v.t.* repudiate
razviti *v. t.* develop
razvod *n* divorce
razvod *n.* repudiation
razvodniti *v. t* dilute

razvodnjen *a* dilute
razvoj *n.* development
razvrat *n* debauchery
razvratan *a.* lewd
razvratnik *n* debauchee
razvratnost *n.* obscenity
razvrstati *v. t* classify
raž *n.* rye
rđa *n.* rust
rđati *v.i* rust
reagovati *v.i.* react
reakcija *n.* reaction
reakcionaran *a.* reactionary
realista *n.* realist
realističan *a.* realistic
realizacija *n.* realization
realizam *n.* realism
realizovati *v.t.* realize
realnost *n.* reality
rebreni *adj.* costal
rebro *n.* rib
recept *n.* prescription
recept *n.* recipe
recesija *n.* recession
reći *n.* say
reći *v.t.* tell
recipročan *a.* reciprocal
recitacija *n.* recitation
recital *n.* recital
recitovati *v.t.* recite
reč *v.t.* say
reč *n.* word
reč *v.t* word
rečenica *n.* sentence
rečit *a* eloquent
rečitost *n* eloquence
rečnik *n* dictionary
rečnik *n.* vocabulary
red *n.* array
red *n.* order

red *n.* queue
red *n.* row
red *n* trim
redak *a.* rare
redak *a.* scarce
redovan *a.* ordinary
redovan *a.* regular
redovno *adv.* ordinarily
referenca *n.* reference
referendum *n.* referendum
refleks *n.* reflex
refleksan *a* reflex
refleksivan *a.* meditative
reflektor *n.* reflector
reflektujuće *a.* reflective
reforma *n.* reform
reformacija *n.* reformation
reformator *n.* reformer
reformisati *v.t.* reform
refren *n.* chorus
refren *n* refrain
regeneracija *n.* regeneration
regenerisati *v.t.* regenerate
region *n.* region
regionalni *a.* regional
registar *n.* register
registar *n.* registry
registracija *n.* registration
registrovati *v.t.* register
regres *n.* recourse
regrut *n.* recruit
regrutovati *v. t* enlist
regrutovati *v.t.* recruit
regulator *n.* regulator
regulisati *v.t.* regulate
rehabilitacija *n.* rehabilitation
rehabilitovati *v.t.* rehabilitate
reka *n.* river
reket *n.* racket
rekla-kazala *n.* hearsay

reklamacija *n* reclamation
rekreacija *n.* recreation
rektum *n.* rectum
rekvijem *n.* requiem
relativan *a.* relative
relej *n.* relay
relevantan *a.* relevant
relevantnost *n.* relevance
religija *n.* religion
relikvija *n.* relic
reljef *n.* relief
remek-delo *n.* masterpiece
remi *n.* rummy
rendgen *n.* x-ray
rendgenski *a.* x-ray
renesansa *n.* renaissance
renome *n.* renown
renovirati *v.t.* renovate
renta *n.* annuity
rentijer *n* annuitant
rep *n.* tail
repa *n.* turnip
repa *n* beet
replika *n.* replica
reprezentativan *a.* representative
reprodukcija *n* reproduction
reprodukovati *v.t.* reproduce
reproduktivan *a.* reproductive
reptil *n.* reptile
republika *n.* republic
republikanac *n* republican
republikanski *a.* republican
resa *n.* fringe
restauracija *n.* restoration
restoran *n.* restaurant
restriktivan *a.* restrictive
resurs *n.* resource
rešenje *n.* solution
rešetka *n.* grate
rešetka *n.* lattice

rešiti *v.t.* resolve
rešiti *v.t.* solve
retardiranost *n.* retardation
retko *adv.* seldom
retorički *a.* rhetorical
retorika *n.* rhetoric
retorta *n.* crevet
retrospekcija *n.* retrospection
retrospektiva *n.* retrospect
retrospektivan *a.* retrospective
retuširati *v.t.* retouch
reumatizam *n.* rheumatism
reumatski *a.* rheumatic
revidirati *v.t.* audit
revizija *n.* revision
revizija *n.* audit
revizor *n.* auditor
revnost *n* bigotry
revnost *n.* zeal
revnostan *a.* zealous
revolucija *n.* revolution
revolucionar *n* revolutionary
revolucionaran *a.* revolutionary
revolver *n.* revolver
rez *n* cut
reza *n* bolt
rezač *n.* sharpener
rezati *v. t* cut
rezati *v.t.* lop
rezati *v.t.* trench
rezbariti *v. t.* carve
rezervat *n.* reservation
rezervisati *v.t.* reserve
rezervni *a* spare
rezervni deo *n.* spare
rezervoar *n.* reservoir
rezervoar *n.* tank
rezidentan *a.* resident
rezime *n* abstract
rezime *n.* resume

rezime n. summary
rezimirati v.t. resume
rezimirati v.t. summarize
rezolucija n. resolution
rezonanca n. resonance
rezonantan a. resonant
rezultat n. result
režanje n growl
režanje n. snarl
režati v.i. growl
režati v.i. snarl
režim n. regime
riba n fish
ribar n fisherman
ribizla n. currant
ribnjak n. pond
ricinusovo ulje n. castor oil
rigidan a. rigid
rigorozan a. rigorous
rika n. roar
rikati v.i. roar
rikša n. rickshaw
rilo n. snout
rima n. rhyme
rimovati se v.i. rhyme
rintanje n. toil
rintati v.i. toil
ris papira n. ream
riskantan a. venturesome
ritam n. rhythm
ritmičan a. rhythmic
ritual n. ritual
ritualni a. ritual
rivalstvo n. rivalry
rizičan a. risky
rizik n. hazard
rizik n. risk
rizikovanje n nap
rizikovati v.t hazard
rizikovati v.t. risk

rob n. slave
rob n. thrall
roba n. commodity
roba n. merchandise
roba n. ware
robot n. robot
robovati v.i. slave
roda n. stork
rođak n. cousin
rođak n. relative
rodbina n. kin
rođen bogat adj. born rich
rođenje n. birth
roditelj n. parent
roditeljoubistvo n. parricide
roditeljski a. parental
roditeljstvo n. parentage
roditi v. born
roditi v.t breed
rodni a. natal
rog n. horn
rog n. antler
rogonja n. cuckold
roj n. swarm
rojalistički n. royalist
rojiti se v.i. swarm
rok n. term
roktanje v.i. grunt
roktati n. grunt
rolna n. roll
roman n novel
romanopisac n. novelist
romantičan a. romantic
romantika n. romance
rominjati v. i drizzle
roniti v. i dive
ronjenje n dive
ronjenje n plunge
ropski a. slavish
ropstvo n. slavery

ropstvo *n.* thraldom
ropstvo *n* bondage
ropstvo *n.* captivity
rosa *n.* dew
rotacija *n.* rotation
rotacioni *a.* rotary
rotirati *v.i.* rotate
rotkvica *n.* radish
rov *n.* sap
rov *n.* trench
rožnjača *n* cornea
rt *n.* cape
rub *n.* list
rub *n.* verge
rub *n.* brink
rubin *n.* ruby
rublja *n.* rouble
rublje *n.* laundry
ručak *n.* lunch
ručati *v.i.* lunch
ručka *n.* handle
ručna burgija *n.* wimble
ručni rad *n.* handiwork
ručni zglob *n.* wrist
ručno *a.* manual
ruda *n.* ore
rudar *n.* miner
rudnik *n* mine
ruganje *n* gibe
ruganje *n.* scoff
rugati se *v.i.* gibe
rugati se *v.i.* jeer
rugati se *v.i.* scoff
ruka *n.* arm
rukav *n* sleeve
rukavica *n.* glove
rukavica bez prstiju *n.* mitten
rukopis *n.* manuscript
rukotvorina *n.* handicraft
rukovati *v.t* handle

rukovati *v.t.* wield
rukovoditi *v.t.* superintend
rum *n.* rum
rumen *a.* rosy
rumenilo *n* flush
rumenilo *n* blush
runo *n* fleece
rupa *n* hole
rupa *n.* puncture
rupica *n* eyelet
rupija *n.* rupee
rušenje *n* overthrow
ruševina *n* debris
rutina *n.* routine
rutinski *a* routine
ruža *n.* rose
ružan *a.* ugly
ružičast *a* pink
ružičast *a.* pinkish
ružičast *a.* roseate
ružičnjak, brojanice *n.* rosary
ružnoća *n.* ugliness
rvač *n.* wrestler
rvanje *n.* grapple
rvati se *v.i.* grapple
rvati se *v.i.* wrestle
rzanje *n.* neigh
rzati *v.i.* neigh

S

sa *prep.* with
sabat *n.* sabbath
sablja *n.* sabre
sabotaža *n.* sabotage
sabotirati *v.t.* sabotage
saće *n.* honeycomb
sačuvati *v.t.* preserve
sačuvati *v.t.* save

sada *adv.* now	**samouveren** *a.* confident
sada *conj.* now	**samozadovoljan** *adj.* complacent
sadista *n.* sadist	**samozadovoljan** *a.* smug
saditi *v.t.* plant	**san** *n* dream
sadizam *n.* sadism	**san** *n.* sleep
sadržaj *n* content	**sanatorijum** *n.* sanatorium
sadržati *v.t.* contain	**sandala** *n.* sandal
sadržitelj *n* multiple	**sandalovina** *n.* sandalwood
safir *n.* sapphire	**sanduk** *n.* crate
saglasan *a.* agreeable	**sangviničan** *a.* sanguine
saglasnost *n.* accord	**sanitarni** *a.* sanitary
saglasnost *n.* conformity	**sanjalački** *a.* shadowy
saharin *n.* saccharin	**sanjarenje** *n.* reverie
sahrana *n.* funeral	**sanjati** *v. i.* dream
sahrana *n.* sepulture	**sankcija** *n.* sanction
sajam *n.* fair	**sankcionisati** *v.t.* sanction
sakaćenje *n.* mutilation	**santa leda** *n.* iceberg
sakatiti *v.t.* mutilate	**saobraćaj** *n.* traffic
sakrament *n.* sacrament	**saopštenje** *n.* communiqué
sakriti *v.t* hide	**saopštiti** *v.t.* impart
sakriti se *v.i.* cower	**saosećajan** *a.* sympathetic
sakriti se *v.i.* darkle	**saosećanje** *n* compassion
sakrivanje *n.* hide	**saosećati** *v. t* commiserate
salata *n.* salad	**saosećati** *v.i.* sympathize
salo *n.* lard	**sapun** *n.* soap
salon *n* drawing-room	**sapunast** *a.* soapy
salto *n.* somersault	**sarađivati** *v.t.* associate
salveta *n.* napkin	**sarađivati** *v. i* collaborate
sam am	**sarađivati** *v. i* co-operate
sam *a.* solo	**saradnik** *n.* companion
sam *a.* alone	**saradnik** *n.* associate
samac *n.* single	**saradnja** *n* collaboration
samo *adv.* only	**saradnja** *n* co-operation
samo što *conj.* only	**sarkastičan** *a.* sarcastic
samoglasnik *n.* vowel	**sarkazam** *n.* sarcasm
samoispitivanje *n.* introspection	**saslušavanje** *n.* interrogation
samostan *n.* cloister	**saslušavati** *v.t.* interrogate
samostan *n.* nunnery	**sastanak** *n.* meeting
samoubilački *a.* suicidal	**sastanak** *n.* tryst
samoubistvo *n.* suicide	**sastanak u četiri oka** *n.* tete-a-tete

sastav *n* composition
sastav *n* compound
sastav *n*. texture
sastaviti *v. t* compile
sastaviti *v. t* compose
sastaviti *v. i* compound
sastaviti *v.t.* piece
sastaviti *v.t.* assemble
sastavljač *n.* compounder
sastavni *adj.* component
sastavni *adj.* constituent
sastojak *n.* ingredient
sastojati se *v. i* consist
sasvim *adv.* quite
sat *n.* clock
sat *n.* hour
sat *n.* watch
satelit *n.* satellite
satira *n.* lampoon
satira *n.* satire
satiričan *a.* satirical
satiričar *n.* satirist
satirizovati *v.t.* satirize
saučesnik *n* accomplice
saučešće *n* condolence
sav *a.* all
savest *n* conscience
savestan *a* dutiful
savet *n.* council
savet *n.* counsel
savet *n.* tip
savet *n* advice
savetnik *n.* counsellor
savetovati *v. t.* counsel
savetovati *v.t.* tip
savetovati *v.t.* advise
savez *n.* alliance
saveznik *n.* ally
savijanje *n* bend
savijati *v.t.* crankle

saviti *v.t* fold
saviti *v. t* bend
savitljiv *a.* supple
savladati *v.t.* master
savladati *v.t.* overwhelm
savladati *v.t.* surmount
savremen *a* contemporary
savremen *a.* up-to-date
savršen *a.* perfect
savršenstvo *n.* perfection
sazivač *n* convener
sazivanje *n.* convocation
sazivati *v.t.* convoke
sazrevati *v.i.* ripen
sazvati *v. t* convene
sazvežđe *n.* asterism
sazvežđe *n.* constellation
sažaljenje *n.* pity
sažaljevati *v.t.* pity
sažaljiv *a.* pitiful
sažet *a* summary
sažet *a.* terse
sažeti *v.t* abstract
sažeti *v. t.* compress
scena *n.* scene
scenski *a.* scenic
sebe *pron.* myself
sebičan *a.* selfish
sećanje *n.* recollection
sećanje *n.* remembrance
secesionista *n.* secessionist
seciranje *n* dissection
secirati *v. t* dissect
seći *v. t* chop
seći *v.t.* intersect
seći *v.t.* poll
seći *v.t.* slice
sedam *n.* seven
sedamdeset *n., a* seventy
sedamdeseti *a.* seventieth

sedamnaest *n.*, *a* seventeen
sedamnaesti *a.* seventeenth
sedativ *n* sedative
sedeći *a.* sedentary
sedeti *v.i.* sit
sedište *n.* seat
sedlo *n.* saddle
sedmi *a.* seventh
sedmo- *a* seven
sednica *n.* session
segment *n.* segment
segmentirati *v.t.* segment
segregacija *n.* segregation
seizmički *a.* seismic
sejati *v.t.* sift
sejati *v.t.* sow
sekira *n.* hatchet
sekira *n.* axe
sekiracija *n* vexation
sekretar *n.* secretary
sekretarijat *n.* secretariat (e)
seksualan *a.* sexual
seksualnost *n.* sexuality
sekta *n.* sect
sektaški *a.* sectarian
sektor *n.* sector
sekunda *n* second
sekundaran *a.* secondary
sekvenca *n.* sequence
selektivan *a.* selective
seliti se *v.i.* trek
seljak *n* boor
seljak *n.* peasant
seljak *n* rustic
seljak *n.* villager
seljaštvo *n.* peasantry
selo *n.* village
sem ako *conj.* unless
sem toga *adv.* withal
sem toga *adv* besides

seme *n.* seed
seme *n.* semen
semestar *n.* semester
seminar *n.* seminar
senat *n.* senate
senator *n.* senator
senatorski *a.* senatorial
senatski *a* senatorial
sendvič *n.* sandwich
senf *n.* mustard
senica *n* bower
senilan *a.* senile
senilnost *n.* senility
senior *n.* senior
senka *n.* shadow
seno *n.* hay
sentimentalan *a.* sentimental
senzacija *n.* sensation
senzacionalan *a.* sensational
senzualan *a.* sensual
seoba *n.* transmigration
seoce *n.* hamlet
seoski *a.* rural
seoski *a.* rustic
seosko dvorište *n.* barton
separabilan *a.* separable
sepsa *n.* sepsis
septembar *n.* September
septičan *a.* septic
septička jama *n.* cesspool
serija *n.* series
serija *n* batch
serijski *a.* serial
serpentina *n.* serpentine
sertifikat *n.* certificate
servilan *a.* menial
servilan *a.* servile
servilnost *n.* servility
servis *n.* serve
servisirati *v.t* service

serž *n.* serge
sesti *v.t.* seat
sestra *n.* sister
sestrinski *a.* sisterly
sestrinstvo *n.* sisterhood
setiti se *v.t.* recollect
sever *n.* north
severni *a* north
severni *a.* northerly
severni *a.* northern
severno *adv.* north
severno *adv.* northerly
sezona *n.* season
sezonski *a.* seasonal
sfera *n.* sphere
sferni *a.* spherical
shvatiti *v.t.* apprehend
shvatljiv *a.* intelligible
sićušnost *adv.* smallness
sićušan *a.* tiny
sidrište *n.* moorings
sidro *n.* anchor
signal *n.* signal
signalizirati *v.t.* signal
siguran *a.* safe
siguran *a.* secure
siguran *a.* sure
sigurno *adv.* certainly
sigurno *adv.* surely
sigurnost *n.* safe
sijalica *n.* bulb
sijati *v.i.* glitter
sijati *v.i.* glow
siktanje *n* hiss
siktati *v.i* hiss
sila *n* force
silazak *n.* descent
siledžija *n* bully
siledžija *n.* ruffian
siliti *v.t* force

silom *adv.* perforce
silovanje *n.* rape
silovati *v.t.* rape
silueta *n.* silhouette
simbol *n.* symbol
simboličan *a.* symbolic
simbolizam *n.* symbolism
simbolizovati *v.t.* symbolize
simetričan *a.* symmetrical
simetrija *n.* symmetry
simfonija *n.* symphony
simpatičan *a.* lovable
simpatija *n.* sympathy
simpozijum *n.* symposium
simptom *n.* symptom
simptomatičan *a.* symptomatic
sin *n.* son
singlirati *v.t.* single
sinonim *n.* synonym
sinoniman *a.* synonymous
sinopsis *n.* synopsis
sintaksa *n.* syntax
sintetički *a.* synthetic
sintetika *n* synthetic
sinteza *n.* synthesis
sipati *v.i.* pour
sir *n.* cheese
sirće *n.* vinegar
sirće *n* alegar
sirena *n.* mermaid
sirena *n.* siren
siroče *n.* orphan
siromah *n.* pauper
siromašan *a.* needy
siromaštvo *n.* poverty
sirotinjski kraj *n.* slum
sirotište *n.* orphanage
sirov *a* crude
sirov *a.* raw
sirup *n.* syrup

skandalizovati v.t. scandalize
skeč n. skit
skele n. scaffold
skelet n. skeleton
skenirati v.t. scan
skepticizam n. scepticism
skeptičan a. sceptical
skeptik n. sceptic
skica n draft
skica n. outline
skica n. sketch
skicirati v. t draft
skicirati v.t. outline
skicirati v.t. sketch
skiptar n. sceptre
skitalački a vagabond
skitanje v.t. ramble
skitati n ramble
skitnica n. ranger
skitnica n. vagabond
sklad n. conformity
sklad n. consonance
skladan a. shapely
skladište n cache
skladište n. godown
skladište n. repository
skladištenje n. storage
skladištiti v.t. store
sklon a. prone
sklonište n. shelter
sklonost n bent
sklonost n. inclination
sklonost n. preference
sklonost n. proclivity
sklonost n affinity
sklop n. assembly
skočiti v. i hop
skočiti v.i jump
skočiti v.i. leap
skočiti v.i. spring
skok n. jump
skok n leap
skok n. vault
skolastičar a. scholastic
skoro adv. nearly
skorojević n. upstart
skraćenica n abbreviation
skraćivanje n abridgement
skratiti v.t. abbreviate
skratiti v.t abridge
skratiti v. t curtail
skratiti v.t. shorten
skrenuti v. t divert
skrenuti v.t. shunt
skrenuti v.t. switch
skrenuti pažnju v. advert
skresati v.t volley
skripte n. script
skriven a. allusive
skrob n. starch
skroman a. humble
skroman a. modest
skromnost n. lowliness
skromnost n modesty
skroz adv. through
skroz adv. throughout
skulptura n. sculpture
skup a expensive
skup n. social
skupina n cluster
skupljač trofeja n. scavenger
skupljanje v.t. rally
skupljanje n. shrinkage
skupljati se v.i troop
skupo a. costly
skut n. lap
skuter n. scooter
slab a faint
slab a feeble
slab a. frail

slab *a.* infirm
slab *a.* weak
slabašan *a.* puny
slabić *n.* weakling
slabina *n.* loin
slabost *n.* malaise
slabost *n.* weakness
slad *n.* malt
sladak *a.* sweet
sladunjav *a.* mawkish
slagalica *n.* puzzle
slagati se *v.t.* accord
slajd *n* slide
slama *n.* litter
slama *n.* straw
slama *n.* thatch
slan *a.* saline
slan *a.* salty
slanina *n.* bacon
slanje u selo *n.* rustication
slanoća *n.* salinity
slast *n* relish
slatkiš *n.* candy
slatkiš *n* sweet
slatkiš *n.* sweetmeat
slatkoća *n.* sweetness
slava *n* fame
slava *n.* glory
slavan *a.* glorious
slavina *n.* tap
slaviti *v. t. & i.* celebrate
slavlje *n.* jubilation
slavlje *n.* celebration
slavljenje *n.* glorification
slavna osoba *n* celebrity
slavuj *n.* nightingale
sledbenik *n* follower
sledbenik *n.* henchman
sledeći *a.* subsequent
sledeći *a.* next
slediti *v.t.* track
sleganje ramenima *n* shrug
slegnuti ramenima *v.t.* shrug
sleng *n.* slang
slep *a* blind
slepi miš *n* bat
slepilo *n* ablepsy
slepilo *n* blindness
slepiti *v.t.* conglutinate
slepo crevo *n.* appendix
slepoočnica *n* temple
slezina *n.* spleen
sličan *a.* like
slične *a.* similar
sličnost *n.* likeness
sličnost *n.* resemblance
sličnost *n.* semblance
sličnost *n.* similarity
sličnost *n.* similitude
slika *n* effigy
slika *n.* image
slika *n.* painting
slika *n.* picture
slikar *n.* painter
slikarev potporni štap *n.* maulstick
slikarski *a.* pictorical
slikati *v.t.* pencil
slikovit *a.* picturesque
slikovito izlaganje *n.* imagery
sloboda *n.* freedom
sloboda *n.* liberty
slobodan *a.* free
slobodan *a* leisure
slobodnjak *n.* yeoman
slobodno vreme *n.* leisure
slobodoumnik *n.* libertine
slog *n.* syllable
sloga *n.* concord
slogovni *n.* syllabic
sloj *n.* layer

slom *n* breakdown
slom *n* downfall
slon *n* elephant
slonovača *n.* ivory
složen *a* complex
složen *a* compound
složiti se *v.i.* agree
slučaj *n.* case
slučajan *a* accidental
slučajan *a.* haphazard
slučajan *a.* incidental
slučajan *a.* random
slučajnost *n.* contingency
sluga *n* menial
sluga *n.* servant
slušalac *n.* listener
slušati *v.i.* listen
slušni *adj.* auditive
slutiti *v.t.* misgive
slutnja *n.* hunch
slutnja *n.* misgiving
slutnja *n.* omen
sluz *n.* mucus
sluzav *a.* mucous
sluznica *n.* conjunctiva
služavka *n.* maid
služba *n.* service
službeni *a.* official
službenik *n* clerk
službenik *n* employee
službovati *v.i.* officiate
služiti se polugom *v.t.* lever
služiti vojsku *v.i.* soldier
smanjenje *n.* abatement
smanjenje *n* decrease
smanjenje *n.* reduction
smanjiti *v.t.* abate
smanjiti *v. t* decrease
smanjiti *v. t* diminish
smanjiti *v.t* lessen

smanjiti *v.t.* reduce
smanjiti izdatke *v.t.* retrench
smanjiti se *v.i* shrink
smaragd *n* emerald
smatrati *v.i.* deem
smatrati za *v.t.* repute
smeće *n.* garbage
smeće *n.* trash
smeće *n.* refuse
smeh *n.* laughter
smejanje *n.* laugh
smejati se *v.i* laugh
smelost *n.* daring
smena *n* shift
smeo *a* daring
smer *n* lay
smesta *adv.* straightway
smestiti *v.t* accommodate
smestiti *v.t* house
smestiti *v.t.* place
smešan *n.* funny
smešan *a.* hilarious
smešan *a.* laughable
smešan *a.* ridiculous
smešan *a.* zany
smešiti se *v.i.* smile
smeštaj *n.* accommodation
smetnja *n* drawback
smicalica *n.* artifice
smiriti *v. t.* calm
smišljati *v.t.* plot
smog *n.* smog
smokva *n* fig
smola *n.* pitch
smotati *v.t.* furl
smotra *n* muster
smrad *n.* stench
smrad *n* stink
smrdeti *v.i.* stink
smrt *n* death

smrt n decease
smrtan a. mortal
smrtnik n mortal
smrtno adj. alamort
smrtonosan a. deadly
smrtonosan a. lethal
snabdeti osobljem v.t. staff
snabdeti predgovorom v.t. preface
snabdevanje n supply
snabdevati v.t. supply
snabdevati hranom v. i cater
snaga n main
snaga n. power
snaga n. strength
snalažljiv a. resourceful
snalažljiv a. shifty
snažan a forceful
snažan a. hefty
sneg n. snow
snežan a. snowy
snežiti v.i. snow
snimati v.t film
snob n. snob
snobizam n. snobbery
snobovski v snobbish
snop n bundle
snop n. sheaf
snop n beam
so n. salt
soba n. room
soba za posete n. parlour
socijalistički n,a socialist
socijalizam n socialism
sociologija n. sociology
sočan a. juicy
sočan a. luscious
sočan a. lusty
sočivo n. lentil
sodomija n. sodomy
sodomit n. sodomite

sofa n. sofa
sofista n. sophist
sofisticiran a. sophisticated
sofisticirati v.t. sophisticate
sofizam n. sophism
sojka n. jay
sok n juice
sokak n. lane
soko n falcon
sokolar n hawker
sokolovski adj accipitral
solarni a. solar
solidarnost n. solidarity
solista n. soloist
soliti v.t salt
solo n solo
solo adv. solo
solventan a. solvent
solventnost n. solvency
somot n. velvet
sonda n probe
sonet n. sonnet
sortirati v.t. size
sortirati v.t sort
sos n. sauce
sotona n. satan
sova n. owl
spajalica n. staple
spajanje žicom n. wiring
spakovati v. t encase
spanać n. spinach
sparan a. muggy
sparan a. sultry
spariti v.t. pair
spasavanje n rescue
spasavanje n. salvage
spasenje n. salvation
spasitelj n. saviour
spasiti v.t. rescue
spasiti v.t. salvage

spavaćica *n.* nightie
spavač *n.* sleeper
spavati *v.i.* sleep
specifičan *a.* specific
specifikacija *n.* specification
specijalista *n.* specialist
specijalitet *n.* speciality
specijalizacija *n.* specialization
specijalizovati se *v.i.* specialize
spektakl *n.* spectacle
spektakularan *a.* spectacular
spekulacija *n.* speculation
spekulisati *v.i.* speculate
spelovati *v.t.* spell
sperma *n.* sperm
spirala *n.* spiral
spiralni *a.* spiral
spiritista *n.* spiritualist
spiritualizam *n.* spiritualism
spis *n.* writ
spletkariti *v.i.* scheme
spljoštiti *v.t.* laminate
spoj *n.* juncture
spojiti *v. t* couple
spojiti *v.t* link
spojiti *v.t.* merge
spojiti se *v.t.* interlock
spojni *adj.* annectant
spokoj *n.* calm
spokoj *n.* serenity
spokojan *a.* serene
spoljašnji *a.* outward
spoljašnjost *n* outside
spoljni *a* external
spoljni *a.* outer
spoljni *a.* outside
spomenik *n.* monument
spominjanje *n.* mention
spominjati *v.t.* mention
spona *n* brace

spona *n.* link
spontan *a.* spontaneous
spontanost *n.* spontaneity
sponzor *n.* sponsor
sponzorisati *v.t.* sponsor
spor *n* dispute
spor *a* slow
sporadičan *a.* sporadic
sporan *n.* moot
sporazum *n.* compact
sporazum *n.* agreement
sporost *n.* slowness
sport *n.* sport
sportista *n.* sportsman
sportista *n.* athlete
sposoban *a.* apt
sposoban *a.* competent
sposoban za brak *a.* marriageable
sposoban za jemstvo *a.* bailable
sposoban *a.* capable
sposobnost *n* ability
sposobnost *n* competence
sposobnost *n.* acumen
sposobnost *n.* aptitude
sposobnost *n.* capability
spotaći se *v.i.* stumble
spoticanje *n.* stumble
spoznaja *n* cognizance
sprat *n.* storey
sprati *v.i* flush
sprečiti *v.t.* prevent
sprečiti *v.t.* avert
sprej *n.* spray
spreman *a.* ready
spreman *a.* stock
spremno *adv.* readily
spremnost *n.* readiness
spremnost *n.* willingness
spretan *adj.* deft
sprijateljiti se *v. t.* befriend

sprint *n* sprint
sprintati *v.i.* sprint
spržiti *v.t.* parch
spustiti se *v.i.* perch
spuštati se *v. i.* descend
sputati *v.t* fetter
sputnik *n.* sputnik
sraman *a.* shameful
sramota *n* dishonour
sramota *n.* infamy
sramota *n.* shame
sramotan *a* flagrant
sramotiti *v.t.* shame
sramotiti *v.t.* vilify
srastanje *n.* concrescence
srasti *v.t.* accrete
srazmeran *a.* proportionate
srce *n.* heart
srcolik *adj.* cordate
srčani *adj.* cardiacal
srdačan *a* cordial
srdačno *adv.* heartily
srdit *a.* irate
srebrno *a* silver
srebro *n.* silver
sreća *n.* fortune
sreća *n.* happiness
sreća *n.* luck
srećan *a.* fortunate
srećan *a.* lucky
srećom *adv.* luckily
srećan *a.* happy
sreda *n.* Wednesday
sredina *n.* mean
sredina *n* middle
sredina *n.* midst
sredina leta *n.* midsummer
srednjeg roda *a.* neuter
srednjevekovni *a.* medieval
srednji *a.* intermediate
srednji *a.* median
srednji *a* medium
srednji *a.* mid
srednji *a.* middle
srednji rod *n* neuter
sredovečan *a.* medieval
sredstvo *n* means
sredstvo za umirenje *adj* calmative
sredstvo protiv insekata *n* repellent
sresti *v.t.* meet
srna *n* doe
srna *n.* roe
srodan *a* congenial
srodan *a.* akin
srodnik *n.* in-laws
srodstvo *n.* kinship
srp *n.* sickle
srušiti *v.t.* overthrow
srušiti se *v.i.* topple
stabilan *a.* stable
stabilizacija *n.* stabilization
stabilizovati *v.t.* stabilize
stabilnost *n.* stability
stabla *n.* stem
stabljika *n.* stalk
stablo *n.* trunk
stacionaran *a.* stationary
stacionirati *v.t.* station
stadion *n.* stadium
stado *n* flock
stado *n.* herd
stagnacija *n.* stagnation
stagnirati *v.i.* stagnate
staja *n.* cote
stajanje *n.* standing
stajati *v.i.* stand
staklo *n.* glass
staklorezac *n.* glazier
stalan *a* constant
staložen *a.* sedate

staložen a. staid
stampedo n. stampede
stan n. apartment
stanar n. inmate
stanar n. occupant
stanar n. tenant
standard n. standard
standardan a standard
standardizacija n. standardization
standardizovati v.t. standardize
stanica n. station
stanište n. habitat
stanje n. plight
stanje, država n. state
stanovanje n. habitation
stanovanje n. occupancy
stanovati v. i dwell
stanovište n angle
stanovište n. standpoint
stanovnik n. inhabitant
stanovnik n resident
stanovništvo n. populace
stanovništvo n. population
star a. old
staratelj n custodian
starateljstvo v custody
starateljstvo n. wardship
starešina n elder
starešina n. martinet
starešina n. principal
starešinstvo n. seniority
starije a elderly
stariji a elder
stariji a. senior
starinar n. antiquary
starinski a. antiquarian
starinski a. antique
staromodan a. outmoded
start n start
stas n. physique

stas n. stature
stasala za udaju a. nubile
statičnost n. static
statika n. statics
statističar n. statistician
statistički a. statistical
statistika n. statistics
statua n. statue
statusa n. status
statut n. statute
statutarne a. statutory
stav n. posture
stav n. attitude
staviti v.t. position
staviti v.t. put
staviti kasniji datum v.t. post-date
staviti lisice v.t handcuff
staviti na policu v.t. shelve
staviti pod pritisak v.t. pressurize
staviti povez preko očiju v. t blindfold
staviti u džep v.t. pocket
staviti u jamu v.t. pit
staviti van zakona v.t outlaw
staviti veto v.t. veto
stavka n. item
staza n. track
stažirati v.t. intern
stečaj n. bankruptcy
steći v.t. acquire
stega n clamp
stegnuti v.t. constrict
stena n boulder
stena n. rock
stenjanje v.i. groan
stenjanje n. moan
stenjati n groan
stenjati v.i. moan
stenograf n. stenographer
stenografija n. stenography
stepa n. steppe

stepen *n.* degree
stepenik *n.* stair
stereotip *n.* stereotype
stereotipizirati *v.t.* stereotype
sterilan *a.* sterile
sterilisati *v.t.* sterilize
sterilitet *n.* sterility
sterilizacija *n.* sterilization
sterling *n.* sterling
stetoskop *n.* stethoscope
stidljiv *a.* timid
stidljiv *a.* bashful
stigma *n.* stigma
stih *n.* verse
stihoklepac *n.* poetaster
stihopisac *n.* rhymester
stihotvorstvo *n.* versification
stil *n.* style
stimulans *n.* stimulant
stimulisati *v.t.* stimulate
stipendija *n.* scholarship
stipendista *n.* scholar
stisak *n.* grip
stiskati *v.t.* wring
stisnuti *v.t.* grip
stisnuti *v.* pinch
stišati *v.t.* tranquillize
stjuard *n.* steward
sto *n.* hundred
sto *n.* table
sto stepeni *a.* centigrade
stočna hrana *n.* fodder
stoga *adv.* thus
stogodišnjak *n.* centenarian
stogodišnji *adj.* centennial
stogodišnjica *n.* centenary
stoik *n.* stoic
stoka *n.* cattle
stolar *n.* joiner
stolar *n.* carpenter

stolarija *n.* carpentry
stolica *n.* chair
stolica *n.* chaise
stolica *n.* stool
stomačni *a.* abdominal
stomak *n.* abdomen
stomak *n.* stomach
stomatolog *n.* dentist
stonoga *n.* centipede
stonoga *n.* millipede
stopa *n.* rate
stopalo *n.* foot
stovarište *n.* depot
stožer *n.* pivot
straćara *a.* shanty
stradanje *n.* tribulation
strah *n.* dread
strah *n.* fear
strah *n.* fright
strah *n.* scare
strah od otv. prostora *n.* agoraphobia
strahopoštovanje *n.* veneration
strahopoštovanje *n.* awe
strahovati *v.t.* dread
strana *n.* aside
strana *n.* page
strana *n.* side
stranac *n.* foreigner
stranac *n.* stranger
stranac *a.* alien
stranački *a.* factious
strani *a.* foreign
stranka *n.* party
strast *n.* passion
strastven *a.* passionate
strašan *a.* dire
strašan *a.* dread
strašan *a.* horrible
strašan *a.* terrific
strašno *a.* fearful

strateg *n.* strategist
strategija *n.* strategy
strateški *a.* strategic
straža *n.* sentry
stražar *n.* guard
stražar *n.* sentinel
stražnjica *n* buttock
strela *n.* arrow
strelac *n.* marksman
strelac *n.* archer
strelast koren *n.* arrowroot
strelica *n.* dart
stres *n.* stress
stric, teča, ujak *n.* uncle
strm *adj.* declivous
strm *a.* steep
strmina *n* bluff
strmoglav *adv.* headlong
strnjika *n.* stubble
strofa *n.* stanza
strog *a.* strict
strog *a.* stringent
strog *a.* austere
strogost *n.* rigour
strpljenje *n.* patience
strpljiv *a.* patient
stršljen *n.* hornet
stručan *a* expert
stručnjak *n* expert
strug *n.* lathe
strugar *n.* turner
strugati *v.t* grate
strugati *v.t.* whittle
struja *n* current
struk *n.* waist
struktura *n.* structure
strukturni *a.* structural
stub *n.* pillar
student *n.* student
student *n.* undergraduate

student medicine *n.* medico
studio *n.* studio
stvar *n.* matter
stvar *n.* thing
stvaran *a.* actual
stvaranje *n* creation
stvarno *adv.* really
stvor *n.* wight
stvorenje *n* creature
stvrdnuti *v.t.* harden
sub *n.* post
subjekat *n.* subject
subjektivan *a.* subjective
sublimirati *v.t.* sublimate
subota *n.* Saturday
subvencija *n.* subsidy
subvencionisati *v.t.* subsidize
subverzija *n.* subversion
subverzivan *a.* subversive
sud *n.* court
sud *n.* tribunal
sudar *n.* clash
sudar *n* collision
sudar *n* crash
sudariti se *v. t.* clash
sudariti se *v. i.* collide
sudariti se *v. i* crash
sudbina *n* destiny
sudbina *n* fate
suđenje *n.* trial
sudija *n.* arbiter
sudija *n.* judge
sudija *n.* referee
sudija *n.* umpire
sudija za prekršaje *n.* magistrate
suditi *v.i.* judge
sudopera *n* sink
sudski *a.* judicial
sudski izvršitelj *n.* bailiff
sudski nalog *n.* injunction

sudski progon *n.* prosecution
sudstvo *n.* judiciary
sufiks *n.* suffix
sufler *n.* prompter
sugestivan *a.* suggestive
suglasnik *n.* consonant
sujeta *n.* vanity
sujeveran *a.* superstitious
sujeverje *n.* superstition
suknar *n* draper
suknja *n.* skirt
sukob *n.* strife
sukobiti se *v. i* conflict
suma *n.* sum
sumirati *v.t.* sum
sumnja *n* doubt
sumnja *n.* suspicion
sumnjati *v. t.* distrust
sumnjati *v. i* doubt
sumnjiv *a.* questionable
sumnjiv *a.* suspicious
sumoran *a.* gloomy
sumoran *a.* sullen
sumornost *n.* gloom
sumpor *n.* sulphur
sumporni *a.* sulphuric
sunce *n.* sun
sunčan *a.* sunny
sunčati *v.t.* sun
sunđer *n.* sponge
suočenje *n.* confrontation
suočiti se *v.t* face
supa *n* broth
supa *n.* soup
superiornost *n.* superiority
superlativ *n.* superlative
superlativan *a.* superlative
supersoničan *a.* supersonic
suprotan *a* adverse
suprotan *a.* opposite

suprotan *a.* reverse
suprotno *a* contrary
suprotnost *n* reverse
suprotstaviti *v.t.* contrapose
suprotstaviti *v. t* contrast
suprotstaviti *v.t.* counteract
suprotstaviti *v.t.* oppose
supruga *n.* wife
supstanca *n.* substance
suptilan *n.* subtle
suptilnost *n.* subtlety
surf *n.* surf
surovost *n.* barbarity
surutka *n* buttermilk
surutka *n* curd
susedni *a.* adjacent
susedski *a.* neighbourly
suspendovati *v.t.* suspend
susresti *v. t* encounter
susret *n.* encounter
suša *n* drought
sušara *n.* kiln
suština *n* essence
suština *n.* gist
suština *n.* quintessence
suštinski *a* essential
suton *n* dusk
suton *n* twilight
sutra *adv.* tomorrow
sutrašnji dan *n.* tomorrow
suv *adj.* arid
suv *a.* torrid
suvenir *n.* souvenir
suveren *a* sovereign
suverenost *n.* sovereignty
suvišan *a* excess
suvišan *a.* redundant
suviše *adv.* too
suvišno *a.* superfluous
suvo *a* dry

suvo grožđe n. raisin
suza n. tear
suzan a. tearful
suzbijanje n. repression
suzbijanje n. suppression
suzbijati v.t. suppress
suziti v.t. narrow
suziti v.t. straiten
svađa n. quarrel
svađa n. row
svađa v.i. & n brawl
svađati se v.i. quarrel
svadba n. nuptials
svadba n. spousal
svadbeni a. nuptial
svadljiv a. quarrelsome
svadljivac n. barrator
svakako adv. needs
svaki a. any
svaki a each
svaki pron. each
svaki a every
svaki čas adv. minutely
svakidašnji a. commonplace
svakidašnji a. workaday
svariti v. t. digest
svečan a. ceremonial
svečan a festive
svečan a. solemn
svečanost n festivity
svečanost n. solemnity
sveća n. candle
svedočanstvo n. testimony
svedočiti v.i. testify
svedočiti v.i. witness
svedok n. deponent
svedok n. witness
svemir n. universe
svemoć n. omnipotence
svemoguć a. omnipotent

svemoguć a. almighty
sveobuhvatan a comprehensive
sveprisutan a. omnipresent
sveprisutnost n. omnipresence
svestan a conscious
svestan a. aware
svestran a. versatile
svestranos n. versatility
sveštenica n. priestess
sveštenički a clerical
sveštenik n. priest
sveštenstvo n clergy
sveštenstvo n. priesthood
svet n. globe
svet n. world
svetac n. saint
svetački a. saintly
svetao a bright
svetao a. lucent
sveti a. holy
sveti a. sacred
sveti a. sacrosanct
svetilište n. sanctuary
svetinja n. shrine
svetionik n beacon
svetiti se v.t. avenge
svetkovati v.t. solemnize
svetleći a. luminous
svetlo n. light
svetlucanje n. scintillation
svetlucanje n. twinkle
svetlucati v.i. scintillate
svetlucati v.i. twinkle
svetogrdan a. sacrilegious
svetogrđe n. sacrilege
svetost n. sanctity
svetovan a. profane
svetovni a. mundane
svetovni a. worldly
svetski čovek n. worldling

sveukupno *adv.* altogether
svezati trakom *v.t* tape
svezati žicom *v.t.* wire
sveznajući *a.* omniscient
sveznanje *n.* omniscience
svež *a.* fresh
svi *pron.* all
svila *n.* silk
svilen *a.* silken
svilenkast *a.* silky
svinja *n.* pig
svinja *n.* swine
svinjac *n.* sty
svinjsko meso *n.* pork
svirati flautu *v.i* flute
svirati na fruli *v.i* pipe
svirep *a* ferocious
svitak *n.* scroll
svitati *v. i.* dawn
svlačiti *v.t.* slough
svlačiti *v.t.* strip
svo *adv.* all
svod *n.* vault
svod *n* arcade
svod *n.* arch
svoja ličnost *n.* self
svoje *a.* own
svojevoljan *a.* wayward
svojina *n.* belongings
svojstvenost *n.* peculiarity
svrab *n.* itch
svraka *n.* magpie
svrbeti *v.i.* itch
svrgnuti *v. t* depose
svrha *n.* purpose
svrstavati *v.t.* assort
svršena učenica *n* alumna

Š

šafran *n.* saffron
šah *n.* chess
šaht *n.* manhole
šaka *n* hand
šakal *n.* jackal
šal *n.* scarf
šal *n.* shawl
šala *n.* jest
šala *n.* pleasantry
šaliti se *v.i.* jest
šaljiv *a* comical
šaljiv *a.* jocular
šamar *n.* slap
šamar *n* smack
šampion *n.* champion
šampon *n.* shampoo
šamponirati *v.t.* shampoo
šanac *n.* moat
šansa *n.* chance
šapa *n.* paw
šapat *n* whisper
šaputati *v.t.* whisper
šara *n.* mottle
šargarepa *n.* carrot
šarlatan *n* quack
šarm *n.* charm1
šarmirati *v. t.* charm2
šarolik *a.* motley
šator *n.* tent
šav *n.* seam
šav *n.* stitch
ščepati *v.t.* grasp
ščepati *v.t.* nab
ščepati *v.t.* snap
šećer *n.* sugar
šećerni *a.* saccharine

šef n boss
šegrt n. apprentice
šema n. scheme
šepurenje n swagger
šepuriti se v.i. swagger
šesnaest n., a. sixteen
šesnaesti a. sixteenth
šest n., a six
šesti a. sixth
šešir n. hat
šetati v.i. walk
šetkati se v.i. lounge
šetnja n walk
ševa n. lark
šezdeset n., a. sixty
šezdeseti a. sixtieth
šibati v. t. cane
šibati v.t flog
šibica n match
šiling n. shilling
šiljak n. spike
šiljat adj. cultrate
šimpanza n. chimpanzee
šina n. rail
šipka n. bar
širenje n. propagation
širenje n. spread
širina n. latitude
širina n. width
širina n breadth
širiti v.i. spread
širok a. wide
širok a broad
široko adv. wide
širom prep. throughout
šišarka n. cone
šiti v.t. seam
šiti v.t. sew
škljocaj n. click
škodljiv a. maleficent
škodljiv a. pernicious
škola n. school
školarina n. tuition
školjka n. conch
školjka n. shell
školjke n barnacles
škorpija n. scorpion
škot n. Scot
škotski a. scotch
škrabanje n. scribble
škrabati v.t. scrawl
škrabati v.t. scribble
škrabotina n scrawl
škriljac n. slate
škripanje n creak
škripati v. i creak
škrt a. niggardly
škrt a. stingy
škrtica n. niggard
škrtost n. avarice
šljiva n. plum
šljokica n. tinsel
šljunak n. pebble
šmrkanje n sniff
šmrkati v.i. sniff
šofer n. chauffeur
šok n. shock
šokirati v.t. shock
šolja n. cup
šorts n. pl. shorts
španac n. Spaniard
španijel n. spaniel
španski a. Spanish
španski jezik, španac n. Spanish
špijun n. spy
špijunirati v.i. spy
šporet n cooker
špric n. syringe
špricati v.i. spurt
šraf n. screw

šta *pron.* what
šta *interj.* what
štagod *pron.* whatever
štaka *n* crutch
štala *n.* bawn
štala *n* stable
štala *n.* stall
štala *n* byre
štampa *n* press
štampač *n.* printer
štamparska greška *n.* misprint
štampati *v.t.* print
štand *n.* stand
štap *n.* rod
štap *n.* stick
štapić *n.* wand
štaviše *adv.* moreover
štedeti *v.t.* spare
štedljiv *a.* frugal
štedljiv *a.* thrifty
štednja *n.* retrenchment
štednja *n.* thrift
štenara *n.* kennel
štene *n.* puppy
štene *n.* whelp
šteta *n.* damage
šteta *n.* harm
štetan *a.* injurious
štetan *a.* noxious
štetan uticaj *n* blight
štetan *a.* baleful
štetočina *n.* pest
štićenik *n.* ward
štirkati *v.t.* starch
štit *n.* shield
štititi *v.t.* patronize
štititi *v.t.* shelter
štrajk *n* strike
štrajkač *n.* striker
štrcnuti *v.t.* syringe

štucanje *n.* hiccup
štula *n.* stilt
šuga *n.* scabies
šuma *n* forest
šuma *n.* woods
šumar *n* forester
šumarak *n.* coppice
šumarstvo *n* forestry
šumovit kraj *n.* woodland
šunjati se *v.i.* sneak
šupalj *a.* hollow
šupljina *n.* hollow
šuškanje *n* lisp
šuškati *v.t.* lisp
šut *n.* kick
šutirati *v.t.* kick
švajcarska *n.* swiss
švajcarski *a* swiss
švercer *n.* smuggler

T

tabak za pisanje *n* foolscap
tabati *v.t* stump
tabelarni *a.* tabular
tabelisanje *n.* tabulation
tabla *n.* panel
tableta *n.* tablet
tabu *n.* taboo
tabulator *n.* tabulator
tačan *a* correct
tačan *a* exact
tačan *a.* punctual
tačan *a.* accurate
tačka *n* dot
tačka *n.* point
tačno *adv* due
tačnost *n.* punctuality
tačnost *n.* accuracy

tadašnji *a* then
taj *a.* that
tajan *adj.* clandestine
tajanstven *a.* secretive
tajfun *n.* typhoon
tajna *n.* secret
tajni *a.* secret
tajni sporazum *n* collusion
tajnost *n.* secrecy
tak *n* cue
takav *pron.* such
takmičar *n* agonist
takmičenje *n.* competition
takmičenje *n.* contest
takmičiti se *v. i* compete
takmičiti se *v. t* contest
takmičiti se *v. t* emulate
tako *adv.* as
tako *adv.* so
tako *adv.* that
takođe *adv.* also
takođe *adv.* likewise
taksa *n.* toll
taksa za vezivanje broda *n.* wharfage
taksi *n.* taxi
taksi *n.* cab
takt *n.* tact
taktičan *a.* tactful
taktičar *n.* tactician
taktika *n.* tactics
taktilni *a.* tactile
talac *n.* hostage
talas *n* billow
talas *n.* surge
talas *v.i.* surge
talas *n.* wave
talas *v.t.* wave
talasanje *n.* ripple
talasati *v.t.* ripple
talasati se *v.i* billow

talasati se *v.i.* undulate
talenat *n.* talent
talisman *n.* talisman
talog *n.* sediment
taman *a* dark
tamjan *n.* incense
tamničar *n.* jailer
tamno-crven *n* crimson
tamo *adv.* there
tamo *adv.* thither
tamo *adv.* yonder
tamošnji *a.* yonder
tanak *a* flimsy
tanak *a.* thin
tangenta *n.* tangent
tanjirić *n.* saucer
tanjiti *v.t.* thin
tanka voštana sveća *n* taper
tanker *n.* tanker
tapiserija *n.* tapestry
tapkanje *n* pat
tapkati *v.t.* pat
tapkati *v.t.* tap
tarifa *n.* tariff
tata *n* dad, daddy
tečan *a* fluent
tečan *a.* liquid
tečnost *n* fluid
tečnost *n* liquid
teći *v.i* flow
teći *v.i.* stream
tegla *n.* jar
tegoban *a.* onerous
tegoban *a* burdensome
tehničar *n.* technician
tehnički *n.* technical
tehnika *n.* technique
tehnolog *n.* technologist
tehnologija *n.* technology
tehnološki *a.* technological

teista *n.* theist
teizam *n.* theism
tekovina *n* acquest
tekst *n.* text
tekstil *n* textile
tekstilni *a.* textile
tekstualni *n.* textual
tekući *a* fluid
tele *n.* calf
telefon *n.* phone
telefon *n.* telephone
telefonirati *v.t.* telephone
telegraf *n.* telegraph
telegrafija *n.* telegraphy
telegrafisati *v.t.* telegraph
telegrafista *n.* telegraphist
telegrafski *a.* telegraphic
telegram *n.* telegram
telepata *n.* telepathist
telepatija *n.* telepathy
telepatski *a.* telepathic
teleskop *n.* telescope
teleskopski *a.* telescopic
telesni *a* corporal
telesni *a* bodily
televizija *n.* television
telo *n* body
telohranitelj *n.* bodyguard
tema *n.* theme
tema *n.* topic
tematski *a.* thematic
tematski *a.* topical
temeljan *a* thorough
temperament *n.* mettle
temperament *n.* temper
temperament *n.* temperament
temperamentan *a.* temperamental
temperatura *n.* temperature
ten *n* complexion

tendencija *n.* tendency
tenis *n.* tennis
tenzija *n.* tension
teokratija *n.* theocracy
teolog *n.* theologian
teologija *n.* theology
teološki *a.* theological
teorema *n.* theorem
teoretičar *n.* theorist
teoretisati *v.i.* theorize
teorija *n.* theory
teorijski *a.* theoretical
tepih *n.* carpet
terapija *n.* therapy
terasa *n.* terrace
teret *n.* load
teret *n.* onus
teret *n* burden
teret *n.* cargo
terevenka *n.* revelry
terijer *n.* terrier
teritorija *n.* territory
teritorijalni *a.* territorial
termalni *a.* thermal
terminal *n* terminal
terminologija *n.* terminology
terminološki *a.* terminological
termometar *n.* thermometer
termos (boca) *n.* thermos (flask)
teror *n.* terror
terorisati *v.t.* terrorize
terorista *n.* terrorist
terotizam *n.* terrorism
tesati *v.t.* hew
tesnac *n.* defile
tesnac *n.* ravine
test *n* test
testament *n.* testament
testera *n.* saw

testerisati *v.t.* saw
testirati *v.t.* test
testis *n.* testicle
testo *n* dough
teško koračati *v.i.* plod
teškoća *n* difficulty
teškoća *n.* hardship
tetka, strina, ujna *n.* aunt
tetoviranje *n.* tattoo
tetovirati *v.i.* tattoo
teturanje *n.* stagger
teturati se *v.i.* stagger
teza *n.* thesis
težak *a* difficult
težak *a* gross
težak *a.* hard
težak *a.* tough
težak *a.* trying
težak hod *n.* shuffle
težina *n.* weight
težiti *v.i.* strive
težiti ka *v.i.* gravitate
težiti *v.t.* aspire
težnja *n.* aspiration
tifozan *n.* typhoid
tifus *n.* typhus
tigar *n.* tiger
tigrica *n.* tigress
tih *a.* silent
tijara *n.* tiara
tik *n.* teak
tikva *n.* gourd
tikvan *n.* loggerhead
tim *n.* team
timariti *v.t* groom
time *adv.* thereby
tinejdžer *n.* teenager
tinjati *v.i.* smoulder
tip *n.* type
tipičan *a.* typical

tipkati *v.t.* type
tirada *n.* tirade
tiranija *n.* tyranny
tiranin *n.* tyrant
tiranski *a.* oppressive
tišina *n* hush
tišina *n.* silence
tišina *n.* stillness
titanski *a.* titanic
titularni *a.* titular
tkač *n.* weaver
tkanina *n* cloth
tkanina *n* fabric
tkati *v.t.* weave
tkivo *n.* tissue
tlačitelj *n.* oppressor
tlo *n.* ground
tlo *n.* soil
tmuran *a.* sombre
to *pron.* it
toalet *n.* lavatory
toalet *n.* toilet
tobolac *n.* quiver
tobožnji *a.* would-be
točak *a.* wheel
toga *n.* toga
tolerancija *n.* tolerance
tolerancija *n.* toleration
tolerantan *a.* tolerant
tolerisati *v.t.* tolerate
toljaga *n* cudgel
tom *n.* tome
tona *n.* ton
tona *n.* tonne
toničan *a.* tonic
tonik *n.* tonic
tonzura *n.* tonsure
top *n.* cannon
topao *v.t.* warm
topaz *n.* topaz

topiti se v.i thaw
topljenje n thaw
toplota n. heat
toplota n. warmth
topograf n. topographer
topografija n. topography
topografski a. topographical
topola n. poplar
toranj n. tower
torba n. satchel
torba n. bag
torbar n. marsupial
tornado n. tornado
torpedo n. torpedo
torpedovati v.t. torpedo
torta n. cake
tovar n. freight
traćiti v.t. squander
tradicija n. tradition
tradicionalan a. traditional
trag n. trace
trag n. trail
trag n. vestige
traganje n. quest
tragati v.t. quest
tragati v.t. trace
tragedija n. tragedy
tragičan a. tragic
tragičar n. tragedian
trajan a abiding
trajan a. lasting
trajan a. permanent
trajanje n duration
trajati v.i. last
trajekt n ferry
trajnica n. perennial
trajnost n. permanence
traka n. ribbon
traka n. streamer
traka n. strip

traka n. tape
trakt n. tract
traktat n tract
traktor n. tractor
trampa n. barter
trampiti v.t. barter1
tramvaj n. tram
trans n. trance
transakcija n. transaction
transformacija n. transformation
transformisati v. transform
transkripcija n. transcription
transmisija n. transmission
transparentan a. transparent
transport n. transportation
tranzit n. transit
trava n grass
travnjak n. lawn
traženje n. requirement
tražiti v.t. require
tražiti v.t. search
tražiti v.t. seek
trbuh n belly
trčanje n. run
trčati v.i. run
trčati za ženama v.t. womanize
trebati v.t. need
trebovanje n. requisition
trebovati v.t. requisition
treće adv. thirdly
treći a. third
trećina n. third
trem n. portico
trend n. trend
trenirati v.t. train
trenje n. friction
trenutak n. instant
trenutak n. moment
trenutan a. momentary
trenutni a current

trenutni *a.* instant
trepavica *n* eyelash
treperenje *n* flicker
treperenje *n.* palpitation
treperenje *n* warble
treperiti *v.t* flicker
treperiti *v.i.* warble
treptati *v. t. & i* blink
tresak *n* slam
treset *n.* turf
tresnuti *v.t.* slam
tresti *v.i.* shake
tresti se *v.i.* quake
tretman *n.* treatment
trezan *a.* sober
trezvenjački *a.* teetotal
trezvenjak *n.* teetotaller
trezvenost *n.* sobriety
trgovac *n* dealer
trgovac *n.* merchant
trgovac *n.* trader
trgovac *n.* tradesman
trgovac konjima *n.* coper
trgovac na malo *n.* retailer
trgovac na veliko *n.* wholesaler
trgovac pisaćim priborom *n.* stationer
trgovački *a* commercial
trgovački *a.* mercantile
trgovati *v.t* market
trgovati *v.i* trade
trgovati *v.i.* traffic
trgovina *n* commerce
trgovina *n.* trade
tri *n.* three
tri *a* three
tricikl *n.* tricycle
tričav *a.* paltry
trideset *n.* thirty
trideset *a* thirty
trideseti *a.* thirtieth

tridesetina *n* thirtieth
trijumf *n.* triumph
trijumfalan *a.* triumphal
trijumfovati *v.i.* triumph
trik *n* trick
trinaest *n.* thirteen
trinaest *a* thirteen
trinaesti *a.* thirteenth
trio *n.* trio
triplikat *n* triplicate
triput *adv.* thrice
triton *n.* merman
trivijalan *a.* trivial
trka *n.* race
trkač *n.* runner
trkati se *v.i* race
trljanje *n* rub
trljati *v.t.* rub
trn *n.* thorn
trnovit *a.* thorny
trobojni *a.* tricolour
trobojnica *n* tricolour
trodelan *a.* tripartite
trofej *n.* trophy
trojstvo *n.* trinity
trokratan *a.* triplicate
trom *n.* laggard
trom *a.* listless
tromesečni *a.* quarterly
tromo se kretati *v.t.* maunder
tron *n.* throne
tronožac *n.* tripod
tropski *a.* tropical
tropski pojas *n.* tropic
trostruk *a.* triple
trošak *n.* expense
trošiti *v. t* consume
trougao *n.* triangle
trougaoni *a.* triangular
trpeti *v.i* abide

trska *n.* cane
truba *n.* trumpet
trubiti *v.i* hoot
trubiti *v.i.* trumpet
trubiti *v. t* blare
trubljenje *n.* hoot
trudna *a.* pregnant
trudnoća *n.* pregnancy
trulež *n.* rot
truliti *v.i.* rot
trunčica *n.* mote
truo *adj* carious
trupa *n* rout
trzaj *n.* jerk
trzaj *n.* lurch
trzanje *n* pluck
trzati *v.t.* tug
trzati se *v.i.* wince
tržište *n* market
tuberkuloza *n.* tuberculosis
tuce *n* dozen
tuča *n* fray
tući se *v.i.* scuffle
tuga *n.* grievance
tuga *n.* melancholy
tuga *n.* sorrow
tugovati *v.t.* grieve
tugovati *v.i.* mourn
tumač *n* exponent
tumaranje *n* stroll
tumarati *v.i.* loiter
tumarati *v.t.* saunter
tumarati *v.i.* stroll
tumor *n.* tumour
tunel *n.* tunnel
tup *a* dull
tup *a.* obtuse
tup udarac *n.* thump
tup *a* blunt
tupiti *v. t.* dull

tura *n.* tour
turban *n.* turban
turbina *n.* turbine
turbulencije *n.* turbulence
turbulentan *a.* turbulent
turista *n.* tourist
turizam *n.* tourism
turnir *n.* tournament
turšija *n.* pickle
tuš *n.* shower
tuširati *v.t.* shower
tutnjati *v.i.* rumble
tutnjava *n.* rumble
tutnjava *n.* thud
tutnjiti *v.i.* thud
tutor *n.* tutor
tužan *adj* melancholy
tužan *a.* sad
tužan *n.* woeful
tužilac *n* claimant
tužilac *n.* plaintiff
tužilac *n.* prosecutor
tužiti *v.t.* sue
tvorac *n* creator
tvorac *n.* maker
tvorac *n.* originator
tvorevina *n* make
tvrđava *n.* citadel
tvrđava *n.* fortress
tvrdica *n.* miser
tvrditi *v.t.* assert
tvrdnja *n* contention
tvrdoća *n.* adamant
tvrdoglav *adj.* asinine
tvrdoglav *a.* headstrong
tvrdoglav *a.* mulish
tvrdoglav *a.* obstinate
tvrdoglav *a.* stubborn
tvrdoglavost *n.* obstinacy
tvrdokoran *a.* obdurate

U

u *prep.* at
u *prep.* in
u *prep.* into
u *prep.* within
u blizini *adv.* near
u celosti *adv.* bodily
u dobroj nameri *a* bonafide
u gomili *adv.* aheap
u inostranstvu *adv* abroad
u izobilju *adv.* galore
u kome *adv.* wherein
u krivi čas *a.* inopportune
u međuvremenu *adv.* meanwhile
u obliku uha *adj.* auriform
u okviru *adv.* within
u pokretu *adv.* astir
u poređenju sa *prep* besides
u poslednje vreme *adv.* lately
u postelji *adv.* abed
u potpunosti *adv.* wholly
u samoj unutrašnjosti *a.* innermost
u snu *adv.* asleep
u svakom slučaju *adv.* anyhow
u toku *prep.* pending
u unutrašnjosti *a.* inland
ubediti *v. t* convince
ubediti *v.t.* persuade
ubeđivanje *n.* persuasion
ubedljiv *adj.* cogent
ubeležiti *v.t* file
ubica *n.* murderer
ubijanje *n.* kill
ubilački *a.* murderous
ubistvo *n.* homicide
ubistvo *n.* murder
ubiti *v.t.* kill
ubiti *v.t.* murder
ubiti *v.t.* slay
ubiti *v.t.* assassinate
ublažavanje *n.* mitigation
ublažiti *v.t.* mince
ublažiti *v.t.* mitigate
ublažiti *v.t.* moderate
ublažiti *v.t.* soften
ublažiti *v.t.* soothe
ublažiti *v.t.* allay
ublažiti *v.t.* assuage
ubod *n.* prick
ubod *n.* stab
ubod *v.t.* sting
ubosti *v.t.* lance
ubosti *v.t.* prick
ubosti *v.t.* stab
ubrizgati *v.t.* inject
ubrizgavanje *n.* injection
ubrzanje *n* acceleration
ubrzati *v.t* accelerate
ubrzati *v.i.* hasten
ubrzati *v.i.* speed
ubuduće *adv.* henceforward
ucena *n* blackmail
uceniti *v.t* blackmail
ucrtati *v.t.* map
ucveliti *v. t.* bereave
ucveljenost *n* bereavement
učen *a.* learned
učenik *n* disciple
učenik *n.* learner
učenik *n.* pupil
učenje *n.* learning
učenje napamet *n.* rote
učesnik *n.* participant
učestalost *n.* frequent
učestvovati *v.i.* partake
učestvovati *v.i.* participate
učešće *n.* participation

učetvorostručiti *v.t.* quadruple
učiniti *v.t.* render
učiniti dragim *v.t* endear
učiniti imunim *v.t.* immunize
učiniti nepromočivim *v.t.* waterproof
učiniti siročetom *v.t* orphan
učiniti udovicom *v.t.* widow
učiniti vitezom *v.t.* knight
učitelj *n.* preceptor
učitelj *n.* teacher
učiteljski *a.* tutorial
učiti *v.i.* study
učiti *v.t.* teach
učtiv *a.* mannerly
učtiv *a.* polite
učtiv *a.* urbane
učtivost *n.* courtesy
učtivost *n.* politeness
učtivost *n.* urbanity
učvrstiti *v.t.* steady
ućutkati *v.t* muzzle
ud *n.* limb
udaljen *a* distant
udar *n.* coup
udar *n.* impact
udarac *n* beat
udarac *n.* jostle
udarac *n.* stroke
udarac bičem *n* lash
udarac bičem *n* slash
udarati *v. t.* beat
udarati u bubanj *v.i.* drum
udariti *v.t.* punch
udariti *v.t.* strike
udariti *v.t.* whack
udariti da poleti visoko *v.t.* sky
udariti motkom *v. i* bat
udariti o *v.t.* jostle
udariti šapom *v.t.* paw
udati *v.t.* marry

udenuti *v.t* thread
udeo *n.* share
udisati *v.i.* inhale
udoban *a* comfortable
udoban *a.* cosy
udoban *adj.* cozy
udoban *n.* snug
udostojiti *v.t* dignify
udovac *n.* widower
udovica *n.* widow
udovoljavanje *n.* compliance
udovoljiti *v. i* comply
udružen *a.* associate
udruženje *n.* association
udruživanje *n.* merger
udubljen *adj.* concave
udubljenje *n.* recess
udvaranje *n.* courtship
udvarati *se v. t.* court
udvarati *se v.t.* woo
udvostručiti *v. t.* double
udvostručiti *v. t* duplicate
udvostručiti *v.t.* redouble
ugađanje *n.* indulgence
ugađati *v.t.* indulge
ugađati *v.t.* tune
ugalj *n* coal
uganuće *n.* sprain
uganuti *v.t.* sprain
ugao *n.* angle
ugao *n* corner
ugaoni *a.* angular
ugar *n* fallow
ugasiti *v.t* extinguish
ugasiti *v.t.* quench
uglađen *a.* sleek
uglađenost *n.* nicety
uglavnom *adv.* generally
uglavnom *adv.* mainly
ugled *n.* reputation

ugled n. repute
ugledati v.t. sight
ugledna ličnost n. personage
ugljenik n. carbon
ugnezditi v.t. nest
ugnjetavanje n. oppression
ugnjetavati v.t. oppress
ugoditi v.t. please
ugostiti v.t. banquet
ugovor n contract
ugovor n. covenant
ugovoriti v. t contract
ugravirati v. t engrave
ugristi v. t. bite
ugriz n bite
ugroziti v. t. endanger
ugroziti v.t. imperil
ugroziti v.t. jeopardize
ugroziti v.t. peril
ugrušak n. clot
ugušiti v.t. quell
ugušiti v.t. smother
ugušiti v.t. stifle
ugušiti v.t. strangle
ugušiti v.t suffocate
uhapsiti v.t. imprison
uhapsiti v.i. lag
uhvatiti v. t. capture
uhvatiti u mrežu v.t mesh
uhvatiti u zamku v.t. noose
uhvatiti u zamku v.t. snare
uhvatiti u zamku v.t. trap
ujarmiti v.t. yoke
ujediniti v.t. unite
ujediniti se v.t. ally
ujedinjenje n. unification
ukaljati v. asperse
ukalupljen a. stereotyped
ukazati v.t. indicate
ukidanje v abolition

ukinuti v.t abolish
ukinuti ograničenje v.t. decontrol
ukiseliti v.t pickle
ukiseliti v.t. sour
uklanjanje n. removal
uključen a. incorporate
uključiti v.t. involve
uključivanje n. inclusion
uključivati v.t. include
uključivo a. inclusive
ukloniti v.t. remove
uknjižiti v. t. book
ukočen a. numb
ukonačiti v.t. lodge
ukor n. rebuke
ukor n. reprimand
ukor n. reproof
ukoreniti v.i. root
ukorenjen a. ingrained
ukoriti v.t. reprimand
ukras za nogu n anklet
ukras za vrat n. necklet
ukrasiti v.t. bedight
ukrasiti v. t deck
ukrasiti v. t decorate
ukrasiti v.t. grace
ukrasiti v.t. ornament
ukrasiti draguljima v.t. jewel
ukrasiti zvezdama v.t. star
ukrasna palma n areca
ukrasni a. ornamental
ukrasti v.t. pilfer
ukrasti v.i. steal
ukrašavanje n. ornamentation
ukratko adv. summarily
ukrcano adv aboard
ukrcati v. t. board
ukrcati v. t embark
ukrcati v.t. ship
ukršten a cross

ukrutiti v.t. stiffen
ukupan a. overall
ukupan a. total
ukus n. flavour
ukus n. smack
ukus n. taste
ukusan a. delicious
ukusan a. palatable
ukusan a. tasteful
ukusan a. tasty
ukusan a. toothsome
ukuvano voće n. preserve
ulaz n. entrance
ulazak n. entry
ulaziti v. t enter
ulazni n. input
ulepšati v. t beautify
ulepšavati v.t. adorn
ulica n. street
uličarka n. strumpet
uliti v.t. infuse
ulivati v.t. instil
ulizica n. sycophant
ulizivanje n. sycophancy
ulje n. oil
uljiti v.t oil
uljudan a. courteous
ulog n stake
ulog n. wager
uloga n. role
ulov n. catch
uloviti v. t. catch
uložiti v.t. stake
ultimatum n. ultimatum
um n. mind
umakanje n. dip
umakati v. i. dabble
umalo adv. almost
umanjiti v.t. avale
umanjivati v.t. minimize

umarati v.t fatigue
umeren a. moderate
umeren a. temperate
umerenost n. moderation
umerenost n. temperance
umesto n. lieu
umešati v. t blend
umetak n. parenthesis
umetanje n. insertion
umetnički a. artistic
umetnik n. artist
umetnost n. art
umetnuti v.t. insert
umetnuti v.t. sandwich
umiranje n die
umirati od gladi v.i. starve
umiriti v.t. pacify
umiriti v.t. quiet
umiriti v.t. still
umiriti v.t. appease
umirujući a. sedative
umnožavati na ciklostilu v.t cyclostyle
umnožiti v.t. multiply
umnožiti matricom v.i. stencil
umočiti v. t dip
umor n fatigue
umoran a. weary
umoriti v.t. & i weary
umotati v.t. sheet
umreti v. i die
umrljati v. t blot
unapred oružati v.t forearm
unapred smisliti v.t. premeditate
unapred adv. beforehand
unaprediti v.t. advance
unaprediti v.t further
unazad adv. aback
unazad adv. back
unazad a. backward
unazad adv. backward

unca *n.* ounce
uneti u zapisnik *n.* minute
unezvèren *a.* haggard
unija *n.* union
unionista *n.* unionist
uništenje *n* annihilation
uništiti *v. t* destroy
uništiti *v.t.* obliterate
uništiti *v.t.* wreck
uništiti *v.t.* annihilate
univerzalan *a.* universal
univerzalnost *n.* universality
univerzitet *n.* university
unosan *a.* lucrative
unosan *a.* remunerative
unovčiti *v. t.* cash
unutar *prep.* inside
unutra *adv.* indoors
unutra *adv.* inside
unutra *adv.* inwards
unutrašnji *a.* indoor
unutrašnji *adv.* inland
unutrašnji *a.* inner
unutrašnji *a* inside
unutrašnji *a.* interior
unutrašnji *a.* intrinsic
unutrašnji *a.* inward
unutrašnjost *n.* inside
unutrašnjost *n.* interior
unutrašnjost *n.* midland
unutrašnjost *n.* within
uobičajen *a* customary
uobičajen *a.* usual
uobičajen *a.* wonted
uobličiti *v.t* figure
uobraženost *n* conceit
upad *n.* intrusion
upadljiv *a.* conspicuous
upakovati *v.t.* pack
upala slepog creva *n.* appendicitis

upaljač *n.* lighter
upasti *v.t.* intrude
upasti *v.t.* raid
upetljati *v. t* entangle
upisati *v. t* enrol
upisati *v.t.* inscribe
upisati visoku školu *v.t.* matriculate
upiti *v.t* absorb
upitni *a.* interrogative
upitnik *n* interrogative
upitnik *n.* questionnaire
uplašen *a.* afraid
uplašiti *v. t* daunt
uplašiti *v.t.* frighten
uplašiti *v.t.* scare
uplesti *v.t.* wreathe
uplitanje *n.* interference
uplitati se *v.i.* interfere
uporan *a.* insistent
uporan *a.* persistent
uporan *a.* tenacious
uporan *a.* untoward
uporediti *v. t* compare
uporedo *adv* abreast
uporište *n.* stronghold
uposliti *v.t.* task
upotreba *n.* use
upotrebiti *v.t.* use
upotrebljavati *v.t.* ply
upoznat *a* conversant
upoznati *v.t.* acquaint
upozorenje *n.* admonition
upozorenje *n.* warning
upozoriti *v.t.* admonish
upozoriti *v. t.* caution
upozoriti *v.t* forewarn
upozoriti *v.t.* warn
uprava *n.* administration
uprava *n.* governance
upravljanje *n* conduct

upravljanje n. management
upravljanje n. ruling
upravljati v. t conduct
upravljati v.t. govern
upravljati v.t. manage
upravljati v.i. navigate
upravljati v.t. steer
upravljati v.t. administer
upravni a. administrative
upravnik pošte n. postmaster
upravnik zatvora n. warden
upravo adv. just
upravo adv pat
upražnjeno mesto n. vacancy
upregnuti v.t harness
uprkos prep. notwithstanding
uprljati v. t bemire
uprljati n. slur
uprljati v.t. taint
upropastiti v.t. ruin
uprošćavanje n. simplification
upućen adj. conversant
uputiti v.i. motion
uputiti v.t. refer
uputstvo n. tutorial
ura interj. hurrah
uragan n. hurricane
uramiti v.t. frame
uravnotežiti v.t. balance
uravnotežiti v.t. sedate
urbani a. urban
uređaj n device
uređaj n. appliance
uredan a. neat
uredan a. orderly
uredan a. tidy
uredan a. trim
uređenje n. arrangement
urediti v. t edit
urediti v.t. trim

urediti v.t. arrange
urednički a editorial
urednik n editor
uredno n. orderly
urednost n. tidiness
urez n. scotch
urezati v.t. score
urin n. urine
urinarni a. urinary
urinirati v.i. urinate
urlati v. i bellow
urna n urn
urnebes n. pandemonium
urođen a. inborn
urođen a. innate
urođenici n. pl aborigines
urođenički a. indigenous
urođenik a aboriginal
urođenik n native
uručiti v.t hand
usamljen a forlorn
usamljen a. lone
usamljen a. lonely
usamljen a. lonesome
usamljen a. solitary
usamljenost n. loneliness
usamljenost n. solitude
usavršiti v.t. perfect
usedelica n. spinster
usev n crop
ushićen a. jubilant
ushićen a. rapt
ushititi v. t enrapture
usidrenje n anchorage
usidriti brod v.t moor
uska ulica n. alley
usklađen a. co-ordinate
uskladiti v. t equate
uskomešati se v.i. stir
uskoro adv. presently

uskoro *adv.* shortly
uskoro *adv.* soon
uskratiti *v. t.* debar
uskrs *n* easter
uslov *n.* proviso
uslov, stanje *n* condition
uslovni *a* conditional
uslovni otpust *n.* parole
uslovno otpustiti *v.t.* parole
uslužan *adj.* complaisant
uslužan *a.* serviceable
uslužnost *n.* complaisance
usmen *a.* oral
usmen *a* viva-voce
usmeni ispit *n* viva-voce
usmeno *adv.* orally
usmeno *adv.* verbally
usmeno *adv.* viva-voce
usmeriti *v. t* direct
usna *n.* lip
uspavanka *n.* lullaby
uspeh *n.* success
uspeh *n.* achievement
uspešan *a.* prosperous
uspešan *a* successful
uspeti *v.i.* succeed
uspomena *n.* keepsake
uspomena *n.* memento
uspomena *n.* reminiscence
uspon *n.* ascent
usporiti *v.t.* retard
usporiti *v.i.* slow
uspostaviti *v. t.* establish
uspraviti *v. t* erect
uspravljen *a* erect
usredsređenost *n.* concentration
usredsrediti *v. t* concentrate
usta *n.* mouth
ustajao *a.* mouldy
ustajao *a.* stale

ustanak *n.* uprising
ustanoviti *v. t* constitute
ustanoviti *v. t.* essay
ustanoviti *v.t.* stipulate
ustati *v.i.* arise
ustav *n* constitution
ustoličiti *v. t* enthrone
ustostručiti *n.* & *adj* centuple
ustuknuti *v.i.* recoil
ustupiti *v.t.* concede
usuditi *se v. i.* dare
usuditi *se v.t.* venture
usvajanje *n* adoption
usvojiti *v.t.* adopt
ušće *n* confluence
ušna mast *n* cerumen
ušna resa *n.* lobe
uštinuti *v.t* nip
uštinuti *v.t.* pinch
utakmica *n.* meet
utaknuti *v.t.* jack
uteha *n.* comfort
uteha *n* consolation
uteha *n.* solace
utelovljen *a.* incarnate
utemeljenje *n.* foundation
utemeljiti *v.t.* found
uterivanje u rupu *n.* gobble
utešiti *v. t* comfort
utešiti *v.t.* solace
uticaj *n.* influence
uticajan *a.* influential
uticati *v.t.* affect
uticati *v.t.* influence
utičnica *n.* jack
utičnica *n.* socket
utikač *n.* plug
utilitaristički *a.* utilitarian
utisak *n.* impression
utisnuti *v.t.* imprint

utišati v.i hush
utišati v.t. lull
utišati v.t. silence
utočište n haunt
utočište n. refuge
utoliti v.t. slake
utonuti v.t. immerse
utopija n. utopia
utopijski a. utopian
utopiti v.i drown
utroba n. entrails
utrostručenje n. triplication
utrostručiti v.t., triple
utučenost n dejection
utuviti v.t. inculcate
utvara n. wraith
utvrđenje n. fort
utvrditi v.t. fortify
utvrditi v.t. ascertain
uvećanje v. t enlarge
uvek adv. always
uveličati v.t. magnify
uvenuti v.i. wither
uveravati v.t. reassure
uverenje n. testimonial
uverenje n. assurance
uveriti v.t. assure
uvertira n. overture
uvesti v.t. induct
uvesti v.t. introduce
uvesti v.t. prelude
uvesti v.t. usher
uvežbavati v.t. practise
uvid n. insight
uviti v.t. twist
uvo n ear
uvod n. introduction
uvod n. prelude
uvođenje n. induction
uvodni a. inaugural

uvodni a. introductory
uvodnik n editorial
uvojak n. curl
uvojak n forelock
uvojak n lock
uvoz n. import
uvoziti v.t. import
uvreda n. insult
uvreda n. offence
uvreda n affront
uvrediti v.t. affront
uvrediti v.t. insult
uvrediti v.t. offend
uvredljiv a. abusive
uzajamno dejstvo n. interplay
uzak a. narrow
uzalud adv. vainly
uzaludan a. futile
uzaludan a. vain
uzaludnost n. futility
uzastopan a. successive
uzastopni adj. consecutive
uzastopno adv consecutively
uzbuđenje n. thrill
uzbuditi v. t excite
uzbuditi v.t. thrill
uzbuna n alarm
uzbuniti v.t alarm
uzburkati v.t. trouble
uzda n. rein
uzda n bridle
uzdah n. sigh
uzdahnuti v.i. sigh
uzdignuće n elevation
uzdignuće n uplift
uzdizati se v.t. ascend
uzdržan a. taciturn
uzdržati se v.i. abstain
uzdržavati se v.i. refrain
uzduž adv. along

uzengija n. stirrup
uzeti v.t take
uzeti kašikom v.t. spoon
uzgajivač n. grower
uzica biča n. whipcord
uzimajući u obzir prep. considering
uzmaći v.i. recede
uznemiravanje n. harassment
uznemiravati v. t disturb
uznemiravati v.t. harass
uznemiren a anxiety
uznemirenost n disquiet
uznemiriti v. t commove
uznemiriti v.t. unsettle
uznemiriti v.t. upset
uznemiriti se v.i fuss
uzor n. paragon
uzorak n. sample
uzoran a. commendable
uzorkovati v.t. sample
uzročan adj. causal
uzročnost n causality
uzrok n. cause
uzrokovati v.t cause
uzrujanost n agitation
uzrujanost n. fret
uzrujati v.t. agitate
uzrujati se v.t. fret
uzurpacija n. usurpation
uzurpirati v.t. usurp
uzvik n cry
uzvik n exclamation
uzvik n. interjection
uzviknuti v.i exclaim
uzvišen a. lofty
uzvišen a. sublime
uzvišenost n sublime
uzvraćati v.t. reciprocate
uzvratiti v. t counter
užaren adv. aglow

užaren a. ardent
užaren a fiery
užas n. horror
užasan a. awful
užasan a. terrible
uže n. rope
užina n. snack
uživanje n delight
uživanje n enjoyment
uživati v. t. delight
uživati v. t enjoy
uživati v.t. relish
uživati v.i. bask
užlebiti v.t groove
užurban a. hasty

V

vagati v.t. scale
vagati v.t. weigh
vagina n. vagina
vagon n. wagon
vajar n. sculptor
vajarski a. sculptural
vakcina n. vaccine
vakcinacija n. vaccination
vakcinisati v.t. vaccinate
vakuum n. vacuum
validan a. valid
valjak n. roller
valjanost n good
valjati rublje v.t. mangle
valjati se v.i. wallow
valuta n currency
van adv. out
van adv outward
vanbračan a bastard
varalica n. impostor
varalica n. sharper

varalica *n.* swindler
varalica *n.* trickster
varanje *n.* cheat
varanje *n.* trickery
varati *v. t.* cheat
varati *v.t.* rook
varenje *n* digestion
varijabla *a.* variable
varijacija *n.* variation
varirati *v.t.* vary
variti *v. t.* brew
varka *n* sham
varnica *n.* spark
varničiti *v.i.* spark
varvarski *a.* barbarous
vaška *n.* louse
vat *n.* watt
vatra *n* fire
vatren *a* fervent
vatreno oružje *n.* gun
vaučer *n.* voucher
vazduh *n.* air
vazdušast *adj.* aeriform
vazdušast *a.* airy
vazdušni *a.* aerial
vazdušni duh *n.* sylph
vazektomija *n.* vasectomy
vazelin *n.* vaseline
važan *a* considerable
važan *a.* weighty
važno *a.* important
većina *n.* majority
večan *adj.* eternal
večan *a.* everlasting
veče *n* evening
večera *n* dinner
večera *n.* supper
večeras *adv.* tonight
večerati *v. t.* dine
večit *a.* perpetual

večnost *n* eternity
već *adv.* already
većina *n* most
većinom *a.* most
vegetacija *n.* vegetation
vegetarijanac *n.* vegetarian
vegetarijanski *a* vegetarian
vek *n.* century
vekna *n.* loaf
velelepnost *n.* svečanost
veleprodaja *n.* wholesale
veleprodajni *a* wholesale
veleprodajno *adv.* wholesale
veličanstven *a.* magnificent
veličanstven *a.* majestic
veličanstven *a.* marvellous
veličanstven *a.* palatial
veličanstven *a.* stately
veličanstvenost *n.* grandeur
veličanstvo *n.* majesty
veličati *v. t* exalt
veličati *v. t.* extol
veličati *v.t.* glorify
veličina *n.* magnitude
veličina *n.* size
velignton *n.* wellignton
velik *a.* grand
velik *a* great
velik *a.* large
velik *a* big
velike boginje *n.* smallpox
velikodušan *a.* generous
velikodušan *a.* magnanimous
velikodušnost *n.* generosity
velikodušnost *n.* liberality
velikodušnost *n.* magnanimity
vena *n.* vein
venac *n.* coronet
venac *n* festoon
venac *n.* garland

venac n. wreath
venac za glavu n anadem
venčanje n. wedding
venčati v.t. wed
ventil n. valve
ventilacija n. ventilation
ventilator n. ventilator
ventilirati v.t. ventilate
veo n. veil
veoma adv much
veoma a. very
vepar n boar
vera n. creed
vera n faith
veran a faithful
veran n. trusty
veranda n. porch
veranda n. verendah
verati se v.i. scramble
verbalni a. verbal
veridba n. betrothal
verifikacija n. verification
verifikovati v.t. verify
veriti v. t betroth
vernost n fidelity
vernost n. allegiance
verodostojan a credible
verovanje n belief
verovatan a. probable
verovati v.t trust
verovati v. t believe
verovatno a. likely
verovatno adv. probably
verovatnoća n. likelihood
verovatnoća n. probability
verovatnost n. verisimilitude
verski a. religious
vertikala n. perpendicular
vertikalan a. perpendicular
vertikalan a. vertical

verzija n. version
veseliti se v.i. frolic
veseljak n. spark
veselje n. hilarity
veselje n. jollity
veselje n. merriment
veselost n. gaiety
veselost n. joviality
veseo a. cheerful
veseo a. gay
veseo a. jovial
veseo a merry
veseo a. sportive
veslač n. oarsman
veslanje n row
veslati v.i. paddle
veslati v.t. row
veslo n. oar
veslo n paddle
vestern a. western
vesti n. news
vesti n. pl. tidings
vešala n. . gallows
vešt a. proficient
vešt a. skilful
vešt a. adept
veštački a. artificial
veštica n. hag
veštica n. witch
veština n. adept
veština n. proficiency
veština n. skill
vetar n. wind
veteran n. veteran
veteranski a. veteran
veterinarski a. veterinary
veto n. veto
vetrenjača n. windmill
vetrovit a. windy
veverica n. squirrel

vez *n* embroidery
vez *n* berth
veza *n* bond
veza *n* connection
veza *n.* liaison
vezati *v.t.* knot
vezati *v.t.* lace
vezati *v.t.* tie
vezati kablom *v. t.* cable
vezati *v.t* bind
vezivanje *n* deligate
vežba *n.* exercise
vežbati *v. t* exercise
vibracija *n.* vibration
vibrirati *v.i.* vibrate
vic *n.* joke
videti *v.t.* see
vidik *n.* vista
vidikovac *n* belvedere
vidljiv *a.* visible
vidljivost *n.* visibility
vidokrug *n.* purview
vidovnjak *n.* seer
vidra *n.* otter
vigvam *n.* wigwam
vihor *n.* whirlwind
vijuganje *n* wriggle
vijugati *v.i.* wriggle
vijugati se *v.i.* zigzag
vijugav *a.* sinuous
vijugav *a.* zigzag
vika *n.i.* bawl
vikanje *n* yell
vikar *n.* vicar
vikati *v. i* cry
vikati *v.i.* shout
vikati *v.i.* yell
vila *n* fairy
vila *n.* villa
vilica *n.* jaw

vime *n.* mamma
vime *n.* udder
vinjak *n* brandy
vino *n.* wine
vinova loza *n.* vine
vinuti se *v.i.* soar
violina *n* fiddle
violina *n.* violin
violinista *n.* violinist
virenje *n* peep
viriti *v.i.* peep
virtuelan *a* virtual
virus *n.* virus
visak *n.* lead
visina *n.* height
visina *n.* altitude
visinometar *n* altimeter
viski *n.* whisky
visok *a.* high
visok *a.* tall
visoko *adv.* aloft
visoko *adv.* highly
Visost *n.* Highness
višak *n* excess
višak *n* over
višak *n.* superfluity
višak *n.* surplus
više *adv* more
više *adv* over
više *a* several
više ponuditi *v.t.* outbid
više voleti *v.t.* prefer
višegodišnji *a.* perennial
višestruk *a.* multiplex
viši dvorski službenik *n* chamberlain
vitak *n.* slender
vitak *a.* slim
vitalan *a.* vital
vitalnost *n.* vitality
vitamin *n.* vitamin

viteški *a.* chivalrous
viteštvo *n.* chivalry
vitez *n.* knight
vizija *n.* vision
vizionar *n.* visionary
vizionarski *a.* visionary
vizualizovati *v.t.* visualize
vizuelni *a.* visual
Vlada *n.* government
vladar *n.* ruler
vladar *n.* sovereign
vladati *v.i.* reign
vladati *v.t.* rule
vladavina *n* reign
vlaga *n* damp
vlaga *n.* moisture
vlakno *n* fibre
vlasnički *a.* proprietary
vlasnik *n.* owner
vlasnik *n.* proprietor
vlasništvo *n.* ownership
vlast *n* dominion
vlast *n.* authority
vlastelin *n.* squire
vlastelinski *a.* manorial
vlastelinstvo *n.* manor
vlažan *a* damp
vlažan *adj.* dank
vlažan *a.* humid
vlažan *a.* moist
vlažiti *v. t.* damp
vlažiti *v.t.* moisten
vlažnost *n.* humidity
vlažnost *n.* wetness
vo *n.* ox
voće *n.* fruit
voćnjak *n.* orchard
vod *n.* platoon
vod *n.* squad
vođa *n.* leader

vode *n.* water
vodeni *a.* watery
vodič *n.* guide
voditi *v.t.* guide
voditi *v.t* head
voditi *v.t.* wage
voditi napad *v.t.* spearhead
voditi poreklo *v.t.* originate
vodoinstalater *n.* plumber
vodolija *n.* aquarius
vodonik *n.* hydrogen
vodootporan *a.* waterproof
vodootpornost *n* waterproof
vodopad *n.* waterfall
vođstvo *n.* guidance
vođstvo *n.* leadership
vojni *a.* martial
vojni *a.* military
vojnička truba *n* bugle
vojnik *n.* soldier
vojska *n* military
vojska *n.* army
vojvoda *n* duke
vokalni *a.* vocal
volej *n.* volley
voleti *v.t.* love
volja *n.* volition
volja *n.* will
voljan *a.* willing
voljen *a.* loving
volonter *n.* volunteer
volontirati *v.t.* volunteer
volovska koža *n* buff
volt *n.* volt
vosak *n.* wax
voštana mast *adj.* cerated
voz *n.* train
vozač *n* driver
vozač *n.* motorist
vozilo *n.* vehicle

voziti v. t drive
voziti v.t. ride
voziti bicikl v.t. pedal
voziti se v.i. motor
voziti se na jahti v.i yacht
voziti se u taksiju v.i. taxi
vožnja n drive
vožnja n ride
vrabac n. sparrow
vraćanje n. recurrence
vračanje n. witchcraft
vraćanje u pritvor n remand
vragolast a. mischievous
vrana n crow
vrat n. neck
vrata n door
vratar n. porter
vratar n. usher
vratilo n. shaft
vratiti v.t. reclaim
vratiti v.t. requite
vratiti se v.i. relapse
vratiti se v.i. return
vratiti se v.i. revert
vratiti se istim putem v.t. retrace
vratiti u domovinu v.t. repatriate
vratiti u pritvor v.t. remand
vratnice n. wicket
vrba n. willow
vrbovnik n crimp
vrebati v.i. lurk
vrebati v.i. prey
vreća n. sack
vreća n. poke
vrećica n. pouch
vredan a. industrious
vredan a. valuable
vredan a worth
vredan pažnje a. noteworthy
vređati v.t. resent

vrednost n. value
vrednost n. worth
vreme n. time
vreme n weather
vreme za spavanje n. bed-time
vremenski a. temporal
vremenski period n. while
vreo a. hot
vresište n. moor
vreteno n. spindle
vrh n. peak
vrh n. summit
vrh n. tip
vrh n. top
vrh koplja n. spearhead
vrh n. apex
vrhovni a. supreme
vrhovni nadzor n. superintendence
vrhunac n. climax
vrhunac n. heyday
vrhunac n. pinnacle
vrisak n scream
vrisak n. shriek
vrištati v.i. scream
vrištati v.i. shriek
vrli a. virtuous
vrlina n. virtue
vrpca n. string
vrsta n. kind
vrsta n. sort
vrsta n. species
vrsta baruta n. amberite
vrsta biljke n. cardamom
vrsta cigare n cheroot
vrsta konja n. bayard
vrsta krojača n. cosier
vrsta organa n. cornicle
vrsta ponošanja v.t. condite
vršalica n. thresher
vršati v.t. thresh

vrtlog *n* whirl
vrtlog *n.* whirlpool
vrtoglav *a.* giddy
vruć *a.* warm
vrućina *n.* ardour
vrveti *v.i.* teem
vuča *n.* traction
vući *v.t* draw
vući noge *v.i.* shuffle
vuk *n.* wolf
vulgaran *a.* vulgar
vulgarnost *n.* vulgarity
vulkan *n.* volcano
vulkanski *a.* volcanic
vuna *n.* wool
vunena tkanina *n* woollen
vuneni *a.* woollen

Z

za *prep* for
za divljenje *a.* admirable
za razliku od *prep* unlike
za vreme *prep* during
zabava *n.* entertainment
zabava *n.* frolic
zabava *n.* fun
zabava *n* amusement
zabaviti *v. t* entertain
zabavljati se *v.i.* sport
zabavljati *v.t.* amuse
zabeležiti *v.t.* jot
zabeležiti *n.* log
zabiti *v.t.* nail
zabluda *n* fallacy
zaborav *n.* oblivion
zaboravan *a* forgetful
zaboraviti *v.t* forget
zabosti *v.t.* stick

zabrana *n.* prohibition
zabrana *n.* ban
zabraniti *v.t* bar
zabraniti *v.t* forbid
zabraniti *v.t.* prohibit
zabraniti *v.t.* taboo
zabranjen *a* taboo
zabranjujući *a.* prohibitory
zabraviti *v. t* bolt
zabrinut *a.* solicitous
zabrinut *a.* anxious
zabrinutost *n.* solicitude
zabrljati *v.t.* mull
zabuna *n* confusion
zabušant *n.* shirker
zabušavati *v.t.* shirk
začarati *v.t* bewitch
začepiti *n.* gag
začepiti *v.t.* plug
začeti *v. t* conceive
začeti *v. t* beget
začin *n.* spice
začiniti *v.t.* season
začiniti *v.t.* spice
začuditi *v.t.* astonish
zadatak *n* errand
zadatak *n.* task
zaderati *v.t.* scar
zadesiti *v. t* befall
zadimljen *a.* smoky
zadirati *v. i* encroach
zadirkivanje *n.* banter
zadirkivanje *n.* raillery
zadirkivati *v.t.* banter
zadirkivati *v.t.* rag
zadirkivati *v.t.* tease
zadiviti *v.t.* amaze
zadivljenost *n.* amazement
zadovoljan *a.* content
zadovoljavajući *a.* satisfactory

zadovoljavati v.i. suffice
zadovoljiti v. t content
zadovoljiti v.t. satisfy
zadovoljstvo n. content
zadovoljstvo n contentment
zadovoljstvo n. gratification
zadovoljstvo n. pleasure
zadovoljstvo n. satisfaction
zadružni a co-operative
zadržati v. t detain
zadržati v.t. retain
zadržati v.t. withhold
zadržavanje n. retention
zadubljen u misli a. pensive
zadužen a. indebted
zaduženje n debit
zadužiti v. t debit
zagađenje n. pollution
zagaditi v.t. pollute
zagledano adv. agaze
zaglibiti v.i bog
zagonetka n. riddle
zagorčati v. t embitter
zagrejati v.t heat
zagrliti v. t. embrace
zagrljaj n embrace
zagubiti v.t. misplace
zagušljiv a. stuffy
zahtev n demand
zahtev n request
zahtevati v. t claim
zahtevati v. t demand
zahtevati v.t. necessitate
zahtevati v.t. request
zahvalan a. grateful
zahvalan a. thankful
zahvaliti v.t. thank
zahvalnost n. gratitude
zahvalnost n. thanks
zahvalnost n. appreciation
zahvat n grasp
zainteresovan a. interested
zaista adv. indeed
zajam n. loan
zajažljiv a. satiable
zajednica n. community
zajednički a. common
zajednički a. mutual
zajedničko adv. jointly
zajedno adv. together
zajedno živeti v. t cohabit
zakasneo a. overdue
zakasneo adj. belated
zaklanjati v.t. screen
zaklati v.t. slaughter
zakletva n. oath
zaključak n. conclusion
zaključati v.t lock
zaključiti v. t conclude
zaključiti v.t. infer
zaključivanje n. inference
zaključni a conclusive
zaklon n. lee
zakon n. law
zakonit a. lawful
zakonitost n. legality
zakonodavac n. legislator
zakonodavan a. legislative
zakonodavstvo n. legislature
zakopati v. t. bury
zakopčati v. t. button
zakovati v.t. rivet
zakovica n. rivet
zakrčiti v. t clutter
zakrčiti v.t. ram
zakrpa n patch
zakrpiti v. t botch
zakrpiti v.t. patch
zakucati v.t. jam
zakup n. lease

zakup n. tenancy
zakupac n. lessee
zakupiti v.t. lease
zalazak n set
zalemiti v.t. solder
zalet n pounce
zaleteti se v.i. pounce
zaliha n. stock
zaliti v.t. pitch
zaliv n. gulf
zaliv n bay
zalivati v.t. water
zaljubiti se v. t enamour
zaljubljiv a. amorous
zaloga n. pledge
zaloga v.t. pledge
zalogaj n. morsel
zalogaj n. mouthful
založiti v. t deposit
založiti v.t. mortgage
založni dužnik n. mortgagor
založni verovnik n. mortagagee
zaluđivati v.t. infatuate
zalutao a stray
zalutao adv., astray
zalutati v.i. stray
zamagliti v. t blear
zamah n. lunge
zamah n. sweep
zamah n whisk
zamazati v. t. daub
zamazati v.t. smear
zamena n. replacement
zamena n. substitute
zamena n. substitution
zamenica n. pronoun
zamenik n deputy
zameniti v. t commute
zameniti v.t. replace
zameniti v.t. substitute

zameniti v.t. supersede
zamenjivati v.t. alternate
zamerka n. stricture
zamisliti v.t fancy
zamisliti v.t. imagine
zamišljen a. wistful
zamka n. noose
zamka n. pitfall
zamka n. snare
zamka n. trap
zamoran a. irksome
zamoran a. tiresome
zamotati v. t envelop
zamotati v.t. wrap
zamrsiti v.t. tangle
zamrznuti v.i. freeze
zamuljiti v.t. silt
zanat n craft
zanatlija n. artisan
zanatlija n craftsman
zanemariti v.t. neglect
zanemarivanje n neglect
zanemarljiv a. negligible
zanesenost n. rapture
zanimanje n. occupation
zanimanje n. vocation
zanimljiv a. interesting
zanovetalo v.t. nag
zanovetanje n. nag
zanovetati v.i. grumble
zao a evil
zao a. malignant
zao a. nefarious
zao a. wicked
zaobilaznica n bypass
zaobliti v.t. round
zaokupiti v.t engross
zaokupiti v.t. preoccupy
zaoštriti v.t. point
zapad n. occident

zapad n. west
zapadni a. west
zapadni adv. westerly
zapadnjački a. occidental
zapadno adv. west
zapadno a. westerly
zapaliti v.t fire
zapaljenje n. inflammation
zapaljenje pluća pneumonia
zapaljeno adv. aflame
zapaljiv a. inflammable
zapamtiti v.t. remember
zapanjeno adv. agape
zapanjenost n daze
zapanjiti v. t daze
zapanjiti v.t astound
zapečatiti v.t. seal
zapečatiti v.i. stamp
zapetljan a. intricate
zapisati v.t. note
zapisati v.t. record
zapisničar n. recorder
zapisničar n. scorer
zapisnik n. record
zapleniti v.t. sequester
zaplet n. plot
zaplet n. tangle
započeti v.t. initiate
zaposlenje n employment
zaposliti v. t employ
zaposliti v.t hire
zapovednički a. authoritative
zapovednik n commandant
zaprašiti v.t. dust
zapravo adv. actually
zapreka n. hitch
zapremina n. volume
zaprepastiti v.t. horrify
zaptivač n. gasket
zaraćena strana n belligerent

zarada n. salary
zaraditi v.t. net
zarazan a contagious
zarazan a. infectious
zaraziti v.t. plague
zarđao a. rusty
zarez n comma
zarez n. notch
zarobiti v.t. enslave
zarobiti v. t. entrap
zarobiti v. t. captivate
zarobljen a. captive
zarobljenik n. captive
zaroniti v.i. duck
zaroniti v.t. plunge
zaseda n. ambush
zaseniti v. t. dazzle
zaseniti v.t. overshadow
zaseniti v.t. shade
zasićenje n. saturation
zasijati v.t flash
zasipati v. t bestrew
zasititi v.t. satiate
zasititi v.t. saturate
zasladiti v. t. candy
zasladiti v.t. sugar
zaslepljenost n. infatuation
zasluga n. merit
zaslužan a creditable
zaslužan a. meritorious
zaslužiti v. t. deserve
zaslužiti v. t earn
zaslužiti v.t merit
zasnovati v.t. base
zastareo a. obsolete
zastareo a. outdated
zastareo a. antiquated
zastati v.i. pause
zastava n flag
zastava n. banner

zastoj n halt
zastoj n. standstill
zastoj n stoppage
zastrašiti v. t. cow
zastrašiti v.t. intimidate
zastrašivanje n. intimidation
zastrašivati v. t. bully
zastupati v.t. advocate
zastupnik n. attorney
zastupnik n. proxy
zasvoditi v.t. arch
zašećeriti v.t. sweeten
zašiljiti v.t. spike
zašiljiti v.i. taper
zašrafiti v.t. screw
zaštita n. protection
zaštita n. safeguard
zaštititi v.t. protect
zaštitne naočare n. goggles
zaštitni a. preservative
zaštitni a. protective
zaštitnik n. protector
zašto adv. why
zatajiti v.i. misfire
zateturati se v.i. lurch
zatišje n. lull
zatvarač n. shutter
zatvaranje n. closure
zatvor n. constipation
zatvor n. jail
zatvor n. prison
zatvoren a. close
zatvorenik n. prisoner
zatvoriti v. t close
zatvoriti v.t. pound
zatvoriti v.t. shut
zatvoriti u svetilište v. t enshrine
zaustaviti v.t. arrest
zaustaviti v.i. stem
zaustaviti v.t. stop

zauške n. mumps
zauvek adv forever
zauzdati v.t. rein
zauzet a busy
zauzeti v.t. occupy
zavada n. feud
zavaliti se v.i. loll
zavarak n weld
zavarivati v.t. weld
zavera n. conspiracy
zaverenik n. conspirator
zavesa n curtain
zaveštati v. t. bequeath
zavet n. vow
zavetovati v.t. vow
zavežljaj n. packet
zavidan a enviable
zavideti v. t envy
zavidljiv a envious
zavidnik n grudge
zavijanje n howl
zavijati v.t. howl
zavirivati v.i. pry
zavisan a dependent
zavisiti v. i. depend
zavisnik n. addict
zavisnik n dependant
zavisnost n. addiction
zavisnost n dependence
zavisnost od drugih n anaclisis
zaviti v.t bandage
zavođenje n. seduction
zavoditi n. seduce
zavodljiv a seductive
zavoj n. bandage
završetak completion
završetak n finish
završetak n. termination
završiti v. t end
završiti v.t finish

zavrteti *v.i.* spin
zbaciti *v. t* dethrone
zbaciti *v.t.* toss
zbacivanje *n* toss
zbijati šalu *v.i.* joke
zbirka *n.* miscellany
zbogom *interj.* bye-bye
zbogom *interj.* farewell
zbogom *interj.* good-bye
zbogom *interj.* adieu
zbor *n* rally
zbrinuti *v. t* bestow
zbrka *n.* jumble
zbrka *n.* muddle
zbrka *n.* welter
zbrkano *adv.* pell-mell
zbrkati *v.t.* jumble
zbrkati *v.t.* muddle
zbrojiti *v.t.* total
zbuniti *v.t.* nonplus
zbuniti *v.t.* perplex
zbuniti *v.t.* puzzle
zbuniti *v. t.* baffle
zbuniti *v. t* bemuse
zbuniti *v. t* bewilder
zbunjenost *v. t* confuse
zbunjenost *n.* perplexity
zdrav *a.* healthy
zdrav *a.* salutary
zdrav *a.* sound
zdrav *a.* wholesome
zdravica *n.* toast
zdravlje *n.* health
združeno *adj.* conjunct
zebra *n.* zebra
zec *n.* hare
zec *n.* rabbit
zefir *n.* zephyr
zelen *a.* green
zelen *a.* verdant

zelena boja *n* green
zelenaš *n.* usurer
zelenaštvo *n.* usury
zelenilo *n.* greenery
zelenkada *n.* daffodil
zemaljski *a* earthly
zemlja *n.* country
zemlja *n* earth
zemljan *a* earthen
zemljano posuđe *n.* crockery
zemljište *n.* land
zemljotres *n* earthquake
zenit *n.* zenith
zerez *n.* nick
zevanje *n.* yawn
zevati *v.i.* gape
zevati *v.i.* yawn
zgodan *a.* handsome
zgrabiti *v.t.* grab
zgrabiti *v.t.* seize
zgrabiti *v.t.* snatch
zgrada *n* building
zgrešiti *v.i.* trespass
zgrušati *v. t* clot
zgusnuti *v.i.* thicken
zid *n.* wall
zidar *n.* mason
zidarstvo *n.* masonry
zidni *a.* mural
zima *n.* winter
zimovati *v.i* winter
zimski *a.* wintry
zimzelen *a* evergreen
zlatan *a.* golden
zlatar *n.* goldsmith
zlato *n.* gold
zlikovac *n.* villain
zlo *n* evil
zloba *n.* malice
zloba *n.* rancour

zloban a. sardonic
zločin n crime
zločinac n. malefactor
zlokoban a. inauspicious
zlokoban a. sinister
zlonameran a. malicious
zlonamernost n animus
zloslustan a. ominous
zlostavljanje n. abuse
zlostavljanje n. mal-treatment
zlostavljanje n. molestation
zlostavljati v.t. abuse
zlostavljati v.t. molest
zloupotreba n. misapplication
zloupotreba n. misuse
zloupotrebiti v.t. misuse
zmaj n dragon
zmaj n. kite
zmija n. serpent
zmija n. snake
značaj n. importance
značaj n. significance
značajan a. meaningful
značajan a. momentous
značajan a. notable
značajan a. significant
značajnost n. notability
značenje n. meaning
značenje n. purport
značenje n. signification
značiti a. mean
značiti v.t mean
značiti v.t. purport
značka n. badge
znak n. mark
znak n. sign
znak n. token
znamenit a. signal
znanje n. knowledge
znanje n. lore

znatan a formidable
znatan a. substantial
znati v.t. know
znoj n. sweat
znojenje n. perspiration
znojiti se v.i. perspire
zob n. oat
zodijak n zodiac
zona n. zone
zonski a. zonal
zoolog n. zoologist
zoologija n. zoology
zoološki a. zoological
zoološki vrt n. zoo
zora n dawn
zora n aurora
zračenje n. radiation
zračiti v. i beam
zračiti v.t. radiate
zrak n. ray
zrelost n. maturity
zreo a. mature
zreo v.i mature
zreo a ripe
zrno n. grain
zub n. tooth
zubac n cog
zubobolja n. toothache
zujanje n. buzz
zujanje n hum
zujanje n. whir
zujanje v.i. whiz
zujati v. i hum
zujati v. i buzz
zum n. zoom
zumirati v.i. zoom
zurenje n gaze
zuriti v.t. gaze
zvaničnik n official
zvanično adv. officially

zvano *adv.* alias
zveckanje *n.* jingle
zveckati *v.i.* jingle
zveckati *v.i.* rattle
zvečka *n* rattle
zvekan *n.* soft
zveket *n.* clink
zveknuti *v.i.* smack
zver *n* beast
zverski *a* beastly
zvezda *n.* star
zvezda vodilja *n.* loadstar
zvezdan *a.* starry
zvezdan *a.* stellar
zvezdica *n.* asterisk
zvezdolik *adj.* asteroid
zviždati *v.i.* whistle
zvižduk *n* whistle
zvonik *n.* steeple
zvoniti *v.t.* toll
zvonjava *n* toll
zvono *n* bell
zvrk *n.* whirligig
zvučati *v.i.* sound
zvučni *a.* sonic
zvučnik, govornik *n.* speaker
zvučnost *n.* sonority
zvuk *n* sound
zvuk *n.* tone
zvuk trube *n.* clarion

Ž

žaba *n.* frog
žaba krastača *n.* toad
žacnuti *v.i* smart
žad *n.* jade
žalba *n.* appeal
žalba *n* complaint

žaliti *v.i.* regret
žaliti *v.t.* rue
žaliti *v.i.* sorrow
žaliti se *v.t.* appeal
žaliti se *v. i* complain
žaliti *v. t* bewail
žaljenje *n* regret
žalost *n.* affliction
žalost *n.* grief
žalostan *a.* grievous
žalostan *a.* lamentable
žalostan *n.* mournful
žalostan *a.* rueful
žalostan *a.* sorry
žamor *n.* murmur
žaoka *n.* sting
žargon *n.* jargon
žargon *n.* lingo
žarišni *a* focal
žbun *n.* shrub
žeđ *n.* thirst
žedan *a.* thirsty
žedan *adj.* athirst
žele *n.* jelly
želeti *v.t* desire
želeti *v.t.* want
želeti *v.t.* wish
železnica *n.* railway
želja *n* desire
želja *n.* wish
željan *a* desirous
željan *a* eager
željan *a.* wishful
željno *adj.* appetent
želudačni *a.* gastric
žena *n* female
žena *n.* woman
ženska košulja *n* chemise
ženski *a* female
ženski *n.* womanish

ženski manastir *n* convent
ženskog *roda a* feminine
ženstven *a* effeminate
ženstvenost *n.* womanhood
žestina *n* fervour
žestina *n.* vehemence
žestok *a* fierce
žestok *a.* vehement
žetelac *n.* haverster
žetelac *n.* reaper
žeti *v.t.* reap
žetva *n.* harvest
žica *n.* wire
žig *n.* hallmark
žiganje *n.* pang
žir *n.* acorn
žirafa *n.* giraffe
žitarica *n.* cereal
žitni *a* cereal
živ *a.* live
živ *a.* vivid
živ *a.* alive
živa *n.* quicksilver
živa ograda *n.* hedge
živac *n.* Nerve
živac *n* quick
živahan *adj* alacrious
živahan *a.* animate
živahan *a.* living
živahan *a.* spirited
živahan *a.* sprightly
živahnost *n.* alacrity
živahnost *n.* vivacity
živeti *v.i.* live
živeti na selu *v.t.* rusticate
živi pesak *n.* quicksand
živin *a.* mercurial
živina *n.* fowl
živina *n.* poultry
živo *a.* lively

život *n* life
život *n* living
životinja *n.* animal
životopisac *n* bioscope
žižak *n.* weevil
žleb *n.* groove
žlezda *n.* gland
žongler *n.* juggler
žonglirati *v.t.* juggle
žrtva *n.* oblation
žrtva *n.* victim
žrtva nesreće *n.* casualty
žrtveni *a.* sacrificial
žrtveni jarac *n.* scapegoat
žrtvovanje *n.* sacrifice
žrtvovati *v.t.* sacrifice
žrtvovati *v.t.* victimize
žućkast *a.* yellowish
žuč *n* bile
žudeti *v.t.* covet
žudeti *v.t.* crave
žudeti *v.i.* hanker
žudeti *v.i.* yearn
žudnja *n.* yearning
žulj *n* blister
žumance *n.* yolk
žurba *n.* haste
žurba *n* hurry
žurba *n.* rush
žuriti *v.t.* hurry
žuriti *v.t.* rush
žuriti *v. t* bustle
žustar *adj* brisk
žut *a.* yellow
žut poput šafrana *a* saffron
žuta boja *n* yellow
žutica *n.* jaundice
žvakati *v. t* chew
žvakati *v.t.* masticate
žvakati *v.t.* munch